高等院校物流管理与物流工程专业系列教材

物流加工与包装

主审 邬 跃

◎主 编 毛禹忠
副主编 徐晓娟 崔 剑

Logistics Processing Technology and Packing

ZHEJIANG UNIVERSITY PRESS
浙江大学出版社

高等院校物流管理与物流工程专业系列教材
审稿专家委员会名单

（以姓氏笔画为序）

刘广钟　　刘　南　　邬　跃　　杨东援

李文锋　　李严锋　　张良卫　　张晓萍

张　锦　　屈福政　　赵林度　　黄有方

黄福华　　谢如鹤　　靳志宏

前　言

　　包装和加工是物流的重要理念之一,包装和加工作为物流系统的构成要素,与运输、保管、搬运、流通加工均有十分密切的关系。几乎所有的物流环节的操作,都离不开包装和加工,所以提高包装和加工设计、制造水平和包装及加工质量并使其优化物流的流通环境,可降低物流成本和促进物流活动效率的大幅度提高。我国许多企业长期存在忽视物流包装和加工的情况,如何从包装和加工设计的角度来合理有效地提高物流各个环节的生产效率,已经成为包装和加工设计中的一项非常重要的工程。提高包装的设计水平和质量是物流得以顺利进行、保障物流质量的前提,利用最先进的物流信息技术和合理的包装可为企业挖掘出更大的利润空间。

　　通过本书的学习和实训,使学生对现代物流包装和加工有较完整的认识,了解现代物流包装和加工发展的意义,初步掌握现代物流包装和加工设计的方法,为学生从事现代物流及包装工程等相关职业打下良好的基础。本书在编写过程中注重实用性和新颖性,如新型包装与加工材料和技术,在部分章节中有具体的实用方法,并在每章引入案例,以提高学生的学习兴趣;在课程的学习中强调动手能力的培养,引导学生自行设计一个作品或编写一份策划书。

　　本书第六、九、十章由浙江科技学院徐晓娟编写;第七、八章由宁波工程学院崔剑编写;第一、二、三、四、五、十一、十二章由浙江科技学院毛禹忠编写。由于时间仓促,书中难免有许多不当之处,望广大读者给予批评指正,我们的联系方式是 kmmyz@hotmail.com,778598437@qq.com。

　　本书可供高等院校物流管理和工业工程专业等作教材或教学参考书,也适合作为广大企业、流通领域技术人员的培训教材,对自学者亦有重要的参考价值。

编　者

2011 年 1 月于浙江科技学院

目 录

第 1 章

物流加工

▷ 本章要点

  物流加工是实现物流形质效用的重要环节。通过本章的学习,了解物流加工的定义、特点以及加工分类等方面的内容,掌握物流加工的基本观点和基本内容,为进一步深化物流加工的实现打下基础。

1.1 物流加工概述

1.1.1 物流加工的定义和地位

  物流加工是指在某些产成品从生产领域向消费领域流动的过程中,为了更有效地利用资源、方便用户、提高物流效率和促进销售,在流通领域对产品进行的简单再加工。物流加工是根据需要施加包装、分割、计量、分拣、刷标志、拴标签、组装等简单作业的总称。物流加工是在物品从生产领域向消费领域流动的过程中,为了促进销售、维护产品质量和提高物流效率,对物品进行的加工。流通加工使物品发生物理、化学或形状的变化。

  日本将物流加工定义为"保存加工和同一物品的形态转换加工等,都是一种为提高物流运转效率而进行的加工活动"。

  根据《中华人民共和国国家标准物流术语》4.41 流通加工(Distribution processing)是"物品在从生产地到使用地的过程中,根据需要施加包装、分割、计量、分拣、刷标志、拴标签、组装等简单作业的总称"。物流加工是供应链的一种重要活动。

  物流加工是销售物流中增加附加价值的活动,是一项具有广泛发展前景的工作。国民经济的增长,国民收入的增多,消费者的需求出现多样化,越是在这样的情况下,越有必要开展物流加工。

  在日常生活中,已有广泛应用的有食品保鲜、净菜加工、划玻璃、材料分割等物流加工活动。

在流通过程中,通过流通加工等形式,可以将供应者手中所具有的形状性质的物资改造成具有需求者所需要的形状性质的物资,创造物资的形质效用,从而提高产品的附加值。

2006 年以来,中国主要钢铁企业加大钢材加工配送中心的布局和建设,使企业服务有效辐射区域市场,扩大产品市场占有率,满足用户小批量、品种规格分散的多元化需求,为周边用户提供贴身增值服务,提高产品的直供比例。同时,利用配送中心场地开展现货仓储及贸易,形成区域物流基地。为此有必要对国内钢材加工配送中心进行跟踪调研,剖析企业的经营战略,探讨钢材加工的有效发展形势。

1. 物流加工的地位

物流加工在国民经济运行中有着重要地位,可以归纳为以下几个方面。

(1)物流加工有效地完善了流通

物流加工在实现时间与场所这两个重要功能方面,确实不能与运输和保管相比,因而,物流加工不是物流的主要功能要素;另外,物流加工的普遍性也不能与运输、保管相比,物流加工不是所有物流都必需的,但这绝不是说物流加工不重要,实际上它也是不可轻视的,它具有补充、完善、提高与增强的作用,能起到运输、保管等其他功能要素无法起到的作用。所以,物流加工的地位可以描述为:提高物流水平,促进流通向现代化发展。

2. 物流加工是物流业的重要利润来源

物流加工是一种低投入、高产出的加工方式,用小加工解决大问题。实践中,有的物流加工通过改变商品包装,使商品档次升级而充分实现其价值;有的物流加工可将产品利用率大幅提高 30%,甚至更多。这些都是采取一般方法以期提高生产率所难以做到的。实践证明,在流通企业中,由物流加工提供的利润并不亚于从运输和保管中挖掘的利润。因此,物流加工是物流业的重要利润来源。

3. 物流加工在国民经济中也是重要的产业形态

在整个国民经济的组织和运行方面,物流加工是其中一种重要的加工形态,对推动国民经济的发展、完善国民经济的产业结构和生产分工具有一定的意义。

物流加工在物流中的位置如图 1-1 所示。

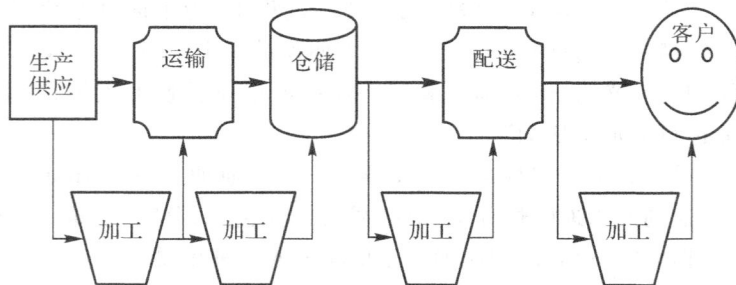

图 1-1　物流加工在物流系统中的位置

1.1.2 物流加工的目的

1.适应多样化的顾客需求

现代生活水平的提高使其产生个性化和复杂化奢求。

2.提高原材料利用率

利用流通加工环节进行集中下料,将生产厂直接运来的简单规格产品按使用部门的要求进行下料。例如,将钢板进行剪板、切裁,钢筋或圆钢裁制成毛坯,木材加工成各种长度及大小的板、方等。集中下料可以优材优用、小材大用、合理套裁,有很好的技术经济效果。在食品方面,可以通过物流加工来保持并提高其保存机能,提供给消费者新鲜食品。

3.提高商品的附加值

在方便使用时,商品价格往往可以增高。

4.提高物流中运输、仓储效率

物流加工可以规避风险,推进物流系统化,如气体液化等。

物流加工从简单地粘贴标价牌,一直到需要高科技才能完成的加工,加工形态是多种多样的。物流加工受技术革新的影响,今后将越来越趋向多样化。为适应消费的多样化和由激烈的市场竞争而引起的特色化战略的展开,物流加工的意义日益增加,物流加工的重要性也日益显著,已成为国民经济的主要生产方式。

1.1.3 物流加工的特点

1.加工程度不同

不同于工业产品加工,物流加工属简单加工,多在仓库、商店、物流配送中心、运输过程中、销售时、顾客处等进行,如前店后厂。和一般的生产型加工相比较,加工的对象是进入流通过程的商品,具有商品的属性,但生产加工的对象不是最终产品而是原材料、零配件、半成品。

2.加工目的不同

不同于生产加工,物流加工讲究通过加工增加商品的附加值,在成本较少的情况下获取较大利润。流通加工的目的不是创造物品的价值和使用价值,而是在于完善其使用价值,并在不作大的改变的情况下提高价值。

3.加工要求不同

如安全性,对于危险品等,在使用过程中为了增加安全性,需要适当加工保证运输安全,如压缩气体、石油液化等;方便性,方便运输、仓储、包装、搬运等,降低成本,节约时间。

4.加工组织不同

流通加工由商业或物资流通企业完成,而生产加工则由生产企业完成;有的时候流通加工是以自身流通为目的,纯粹是为流通创造条件,这种为流通所进行的加工与直接为消费进行的加工从目的上来讲是有区别的。

1.1.4　物流加工的类型

根据不同的目的,物流加工具有不同的类型。

1.以保存产品为主要目的

其目的是使产品的使用价值得到妥善的保存,延长产品在生产和使用期间的寿命。

2.为适应多样化的需要

为了满足用户对产品多样化的需要,同时又要保证高效率的大生产,将生产出来的单一化产品进行多样化的改制加工。

3.为了消费方便、省力

根据下游生产的需要将商品加工成生产直接可用的状态,如将水泥拌成混凝土混合料。

4.为提高产品的利用率,减少浪费

利用加工者为不同使用者加工,可以提高物资的利用率,集中加工可以减少原料消耗,提高加工质量。

5.为提高物流效率,降低物流损失

由于商品在装卸和运输过程中极易受损,因此需要进行适当的物流加工加以弥补,如自行车需要在使用地装配等。

6.为了实施配送

配送中心为了实现配送活动,满足客户的需要而对物资进行加工。

1.1.5　物流加工的背景

生产环节的各种加工活动往往不能完全满足消费者的要求。例如,某个生产企业需要钢铁厂的钢材,除了钢号、规格型号的要求外,往往希望能够在长度、宽度等方面满足需要。但是生产企业面对着成千上万个用户,是很难达到这一要求的。由于社会生产的高度社会化、专业化,生产环节的加工活动往往不能恰如其分地满足消费的需要。形成这一现象的原因可从以下两个方面考察:

①生产资料产品的品种成千上万,型号极其复杂,而需求品种千差万别,这无疑给产品的供给与消费之间留下一个是否能适应的问题。

②社会需求的复杂,不可能使产品的生产部门完全满足用户在规格、品种、型号上的需要。在从批发到零售的环节中,经常会碰到这个问题。

由于上述原因,要弥补生产环节加工活动的不足,流通加工是一种理想的方式。作为流通部门往往对生产领域的物资供应情况和消费领域的物资需求情况最为了解,这为他们从事流通加工创造了条件。

物流加工是对生产加工的辅助和补充,是否需要这种补充,主要取决于两个方面:一是生产厂家的产品是否可直接满足用户需要;二是用户在流通中对某种产品是否有能力作进一步加工。如果生产厂家的产品可以直接满足用户的消费需求,物流加工就没有必要;若生产厂家的产品虽然不能直接进入消费,但用户自己有加工的能力,该物流加工也没有必要。只有当生产厂家的产品不能直接进入消费,而用户又没有进一步的加工能力时,物流加工才是必需的。当然,有时从社会效益和经济效益考虑,为了节约原材料、节约能源、组织合理运输,设置物流加工环节也是必要的。

物流加工一般都是比较简单的加工,在技术上不会有太大的问题,投资建设时一般可以忽略技术方案的可行性分析,而要重点考虑的是经济上是否划算。物流加工的经济效益主要取决于加工量的大小,加工设备和生产人员能否充分发挥作用。如果任务量很少,生产断断续续,加工能力经常处于闲置状态,那就可能出现亏损。因此,加工量预测是物流加工点投资决策的主要依据。此外,还要分析该物流加工项目的发展前景,如果发展前景良好,近期效益不理想也是可以接受的。物流加工投资项目的投资决策与经济效益的评价主要使用投资回收期、净现值和投资内部收益率来判断评价方案在经济上的可行性。一般还应对某些不明确的因素进行敏感性分析。

物流加工是在产需之间增加的一个中间环节。由于它的存在,商品流通的时间延长,商品的产成品增加,因此是否要设置物流加工环节、从事物流加工业务,必须从市场需求、技术及经济效果等方面进行可行性分析。

1.2　物流加工的常见内容

1.2.1　食品的物流加工

食品是物流加工最多的商品之一。现代生活中,由于专业化分工、生产与消费分隔,为便于保存,提高流通效率,食品的物流加工是不可缺少的。

①鱼和肉类的冷冻,是最传统的物流加工,特别是海鲜产品(见图1-2),可以极大地提高产品附加值。

②生奶酪的冷藏,生奶酪极易产生细菌,冷藏加工可以提高保鲜程度。

③将冷冻的鱼肉磨碎以及蛋品加工。

④生鲜食品的原包装。

⑤大米的自动包装。

⑥上市牛奶的灭菌和摇匀。

1.2.2　消费资料的物流加工

消费资料的物流加工以服务顾客、促进销售为目的,满足个性化需求。如在零售业的物流加工中,主要有以下几点:①衣料品的标识和印记商标。②粘贴标价。③安装做广告用的幕墙。④家具、空调等的组装。⑤地毯剪接。⑥安装软件,家用电脑按顾客要求在流通阶段进行组装外围设备、安装操作系统等。

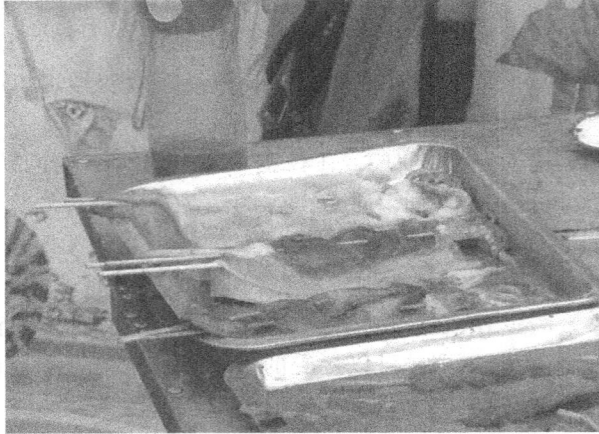

图 1-2 为方便食用的海鲜加工

1.2.3 生产资料的物流加工

具有代表性的生产资料加工是钢铁的加工。如①钢板的切割,切断成形钢材。②使用矫直机将薄板卷材展平。③纵向切割薄板卷,使之成为窄幅(钢管用卷材)。④用气割厚板。⑤打眼、折弯、放置、配线等。

这种加工以适应顾客需求的变化、服务顾客为目的。物流加工不仅能够提高物流系统效率,而且对于生产的标准化和计划化,对于提高销售效率,提高商品价值,促进销售也将越来越重要。

1.3 物流加工的合理化

1.3.1 物流不合理加工

物流加工是在流通领域中对生产的辅助性加工,从某种意义上来讲,它不仅是生产过程的延续,实际也是生产本身或生产工艺在流通领域的延续。这个延续可能有正、反两方面的作用,即一方面可能有效地起到补充完善的作用,但是,也必须估计到另一个可能性,即对整个过程的负效应。各种不合理的物流加工都会产生抵消效益的负效应。

几种不合理物流加工形式主要有如下几种:

1. 物流加工地点设置的不合理

物流加工地点设置即布局状况是判断整个物流加工是否有效的重要因素。一般而言,为衔接单品种、大批量生产与多样化需求的物流加工,加工地设置在需求地区,才能实现大批量的干线运输与多品种末端配送的物流优势。

假如将物流加工地设置在生产地区,其不合理之处在于:

①多样化需求要求的产品多品种、小批量,由产地向需求地的长距离运输不合理;

②在生产地增加了一个加工环节,同时增加了近距离运输、装卸、储存等一系列物流活动。

所以,在这种情况下,不如由原生产单位完成这种加工,而无需设置专门的物流加工环节。一般而言,为方便物流的加工环节,加工地应设在产出地,即设置在进入社会物流之前,假如将其设置在物流之后,即设置在消费地,则不但不能解决物流问题,而且又在流通中增加了一个中转环节,因而是不合理的。

即使是在产地或需求地设置物流加工的选择是正确的,还有物流加工在小地域范围的正确选址问题,假如处理不善,仍然会出现不合理。这种不合理主要表现在交通不便、物流加工与生产企业或用户之间距离较远,物流加工点的投资过高(如受选址的地价影响),加工点周围社会、环境条件不良等。

2. 物流加工方式选择不当

物流加工方式包括物流加工对象、物流加工工艺、物流加工技术、物流加工程度等。物流加工方式的确定实际上是与生产加工的合理分工。本来应由生产加工完成的,却错误地由物流加工完成,或者本来应由物流加工完成的,却错误地由生产过程去完成,都会造成不合理性。

物流加工不是对生产加工的代替,而是一种补充和完善。所以,一般而言,假如工艺复杂、技术装备要求较高,或加工可以由生产过程延续或轻易解决者都不宜再设置物流加工环节,尤其不宜与生产过程争夺技术要求较高、效益较高的最终生产环节,更不宜利用一个时期市场的压迫力使生产者变成初级加工或前期加工者,而由流通企业来完成装配或最终形成产品的加工。假如物流加工方式选择不当,就会出现与生产环节夺利的恶果。

3. 物流加工作用不大,形成多余环节

有的物流加工过于简单,或对生产及消费者作用不大,甚至有时由于物流加工的盲目性,非但未能解决品种、规格、质量、包装等问题,相反却实际增加了环节,这也是物流加工不合理的重要形式。

4. 物流加工成本过高,效益不好

物流加工之所以能够有生命力,重要优势之一是有较大的产出投入比,因而有效起着补充完善的作用。假如物流加工成本过高,则不能实现以较低投入实现更高使用价值的目的。除了一些必需的、从政策要求即使亏损也应进行的加工外,都应看成是不合理的。

1.3.2 物流加工合理化

物流加工合理化是指实现物流加工的最优配置,不仅要避免各种不合理,而且要做到最优。目前,国内在这方面已积累了一些经验,取得了一定成果。实现物流加工合理化主要考虑以下几个方面。

1. 加工和配送结合

将物流加工设置在配送点,一方面按配送的需要进行加工,另一方面加工又是配送业务流程中的一环,加工后的产品直接投入配货作业,这就无需单独设置一个加工的中间环节,使物流加工有别于独立的生产,而使物流加工与中转流通巧妙结合在一起。同时,由于配送之前有加工,因此可使配送服务水平大大提高。这是当前对物流加工作出合理选择的重要形式。

2. 加工和配套结合

在对配套要求较高的流通中,配套的主体来自各个生产单位,但是,完全配套有时无法全部依靠现有的生产单位,进行适当的物流加工,可以有效促成配套,大大提高流通的桥梁与纽带的能力。

3. 加工和运输结合

物流加工能有效衔接干线运输与支线运输,促进两种运输形式的合理化。利用物流加工,使干线运输与支线运输之间的转换更加合理,从而大大提高运输和运输转载水平。

4. 加工和商流结合

通过加工,有效地促进销售,使商流合理化,也是物流加工合理化考虑的方向之一。加工和配送要相结合,通过加工,提高了配送水平,强化了销售,是加工与商流相结合的一个成功例证。此外,通过简单地改变包装加工,形成较高的购买量,通过组装加工消除用户使用前进行组装、调试的困难,都是有效促进商流的例子。

5. 加工和节约结合

节约能源、节约设备、节约人力、节约耗费是物流加工合理化重要的考虑因素,也是目前我国设置物流加工,考虑其合理化的较普遍形式。

对于物流加工合理化的最终判断,要看其是否能实现社会的和企业本身的两个效益,而且是否取得了最优效益。对物流加工企业而言,与一般生产企业的一个重要不同之处是:物流加工企业更应树立社会效益为第一的观念,即只有在以补充完善为己任的前提下才有生存的价值。如果只是追求企业的微观效益,不适当地进行加工,甚至与生产企业争利,那就有违物流加工的初衷,或者其本身已不属于物流加工范畴了。

图 1-3　最常见的物流加工——划玻璃

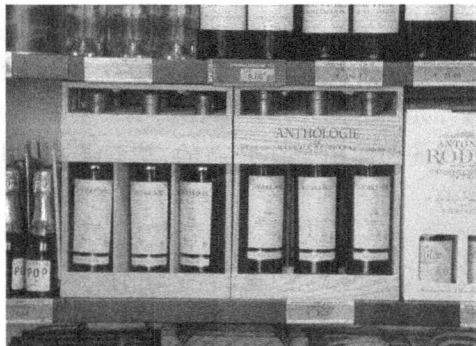

图 1-4　方便运输的葡萄酒包装加工

例如,图 1-3 就是最常见的物流加工——划玻璃将易碎的酒类装入专门加工的包装中,方便运输,保护商品,同时促进了销售。图1-4就是专门设计加工的葡萄酒运输包装。

荷兰的许多鲜花是木制的,将价值很低的木料原料,简单加工成鲜花,使边碎木料的价值大增(见图1-5),每株木制花可售20欧元。

将花种、肥料等进行干燥加工,封装在一个罐内,消费者买回后只要加入水,几天后就可以长出花苗,可以单独观赏,也可以移种花园。通过简单加工,增加了花种的附加值,方便了不会种花的消费者(见图1-6)。

图1-5 增值的物流加工——荷兰木制的鲜花

图1-6 方便消费的物流加工——罐装花

将大包装的茶叶分装为小包装,并加以过滤,方便饮用,特别是在旅行和工作中无茶具的场合。既具有饮用便利,又保留了冲泡茶的天然气味芬芳。袋泡茶(见图1-7)是当今世界上很流行的一种方便饮料。它不但具有卫生、方便、冲泡快、浓度大和便于加奶放糖(指红茶而言)的优点,而且可以节约用茶(据试验,只冲泡一次可比散茶节约44.4%,冲泡两次可节约7.12%)。正是由于袋泡茶表现出的这些优点,所以广泛流行于世界各地,尤其在一些西方国家里,袋泡茶的销售量已占茶叶总销售量的50%以上。2008年,美国袋泡茶销售量占茶叶总销量的55%;加拿大占82%;芬兰占67%;荷兰占50%。根

图1-7 方便消费的物流加工——袋泡茶

据有关资料统计,近几年世界袋泡茶的销售总量不下525万担,占世界茶叶销售总量的30%左右。

⇨ 案例分析

南海水产研究所的物流冷冻加工方法

南海水产研究所通过对水产品的物流加工研究,总结出一套低成本的物流加工方法,使原来大量难以实现市场价值的产品,成为创收的重点。

该研究所对在海上捕获的甲壳类动物(虾、蟹等)、头足类动物(乌贼、鱿鱼等)、棘皮动物(香参)和鱼类(鲳、鲷等)进行了小包装冷冻水产品的研制。其加工工艺分述如下。

1.甲壳类动物主要产品有琵琶虾尾(假龙虾尾)、冻仿对虾和冻梭子蟹肉段。

(1)琵琶虾尾。琵琶虾在东海较深海区有相当的产量,此虾以往未被重视和利用,有时当垃圾倒掉,实际上这种虾尾价值很高,可出口至加拿大、美国等国,能代替龙虾食用,故又称假龙虾。琵琶虾尾即为除头、除内脏、带壳的加工品。

工艺流程:原料虾→洗刷→去头、除内脏→洗涤→沥干→装盘→冻结→包冰衣→分级称量→包装→冷藏

虾尾腹、背必须洗刷干净,不带泥沙,个别分开排列于冻盘上,排满后在虾体上衬垫一层塑料薄膜,在薄膜上再铺排一层虾尾,然后以吹风冻结法施行个别快速冻结(或称单体快速冻结),待虾体中心温度达到-24℃时,出冻脱盘,把虾尾浸入2~3℃的清水中施行包冰衣,然后分等级装入聚乙烯塑料薄膜袋内,冷藏于-20℃的冷库中。

琵琶虾尾的成品率为虾体总量的36%左右,整只虾平均重量一般在150克上下,个别大者有250克重。

(2)冻整只哈氏仿对虾

哈氏仿对虾在东海近海有相当的产量,是经济价值较高的品种之一,内销和出口均很需要。

工艺流程:虾体洗净→分级→装盘→加清水冷结→脱盘→包冰衣→包装→冷藏

冷冻时已分散装盘,装盘重量规格为1千克和2千克两种。在-24℃时,于盘中加满清水覆盖虾体表面时移往冻结。冻毕连冻盘浸入清水中脱盘,同时使虾体表面附着冰衣,以聚乙烯薄膜袋为内包装,再用瓦楞纸箱为外包装进行冷藏(-20℃)。

(3)冻梭子蟹肉段

梭子蟹盛产于东、黄海,分布广、产量高,是潜力较大的可供利用的水产资源。该蟹极易腐败变质,通常冰藏保鲜期只有3~4天,故冰藏渔船难以把整个航次捕获的蟹都带回港口,只能加工成蟹肉干或捕而复弃。

冻蟹段是剥盖、斩螯、除脏、切段的带有步足的梭子蟹。

工艺流程:整蟹冲洗→剥蟹盖→斩螯除脏→切段→冲洗→沥水→装盘→冻结→包冰衣→包装→冷藏

捕获的蟹用海水冲洗附在蟹体上的泥沙污物,除去盖、螯、内脏后,切成两段,用海水洗涤干净,沥干,装入冻盘,装入冻盘的重量分为1千克、2千克和3千克三种规格,待蟹

体温度达到—24℃时即可脱盘,包冰衣后装入聚乙烯塑料薄膜袋内,在—20℃冷库中冷藏。

梭子蟹肉段的成品率为鲜蟹总重量的40%～45%。由于该蟹的非食用部分占总重量的55%～60%,冷藏时要占用较大的舱容和冷量,因此加工成蟹段既经济又方便食用。

(4)冻蟹子蟹肉糜

蟹肉糜系把船上捕获的鲜活蟹或速冻蟹经如下工序加工制成:

工艺流程:整只蟹→洗净→剥盖→除脏去鳃→采肉机取肉→装袋→称量→封口→冻结→出冻→冷藏

蟹肉糜是取自蟹体的一种淡黄色或白色的肉糜,肉质鲜美,营养丰富,是人们喜爱食用的小包装冷冻食品。

2.头足类动物

(1)冻整只乌贼、鱿鱼

乌贼的墨囊中含有大量的墨汁,如墨汁污染了胴体肉,质量将会下降,为了防止墨汁的污染,可用塑料夹或用粗棉纱线把墨囊口夹住或结扎,它能有效地封住墨囊口。封口后的乌贼再用海水冲洗鱼体时墨汁就不会喷溅而污染胴体肉。洗净的乌贼排列于冷盘中进行单体或块状冻结,待鱼体中心温度达到—24℃时,出冻脱盘,再套上聚乙烯薄膜袋进冷库冷藏。冻整只鱿鱼也可以按上述方法进行加工处理和冻结。一般浙东沿海生产的乌贼(150～200克/只)可施行块状冻结,每块10千克装。

(2)冻墨鱼肉、头、翼

墨鱼肉、头、翼的速冻温度为—24℃,冷藏温度为—20℃。头部要求加入占头重量10%的食盐,搅拌,待触手和触须发硬翻出为止。其成品率分别占鱼体总重的45%、20%和10%左右,而内脏和骨约占总重量的25%。

3.棘皮动物

我国东海区海地瓜(俗称香参)资源丰富,至今尚未开发利用。目前全世界约有40多种可供食用的海参,香参也属其中海味珍品之一。它是一种高蛋白、重铁质、低脂质的营养滋补品,也是酒宴上的佳肴。目前,上海渔业公司在渔轮上把捕获的海地瓜制成香参干品供应市场。

工艺流程:海地瓜→剖腹除内脏→洗净→冷却硬化→分级装盘→块状冻结→塑袋包装→冷藏

装盘重量分为0.5千克和1千克两种,其冻结和冷藏温度与墨鱼肉加工相同。香参肉主要是胶原蛋白纤维,具有在热中收缩,在酸和碱液中膨润或胀发的特性。小包装冻鲜香参水发方法为:以冻鲜香参和清水重量比为1∶1.5,置于锅中煮沸15分钟左右,参体受热收缩,排出占体重50%～55%的水分(实测此混浊水中含盐分1.8%～2.0%,pH值7.8～8.0),以清水替换全部混浊水;第二次煮沸10分钟,在水中保持70～100℃温度施行胀发一昼夜后,以清水替换全部混浊水;第三次煮沸后再保湿一昼夜,此时香参已胀发成肉层厚、富有弹性的水发香参。一般用手指甲能嵌入参体为度,如有指甲不能嵌入者,则要适当延长胀发时间,同时要防止水发过度而发生香参软烂状态。胀发好的香参经过洗净即可烹调食用。

4. 鱼类

(1)经济鱼类

东海区适宜于出口的鱼类主要有鲳、鲷、黄花鱼和带鱼等。冻鱼类分有单体和块状冻结两种形式：如鲳、鲷鱼等，以单体冻结为主；而黄花鱼、带鱼，以块状冻结为主。

工艺流程：原料鱼→洗净→分级→装盘→冻结→脱盘→包冰衣→套塑料袋→装箱→冷藏

鱼体装盘要求鱼背面向外，整齐排列，分有 1 千克、2 千克、3 千克、10 千克四种，用塑料薄膜进行内包装后，再以瓦楞纸板箱为外包装。冻结和冷藏温度与甲壳类相同。

(2)小杂鱼类。利用低值的小杂鱼类加工成价廉物美的小包装冷冻品。

工艺流程 1：〔梅童(梅子)、白姑或黄鲫〕选料→三去(去鳞、去头、去内脏)→漂洗→沥水→称重→装袋→封口→速冻→打包→冷藏

技术要求：①漂洗，在夏天宜在冰水中(3～5℃)漂洗 15 分钟进行预冷和洗净杂质。②封口，要保持袋口干燥，否则不易封牢。③成品率一般为 70％左右，黄鲫为 80％左右。

工艺流程 2：(小海鳗)选料→剖腹→去头、尾、内脏→切段(6～8 厘米)→漂洗→沥水→称重→装袋→封口→冻结→装箱或打包→冷藏

技术要求：①切段，要求长短粗细均匀。②成品率一般为 70％。

工艺流程 3：〔海鳎(海秃)、木叶鲽(田鸡眼)〕选料→刮鳞(腹面)→去头、骨、内脏→去皮(背面)→漂洗→沥水→称重→装袋→封口→冻结→打包→冷藏

技术要求：①刮鳞，只刮腹面白色的一面。②剥皮，只剥背部黑色的皮。③成品率一般在 65％。

经过物流加工，海产品的保鲜期大大延长，可以方便运输和仓储，极大地扩大了市场领域，实现了物流的空间效用和时间效用。

▷ 思考题

1. 什么商品适宜物流加工？

2. 阐述物流加工与生产加工的区别与联系。

3. 物流加工在我国的发展前景如何？

4. 如何在创业中利用物流加工技术？

第 2 章

物流运输和仓储加工

⟶ 本章要点

    物流运输和仓储过程中,往往需要事先进行加工,从而提高运输和仓储效率。物流加工不同于生产加工,是以方便运输包装或仓储的简易加工,因此,需要对物流中的加工进行专门的研究。通过本章学习,了解物流运输和仓储加工的基本方法,掌握主要运输和仓储加工的类型,能够扩展运输和仓储加工中的思路,学会应用到其他产品中。

2.1 物流运输加工

    在物流中,通过对物料进行适当加工使运输和仓储效率提高,物流成本降低,是现代物流的重要发展方向。目前,在大宗的建材(如水泥)、矿石、木材等物流中已广泛应用。为提高效率,物流运输设备向专门化方向发展,如罐、醩、冷藏等,物流运输加工主要的思路是:

    ①通过加工除去不必要的杂质,对形状进行改变(缩小体积和减轻重量)以适应运输设备的需要。如果不除去杂质,不但成本高,还会对环境产生污染,铁矿石最为典型。如木材加工成一定规格的料材比运输原木要好。

    ②减少不必要的包装重量(散装),或者适当加入某些物质以减少运输过程中的变质(盐藏)。农产品和海产品在运输中易变质,必须在运输前进行加工。

    ③拆开拆散,减少占用空间,合理装载(大型设备等),到用户现场再装配,如摩托车拆开运输比不拆开运输少 30% 的成本,货架、家具等拆开运输更易保护,进行拆开加工。

    ④压缩加工,使之能移动运输和存储,气体最为典型。通常气体只能用管道输送,但如果压缩后能极大减少体积和重量,扩大使用范围,在运输前加工成液体。

    ⑤可以充分使用专用运输设备,降低成本,如冷藏车等,在运输过程中能继续保持温

度,不需要另外制冷。

⑥提高运输安全性,减少运输中事故,如危险品运输中需要加工成规定的包装形态,符合安全、防火、防腐、防漏的要求。

物流运输加工在不同商品中有很大区别,很难有统一的方法。为此,本节以几种典型性的大宗产品物流加以说明,主要的加工种类有精选矿粉加工、水泥加工、木材加工、石材加工、冷冻加工、盐藏加工等。

2.1.1　精选矿粉物流运输加工

矿石采掘中会产生大量的无用杂质,如石头、沙土等,在许多量大的工业原料中,采用物流加工可以提高运输效率,降低运输成本,保证运输质量。在矿业加工中,精选矿粉是一种重要的物流产品。

铁矿石的品位即指铁矿石的含铁量,用 $W(TFe)$ 表示。品位是评价铁矿石质量的主要指标。铁矿石有无开采价值,开采后能否直接入炉冶炼以及冶炼价值如何,均取决于铁矿石的含铁量,含铁量30%以下的无开采价值。品位高有利于高炉提高产量,降低焦比。实践表明,铁矿石品位每升高1%,焦比可降低2%,产量可提高3%。因为随着含铁量的升高,脉石数量减少,熔剂用量和渣量也相应减少,既减少了热量消耗,又有利于炉况的顺行,为高炉强化冶炼创造了有利条件。从矿山开采出来的矿石,含铁量一般在40%～65%。品位较高、经整粒后可直接入炉冶炼的称为富矿。而品位较低,不能直接入炉的叫贫矿,贫矿必须经过选矿和造块后才能入炉冶炼。

矿山开采出来的小铁矿石其粒度和化学成分都不能满足高炉冶炼的要求,都要经过破碎、筛分、混匀、焙烧、选矿和造块等加工过程。对于富矿,主要要完成整粒过程,即通过破碎和筛分控制矿石粒度大小,这是矿石冶炼前准备处理的基本环节。而对于贫矿而言,除了破碎、筛分外,还要经过混匀、选矿、焙烧和造块等处理阶段。

根据矿石中各矿物的物理性质或物理化学性质,不借助各种选矿设备而将矿石中的有用矿物与脉石矿物分离,并使用有用矿物,最富有成效。为尽可能提高矿石品位,对复合矿石而言,要将其共生矿物单独分离,以回收有用成分。同时,剔除矿石中的有害杂质硫等,从而充分、经济合理地利用国家的矿产资源。

铁矿石的选矿过程分为三个连续的作业阶段,即准备阶段(包括破碎、磨细、筛分分级,有的还要烧结)、选别阶段(选矿过程)和产品处理阶段(包括浓缩、过滤、干燥等脱水作业)。

1.选矿方法

铁矿石常用的选矿方法主要有三种:重力选矿法、磁力选矿法和浮游选矿法。

(1)重力选矿法(简称重选法)

由于矿物的密度不同,其在选矿介质(水或重介质液)中的沉降速度也不同,因此可以据此而进行选别,一般铁矿物的密度为4～5克/立方厘米,而脉石矿物的密度为2～3克/立方厘米。

重悬浮液选矿的基本原理是阿基米得定律。在分选过程中矿粒群的分层主要取决于矿物密度的大小,粒度和形状对其影响较小。不论矿粒的大小和形状如何,大密度的矿粒都将下沉,集中于选矿机底部;小密度矿粒则浮起,集中于选矿机上部,然后分别排出,获得重产物(精矿)和轻产物(尾矿)。重悬浮液选矿的选分精确度较高,可选分密度差很小(小于 0.05～0.10 克/立方厘米)的矿物;入选物料粒度范围宽,金属矿一般为 2～70 毫米,设备处理能力大,已被我国广泛采用。

（2）磁力选矿法(简称磁选)

磁选是利用各种矿物的磁性差别,在不均匀磁场中实现分选的一种选矿方法。当细磨后达到单体分离的矿粒群通过非均匀磁场时,磁性矿物被磁选机的磁极吸引,而非磁性的脉石则被磁极排斥,从而达到选分的目的。

由于我国磁铁矿多,所以磁选是我国目前富选铁矿石中应用最广、规模最大的方法,被各主要大矿山和中小矿山普遍采用。它用于强磁性矿石的选分,可得到满意的效果。对于含弱磁性矿物的矿石,采用强磁场磁选机分选时,亦可达到较好的效果。若能先进行还原磁化焙烧,则效果会更好。

（3）浮游选矿法(简称浮选)

浮选是利用不同矿物表面具有的亲水性而进行选分的方法。现在工业上广泛应用的是泡沫浮选。它的基本特点是,借助于送入矿浆中的大量气泡,选择性地将疏水性强的矿粒附着上浮,携带到矿浆表面形成泡沫层,而亲水性强的矿粒则被水润湿留在矿浆中,从而实现不同矿物彼此分离的目的。因此,被选矿石中的各种矿物能否彼此支持分离,关键在于矿粒与气泡能否实现选择性地附着及附着后上浮至矿浆表面。这取决于矿粒表面润湿性的差异和气泡性质。

浮选适用于处理细粒嵌布的弱磁性贫矿石和多金属复合矿石。对于前者,比用其他选矿方法选分效率高;对于后者,可使矿产资源得到充分的利用。因此,浮选方法已在冶金工业中得到广泛的应用。

2. 运输方法

大部分精选矿粉是由水浮选矿法从压碎的矿石中分离出来的,所以这种精矿粉原先就含有相当的水分。若在露天存放而受雨淋,则含水量更高,尤其是袋装的(如荧石粉)会吸入更多的雨水又难漏出,然后再在货舱内拆袋散装,其水分也一并进入舱内。此外,在装货中为了防止粉尘飞扬而不断地喷水,因此更增加了含水量。往往在货下舱时看不出精矿粉中含有多大水分,但在航行中由于船身受风浪而不断摇摆、振动、颠簸,表层的精矿粉便慢慢地下沉至中层,并把水分挤出上托,使精矿粉表层之上形成一层水的自由面,各货舱大面积的自由液面对船舶稳性安全有很大的威胁。另一种情况是由于含水量较大而使表层形成类似糖浆一般的精矿粉流,它对稳性安全的威胁也是很大的。再一方面,水层不断地左右摇晃而使精矿粉被冲刷至一舷,使船发生横倾,直至倾覆。有大风浪时,上述的悲剧会发生得更快。然而风平浪静的条件下也会发生过此类事故,因为除了风浪使船摇摆与振动外,船舶的主机与辅机的振动也会导致同样的悲剧,只不过较缓而已。适运湿度极限是指船在海上安全运输精矿粉的最大允许含水量。适运湿度极限应是该精矿粉流动湿点时含水量的 90％。流动湿点是该精矿粉开始呈流动状态时的含水量。不同的精矿粉其适运湿度都不一样,即使是同一品种,也因其颗粒形状、大小不一而

图 2-1　码头上经加工方便运输的精选矿粉

略有差异。一般适运湿度为 7%～11.9%,含水量在 8% 以下则无甚危险,8%～12% 就须在货舱内安装纵向隔舱板,12%～18% 应由专用船装运,18% 以上者则很危险。

2.1.2　球团生产技术

铁矿石如果直接运输会导致运输成本极高,为此,必须经精选、制球提高矿石的铁含量。

氯化焙烧球团法(Chlorinated Roasting Pelletizing)是铁矿石球团法之一。在球团矿配料中加入固体氯化剂,或在焙烧时通入气体氯化剂,使生球中所含的有用元素在焙烧过程中转化为可以挥发的氯化物,而不挥发物则固结为球团矿。这种球团法可以作为黄铁矿烧渣(简称烧渣或硫酸渣)的造球,并回收其中的有色金属。它以氯化钙作为氯化剂和高温焙烧(>1150℃),其主要反应式为:

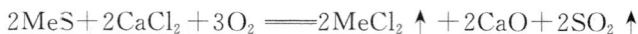

$$MeO + 2CaCl_2 + \frac{1}{2}O_2 \Longrightarrow MeCl_2 \uparrow + 2CaO + Cl_2 \uparrow$$

$$2MeS + 2CaCl_2 + 3O_2 \Longrightarrow 2MeCl_2 \uparrow + 2CaO + 2SO_2 \uparrow$$

Me 代表某有色稀贵金属,其氯化物具有较高的蒸气压,可从球团矿中挥发出来被炉气带走,铁的氧化物较氯化物更为稳定,而留在球团矿中。为了兼顾氯化挥发率和球团矿的质量,需要注意以下几点:生球粒度、强度和水分要适宜,焙烧温度要兼顾挥发(800～1150℃)和球团矿固结(1100～1200℃)的需要,保持氧化性气氛,氯化剂用量和焙烧时间要适宜等。20 世纪 50 年代芬兰的依马脱尔球团厂用氯化钙作氯化剂,在竖炉中进行球团矿的氯化焙烧,其烧渣中有色金属含量为:Cu 1.4%～1.6%,Pb 0.13%,Zn 1.6%～2.2%。焙烧后氯化物的回收率为:Cu 98.5%～98.7%,Pb 92.3%,Zn 98.0%～

98.7%。德国杜依斯堡工厂则利用气体氯在竖炉中进行氯化焙烧。中国南京钢铁厂1980 年建成一座年产 30 万吨球团矿的采用链算机—回转窑焙烧球团法处理烧渣的车间,该工艺应用日本的光和球团氯化法,其工艺流程如图 2-2 所示。

氯化焙烧效果如表 2-1 所示。

表 2-1　氯化焙烧效果

	TFe	Cu	Zn	Pb	S	Au	Ag
生干球	57%	0.23%	0.43%	0.10%	0.77%	0.44g/t	13g/t
焙烧球	60%	0.03%	0.03%	0.01%	0.03%	0.02g/t	2.0g/t

氯化焙烧球团对于烧渣的综合利用是有效的,但必须注意设备防腐和环境保护等问题。此外,使用回转窑焙烧时结窑问题也不可忽视。

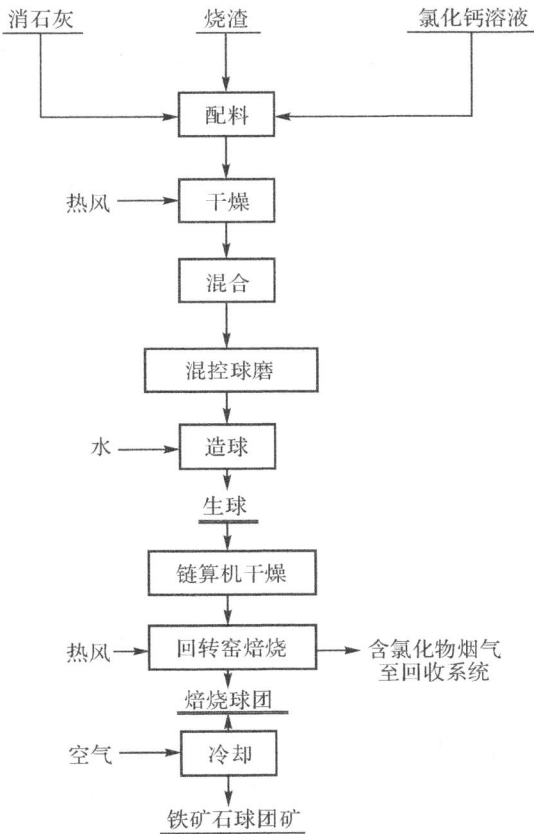

图 2-2　工艺流程

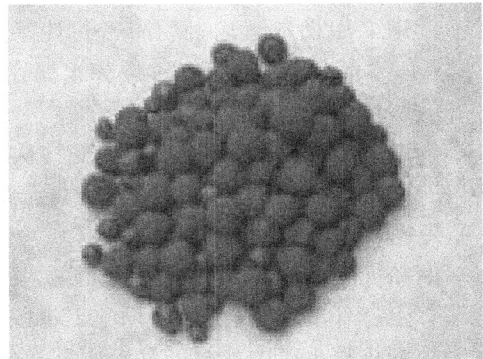

图 2-3　方便运输的高炉烧结碱性球团

2.1.3　水泥运输加工

水泥是一种粉状材料,常用的包装是纸袋。袋装水泥是指用纸袋包装(包括腹膜塑编袋、复合袋等）进行出厂、运输、储存和使用的水泥。其缺点有：

①能耗高。每使用 1 万吨袋装水泥，包装运输过程中要消耗木材 330 立方米、烧碱 22 吨、煤 78 吨、水 1.2 万立方米，耗电 7.2 万度。

②扬尘大。建筑工程中袋装水泥破损率为 5％，扬尘颗粒物中水泥占到 10％～20％。

③装卸慢，强度大，劳动条件差，基本无法使用机械化设备。

④费用高。每 1 万吨袋装水泥，纸袋（或塑编袋等）、搬运、拆袋、破损等综合费用达 64 万余元。

⑤袋装水泥存放中会吸收空气中的水分，造成品质下降。半年会降低强度 20％～30％，不能全天候运输、全露天作业。

从物流加工角度，主要是推广使用散装水泥和商品混凝土，以改变袋装水泥物流。

1. 散装水泥

所谓散装水泥，是指不用纸袋（含塑编袋、复合袋等）包装，严格控制水泥生产过程，提高产品质量（尤其是水泥安定性指标），直接通过专用器具（包括散装水泥发放设施、专用运输工具、储存罐）出厂、运输、储存和使用的水泥，它是技术和管理进步的产物。发展散装水泥是国家规定的重大技术经济政策措施。散装水泥具有不用纸袋包装、机械化作业、一般通过专用机器和工具运输、具有一定的数量标准等特征。其优点有：

①节约大量的能源、资源。节约了大量木材，保护了森林资源，保护了生态环境。

②促进和提高水泥产品质量、混凝土质量及工程质量。

③是建材业、储运业和建筑业实现现代化的必由之路。

④是提高国民经济整体素质的重要内容之一。

⑤极大地完善作业环境，保护劳动人民的身体健康。

⑥减少施工中的水泥粉尘污染、保护环境。

散装水泥相对于袋装水泥还有如下优点：

①技术、管理含量更高。如水泥出磨安定性要 100％合格。

②用专用设备运输、储存，密封性好，水泥在储存期不变质。据测试，散装水泥经历 13 个月，水泥标号不会下降；袋装水泥存放 12 个月后，强度会降低 30％～50％，且有受潮、受湿，结块变质的可能。

③散装水泥是通过专用运输工具从生产厂（或中转站）直送用户，流通渠道正规明确，使掺假或以次充好无机可乘，从而确保质量。

2. 商品混凝土

商品混凝土亦称预拌混凝土，实质就是把混凝土这种主要建筑材料，从备料、拌制到运输等生产环节，从传统的现场施工中脱离出来，通过高度专业化的集中批量生产，成为一个独立核算生产的建材商品。因其在保障工程质量、降低能耗、节省施工用地、改善劳动条件、减少环境污染等方面益处颇多，受到国家有关部门的高度重视和推广。

商品混凝土（也称预拌混凝土）的制造加工是将水泥、集料（砂、石子）、水以及根据需要掺入的外加剂和掺料等组分，按一定比例在集中搅拌站经计量、拌制后，以商品形式出售，并采用专用器具在规定时间内运送到使用地点的混凝土拌和物。其优点是：

①生产过程严格执行国家和行业标准，能确保混凝土质量。

②可根据需要加入外加剂和掺和料,灵活调节混凝土的初凝时间、坍落度,确保生产高标号混凝土,从而避免建筑工程的"肥梁、胖柱、厚板",扩大建筑物的有效空间。

③能随时提供大量的混凝土,确保施工现场对工期进度的要求。

④泵送施工,可在高层或一定距离范围内作业,效率提高,而且使大体积混凝土实施连续、无缝施工成为可能。

⑤全封闭生产,避免噪音、粉尘对城市环境的污染,同时也避免现场搅拌混凝土所导致的砂、石等对下水道的堵塞,具有良好的环保效益。

⑥减少建筑地盘材料堆放的占地面积,避免交通堵塞,避免"建好一幢楼,损坏一条路"的现状,使施工环境保持整洁,实现文明施工成为可能。

⑦有利于促进混凝土朝高强、特效、高性能和耐久性方向发展,有利于促进建筑施工设备的不断更新、技术的不断进步。

⑧有利于散装水泥事业进一步发展。

图 2-4 商品混凝土运输车

2.1.4 木材运输加工

木材在运输和仓储过程中,如果不进行适当加工则会产生环境污染(有害病虫等)、成本高(含水)、变形等问题,因此需要进行切割、干燥、防腐等加工。

木材具有重量轻、强重比高、弹性好、耐冲击、纹理色调丰富美观、加工容易等优点,自古至今都被列为重要的原材料。木材工业由于能源消耗低,污染少,资源有再生性,在国民经济中也占有重要地位。现在产品已从原木的初加工品,如电杆、坑木、枕木和各种锯材,发展到成材的再加工品,如建筑构件、家具、车辆、船舶、文体用品、包装容器等木制品,以至木材的再造加工品,如各种人造板、胶合木等,从而使木材工业形成独立的工业体系。木材加工是以木材为原料,主要用机械或化学方法进行的加工,其产品仍保持木材的基本特性。在森林工业中,木材加工业和林产化学加工同为森林采伐运输的后续工业,是木材资源综合利用的重要部门。

图 2-5 不便运输的原木

2005 年,中国木材几大主要类别的产品出口几乎都处于增升态势。从数量上看,原木、锯材、胶合板、纤维板、家具五大类产品与 2004 年同期相比,分别增加了 16.94％、35.68％、30.45％、355％和 18.27％;从价值金额看,则同比分别增加了 5.73％、34％、55.32％、393％和 29.43％。这组数字充分说明,2005 年中国木材制品工业的发展取得了快速进步,即使在原木和锯材等很大程度依赖进口的品类上,中国木业界也进行了积极的探索,变进口为出口,以得到其中价值的提升。

2006 年以来,中国林业产业总值每年以两位数的速度递增,突破了 9000 亿元。中国木材工业呈现出投资主体多样、产业规模扩大、产业聚集度提高的良好趋势,已初步实现三个战略性转变:由利用天然林为主向利用人工林为主的转变;由扩大生产规模的单一发展模式向扩大规模与节约使用并举的复合发展模式的转变;由利用一个市场、一种资源向利用国内、国外两个市场、两种资源的转变。

然而中国木材工业在快速发展的同时,也存在一定的问题,比如,木材资源不足、结构性短缺呈加剧趋势等。随着社会、经济的发展和人民生活水平的提高,中国木材供需矛盾更显突出。为此,国内木材加工业亟须采取各种措施推动全行业健康稳定地发展。

在未来全世界的经济一体化进程中,中国将发挥更大的作用。由于中国劳动力素质高,且价格便宜,中国将成为世界加工工业中心。木材工业,如胶合板、家具制造等多属劳动密集型行业,中小型企业居多,可以吸纳大量劳动力,制造出具有明显价格优势的出口产品。在今后一段时间内,中国的木材加工行业将继续保持较高的增长速度向前发展,在这个过程中,既有生产总量的增长,而更具实质意义的变化将是中国从木材工业大国向木材工业强国的迈进。

1. 木材加工的历史

木材加工是物流加工过程中历史最久的,我国在石器时代已以石为刃,刳木为舟,开始了木材加工的历史。青铜时代,出现了锯条的雏形,春秋时期相传鲁班发明墨汁、角尺等多种木工工具。秦汉之际,木工工具种类日益增多,锛、凿相继发明。北魏时贾思勰在《齐民要术》中对木材的加工和利用均有论述。沿至唐、宋,已采用锯开、气干、拼合、包封等较为复杂的技术制造木柱,并有了提高木结构稳定性的蒸煮和干燥处理方法,以及加楔、留缝技术。明代家具以其结构精巧、造型简朴驰名中外。

欧洲在 1348 年出现框锯,但 18 世纪以前,欧美国家的木材加工基本上处于手工操作阶段。欧洲文艺复兴期间,木制品的镶嵌工艺达到很高水平。由于家具等木制品装饰的需要促进了单板制造技术的发展,法国在 18 世纪初、中期发明了单板旋切机和刨切机。19 世纪中叶,首先在德国建成了胶合板厂。20 世纪 20 年代初,出现了以人造板为基础的新型工业门类。它与制材、木制品工业组成木材加工工业的三大分支工业系统。到 40 年代,木材加工进入综合利用阶段。六七十年代是人造板品种迅速增加和产量持续增长的时期,制材产量比重则相对下降,家具工业产品由传统结构转向板式结构。欧洲部分国家不增加森林采伐量而木材工业产品成倍增加,反映了木材综合利用技术趋于成熟。与此同时,木材工艺学也逐渐按产品种类及工艺性质建立起相应的分支学科,如制材、木材切削、木材干燥、木材防护、木材胶合、木制品制造工艺、人造板制造工艺、木材改性和木材表面装饰等。

中国木材加工业的逐渐机械化始于清末。这时外商在中国建立机械化制材厂,继而发展地板、门窗等以房屋建筑为对象的木材加工厂,20 世纪初又设厂生产胶合板。从 50 年代中期起,胶合板生产有了发展,接着开始制造刨花板及纤维板;表面装饰材料及层积材等也陆续出现。这标志着中国的木材加工业已进入以综合利用为中心的现代化时期。

2. 木材加工技术

木材加工技术包括木材切削、木材干燥、木材胶合、木材表面装饰等基本加工技术,以及木材保护、木材改性等功能处理技术。

(1)切削有锯、刨、铣、钻、砂磨等方法

由于木材组织、纹理等的影响,切削的方法与其他材料有所不同。木材含水率对切削加工也有影响,如单板制法与木片生产需湿材切削,大部分加工件则需干材切削等。

(2)干燥通常专指成材干燥

其他木质材料如单板、刨花、木纤维等的干燥,都分别是胶合板、刨花板、纤维板制造工艺的组成部分。木材胶黏剂与胶合技术的出现与发展,不仅是木材加工技术水平提高的主要因素,也是再造木材和改良木材,如各种层积木、胶合木等产品生产的前提。木材表面涂饰最初是以保护木材为目的,如传统的桐油和生漆涂刷;后来逐渐演变为以装饰性为主,实际上任何表面装饰都兼有保护作用。人造板的表面装饰,可以在板坯制造过程中同时进行。

在采用上述各种加工技术时,不同的树种所产生的反应,可显示出不同的性状,称为木材的工艺性质或加工特性。

图 2-6　为方便运输的木材粗加工

（3）防腐工艺

准备进行防腐操作的木料在经过初步加工后，第一步先进行真空处理，把木料内部的多余水分、油脂、寄生虫等吸出后，进行第二步高压处理，使防腐剂深入渗透进木料细胞组织，紧密结合，可以使防腐剂永久地固化在木料内。

经过防腐处理的木料不会受到真菌的侵害，而且由于防腐剂与细胞极强的结合性，能够抑制木料含水率的变化，降低木料的变形开裂程度。利用国际上先进的化学防腐技术，可使生产的防腐木料达到物流运输和仓储的要求。

由于采用先进的防腐技术，防腐木料在同等条件下，较传统防腐技术可提高使用寿命 5～10 倍。木材保护包括木材防腐、防蛀和木材阻燃等，系用相应药剂经涂刷、喷洒、浸注等方法，防止真菌、昆虫、海生钻孔动物和其他生物体对木材的侵害，或阻滞火灾的破坏。木材改性是为提高或改善木材的某些物理、力学性质或化学性质而进行的技术处理。

世界上适于防腐处理的木材种类很多，如美国红雪松、南方松以及樟子松等。

①天然防腐——红雪松。红雪松，产地为美国西部及加拿大，是北美等级最高的防腐木材。红雪松具有高度的防腐蚀能力，来源于自然生长的一种被称为 Thujaplicins 的醇类物质；另外一种被称为 Thujic 的酸性物质确保了木材不被昆虫侵蚀。红雪松无需防腐和压力处理，不受昆虫及真菌、白蚁的侵袭和腐蚀，稳定性极佳，使用期限长，不易变形，对环境也不会造成污染。即使用于特别干燥或潮湿的环境中，其使用年限也可达30～50年，是高品质的天然防腐木。红雪松还是一种最轻质的商用软木，其隔音隔热能力以及易于运输、安装的优点非常出众。

②世界流行——南方松。美国南方松由生长在美国南部四种树种群（长叶松、短叶松、湿地松以及火炬松）组成，其地理生长范围广，从德克萨斯州一直到弗吉尼亚州。美

国南方松树种属于材质最强、用途最广的木材之一。由于其特殊的细胞排列,防腐剂可达心材。美国南方松具有特别的强度和结构力,在木构造行业有"世界软木之王"美誉。其抗弯能力出色,能以较小的规格尺寸来满足设计规定的荷载力,从而在实际工程中木材的使用量大大降低,减少了资金成本。美国南方松接受高压注入防腐剂药剂的能力强,其高度渗透性使南方松能免于水分、腐朽、白蚁及海洋生物的危害,防腐能力可以保持 50 年。高度螺钉及钉子保持力也是南方松的特性之一,这一特性对于建筑结构框架尤其重要。

③中国突起异军——樟子松。樟子松树质细、纹理直,经防腐处理后,能有效地防止霉菌、白蚁、微生物的侵蚀,能有效抑制处理木材含水率的变化,减少木材的开裂程度,使木材寿命延长到 40～50 年。樟子松主要分布于夏凉冬冷且有适当降水的地区,如我国黑龙江大兴安岭、内蒙古海拉尔以西的部分山区和小兴安岭北部均有分布,俄罗斯的樟子松资源也极为丰富,是我国防腐企业主要的原木进口基地。樟子松防腐木是中国防腐企业从国外进口原木,自己防腐处理生产的,价格适中,目前在中国防腐木市场上颇受欢迎。

3. 木材加工管理

1949 年后,中国依靠自己的森林资源,进行木材的合理利用和综合利用,木材生产基地与木材加工工业体系逐渐形成,有关的科学研究也得到较大发展。从 1949—1986 年,木材产量从年产 567 万立方米增加到 6502 万立方米,锯材从 1950 年年产 344 万立方米增加到 1986 年年产 1505 万立方米,胶合板从 1953 年年产 3.54 万立方米增加到 1986 年年产 61.1 万立方米,刨花板从 1962 年年产 0.54 万立方米到 1986 年年产 21 万立方米,纤维板从 1959 年年产 1.16 万立方米到 1986 年年产 102 万立方米。三聚氰胺装饰板于 60 年代初开始生产,1986 年已发展到年产 1000 多万立方米。在研究工作方面,1958 年建立中国林业科学研究院,并设置木材工业研究所,其后地方性的木材工业研究机构陆续在北京、上海、哈尔滨等地成立。各省林业科学研究所也大都有木材加工的科研部门,北京、南京和东北等地的林学院有木材加工系。1980 年,中国林学会成立了木材工业学会。在对国产木材性质进行研究的基础上出版的《木材学》以及小型纤维板的生产技术和利用国产材料设计、制造的三聚氰胺装饰板生产线等,都具有中国特色。林业部林产工业设计院担负木材加工的工艺、设备和建厂的设计任务,现在全国已有 7 个林业机械厂具备木材加工成套设备的制造能力。

1999 年以来,美国、加拿大、澳大利亚、巴西等国家及欧盟都对我国出口木质包装提出了新的检疫要求,今后还有新的国家提出类似的要求。木质包装熏蒸除害处理因其毒性、环境污染性和对臭氧层的破坏性等不良特性(欧美一些发达国家已被禁止或限制使用此方法)将逐步被"环保型"的木质包装热处理取代。木质包装热处理是一种全新的检疫除害方法,它具有安全、高效、快捷、低耗的特点,在欧美一些发达国家广为应用,近年来在我国沿海部分重要口岸得到积极的推广。国家相关的检验检疫法规也为"木材干燥及热处理远程自动监测系统"的市场推广提供了政策保障。以热处理方式作为木质包装除害处理的需求将不断增加。截至 2008 年,江苏省出口木质包装采用热处理的企业近 50 家,全国木质包装热处理企业多达 500 家以上,国内市场广阔。

此外,在森林病虫害防治领域,为防治地区间木材流通所引发的病虫害交叉传播,热处理除害已经越来越多地应用在松材线虫枯萎病疫区或森林病虫害疫区除害中心。目前,已经成功地在安徽、福建等地建立森防除害中心。

1999 年,国家出入境检验检疫局《关于印发〈木质包装热处理操作规程(试行)〉的通知》(国检动〔1999〕75 号),明确规定了出入境木制包装热处理的操作规程及操作办法,并要求"温度检测记录仪应具有自动多点检测、打印检测数据和不可人为修改的功能"。随着我国出入境检验检疫局"三电工程"及"电子大通关"工程的不断推进,"电子监管"在我国进出口检验检疫中也越来越成为必需。2004 年 12 月 24 日,国家质量监督检验检疫总局公布了《出境货物木质包装检疫处理管理办法》,再次确定了出入境木制包装热处理的操作规程及操作办法,又要求温度检测记录仪增加"数据实时传输的功能"。并明确了木质包装热处理过程全自动监测的要求,从而为我国进出口木质包装热处理实现"电子监管"指明了方向,使木材干燥及热处理过程中实现干燥工艺过程及参数的全自动监测成为木材干燥及木质包装热处理自动监测成为必需。

木材加工已成为一个稳定的工艺系统,专门化程度不断提高。电子计算机的应用,对制材技术的革新,木制品加工工业系统的变革,以及人造板生产工艺和产品设计工程的发展,都产生了重要作用。今后微处理机将更加深入许多木材加工工艺领域,如原木、锯材的检尺、分等,木材、单板等干燥过程的控制以及热压工艺参量的调节等。同时,生物工程应用于纤维分离过程的可能性也已出现,定向技术的进一步提高,有可能使刨花和纤维按照产品用途性能的要求进行组织和纹理排列,成为木材加工中的最新技术。此外,在新技术革命的影响下,无木芯旋切、无胶胶合、无屑切削,以及木制品工业中应用柔性加工系统等的试验研究,都预示着木材加工技术将进一步发生重大的变革。

2.1.5 石材运输加工

石材如果不加工,则运输和仓储成本会很高。为此,必须在产地进行适当的粗加工,去除不必要的部分,对石材切割、分解、制成坯料,以方便运输和仓储。在大城市的建材市场又必须进行精加工,磨光、抛光、标准切割,以适应不同用户的需要。

1. 石材加工概述

天然石材具有质地坚硬、色彩缤纷、古朴典雅、抗震耐压、耐酸、抗风化和磨光性好等特点。由于其众多的优点,石材的应用范围越来越广,用量也越来越大,在人类生活中起着重要的作用。随着世界上建筑业及装饰业的发展,石材已成为世界性建筑材料。

石材是自然的建筑材料,整个地球表层是由岩石所组成的,而岩石是由许多矿物族群以各种方式结合而形成的,一块岩石中含有不同硬度的矿物。这就对石材加工产生一定的困难,从而使得石材的加工工具也不同于普通的加工工具。

随着 20 世纪 60 年代中期金刚石加工技术的兴起,金刚石技术的应用给世界石材工业带来了一场"革命"。金刚石俗称钻石,是目前自然界中最坚硬的一种物质。在以相对刻画为基础的摩氏硬度级别中,金刚石被列为最硬的一级。将其与结合剂通过烧结、电镀等方法结合起来做成的超硬材料工具,可广泛应用于地质勘探、石材、机械、汽车及国防工业等各个领域。各种金刚石工具与其他高新技术相结合,使石材开采和加工变得更加容易、成本更低,从而使石材生产走上了自动化、机械化、连续化以及大批量、大规模和文明、安全生产的道路。

2. 影响石材加工性的主要因素

石材的加工主要是锯、切、磨、抛。石材的可加工性是指锯、切、磨、抛加工的难易程度。锯、切相同,磨、抛虽有差别,但很相近。因此,一般石材的可加工性通常是指可锯性和可磨性。影响石材加工性的主要因素有:

(1)硬度

一般情况下,石材硬度越大,则加工越困难,对工具的磨损也越大。

(2)矿物成分和化学成分

石材的物质组分包括矿物组成和化学成分,不同的矿物组成和化学成分,加工性也不同。如大理石造岩矿物主要为方解石、白云石,其摩氏硬度分别是 3 和 3.5~4,较花岗石硬度低,易于加工。花岗石的主要造岩矿物是石英、正长石、斜长石,它们的摩氏硬度为 6.5~7,其可加工性在很大程度上取决于石英和长石的含量,含量越高,越难加工。在化学成分上,如二氧化硅含量愈高,加工愈困难。

(3)岩石的结构构造

一般来说,颗粒均匀比不均匀的石材易加工,细粒比片状磨光质量高,致密石材比疏松石材光泽度高。矿物结晶程度好,且定向排列、光轴方向一致将大大提高抛光后的光泽度。岩石的解理、晶界和初始裂纹也是影响加工性的很重要的因素。

此外,所选的加工工具以及工艺参数都是必须考虑的影响因素。

建筑装修用的饰面石材主要有大理石和花岗石两大类。将饰面石材荒料加工成建筑装饰板材,其主要工序为锯切、研磨抛光、切割成品板材、修边倒角开槽。其中,锯切工序最为关键,它决定着产品的产量与质量。而在锯切加工中又以金刚石锯片用得最多。据国内外统计资料估计,目前世界上工业金刚石 50% 左右用于制造石材加工工具,其中主要是石材加工锯片。

3. 石材深加工

抛光是石材表面的一种精细深加工技术,经抛光后石材的表面呈现出一种光洁的平整度,但在一定的放大倍数下,仍旧能见到一些毛面,可分辨划痕或微裂隙(纹)或微凹陷(坑)。其中,毛面为石材的微观凸凹面,微划痕则是石材加工过程中所遗留的痕迹,特别是高于石材硬度的高硬度抛光粉最容易在石材表面遗留下微观划痕。微裂隙则可能是原生的,这与石材的质量有关;也可能是后生的,即在加工过程中所产生的,因为石材毕竟是一种硬脆性材料。微凹陷(坑)可能是原生的,也可能是后生的,在石材加工过程中由于晶粒剥落的作用而造成。为了减少光的漫反射,提高石材光泽度,通常的做法是在石材表面涂(镀)上一层遮盖品(薄膜),通常是上腊,也有涂覆树脂或硅胶的。从这个角度上讲,石材表面的涂覆处理叫石材表面的增光技术。

(1)石材表面涂覆处理的原则

石材表面涂覆处理总体是美观、耐久、无害、无污染等几个原则。

所谓耐久,主要是指表面涂覆处理后的稳定性,即石材在通常加工、销售和使用过程中,不会发生明显的物理化学变化。当然耐久并不等于永久,比如涂过蜡,随着时间的推移,石材表面可能会泛黄——蜡的氧化作用,或逐渐失去光泽。这种石材常用于居家地面的装饰装修,所以要经常打蜡养护。

近年来,出现一种新的石材表面晶硬工艺处理技术,是用人工合成晶体的方法,在原天然石材表面生长一层晶体,从而起到遮盖的作用,效果很好。

无害、无污染是指不能对石材加工、包装、运输及安装、使用者产生伤害,不能对环境产生污染,否则就失去石材表面涂覆处理的意义。

(2)石材表面涂覆处理的意义

在石材表面涂覆一层遮盖品,不单纯是为了掩盖石材毛面、凹陷(坑)、裂纹和划痕,提高石材的光泽度,还可保护石材免受水或其他不良因素,如二氧化硫等有害气体对石材的侵蚀作用,避免或延缓石材表面氧化作用的发生和发展,从而起到保护的作用。从这个角度上讲,石材表面的涂覆处理,属石材的精细防护技术。再加上天然劣质石材的人工改善,石材的清洗和养护、密封等技术,一种与石材相关的边缘学科即石材化工则蓬勃兴起。

图 2-7 石材物流加工

4.加工模型

石材截断切割的最优次序模型如下:

如某贵重石材加工公司采用截断切割的加工方式,从一个花岗石长方体中加工出一个已知尺寸、位置预定的长方体,这两个长方体的对应表面是平行的。这里所谓截断切割,是指将物体沿某个切割平面分成两部分,因而,通常需要经过 6 次截断切割,水平切割单位面积的费用是垂直切割单位面积费用的 n 倍,且当先后两次垂直切割的平面(不管它们之间是否穿插水平切割)不平行时,因刀具调整需要额外费用 e。

工艺要求,与水平工作台接触的长方体底面是事先指定的。试设计一种合理的加工次序(称为切割方式),使加工费用最少。

(1)模型的构建

将待加工长方体的 6 个面按左、右、前、后、上、下的次序予以编号,记为 1,2,3,4,5,6。记 h_i 为两个长方体第 i 个面之间的距离,表示第 i 个面的切割厚度,s_i 为第 i 个面切割时的面积;δ_j 为第 j 个切割的平面。这样,一种切割方式 $\delta = \delta_1, \delta_2, \cdots, \delta_6$ 的一个排列,从而问题转化为寻找 $\delta = \delta_1, \delta_2, \cdots, \delta_6$,使得总的切割费用最小。

切割费用包括两个部分:一部分是与切割面积 S 有关的切割费用,记为 C_1,设垂直切割单位面积的费用为 w,则水平切割单位面积的费用为 rw,于是这部分切割费用为:

$$C_1 = \sum_{j=1}^{6} sw$$

其中 w 表示第 k 个面单位面积的切割费用。

$$w = \begin{cases} w, k = 1,2,3,4 \\ rw, k = 5,6 \end{cases}$$

另一部分是调整刀具所需要的费用,记为 C_2,它与垂直切割的次序有关,而与水平切割的次序无关。在一种切割方式中,去掉两次水平切割 5,6 后的排列,为简约排列,简约排列是 {1,2,3,4} 的一个排列,记 $\tilde{\delta}$,于是这部分费用为:

$$C_2 = \begin{cases} e, \tilde{\delta} = 1234 \text{ or } 3412 \\ 2e, \tilde{\delta} = 1342 \text{ or } 3124 \\ 3e, \tilde{\delta} = 1324 \text{ or } 3142 \end{cases}$$

式中:1 与 2,3 与 4 的次序可以互换。因此,总的切割费用为:$C = C_1 + C_2$,

从而最优截断切割次序问题的数学模型可归结为:求一个排列 $\delta = \delta_1, \delta_2, \cdots, \delta_6$,使得总切割费用达到最小。

(2) 模型的求解

关于 r 的处理,由于水平切割的费用是垂直切割的 r 倍,这给处理带来了麻烦。但只要作一个简单变换,就可以将 r 变成 1。事实上,令

$$h = \begin{cases} h, i = 1,2,3,4 \\ h/r, i = 5,6 \end{cases}$$

则第一部分与切割面积有关的费用 C_1 就化为:

$$C_1 = rw \sum_{j=1}^{6} s$$

显然,C_1 取最小值等价于 $\min w \sum_{j=1}^{6} s$

因此,下面我们假设,$r = 1, e = 0$ 的情形。

对于 $e = 0$ 的情形,即不考虑刀具调整的费用,最优切割方案很简单,只要将 $h_1,h_2,\cdots,h_6$ 按从大到小的次序排列,相应的指标序列即为切割的最优次序。

为了证明以上结论,先考虑相邻两个平面的次序问题。

容易验证,交换相邻两个平行平面的切割次序,切割费用不变,设 $\delta = \cdots jk \cdots$ 是一种切割方式,其切割费用为 C,其中,j 和 k 是平行平面,交换 j 和 k 的切割次序,得到另一种切割方式 $\delta' = \cdots kj \cdots$,其切割费用为 C',则 $C = C'$。

对于两个不平行平面 j 和 k 设 $\delta = \cdots jk \cdots$ 中切割平面 j 和 k 对应的切割面积分别为 S_j 和 S_k。交换 j 和 k 的切割次序,得到另一种切割方式 $\delta' = \cdots kj \cdots$,对应的两个切割平面的面积分别为 S'_j 和 S'_k。显然:

$$h_j s_j + h_k s_k = h_j s'_j + h_k s'_k$$

即

$$h_j(s_j - s'_j) = h_k(s'_k - s_k) > 0$$

显然,这两种切割方式的其他费用均相同,故先切割 k 平面优于先切割 j 平面。

一般的,若有一种切割方式 $\delta = \delta_1, \delta_2, \cdots, \delta_6$ 是最优解,设其中厚度最大的平面为 δ_j。

通过相邻两个平面的两两交换,将其移至第一个,根据前面的讨论,其费用不会增加,故必定也是最优解。然后对于厚度次大的平面用同样的方法进行处理。这样,最终可将切割次序变为按厚度大小递减排列,它必是最优解。

由此可见,最优切割方式与切割厚度的大小次序有关,因此不妨假设:

$$h_1 > h_2, h_3 > h_4, h_5 > h_6$$

对于 $e > 0$ 的情形,可以借助 $e = 0$ 时的最优解,将各切割平面按其切割厚度从大到小排列,得到 $e = 0$ 条件下的最优解,记为 $\delta = \delta_1, \delta_2, \cdots, \delta_6$。

若 δ 的刀具调整次数为 1,它必定也是 $e > 0$ 时的最优解。

若 δ 的刀具调整次数为 2,那么它必定是所有刀具调整次数大于 1 的切割方式中的最优解。为了求出整体最优解,还需考虑刀具调整次数为 1 的切割方式。根据前面的结论,对平行平面的切割次序应满足厚度大的先切割的原则。1 在 2 前、3 在 4 前、5 在 6 前。刀具交换次数为 1 的切割次序只能是 1234 和 3412。

现在将切割平面 5 和 6 按照切割厚度的大小,适当地插入到 1234 和 3412 中,得到若干个候选的切割方式。将这些候选切割方式与 $e = 0$ 时的最优解进行比较,便可得到 $e \neq 0$ 时的最优切割方式。由于切割厚度按排列 1234 的次序至多有 2 个单调下降段,因此切割平面 5 和 6 按相邻厚度单调下降方式插入时,至多可得 3 个候选解。同样地,对排列 3412 最多也只有 3 个候选解。由此,候选解的总数最多为 7 个。

若 e 的刀具调整次数为 3,除了 $e = 0$ 时的最优解和刀具调整次数为 1 的候选解外,还需考虑刀具调整次数为 2 的切割方式,1342 和 3124。

类似地,将切割平面 5 和 6 适当地插入到 1342 和 3124 中,1342 和 3124 这两种切割方式各有 2 个单调下降段,或者其中一个有 2 个单调下降段,另一个有 1 个单调下降段。对于前者,每个排列各有 3 个候选解;而对于后者,具有 1 个单调下降段的排列有 1 个候选解,具有 3 个单调下降段的排列有 6 个候选解,所以候选解的总数最多为 7 个。再加上调整 1 次刀具及 $e = 0$ 的情形,最多可有 14 个候选解。

(3)模型的应用

设待加工长方体的长为 10cm,宽为 14.5cm,高为 19cm,成品长方体的长为 3cm,宽为 2cm,高为 4cm。两个长方体左侧面之间的距离为 $h_1 = 6$cm,正面之间的距离为 $h_3 = 7$cm,底面之间的距离为 $h_5 = 9$cm,垂直切割费用为每平方厘米 1 元。

容易计算,两个长方体右侧面之间的距离为 $h_2 = 1$cm,后面之间的距离为 $h_4 = 5.5$cm,顶面之间的距离为 $h_6 = 6$cm。

若 $r = 1, e = 0$，按照厚度由大到小的原则，立即可以求出最优解为 531642 和 536142，切割费用为 374 元。

若 $r = 1.5, e = 0$，先作变换，然后再按照厚度由大到小的原则，求出最优切割方式为 315462 和 351462，切割费用为 437.50 元。

若 $r = 1.5, e = 2$，首先求出当 $e = 0$ 时的最优解为 315462 和 351462，切割费用为 443.50 元，它们均需要 3 次刀具调整。

考虑 1 次刀具调整的情形。在 1234 中插入 5 和 6 的方式有三种：156234（或 516234）、152346（或 512346）、123546，其切割费用分别为 533.50、578.50、682.75 元。而在 3412 中插入 5 和 6 的方式也有三种：354612、354162、3415.62（或 345162），其切割费用分别为 450.50、444.50、452 元。因此只调整 1 次刀具的最优解为 354162，切割费用为 444.50 元。

类似地，对于调整两次刀具的情形。在 1342 中插入 5 和 6 的方式有三种：156342（或 516342）、153462（或 513462）、135462，其切割费用分别为 493.50、466.50、460.50 元。而在 3124 中插入 5 和 6 的方式也有三种：315624（或 351624）、315246（或 351246）、312546，其切割费用分别为 468.50、495.50、551.75 元。因此调整 2 次刀具的最优解为 135462，切割费用为 460.50 元。

综合上述三种情况，可得整体最优解为 315462 和 351462，切割费用为 443.50 元。

2.1.6　液化运输加工

液化气体是某种物质的液体状态，该物质在常温、常压下为气体。由于气体物质密度低，储存运输时占据较大体积，因此从经济角度出发，海上运输和储存时需将气态货物液化成液体。例如：石油气（主要成分是丙烷）经液化变成液化石油气（LPG）后，体积仅为气体时的 1/250；天然气（主要成分是甲烷）经液化变成液化天然气（LNG）后，体积仅为气体时的 1/625。

国际海事组织（IMO）制定的《液化气体船国际气体规则》（IGC 规则）明确规定了液化气船适载的液化气货品的定义："温度在 37.8℃ 时，饱和蒸气压力超过 0.28 兆帕（绝对压力）的液态物质及性质和这些液化气体相近的其他货品。"

IGC 规则中的液化气货品有 32 种，但在液化气海上运输中，最常见、运输量最大的作能源用的是液化天然气（LNG）和液化石油气（LPG）两种。此外，氨、乙烯、氯乙烯丙烯等作为化工用途的液化气货品也较为广泛地出现在海上运输中。

1. 液化天然气

天然气是一种清洁的能源，燃烧后产生的二氧化碳和氮氧化物仅为煤的 50% 和 20%，污染为石油的 1/4、煤的 1/800。因此，随着世界经济的发展，石油危机的冲击以及煤炭、石油所带来的环境污染问题日益严重，天然气在世界能源消费结构中的比重越来越大，目前在世界一次能源结构中比例已占到 24%。

但是，天然气资源分布区一般远离消费中心，因此天然气资源的开发利用必须解决好运输和储存的问题。天然气的主要成分为甲烷，其临界温度较低，常温下以气态形式存在,密度较低。目前除管道输运外,采用液化天然气(LNG)输运形式成为全球范围内天然气输运的一种重要方式,尤其是在难以铺设管道的地方或者采取管道输运不经济的场合。同时,液化天然气也是一种重要的调峰手段,可保证天然气消费的安全可靠。

采用天然气液化技术可解决天然气储运问题。低温液化后的天然气体积只占气体体积的1/625,一台35立方米的标准液化气槽车,可运输2.1万标方天然气。

液化槽车是高速公路上的天然气管道,通公路的地方就通液化天然气,液化技术为天然气装上了"轮子"。

(1)液化天然气加工的意义

液化天然气经简单的气化装置就可重新变成气态使用。液化储存的天然气可以解决城市管网的调峰难题。天然气液化加工克服了长途铺设管线耗资大,覆盖地区有限,且不具备储存和调峰能力的缺点。

①天然气液化后便于经济可靠的运输。用专门的液化天然气槽车、轮船,把气田天然气经液化后长距离运输到销售地,可减少大量天然气放空造成的损失,它比地下管道输气节省大量投资,而且方便可靠,风险性小,适应性强。

②有利于城市负荷的平衡调节。由于民用气量冬用多、夏用少,以及因用气的化工厂检修或者液化天然气厂本身进行技术改造,甚至是输气管网出故障等,都会造成定期或不定期的供气不平衡,而建设液化天然气储罐就能起到削峰填谷的作用。据国外资料统计,在美国、日本、欧洲已建成投产100多座液化天然气调峰装置,它比地面高压储气罐和地下储气库建设节省土地、资金、工期,而且方便、灵活,不受地质条件限制。

③生产过程中释放出的冷量可回收利用。例如,可将液化天然气汽化时产生的冷量,用作冷藏、冷冻、低温破碎、温差发电等。因此,有的调峰装置就和冷冻厂进行联合建设。按目前液化天然气生产的工艺技术水平,可将天然气液化生产所耗能量的50%加以回收利用。另外,还可将液化天然气储罐的蒸沸气就近回收利用,低温液化还可分离出部分有用的副产品。

④液化天然气可作为优质的车用燃料。与汽油相比,它具有辛烷值高、抗爆性好、燃烧完全、排气污染少、发动机寿命长、降低运输成本等优点;即使与汽车压缩天然气相比,它也具有储存效率高,加一次气续驶行程远,车装钢瓶压力小、重量轻、数量少,建站不受供气管网的限制等优越之处。

⑤生产使用比较安全。液化天然气的燃点高、爆炸极限高,与空气相比更轻,所以稍有泄漏立即向上扩散,不致造成积聚而引起爆炸。由于液化天然气具有低温、轻质、易蒸发的特性,还可防止被人窃取或变卖造成损失。

⑥有利于环境保护,减少城市污染。现有我国城市污染源,主要来自大量烧煤和车辆排放的尾气。若汽车改烧液化天然气,其有害物质将大为减少。

(2)液化天然气加工技术

天然气液化系统主要包括天然气的预处理、液化、储存、运输、利用五个子系统。一般生产工艺过程是,将含甲烷90%以上的天然气,经过"三脱"(即脱水、脱烃、脱酸性气体等)净化处理后,采取先进的膨胀制冷工艺或外部冷源,使甲烷变为−162℃的低温液体。

目前天然气液化装置工艺主要有三种类型:阶式制冷工艺、混合制冷工艺和膨胀制冷工艺。

天然气脱硫,除去二氧化碳和水。液化设备生产能力为 0.5~10 吨/小时,采用带循环压缩机的天然气膨胀机制冷循环流程,采用新型天然气膨胀机。LNG 储存系统,天然气储罐为双金属罐,内层为含 9% Ni 的不锈钢,外层为碳钢,中间绝热层为膨胀珍珠岩,其容积为 5~100 立方米。移动式的低温槽车容积为 8~25 立方米,压力为 0.6 兆帕,还可以制成容积为 155 立方米,压力为 0.8 兆帕,存期为 7~10 天的 LNG 无泄漏贮槽。LNG 汽化器型号为 BCXx,利用空气加热 LNG,气化能力为 120 万立方米/天。车用低温燃料贮罐容积 90~560 兆帕,现已应用于液化天然气(LNG)。监控系统实现参数的监测及控制 LNG 的净化、液化和储存过程。

1)阶式制冷工艺

阶式制冷工艺是一种常规制冷工艺。对于天然气液化过程,一般是由丙烷、乙烯和甲烷为制冷剂的三个制冷循环阶组成,逐级提供天然气液化所需的冷量,制冷温度梯度分别为 -30℃、-90℃ 及 -150℃ 左右。净化后的原料天然气在三个制冷循环的冷却器中逐级冷却、冷凝、液化并过冷,经节流降压后获得低温常压液态天然气产品,送至储罐储存。

阶式制冷工艺制冷系统与天然气液化系统相互独立,制冷剂为单一组分,各系统相互影响少,操作稳定,较适合于高压气源(利用气源压力能)。但由于该工艺制冷机组多、流程长,对制冷剂纯度要求严格,且不适用于含氮量较多的天然气。因此,这种液化工艺在天然气液化装置上已较少应用。

2)混合制冷工艺

混合制冷工艺是 20 世纪 60 年代末期由阶式制冷工艺演变而来的,多采用烃类混合物(N_2、C_1、C_2、C_3、C_4、C_5)作为制冷剂,代替阶式制冷工艺中的多个纯组分。其制冷剂组成根据原料气的组成和压力而定,利用多组分混合物中重组分先冷凝、轻组分后冷凝的特性,将其依次冷凝、分离、节流、蒸发得到不同温度级的冷量。又据混合制冷剂是否与原料天然气相混合,分为闭式和开式两种混合制冷工艺。

闭式循环:制冷剂循环系统自成一个独立系统。混合制冷剂被制冷压缩机压缩后,经水(空气)冷却后在不同温度下逐级冷凝分离,节流后进入冷箱(换热器)的不同温度段,给原料天然气提供冷量。原料天然气经"三脱"处理后,进入冷箱(换热器)逐级冷却冷凝、节流、降压后获得液态天然气产品。

开式循环:原料天然气经"三脱"处理后与混合制冷剂混合,依次流经各级换热器及气液分离器,在逐渐冷凝的同时,也把所需的制冷剂组分逐一冷凝分离出来,按制冷剂沸点的高低将分离出的制冷剂组分逐级蒸发,并汇集构成一股低温物流,与原料天然气逆流换热的制冷循环过程。开式循环系统启动时间较长,且操作较困难,技术尚不完善。

与阶式制冷工艺相比,混合制冷工艺具有流程短、机组少、投资低等优点;其缺点是能耗比阶式高,对混合制冷剂各组分的配比要求严格,设计计算较困难。

3)膨胀制冷工艺

膨胀制冷工艺的特点是利用原料天然气的压力能对外做功以提供天然气液化所需

的冷量。系统液化率主要取决于膨胀比和膨胀效率,该工艺特别适用于天然气输送压力较高而实际使用压力较低,中间需要降压的气源场合。其优点是能耗低、流程短、投资省、操作灵活;缺点是液化率低。

（3）我国天然气液化技术现状

我国天然气液化技术现状还处于探索阶段,目前主要的几个工艺如下:

1）中原 LNG 工厂液化工艺

中原油田 LNG 工厂采用阶式制冷工艺。针对中原油田天然气气源压力高的特点,研究人员提出了丙烷＋乙烯＋节流的工艺技术方案,并与设计经验丰富的法国索菲公司合作,进一步完善和细化了该工艺技术方案,使得该项目的投资少、收率高、生产成本低。

具体的工艺过程为:120 巴/27℃（1 巴＝10^5 帕）的高压原料天然气进装置后,经高压分离罐分液,然后进入以 MEA 为吸收剂的脱 CO_2 系统,并采用分子筛脱水;净化后的高压原料气由丙烷预冷至－30℃左右,节流至 53 巴/－60℃左右;中压天然气分离脱除重烃后,进入脱苯系统脱除微量苯,再经乙烯蒸发器冷凝,节流至 10 巴/－123℃,分离得中压尾气和中压 LNG;中压 LNG 再经节流到 3 巴/－145℃左右,得到的低压 LNG,低压尾气同中压尾气一起经回收冷量后,分别进入低压和中压管网,低压 LNG 作为产品储存于储罐内。

该工程主要包括高压天然气净化、高压天然气液化、天然气微量苯低温高压脱除、低温液态天然气带压储存等系统。该装置技术特点如下:

①采用阶式制冷工艺装置能耗低。充分利用了原料天然气 12 兆帕的高压力,在合理的温位进行节流,减少了装置能耗。该装置将高压天然气节流降温过程中产生的部分闪蒸气合理地在不同温位与多种介质间换热,充分利用了这些闪蒸气的低温冷量,大大降低了装置能耗。

②低温液态天然气带压储存有利于回收率的提高。LNG 带压储存,和常压储存相比,液化率得到一定程度的提高。

③天然气微量苯低温高压脱除技术解决了天然气脱苯的技术难题。异戊烷脱苯技术率先在 LNG 工厂应用,脱苯效果良好,具有投资少、工艺简单等特点。

2）上海浦东 LNG 工厂（东海天然气事故调峰站）液化工艺

位于上海浦东的 LNG 装置是我国首座以事故调峰为目的的天然气液化装置,该装置处理规模 10×10^4 立方米/天。主要用于海上（东海）天然气开采输送因不可抗因素导致停产时,向下游用户提供可靠的气源供应。该装置的净化工艺与中原 LNG 工厂净化工艺相同,液化工艺采用整合式级联液化工艺。

该装置液化单元包括制冷机压缩机组、混合制冷剂分离塔、整体式冷箱等。该设备技术特点如下:①装置工艺流程简单、设备数量少。②采用高效板翅式冷箱,换热效率高,装置占地面积小。③设备数量少,降低了工程投资和维护费用。

3）新疆广汇 LNG 工厂液化工艺

新疆广汇 LNG 项目位于吐哈油田鄯善火车站附近,采用混合制冷工艺,装置处理规模 150×10^4 立方米/天,装置由净化、液化、储存运输等几大系统组成,主要以长江中下游经济发达地区为目标市场。

具体的工艺过程为：来自输气管网的 15 巴原料天然气经凝液分离、过滤、计量后，进原料天然气增压系统增压至 50 巴；增压后的原料天然气进入以 MEA 为吸收剂的脱 CO_2 和 H_2S 净化系统；净化后的原料天然气经分子筛干燥器脱水后进入液化单元；天然气经液化单元冷凝冷却至 $-162℃$，经截流降压至常压（1 巴），得到低温液化天然气产品（LNG）；液化后的天然气进入 $2×10^4$ 立方米的 LNG 储罐内储存。

LNG 工厂的气源来自吐哈油田，处理单元、液化单元除制冷剂压缩机组与上海浦东 LNG 工厂有区别外，其他部分工艺原理基本相同。

图 2-8　LNG 液化加工装置

2. 液化石油气

LPG 是液化石油气（Liquefied Petroleum Gas）的英文缩写。液化石油气即"被液化了的石油气"，其本身在常温常压下是气体，为了便于运输和储存，通常采取加压或制冷或两者兼施的方法，将其液化成液体。液化石油气是碳氢化合物的混合物，主要成分是丙烷和丁烷，但是由于生产和净化的不同原因，LNG 主要是由俗称碳三（巳）和碳四（巳）的一种或多种烃类化合物组成，这包括丙烷、正丁烷、异丁烷、丙烯、丁烯、顺丁烯-2、反丁烯-2 和异丁烯等 8 种成分，以及少量水蒸气/水和其他非烃类杂质。液化石油气的来源不同，其各种成分和含量也不相同。为了准确了解 LPG 的成分和含量，通常使用气相色谱仪对 LPG 进行定性和定量的分析。

（1）液化加工原理

同一种物质可以具有三种不同的物理状态，即固态、液态和气态。这三种状态可以通过某些物理条件的变化而互相转化。物质从固态变为液态（溶化）或从液态变为气态（汽化），必须加热；物质从气态变液态（凝结）或从液态变固态（凝固），必须放热。物质改变状态过程中所吸收或放出的热叫做潜热。

液化常用方法是制冷，制冷可定义为从物质中抽走热量的过程。其基本原理为：在适宜的压力下，利用液态制冷剂的沸腾和蒸发作用，从物质吸收汽化潜热，带走热量，以使物质冷却。因制冷剂气体从蒸发器中出来，经压缩机压缩，达到液化所需要的温度和压力后,进入冷凝器中,在冷凝器中被冷却介质(海水)冷凝为液体。冷凝器内的冷却介质吸热,带走了制冷剂的显热和凝结潜热。从冷凝器中出来的制冷剂冷凝成液体,通过膨胀阀降压后,变成含有液体的混合物,再流回蒸发器中。

制冷剂在蒸发器中不断蒸发汽化吸热,不断取走被制冷物质的热量,重新蒸发出来的制冷剂蒸气又重新被抽入压缩机中。由于制冷剂蒸气又以初始的状态返回压缩机中,如此循环往复不止,则不断地将被冷却物质的热量带走,达到制冷降温的目的。如果 Q_1 是制冷剂吸收周围被制冷物质的热量,Q_2 是压缩机对制冷剂所做功的热当量,Q_3 是冷凝器的冷却介质所吸收的热量,假定制冷设备的效率是100%,那么根据热力学第一定律可得:

$$Q_1 r + Q_2 = Q_3$$

由于液化气货物在热力学性质上与制冷剂是相一致的,有些液化气货物本身就是制冷剂,所以上述的制冷原理适用于液化气货物的液化。实际上,在液化气船的液化系统中,船舱相当于蒸发器,气态货物相当于制冷剂气体。

(2)液化运输

液化气船是指将一些气态碳氢化合物(通常是从原油精炼过程中或石脑油等分解过程中制取,同时也可通过从油井和气井中提取的天然气中分离而取得),以及其他一些特殊气体(氨、氖、氧、氩、氮等)经液化后,在一定温度和压力下进行运输的船舶,它是近半个多世纪以来出现的全新船种。

按照载运的货物以及装载条件的不同,液化气船可分成四个不同类型:全压式运输船、半冷半压式运输船、半压全冷式运输船、全冷式液化石油气运输船。

1)全压式运输船

这类船就货物围护系统和装卸货物设备而言是所有气体运输船中最简单的,它们在环境温度下运载货物相应于45℃时丙烷的蒸气压力,碳钢结构的C型液舱压力容器必须采用标准的设计压力1.75兆帕(表压)。实际使用中还有采用较高设计压力的,1.8兆帕(表压)是很普遍的,少数船也有高达20巴(表压)的。这类船无需绝热层或再液化装置,货物可用液货泵或压缩机进行卸货。可以在温度45℃、压力1.75兆帕(表压)状态下运输。

2)半冷半压式运输船

这类船因为具有C型液舱——标准设计的压力容器最大工作压力为0.5～0.7兆帕(表压),所以类似于全压式运输船。该类船的载货容量可高达1500立方米,主要运载液化石油气。与全压式运输船相比,由于压力的降低,液舱的壁厚可以减薄,但须配有制冷装置和敷设绝热材料。这类船的液货舱是用能够承受低至-10℃温度的钢材建造的。它们的形状可以是圆柱形、圆锥形、球形或双叶形。

3)半压全冷式运输船

这类气体运输船的运载容量1500～30000立方米。它已成为各种气体(从液化石油气、氯乙烯单体至丙烯和丁二烯)最佳的运输工具。目前,该类型的船在"较小型"气体运输船经营者间最受欢迎。和前述两种类型的气体船一样,半压全冷式气体船采用C型液舱压力容器,因此不需要次屏壁。液舱既可由耐低温钢制成,以及能承受-48℃的低温,适载大多数液化石油气和化学品气体,也可由特殊的合金钢或铝制成,以便能运载－104℃的乙烯。该类型船具有灵活的装卸系统,能够对有压力且制冷的储罐进行装货或卸货。

4)全冷式液化石油气运输船

全冷式运输船在接近大气压下运载货物,一般设计用来运输大宗的液化石油气和氨。该类船采用四种不同的货物围护系统:带有双层壳的独立型液舱、带有舷侧单层的独立型液舱但具有双层底和斗舱、整体液舱和半薄膜液舱,后两者均有双层壳。应用最广泛的是带有舷侧单层壳的独立液舱,该液舱为 A 型棱柱形自持式,最大工作压力为0.07兆帕(表压)。液舱用耐低温钢建造,能够运载温度低至－48℃的货物。全冷式船的载货容积为1万～10万立方米。

2.2　物流仓储加工

在仓库进行商业性加工,如货物分类、分装、包装、挑选、贴商标、刷唛头等,不同于工厂的生产加工,设备相对简单,加工过程短。具有时效性的物品在流通过程中,在仓库中的时间往往会很长,需要进行处理以防变质。特别是食品,需要事先放入某种容器中,或者进行集中,这就需要物流仓储加工。通过加工可以极大减缓变质过程,常见的加工有冰藏加工、无冰保鲜加工、盐藏加工、罐藏加工、即食加工。主要有以下思路:

①提高仓库利用率,物流中经过此加工过程,能在企业内部仓库中同样库容下存放更多的产品,可以减少仓库、堆场等固定资产的投资。在公共仓库中能存放更多的商品,直接导致库存成本的降低。

②进一步减少变质的损失,延长供应时间。经过物流加工的商品,可以使保存期延长,不易变质。

③增加空间效用,投机性加工,提高产品和商品的附加值,如前店后产的加工可以利用时间差,在客户最多的时间适当提高售价。

④在流通过程中利用时间继续完成加工,如酒在仓库中是加工的一个环节。

⑤充分利用包装和容器,如通过浓缩加工合理充分利用容器。

本节以常见的食品为典型例子,探讨物流仓储加工的一般规律,并进一步推广应用于其他物流产品中。

2.2.1　冰藏加工

食品的冻结保藏,简称冰藏,是将食品储存在低于－18℃温度下的食品保藏法。它能有效地抑制微效生物、酶及 O_2 等不利因素的作用,较好地保持食品的质量,是一种应用广泛的食品保藏法。

食品在冻藏之前,通常要进行原料预处理、冻结等加工过程。原料预处理包括挑选、分级、屠宰、检验、分割、烫漂、调味、添加剂处理、烹调、成型等,因原料的种类、特性及制品的要求等而异。冻结是将食品的温度由初温降至其中心温度低于 $-18℃$ 的物理过程,是影响冻结食品质量的重要因素。

用天然冰或机制冰把新鲜渔获物的温度降至接近冰点,但不冻结的保藏海产品的方法,通常称冰鲜,是继盐藏保鲜之后被渔民普遍采用的保鲜渔获物的一种最常用的方法。冰藏保鲜不仅可以用来保鲜原料,而且亦可直接用来生产冰鲜品。用冰藏保鲜加工而成的冰鲜品有:冰鲜牙鲆、冰鲜河豚、冰鲜对虾等,以浙江为例,产品主要出口日本。

冰鲜品加工方法(以冰鲜牙鲆为例)如下。

1. 工艺流程

①捕捞船操作工艺流程:原料鱼→水洗→放血→去脏→水洗→冷浸→装箱→加盖塑料布→加冰→储藏。

②加工船或加工基地操作工艺流程:收购渔船交来的鱼货→挑选→过秤→装保温箱→加冰→封盖→刷唛头→储藏→运输。

2. 工艺要点

原料:为保证冰鲜品的质量,原料处理务必及时。一般要求拖网时间不超过 2 小时,从加工到运至飞机场不超过 70 小时。同时,在对原料处理时还必须做到小心谨慎,轻拿轻放,严禁摔打鱼体,冲洗要适度,不得损坏鱼体表面的黏膜。

放血去脏:对冲洗干净的鱼要当即从鱼体腹面尾部向上 3 厘米左右的脊骨部刺孔放血,孔宽 1 厘米左右(为使放血干净彻底,必须刺断脊骨);放净血后,接着在其背侧肛孔到鳃部斜开或纵开一个 8 厘米以内的刀口,然后用手将内脏取出,去脏要彻底干净;最后将鱼体洗净。

冷浸:去脏洗净后的鱼应立即放入 $0\sim5℃$ 的冷海水中浸泡 $2\sim3$ 分钟,使鱼体降温后双手托出,置于洗净木箱或塑料箱中。

装箱:渔船上所用鱼箱不易过大或过小,一般按鱼体长度来定箱的大小,箱内放鱼一般占箱容量的 $40\%\sim60\%$。在鱼体上加盖好塑料布后再加冰。加冰量以气温条件而定,气温高时用冰量不得少于鱼重的 60%,冰面要低于箱高 1 厘米,以防码垛时压坏鱼体。装箱后要及时入舱。

扒运加工:加工船或加工基地自渔船上将鱼品原料接过后,应立即分级挑选,对于在渔船上储藏超过 48 小时的要严格检验其质量,过鱼时应手工操作,轻拿轻放,严禁摔鱼箱。

水洗挑选:对质量好的鱼品根据其情况决定是否需用水洗,若卫生条件好可不洗,若卫生条件不够理想,则要用 $7℃$ 以下干净海水清洗,然后按鱼品的质量、品种、规格分选,严防串等、串级、串品种,选好鱼后放入干净带孔的塑料箱内,控水 5 分钟后称重。

称重:挑选好鱼进行过秤定量,并于鱼箱上注明。控水后的鱼原则上不让水(但在实际生产中常酌情让水),每箱装鱼量不超过 12 千克。

装箱:首先对泡沫箱进行预冷却,冷却方式有冰预和冰舱内预冷。然后将箱内衬一长方形尼龙袋,再加 $4\sim6$ 袋约 $2\sim3$ 千克的袋冰,将其摊平衬底,将鱼斜顺摆于冰袋上,头向双端,鱼腹向下摆好,上面再摊加 $4\sim6$ 袋碎冰,再折上衬袋口,并立即加盖封箱,且箱底接触部要加免水胶带顺封一周。

封箱刷唛头：将外包装大纸箱刷好唛头，将箱底封好，然后将已封闭的泡沫箱外套一大尼龙袋，并将袋口折平封好，再将其装入外包装大纸箱中，封口。

储藏：包装好的鱼成品要存放在阴凉干净处，有条件的可在不致冻结的低温下冷藏。

2.2.2　无冰保鲜加工

长期以来，海洋水产捕捞作业和加工运输过程一直以敷冰保鲜为主要保鲜方式，这种传统的生产方式存在着明显的缺陷：耗淡水、耗能、有效生产时间受限、保鲜时效差。

1. 传统敷冰保鲜方法在捕捞作业中存在的问题

传统敷冰保鲜方法是采用机制冰在渔船出海前充注于渔舱内（约 30～50 吨/次不等），待鱼上网装箱后将冰块敷于表面，在船舱内进行保鲜的一种方法。随着近海资源的枯竭，渔场的外移，海岛淡水、柴油资源的短缺，柴油价格的上扬，传统的敷冰保鲜工艺已不能适应目前捕捞作业区域和保鲜时效的需要。由于一直未能寻求到更为优异的保鲜工艺，因此国内渔船基本上还是采用传统的敷冰保鲜方法，而传统的敷冰保鲜却存在着诸多的不足。主要表现为：

①渔船出海前需在鱼舱内充加大量的冰块，相当于装载鱼货量的 1 倍以上。这不但使保鲜成本居高不下，而且出航时因船体负载过重而影响航速、增加燃油消耗。

②劳动强度大，鱼货进舱需要敷冰，中间还需翻盘加冰。

③因冰块敷在鱼箱表面、鱼盘之间，而实际作业过程中船体经常发生倾斜、摇摆，这样除了最上层鱼货外观尚好外，多数鱼货的表面均受冰块挤压，造成了机械挤伤，影响水产品外观质量，降低了鱼货的销售价格。

④在冷量不均匀、鱼货量少的情况下，尚能在短时期内（7～10 天）保持一级鲜度。可是一旦时间延长、产量增加，最初捕捞而放在最下层的鱼货，因鱼货与冰块换热效果差，无法有效地吸收冷量，只能接受从上层冰融化后滴下的水，造成鱼货下层只能在 5～8℃环境下储存。这也是我们平时看到渔船每次返航时，从上到下的鱼货质量越来越差的原因。据调查，每船每航次至少约有 10% 以上（全年达 20 万元）的鱼货因质量差而降价或作为饲料，实在令人惋惜。

⑤作业的灵活性较小，很大程度上受到气候和带冰量的制约，造成不必要的浪费，并影响保鲜质量。

⑥保鲜效果差，由于冰块为几何棱角，容易使水产品的表面造成机械损伤。且冰块为普通机冰，而非食用冰，影响产品的质量、卫生等。

2. 无冰保鲜技术和装置简介

我国无冰保鲜设备经过近 4 年的研发，打破传统保鲜方式，实现无冰保鲜作业，大大降低捕捞生产成本，减少生产劳动强度。无冰保鲜可根据渔情和天气的变化决定航程和作业时间，以避免无谓的冰耗，产品的保鲜度得以提高，产品的附加值增加，有效地增加了渔民的收入，对捕捞业提高经济效益、生态效益和社会效益都非常有益。

无冰保鲜采用海水激冷、冷藏仓空气冷却、喷雾加湿、蓄冷保湿等先进的保鲜技术，根据工艺要求研制的制冷装置功能齐全、设计新颖、性能可靠,以 PLC 为主的智能控制系统性能优越、控制准确、自动化程度高、操作方便,对渔船工作特殊和使用工况的恶劣条件具有很强的适应能力,可以大幅度提高水产品的保鲜时效和品质,降低保鲜成本。目前,该装置已经通过国家渔业机械仪器质量监督检验中心的检测。

无冰保鲜技术是利用最直接快速有效的贴冷热交换原理,采用 $-5 \sim -3\,℃$ 的冷媒(深冷海水)通过喷淋、浸泡等激冷清洗方式,使水产品在最短的时间内快速冷却至 $-2 \sim -1\,℃$ 的微冷状态,而后通过舱内保温、保湿系统对水产品进行保温、保温储存,使水产品达到最佳的保鲜时效(一级鲜度 20 天以上)和理想的保鲜成本(约占敷冰保鲜成本的1/10),并可大大减轻作业人员的劳动强度。该装置为一组成套设备,主要元器件均采用国际优质产品,如采用船用半封闭压缩冷凝机组、不锈钢钎焊式蒸发器、钛金属板式换热器、船用自吸泵、防堵喷头及过滤器、高性能的自控元件及可编程序控制器等设备和部件。该装置具有使用寿命长、体积小、能耗低、耐腐蚀、完全可靠、自动化程度高等优点,是目前捕捞业保鲜设备中高科技含量较高的一种产品。

3.无冰保鲜设备推广应用的意义

随着人类对淡水资源和能源的重视,无冰保鲜装置的推广应用将大大缓解水和能源的紧张状况,特别是在资源日趋紧张的沿海地区。根据调查和推算,全国所有渔船使用无冰保鲜装置后,每年可以有效地节约淡水 1500 万~2000 万吨,节约用电 10 多亿度,即每天可节约 6 万吨淡水和 280 万度电。因此,渔船无冰保鲜装置是新一代的多功能环保产品。

据专家介绍,这一保鲜技术有效地解决了渔船为保鲜而承载冰块分量过重、冰块无法长久不化影响航程和作业时间、保鲜过程温度不稳定、水产品保鲜质量不高造成资源浪费严重、保鲜成本过高等一系列难题,将导致传统捕捞业的一次质变。随着海洋捕捞作业能力的提高,近海水产品资源萎缩的现象日趋明显。为提高渔业捕捞效益、增加渔民收入和保护渔业资源,我国从 20 世纪六七十年代开始,就致力于研究取代敷冰保鲜的保鲜技术。但由于体制、资金等方面制约,这一研究一直没能取得应用性成果。1996 年经过浙江省各厅局重点科研计划立项,投入 1500 多万元,用于"无冰保鲜技术"和"渔船无冰保鲜装置"的研制开发,并于 1997 年研制成功,随后通过 4 艘捕捞船进行生产性试验,取得了预期效果。

无冰保鲜装置有效地延长了保鲜时间,提高了保鲜等级,降低了保鲜成本。"无冰保鲜"使水产品的一级鲜度保鲜时间从原来"敷冰保鲜"的 7~10 天延长到 23 天,一级保鲜率超过 95%,每吨保鲜成本从原来的 200~300 元降至 30 元左右,仅此一项每艘渔船每年至少可节约成本 5 万~6 万元。综合所节约的直接成本、间接成本和保鲜等级提高、变质率降低、作业周期延长等所取得效益考虑,一艘渔船如果使用"无冰保鲜装置"每年至少可增效 20 多万元,而此装置的一次性投资仅为 18 万元。

2.2.3　盐藏加工

盐藏加工是指用食盐、糖等腌制材料处理食品原料,使其渗入食品组织内,以提高其渗透压,降低其水分活度,并有选择性地抑制腐败微生物的活动,促进有益微生物的活动,从而防止食品腐败的加工技术。食品腌制可以起到增加食品风味、稳定食品颜色、改善食品结构、延长食品保藏期的目的。盐藏加工是食品保藏的主要方法之一。腌制所使用的腌制材料通称为腌制剂。经过腌制加工的食品通称为腌制品,如腌菜、腊肉等。不同的食品类型,采用的腌制剂和腌制方法均不相同。

图 2-9　盐藏加工过的海鱼

1. 盐藏加工的原理

盐藏是沿海渔民对海水鱼进行保鲜的传统方法。其保鲜原理是:利用食盐溶液的渗透脱水作用,使鱼体水分降低,通过破坏鱼体微生物和酶活力发挥作用所需要的湿度(一般讲微生物菌体的生长繁殖所需水分为 50% 以上),抑制微生物的繁殖和酶的活性,腌制剂通过扩散和渗透作用进入食品组织内,从而降低食品内的水分活度,提高渗透压,进而抑制微生物和酶的活动,从而达到保鲜的目的。

(1)溶液的扩散和渗透的作用

腌制时,腌制剂溶于水(食品组织内的水或外加的水)形成腌制液。腌制液是由盐和糖为主要溶质、水作为溶剂形成的单一或混合溶液。腌制液的浓度常用比重计测定,盐水的相对浓度通常用波美比重计测定,糖水浓度可用糖度计测定。

由于微粒(分子、原子)的热运动而产生的物质迁移现象叫扩散,可由一种或多种物质在气相、液相或固相的同一相内或不同相间进行。浓度差、温度差或湍流运动等导致扩散现象的产生。扩散总是从高浓度处向低浓度处转移,并持续到各处浓度平衡时才停止。食品的腌制过程,实际上是腌制液向食品组织内扩散的过程。扩散的推动力是渗透压。

在扩散过程中,通过单位面积 A 的物质扩散量 dW 与浓度梯度(即单位距离浓度的变化 de/dx)成正比。

$$dW = -KM \frac{de}{dy} dt$$

式中：dW—— 物质扩散量；

$\frac{de}{dy}$—— 浓度梯度，e 表示浓度，y 表示距离；

M—— 面积；

K—— 扩散系数。

如果上式两边均除以 dt，则可得到扩散速度的计算公式：

$$\frac{dW}{dt} = -KM \frac{de}{dy}$$

利用上式计算扩散速度时，首先需确定扩散系数 K。在缺少试验数据的情况下，扩散系数可用下式推算：

$$K = \frac{FU}{6NAr\eta}$$

式中：K—— 扩散系数；

F—— 气体常数；

NA—— 阿伏伽德罗常数；

U—— 热力学温度；

η—— 介质黏度；

r —— 溶质微粒（球形）直径。

由此可以看出，腌制剂的扩散速度与扩散系数成正比；扩散系数本身还与腌制剂的种类有关，溶质分子愈大，扩散系数愈小。

温度升高，扩散系数增大。温度每增加 1℃，各种物质在水溶液中的扩散系数平均增加 2.6%（2%～3.5%）。物质的扩散总是从高浓度向低浓度扩散，浓度差愈大，扩散速度亦随之增加，但溶液浓度增加时，其黏度亦会增加，扩散系数随黏度的增加会降低。因此，浓度对扩散速度的影响还与溶液的黏度有关。

渗透是指当溶液与纯溶剂（或两种浓度不同的溶液）在半透膜隔开的情况下，溶剂（或较稀溶液中的溶剂）通过半透膜向溶液（或较浓溶液）中扩散的现象。半渗透膜是只允许溶剂或一些物质通过，而不允许另一些物质通过的膜，细胞膜就是一种半渗透膜。渗透作用是在渗透压的作用下进行的。溶液的渗透压可由下面的公式计算出：

$$P = \frac{\lambda FU\omega}{100Mk}$$

式中：P—— 渗透压；

λ—— 溶剂的密度；

F—— 气体常数；

U—— 热力学温度；

ω—— 溶液浓度；

Mk —— 溶质的摩尔质量，kg/mol。

食品腌制时，腌制的速度取决于渗透压，而渗透压与温度及浓度成正比。因此，要提高腌制速度,就要尽可能提高腌制温度和腌制剂的浓度。但在实际生产中,要根据食品原料特点选用合适的腌制温度。很多的果蔬类产品可在室温情况下进行腌制,而鱼类、肉类食品则需在 10℃ 以下(大多数情况下要求在 2～4℃)进行腌制。渗透压与腌制剂的分子量及浓度有一定的关系,而且与其在溶液中的存在状况(是否呈离子状态)有关。

食品进行腌制的一个很重要的目的就是通过腌制来防止食品腐败变质,延长其保质期。腌制过程中的防腐作用主要是通过不同腌制剂的防腐抑菌作用来实现的。

(2)腌制剂对微生物的影响

食品腌制时,使用的主要腌制剂是食盐和糖。腌制剂的防腐作用主要是通过抑制微生物的生长繁殖来实现的。食盐和糖对微生物的影响主要表现在以下四个方面:

①对微生物细胞的脱水作用。1% 食盐溶液可以产生 61.7 千帕的渗透压,而大多数微生物细胞内的渗透压为 30.7～61.5 千帕。当微生物处于高渗的食盐溶液(浓度＞1%)中,细胞内的水分就会透过原生质膜向外渗透,造成细胞的原生质因脱水而与细胞壁发生质壁分离,并最终使细胞变形,微生物的生长活动受到抑制,脱水严重时还会造成微生物的死亡,从而达到防腐的目的。

②降低水分活度。食盐溶于水后会离解为钠离子和氯离子,并在其周围聚集水分子,形成水合离子。食盐的浓度越高,所吸引的水分子也就越多,这些被离子吸引的水就变成了结合水状态,导致自由水减少,水分活度下降。在饱和食盐溶液(26.5%)中,由于水分全部被离子吸引,没有自由水,因此,所有的微生物都不能生长。

③对微生物的生理毒害作用。食盐溶液中含有钠离子、镁离子、钾离子和氯离子,这些离子在高浓度时能对微生物产生毒害作用。这主要是由于钠离子能和原生质中的阴离子结合产生毒害作用,能加强钠离子对微生物的毒害作用。一般情况下,酵母菌在 20% 的食盐溶液中,才会被抑制,但在酸性条件下,14% 的食盐溶液就能抑制其生长。氯化钠对微生物的毒害作用也可能来自氯离子,因为氯离子也会与细胞原生质结合,从而促使细胞死亡。

④降低溶液中氧的浓度。食品腌制时使用的盐水或渗入食品组织内形成的盐溶液的浓度越大,氧气的溶解度也越低,从而造成缺氧环境,蔗糖溶液也是如此。缺氧环境不仅能防止维生素 C 的氧化,而且能抑制好氧性微生物的活动。

2. 盐藏保鲜方法

盐藏保鲜法(见图 2-10)主要有干腌法、湿腌法和混合腌法。干腌法是利用固体食盐与鱼体析出的水分形成食盐溶液,对鱼体进行盐渍保鲜。湿腌法是将鱼体先放入盐仓,再加入预先配制好的过饱和食盐溶液进行盐渍保鲜。混合腌法是将干腌法和湿腌法有机结合的方法。

(1)干腌法

干腌法是将食盐直接撒于食品原料表面进行腌制的方法。食盐产生的高渗透压使原

图 2-10　鱼盐藏保鲜加工

料脱水,同时食盐溶化为盐水并扩散到食品组织内部,使其在原料内部分布均匀。由于开始腌制时仅加食盐不加盐水,故称为干腌法。

干腌法的特点是所用的设备简单、操作方便、用盐量较少、腌制品含水量低,利于储存,同时蛋白质和浸出物等食品营养成分流失较其他腌制方法少。其缺点是食盐撒布难以均匀,从而影响食品内部盐分的均匀分布,且产品脱水量大,减重多,特别是肌肉脂肪含量少的部位,含水量大,质量损失也大(肌肉为 10%~20%,副产品达 35%~40%),在一定程度上降低了产品的滋味和营养价值;当盐卤不能完全浸没原料时,易引起蔬菜的长膜、生花和发霉等劣变。

（2）湿腌法

湿腌法是将食品原料浸没在盛有一定浓度食盐溶液的容器中,利用溶液的扩散和渗透作用使盐溶液均匀地渗入原料组织内部进行腌制的方法。分割的鱼类、肉类和蔬菜均可采用湿腌法进行腌制。另外,果品中的橄榄、李子、梅子等加工凉果所用的胚料也多采用湿腌法。湿腌法的优点是能保证原料组织中的盐分均匀分布,又能避免原料接触空气出现氧化变质现象。其缺点是用盐量多,易造成原料营养成分较多流失,并因制品含水量高,不利于储存。此外,湿腌法需用容器设备多,工厂占地面积大,与干腌法相比,湿腌制品的含盐量较低。比如,当加盐量为 5% 时,干腌和湿腌的板鸭含盐量分别为 6.52% 和 5.18%。湿腌法采用的盐水浓度在不同的食品原料中是不一样的。腌制肉类时,甜味者食盐用量为 12.9%~15.6%,咸味者为 17.2%~19.6%;鱼类常用饱和食盐溶液腌制;蔬菜腌制时的盐水浓度一般为 5%~15%,以 10%~15% 为宜。

（3）混合腌制法

混合腌制是采用干腌法和湿腌法相结合的一种腌制方法。在生产猪肉腌熏制品和腌肉时常采用这种方法。即在注射盐水以后,用干的硝盐混合物擦抹在肉制品上,放在容器内腌制;或先擦抹上干的盐硝混合物腌制(排血)后,再放在容器中用盐水湿腌。采用干腌法和湿腌法混合加工可增加储藏时的稳定性,防止产品过度脱水,避免营养物质过分损失,这种方法应用最为普遍。在腌制时为使制品盐分均匀,无论采用哪种腌制法,都应经过一定间隔时间,把肉块上下翻转一次,把上层的移到下层,下层的移到上层。为加速腌制过程,可以采用热腌法,即在 50℃ 左右对肉进行腌制,腌制时间可加快 3~3.5 倍。

2.2.4　罐藏加工

罐藏加工是将食品原料经预处理后密封在容器或包装袋中,通过杀菌工艺杀灭大部分微生物的营养细胞,在维持密闭和真空的条件下,食品得以在室温下长期保存的方法。在各种食品保藏技术中,虽然其他保藏技术也在蓬勃发展,但如前所述,还没有一种先进的保藏方法能全面代替罐藏技术。罐藏加工法的优点是:①罐头食品可以在常温下保存 1~2 年;②食用方便,无需另外加工处理;③已经过杀菌处理,无致病菌和腐败菌存在,安全卫生;④对于新鲜易腐产品,罐藏可以起到调节市场、保证制品常年供应的作用。罐头食品更是航海、勘探、军需、登山、井下作业等特殊行业及长途旅行者的必备方便食品。

食品罐藏的基本工艺过程如下：

1. 罐藏容器

罐藏容器有三类，即金属罐、玻璃罐及软罐容器。玻璃罐是最早使用的罐藏容器，法国人 Ppert 发明罐藏法时，使用的就是玻璃罐。金属罐是 Durand 在 1810 年时发明的，采用镀锡板制作出现在所谓的"马口铁罐"。马口铁罐的出现及其制造技术的不断改进，极大地推动了商业性食品罐藏的发展。1963 年以后，各种铝合金罐大量出现。从 20 世纪 60 年代后期开始，在日本、加拿大及西欧等地出现了一种以塑料薄膜与铝箔的复合材料制成的软罐容器、蒸煮袋。蒸煮袋的出现使罐藏容器由硬质罐扩展到软质罐，罐藏容器也因此变得更为新颖、多样和实用化。

2. 罐藏原料的预处理

罐头的食品原料中，水产品原料必须是非常新鲜的，鱼体必须是完整的。鱼贝类与畜肉相比，肌肉中含水分多，容易损伤，容易产生化学变化，同时细菌也很容易侵入肌肉内，处理时必须特别注意。必须避免鱼体受压和阳光直射，在冷藏的条件下保藏。畜肉在屠宰后，由于死后僵硬，肌肉明显收缩、发硬，因此，作为罐头食品原料，必须采用经过僵硬期后的肉（一般说，牛肉为宰后 12～24 小时，小牛肉为宰后 4～8 小时后）。水果在未成熟时，酸度太高，不宜作为罐头食品的原料，必须采用成熟度适中的水果。作为罐头食品的原料和辅助材料，除少数品种需新鲜加工外，一般都要经过储藏。动物性的原料多采用冻结冷藏或低温保藏，植物性的原料多采用低温冷藏或气调储藏，有的原料如蘑菇等可采用化学法保鲜护色。辅助材料则根据原料的性质不同，分别采用干藏、密封保藏等。原料在进入生产之前，必须严格挑选和分级，剔除不合格的原料，同时根据质量、新鲜、色泽、大小等分为若干等级，以利于加工工艺条件的确定；对于畜产品原料还必须进行兽医检查。

挑选分级后的原料，须分别进行清洗、挑选、分级、去骨、去皮、去鳞、去头尾、去核等处理，然后根据各类产品规格要求，分别进行切块、切条、切丝、打浆、榨汁、浓缩、预热、烹调等处理后方可装罐。

3. 食品的装罐

装罐时应力求质量一致，并保证达到罐头食品的净重和固形物含量的要求。每只罐头允许净重公差为 ±3%，但每批罐头的净重平均值不应低于固形物净重。罐头的固形物含量一般为 45%～65%，因食品种类、加工工艺等不同而异。装罐时还必须留有适当的顶隙，顶隙是指罐内食品表面层或液面与罐盖间的空隙。顶隙大小将直接影响到食品的装罐量、卷边的密封性、罐头变形及腐蚀等。顶隙过小，杀菌时食品膨胀，引起罐内压力增加，将影响卷边的密封性，同时还可能造成铁罐永久变形或凸盖，影响销售；顶隙过大，不仅会造成罐头净重不足，而且由于顶隙内残留空气较多，将加快铁皮的腐蚀或形成氧化圈，引起表层食品变色、变质。一般的，罐内食品表面与容器翻边或顶边应相距 4～8 毫米左右。

预封是在食品装罐后用封罐机初步将盖钩卷入到罐身翻边下，进行相互钩连的操作。钩连的松紧程度以能允许罐盖沿罐身自由地旋转而不脱开为准，以便在排气时，罐内空气、水蒸气及其他气体能自由地从罐内逸出。预封的目的是预防因固体食品膨胀而出现汁液外溢,避免排气箱冷凝水落入罐内而污染食品,防止罐内温度降低和外界冷空气窜入,以保持罐头在较高温度下进行封罐,从而提高罐头的真空度。预封时可采用手扳式或自动式预封机。预封时,罐内食品汤汁在离心力作用下容易外溅。

4. 排气

排气是在装罐或预封后将罐内顶隙间的、装罐时带入的和原料组织细胞内的空气排出罐外的技术措施。这一步骤能阻止需氧菌和霉菌的生长发育,减轻食品色香味的变化。一般来说,能在罐内食品中存在的微生物大多为需氧菌,它们需要有相当量的游离氧才能生长。如灰绿青霉菌,最高需氧量为 3.22~3.68 毫克/升,最少需氧量为 0.06~0.66 毫克/升。这意味着排除游离氧有可能抑制需氧菌的生长发育。

常见的罐头排气方法有三种,即加热排气法、真空封罐排气法及蒸气喷射排气法。

5. 密封

为了保持这种高度密封状态,必须采用封罐机将罐身和罐盖的边缘紧密卷合,这就是罐头密封。封罐是罐头生产工艺中非常重要的工序。罐头食品能够长期保藏的两个主要因素:一是充分杀灭罐内的致病菌和腐败菌;二是使罐内食品与外界完全隔绝,不再受到外界空气和微生物的污染而发生腐败变质。

6. 杀菌和冷却

罐头食品的杀菌通常是采用热处理或其他物理处理,如辐射、加压、微波、阻抗等方法杀死食品中所污染的致病菌、产毒菌及腐败菌,并破坏食品中的酶,使食品可以保藏两年以上不腐败变质。

7. 检验、包装和储藏

罐头杀菌冷却后,需经保温、外观检查、敲音检查、真空度检查、开罐检查、化学检验、微生物学检验、异物检验等,评判其各项指标是否符合标准,是否符合商品要求。具体检查方法可参照罐头食品检验的有关规定。罐头经检查合格后,擦去表面污物,涂上防锈油,贴上商标,按规格装箱。罐头出厂或销售前应在专门仓库内储藏,储藏温度以 20℃左右为宜,相对湿度一般应低于 80%。

2.2.5 即食加工

现代社会生活节奏快,即食食品很受欢迎。即食食品是采用预先加工方法,将食品非现场加工制作,在仓库或总店加工再配送到商店的一种方法。依据国外的经验,以即食食品为主的特色商品毛利润最高可达 40%,与利润较低的现场加工等服务相比,即食食品的利润十分可观,其市场潜力也相当大。以可的便利店为例,在上海,全市门店每天销售盒饭达到 5 万份,同期相比上升 80%。据可的便利总经理估计,盒饭的年销售额就有望达到 1.5 亿元。经过 12 年发展上海便利店规模已达到 4000 多家,上海便利店的门店数量同比增长 11%,销售额增长了 51%。加紧发展即食食品等特色服务,意味着上海便利店正从外延式增长向集约式增长方式转变。

在水产品中,如鲍鱼等在加工及储存过程中极易受温度等外界环境条件变化的影响,现有的干鲍、冻鲍营养成分会随着储藏时间的延长而流失,同时食用不便。因此,应用蛋白质组学技术研究即食鲍鱼加工过程中蛋白质物性变化规律,增强即食鲍鱼的耐储藏性就很有必要。采用溶技术生产的即食鲍鱼产品具有理想的色泽、外形、口感。同时,可以最大限度提高产品对储藏温度的耐受性,使以往只能低温储藏的冻鲍产品能在接近常温的条件下长期存放,从而扩大产品的销售范围,延长产品的货架销售期。

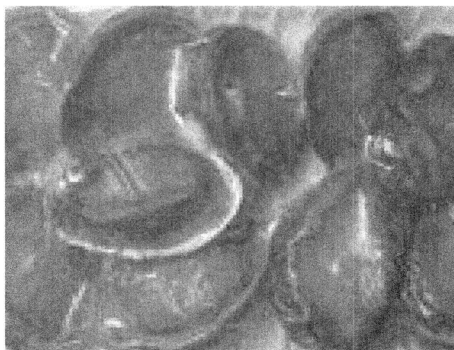

图 2-11　即食鲍鱼

主要工艺流程包括:鲍鱼→暂养→拣选→预处理→钝化酶→调理着味→定型→包装→杀菌→冷却→即食鲍鱼。

2.2.6　浓缩加工

食品中的许多产品含有大量水分,运输过程极为不便,而进行浓缩加工可以极大提高物流效率和降低物流成本,如水果汁、茶、蜂蜜等。下面以蜂蜜为例说明加工原理。

蜂蜜是一种含水量较高的胶状液体,若缺乏生产大量成熟蜜的物质条件,蜂蜜易发酵变质,不便于储存和运输。因此,蜂蜜的浓缩加工技术值得推广。下面介绍一种蜂蜜浓缩加工技术。

①采集

若采集不到优质的原料蜜,是不可能加工出优质浓缩蜜的。因此,必须对原料蜜的色泽、气味、水分含量、蜜种、淀粉酶值(鲜度指标)和采集时间的长短及是否有农药残毒等进行严格检测与控制。

②溶化

通过加热,可以防止发酵和破坏晶质,延缓蜂蜜结晶。通常在 60～65℃ 条件下加热30 分钟。

③过滤

将加热后的蜂蜜保持在 40℃ 左右的最佳流动状态,以便过滤,去除杂质和少量的较大晶体颗粒。

④浓缩

应尽量在密封装置中进行,缩短加热时间,减少风味损失。真空浓缩条件保持在真空度 720 毫米汞柱、蒸发温度 40～50℃,得到的浓缩蜂蜜色、香、味最好。(在浓缩时,应特别注意蜂蜜受热后芳香族挥发性物质的回收。)

⑤冷却

将浓缩后的蜂蜜快速降温,以避免在高温下存放降低蜂蜜质量。可采用强制循环和搅拌冷却,以使产品保持良好的外观和内在质量。

⑥检测

检验未包装品和包装品的过程应随机抽样,保持加工后的蜂蜜所含水分稳定在17.5%~18%范围内。

⑦包装

包装规格可分大包装和小包装两类。大包装以大铁桶作容器盛装,铁桶内应涂有符合食品卫生标准要求的特殊涂料,避免蜂蜜中所含的酸性物质腐蚀铁质造成污染;小包装主要是瓶装,可直接将成品蜜灌入清洗干净并经过严格灭菌的玻璃瓶内。

⑧储存

保存蜂蜜的条件对其质量影响很大。储存仓库应单独隔开,避免阳光直照和高温,要经常进行干燥、通风,并防止有其他异味的物质同其一起存放。

2.2.7 其他仓储加工

除以上方法外,还有冷海水保鲜、微冻保鲜、防腐剂保鲜、活鱼暂养等保鲜方法,值得提及的是,随着人们消费水平的不断提高,活鱼暂养保鲜方法越来越受到重视,且应用广泛。保鲜品种既有名贵海产品也有淡水产品,如真鲷、鲈鱼、河鲀、牙鲆、对虾、海蟹、海参、文蛤、杂色蛤等。依据使用容器不同可分为两种:一种是简易的暂养方式,即将鲜活水产品置入水密性较好的敞口容器中保活。此方法设备及操作简单,但需要海水多,存养的鱼、虾少。另一种是较先进的暂养方式,即要求贮备容器有一定的恒温能力和水质净化功能,它不但能根据不同的鱼类选择较为适宜的最低水温,以保证活鱼、虾基本的代谢,而且能控制活鱼、虾排泄氨态氮化合物浓度,水溶性有机物浓度和二氧化碳气体浓度。另外,还能通过增氧设备不断增加水中的溶解氧。这种先进的暂养方式有以下优点:一是保活期较长,一般品种保活期为3~10天,个别品种保活期达10天以上,对虾暂养1个月后存活率高达93%;二是贮备容器利用率高,同样容积的贮备容器中贮放鱼、虾密度比传统暂养方式提高10~20倍,从而降低了运输成本;三是活品死亡率低。

近年活鱼市场急速成长,且以高经济价值鱼类为主。市场上冰鲜鱼与活鱼价差几乎达一倍以上,如何将鱼以鲜活的状态送至消费者手中,是目前活鱼运输和仓储迫切需要解决的问题,它将极大地提高养殖者的经济效益。

1. 活鱼生理

活鱼在运输过程中,呼吸、运动、代谢是影响其成活率的主要因素。鱼类用鳃呼吸水中的溶解氧,水温的高低会影响水中的溶氧量,水温越高溶氧越低。同时,活鱼的耗氧量也随水温的升高而升高,因此在运输过程中要尽可能降低温度。此外,鱼类所排出的排泄物也会消耗大量的氧气。活鱼运输一般在运输前1~2天就要停止投饵,使消化道排空,避免在运输过程中污染水质。

2. 运输方法

成鱼运输一般用活水船法,经营者需准备鱼类蓄养用的打气机、活水船及具有打气设备的陆用推车和卡车等。鱼苗运输一般采用塑胶袋充纯氧运输法。

(1)器材

塑胶袋。

(2)工具

车、船或飞机。

(3)方法

①先将器材消毒或日晒,避免感染。

②捕捉:于傍晚或清晨时进行。

③蓄养:打气并蓄养于水池或桶中,适当提高蓄养密度,以适应运输中的高密度。

④停食 24 小时。

⑤分级:筛选将相同规格者装于同一箱或桶中以减少伤亡。

⑥准备好洁净的海水,加入 5 毫克/升的孔雀石绿和纯氧。

3. 供氧方法

(1)淋浴法

淋浴法又称循环水淋浴法。即利用循环装置,将装运活鱼容器中的水抽出,再喷向空中,使其溶解空气中一部分氧气后,再回到容器内。

使用淋浴法应注意:

①循环水泵的压力须充足,以便快速将氧气补充到水的中下层,否则,水箱表层氧气多而中下层缺氧时就会造成浮头死鱼。

②应注意循环泵的进水口不被污物堵塞,以免影响水的流量和压力。

③需有专人处理水泵,以便及时清除污物和运输途中死亡的鱼体,防止水质污染。

(2)送氧法

送氧法即在运输车上安装氧气瓶,用末端装上气石管,通入活鱼包装容器中。因为气石的沙眼小,放氧均匀。运输过程中,宜拉一条分支管至驾驶室,随时监看,防止断气,也可使用空气压缩机代替氧气瓶。

(3)活水船供氧

活水船供氧是一种水上运输的增氧方法,即在船的底舱两侧开数个小窗口或开多个圆洞,平时以木塞堵住避免漏水,运输活鱼时再将木塞去除,水即可从小窗口或圆洞流入船舱中。在行船时可利用行船压力使水形成对流,不断地输进新水排出旧水,使舱内的水为活水,以增加氧气,可减少途中加水、换水或增加氧气设备等程序的困扰。采用活水船供氧应注意以下几点:

①洞口应安装铁丝网,以防鱼从窗口或洞口跑出。

②应随时将舱内的污物及死鱼捞出,以防止水质污染。

③船舱上、中、下层均开数个洞,以便舱内水的循环。同时舱内水应保持在 1 米以上,若水线太低容易使鱼因过热而死亡。

④停船时,应停靠在有水流的地方,并使船的侧面面向水流,以便水流的进出,防止

缺氧死鱼。

⑤活水船的装载量,一般每吨水体可装 50～75 公斤活鱼,但应根据不同季节而增减。天气凉或较冷时数量可增加,天气热时应适当减少。活水船需有增氧设备,以备不时之需。

➭ 案例分析一

鄂州球团厂

武汉钢铁公司近年来,为了缓解因矿石产品涨价带来的巨大成本压力,进一步优化武钢高炉炉料配比,武钢高炉对自产球团矿的需求量逐步增大,鄂州球团厂成品球团矿的生产已与武钢高炉生产息息相关。而相关数据显示,起步生产时成品球废品率较高将直接制约球团矿生产。在湖北省日前召开的第 27 次质量管理发布会上,武钢矿业公司鄂州球团厂中控 QC 小组的自主管理成果《降低起步生产阶段的成品球废品率》荣获省特等奖,并被推荐为国优成果,该小组也被推荐为"全国优秀质量管理小组"。该成果还被作为湖北省唯一代表进京交流。

"决不让武钢高炉保产任务在我们这里耽误!"该厂中控室 QC 小组成员立下"军令状":要通过自主管理活动的开展,找到提高产品质量稳定性的新途径。通过一段时间的观察、分析,他们发现现行的工艺控制方法还有优化空间。能不能突破固有的美国式工艺控制模式,通过优化工艺参数来降低起步生产阶段的成品球废品率呢? 他们的这一想法立即得到各级领导和厂工会的大力支持。

2008 年 6 月开始,中控室 QC 小组对该项课题进行技术攻关,厂计划技术科科长及工艺工程师、球团作区作业长为该小组作技术指导。经过认真分析和反复的现场调查,该小组运用"因果分析法"查找出了影响成品球质量的 5 个主要原因,并制定出详细的对策措施新思路。通过一次次现场攻关摸索出了起步时的最佳生球量和加量速度,提出了"薄层干燥布料法"和各烧嘴间最佳天然气使用比例等新思路。通过在生产中优化这些工艺参数,起步生产阶段的成品球废品率稳定控制在国内同行业先进值以下,实现了起步生产阶段废品率降低 15% 的攻关目标工艺流程。

据统计,一年内,通过采用新的工艺控制方法,该厂共减少废品 4536.8 吨,创直接经济效益 580.71 万元。

➭ 案例分析二

物流保鲜加工体系看德国农产品管理

在农产品质量日益受到消费者关注的今天,安全的保鲜物流体系建设也日益受到各国的重视。平均每 1400 人拥有 1 辆冷藏和冷冻运货车,平均不到 10 人拥有 1 平方米冷藏仓库,这就是德国目前农产品保鲜物流体系的现状之一。而先进的食品保鲜和包装技术、完善的立法、严格的监督、市场化的运作,则从管理的层面保障了德国农产品保鲜物流体系安全、高效地运转。主要经验有以下方面。

1. 蔬菜保鲜 2～5 天

先进的食品保鲜和包装技术是农产品保鲜物流体系的前提。随着食品科技的飞速发展，近年来，德国不断加大对食品保鲜包装技术的研究开发力度，积极采取各种食品保鲜技术措施。在德国，无论是肉类、鱼类还是蔬菜、瓜果，从产地或加工厂到销售网点，只要进入流通领域，这些食品就始终处在一个符合产品保质要求的冷藏链的通道中运行。在冷藏保鲜库中，全部采用风冷式，风机在电脑的控制下调节库温，一般的蔬菜在这种冷藏中能存放 2～5 天。

另外，德国食品保鲜包装种类繁多、科学合理，即便是生鲜瓜果蔬菜，也会分级包装，贴上标签。只要是块茎类不易压坏的均用小网袋袋装；对易损产品，如瓜果和禽蛋要用专门纸箱包装；肉类分别有冷冻、真空和含气等包装形式。德国的肉类包装中含气保鲜包装比较普遍，主要是因为含气保鲜包装与真空保鲜包装相比，在色泽、渗出液等方面，明显优于真空包装。在批发市场，无论是蔬菜还是鲜鱼、肉类均在良好的冷藏环境中存放，蔬菜经产地清理加工后，成箱地存放在有冰块的塑料保温箱中。

2. 政府担当铁面裁判

严格的食品安全检验是农产品保鲜物流体系的保障。在德国，负责食品安全管理的部门是联邦食品、农业与消费者保护部，具体执行机构是联邦消费者保护与食品安全局和联邦风险评估所。在食品安全和质量检验方面，德国政府通过完善的立法、严格的监督、严厉的惩罚等措施担当农产品市场的"铁面裁判"。联邦消费者保护与食品安全局负责对各联邦州开展食品安全监测，并协助各联邦州实施国家食品安全法规、建立统一的工作体系。当食品安全事件发生时，联邦消费者保护与食品安全局代表联邦食品、农业与消费者保护部成为事故处理中心。同时，遍布德国全国的农业合作社、食品工业协会、零售商协会等，更是农产品流通中的"监督员"。

除了上述人为的安全措施，政府有关机构还对保鲜物流系统中的运输工具制定了例行检查制度，对冷藏链中的各种设备作了具体的技术要求，包括容器和托盘的卫生标准等。

3. 标准覆盖各环节

在农产品保鲜物流体系的各个环节上，同样需要技术标准等众多有效的保障措施。

以动物食品为例，德国《食品卫生规定》规定，食品在运转过程中无论处于哪个环节，都必须处在卫生标准规定的冷藏链中，不新鲜的肉绝对不允许上市出售。《德国安全标准》是一部针对性很强的、颇具操作性的安全技术标准。如对易腐的肉类制品、鲜肉和香肠在运输中的法定冷藏标准和测试条件，保鲜产品的交接、运输各阶段的温控要求及各种运输工具标准等都作了具体规定。

按照这些技术标准，作为德国农产品保鲜物流的主力军，德国冷库和冷藏物流企业协会负责为欧盟范围内的食品公司提供冷冻食品和各类保鲜商品，此外还涉及低温储存、保鲜分发和物流配送等业务。该协会同时还是一个由冷库和冷藏物流企业加盟组成的经济协会，其成员包括保鲜物流服务公司、制冷工业厂商和与之有关的商业公司和供应商。在德国，有超过 80% 的该领域企业是该协会的会员。除了提供一般性的服务外，德国冷库和冷藏物流企业协会还代表会员与政府机构在国家和欧盟层面上交锋,积极为会员争取利益。另一项服务是为会员提供能源服务,作为一个共同体,该协会可以批量购买电力,在德国的莱比锡电力市场直接参与交易,为其会员提供极具吸引力的电力价格,起到了"蓄水池"的作用。

4. 基础设施完善

完善的基础设施为德国的农产品保鲜物流产业打下了良好的物质基础。德国物流业的信息化、自动化发展较早,电脑普及率极高,相互间的信息交流非常方便,确保了物流信息快速、可靠地传递。

德国物流的基础设施和配套设施包括交通运输网络,铁路、公路、水运、航空货运等十分发达,各种形式的农产品物流中心和配送中心、农产品批发市场等配套设施完善。如德国有优质的高速公路,拥有全世界第四长的高速公路网,总里程达1.1万公里,交通公路网全长22.7万公里。同时铁路交通也以高速准时闻名于世,德国联邦铁路和国家铁路总长约4.3万公里。

除此之外,作为物流体系的一部分,经过多年的发展,德国的农产品保鲜物流体系已经与现代工商业实现了高度融合,并依托本国运输、存储、包装等行业的优质服务,实现了与各项社会保障体系的紧密合作。

▷ **思考题**

1. 何种商品需要进行物流运输加工?
2. 运输加工如何产生经济效益?
3. 仓储加工的特点是什么?
4. 水产品加工的意义是什么?

第 3 章

物流配送加工

⏩ **本章要点**

　　企业采购和配送是一个问题的两个方面,配送加工实际是解决了采购问题。一流的工人加上一流的原材料才能生产出一流的产品,一流的产品才能有旺盛的市场。通过本章的学习,了解物流采购和配送加工的概念、意义,掌握相关加工技术,物流加工是提高商品附加值的重要手段。

3.1　物流配送加工概述

　　配送加工是供应商按照配送客户的要求所进行的流通加工。配送是指在经济合理区域范围内,根据客户要求,对物品进行拣选、加工、包装、分割、组配等作业,并按时送达指定地点的物流活动。

　　在配送中,配送加工这一功能要素不具有普遍性,但往往是有重要作用的功能要素。这是因为通过配送加工,可以大大提高客户的满意程度。配送加工是流通加工的一种,但配送加工有它不同于流通加工的特点,即配送加工一般只取决于客户要求,其加工的目的较为单一。

　　配送中心是指商品集中出货、保管、包装、加工、分类、标付价格标签、装货、配送的场所或经营主体。发达国家对配送的认识并非完全一致,在表述上亦有其区别。但是,一个非常重要的共同认识,配送就是送货。当然,现代经济中的送货也必定比历史上的送货有所发展,这种发展是竞争的产物,受利润和占领市场驱使,想方设法使送货行为优化,于是实践上出现了送货时车辆合理调配,路线规划选择,送货前配货、配装等。

　　经过了几十年的发展,物流配送在国外已经形成一定的规模。如阿迪达斯(Adidas)设立流通加工的超级市场,顾客络绎不绝。阿迪达斯公司在美国有一家超级市场,设立了组合式鞋店,摆放着不是做好了的鞋,而是做鞋用的半成品,款式花色多样,有 6 种鞋跟、8 种鞋底,均为塑料制造的,鞋面的颜色以黑、白为主,配件的颜色有 80 种,款式有百余种,顾客进来可任意挑选自己所喜欢的各个部位,交给职员当场进行组合。只要 10 分钟,一双崭新的鞋便诞生了。这家鞋店昼夜营业,职员技术熟练,鞋子的售价与成批制造的价格差不多,有的还稍便宜些。所以顾客络绎不绝,销售金额比邻近的鞋店多 10 倍。

3.1.1 物流配送加工的必要性

物流配送中存在加工的众多需求,其主要原因是:

①由于在买方市场条件下,顾客的需求是灵活多变的,消费特点是多品种、小批量的,因此从这个意义上说,配送活动绝不是简单的送货活动,而应该是建立在市场营销策划基础上的企业经营活动。

②单一的送货功能无法较好地满足广大顾客对物流服务的需求,现代商品存在许多不完善的功能,因此配送活动是多项物流活动的统一体,如我国《物流术语》所述。更有些学者认为:配送就是"小物流",只是比大物流系统在程度上有些降低和范围上有些缩小罢了。从这个意义上说,配送活动所包含的物流功能,应比我国《物流术语》提出的功能还要多而全面。

在钢材物流方面,现代物流的理念在 20 世纪 90 年代被我国企业所认知和接受以后,进一步推动和加速了由"坐商"到"行商"的转化。在钢铁行业,如一批钢铁企业和经销商不满足由坐等到登门的简单转变,把营销触角直接延伸到用户,实行对用户"量身定做,量体裁衣"式的供给。于是,各种钢材加工配送中心如雨后春笋般建立起来,形成蔚为壮观的新兴产业。通过对初级产品的延伸加工,根据用户要求裁剪和半成品以及零件成型制作,极大限度地满足用户需求,不但提高了产品附加价值,扩大了应用领域,密切了供需间联系,增强了营销服务手段,增加了钢厂返回料直接回厂数量,同时对降低全社会物流成本也作出积极贡献。

目前,由钢厂、经销商以及外资合资所建立的各种规格、品种的钢材加工中心已达上千家,装备良好、功能较齐全、专业化程度较高的规模企业 200 家以上。有些企业决策者已将物流加工配送放置在企业产品营销的战略布局的高度,视其为经营重要组成部分加以管理与指导。有布局规划、有专项开支、有计划考核、有专业培训、有人力资源、有信息反馈、有整改措施、有现场服务的规范化运作正在建立与形成。

宝钢、鞍钢等一批龙头企业进行大手笔运作和探索,有的钢厂在全国布点已近 30 家,加工能力已占本企业社会供应商品材的 1/4 左右。我国钢厂、经销商等建立的各种物流加工配送中心,面向汽车、家电、电子、建筑、轻工、钢窗、办公设备、集装箱、船舶、公路等行业,开始与用户建立起广泛合作与服务关系,使产品供应链得到进一步延伸。

3.1.2 物流配送加工的目的

1.增值服务

增值服务观念与基本服务能力中所涉及的物流完成和完美订货有着重要的区别。

增值服务系指独特的或特别的活动,使厂商们能够通过共同努力提高其效率和国际推广,因为其顾客是特定的。基本服务、零缺陷服务和增值服务之间存在着明显的区别。基本服务是厂商予以建立其最基本业务关系的顾客服务方案,所有的顾客在特定的层次上予以同等对待,以全面保持其忠诚。而通向完美订货完成的零缺陷则是物流可得性、作业绩效和可靠性的最高水准,向首选顾客作出完美订货的承诺是厂商获得并保持其作为首选供应商地位的一种方式。增值服务则表现为零缺陷承诺的各种可选方案,作为厂商与顾客休戚与共的一种方式。

2. 促销(适应顾客需要)

以促销为核心的增值服务涉及独特的销售点展销台的配置,以及旨在刺激销售的其他范围很广的各种服务。销售点展销可以包含来自不同供应商的多种产品,组合成一个多结点的展销单元,以便于适合特定的零售商店。在有选择的情况下,以促销为核心的增值服务还对储备产品的样品提供特别介绍,甚至进行直接邮寄促销。许多以促销为核心的增值服务包括销售点广告宣传和促销材料的物流支持等。在许多情况下,促销活动中所包括的礼品和奖励商品由专业服务机构来处理和托运。

3. 支持生产效率(计划、支持批量生产)

以制造为核心的增值服务是通过独特的产品分类和递送来支持制造活动的。既然每一位顾客的实际设施和制造装配都是独特的,那么,从理想上来说,配送和引入内向流动的材料和部件应进行顾客定制化。例如,有一家仓储公司使用多达 6 种不同的纸箱重新包装一种普通消费者洗碗盘用的肥皂,以支持各种促销方案和各种等级的贸易要求。

4. 物流合理化(运输分时化、时间调整、附加识别信息)

以时间为核心的增值服务涉及使用专业人员在递送以前对存货进行分类、组合和排序。对以时间为核心的增值服务来说,它的一种流行形式就是准时化(JIT)供给仓库。在准时化概念下,供应商向位于装配工厂附近的 JIT 供给仓库进行日常的加工递送;一旦某时某地产生了需要,仓库就会对多家卖主的零部件进行精确的分类排序,然后递送到装配线上去。其目的是要在总量上最低限度地减少在装配工厂的搬运次数和检验次数。例如,美国俄亥俄州马里斯维尔本田汽车公司就是使用这类 JIT 服务来支持其装配线的。Exel 配送公司把食品制造商的产品混合起来,按 Shaw 公司的零售食品店的要求进行精确分类。这种按顾客要求对产品重新进行分类组合的混合加工服务,可以使制造商和 Shaw 公司都排除或避免了大量的仓储。总之,以时间为核心的服务,其主要的一个特征就是排除不必要的仓库设施和重复劳动,以期最大限度地提高服务速度。基于时间的物流战略,是竞争优势的一种主要形式。

3.1.3 物流加工配送存在的问题

1. "开门迎客"与"关门制作"的矛盾

许多企业根据走访调研发现,多数物流加工配送中心功能不齐全、产品单一、设备利用率差、效率低下,有些仅限于自营产品剪切。据京津地区走访发现,有剪切点的经销户近百家,服务手段仅停留在"笑脸十剪切"功能上,设备功能雷同,利用率不高,加工精度不高,投资回收慢,维护费用高。

2.服务功能的"单打一"与社会需求的"多功能"的矛盾

现代物流的概念引用热度不低,但实际效果并不理想。所谓的物流加工配送,是通过几个环节的综合运作,整体达到降低成本、增强服务的目的。例如板材加工,用户常需要分条、横切、冲片、套裁、激光拼焊整体配套,同时按生产进程、时间、计划投放现场,达到加工配送目的,而这方面我们钢材加工中心很少能够去承揽,制约了服务链的延展。

3.国产设备的"傻大笨粗"与用户需要"精细加工"的矛盾

建立物流加工配送中心已成为钢厂、经销商经营中的重要环节与手段,这是一个相当有前景的市场,但可惜的是国内制造行业对其的理解与认识还停留在一般化概念上。由众多水平不高、研发能力薄弱的小型制造厂生产的简陋、精度较差、非标准化产品占主导地位。即便有国有大型制造厂参与,所产设备仍停留在"傻大笨粗"水平,设备事故频繁,停工停时率高,尽管报价较国外产品便宜,但总体算账,成本并不低,这对于向汽车、造船等需要精细加工的项目来说是极不适应的。因此,需要设备制造,特别是中钢设备等名牌冶金专业化制造单位认真分析市场,研发出适应各钢种、规格加工的系列定型和定向设备,追赶与替代进口,配合钢厂以供应创造需求,扩大需求,推动需求。

3.1.4 物流配送加工的对策

我国钢材综合深加工能力与先进国家相比差距不小,发达国家钢材综合深加工比可达50%以上,其中线材达60%,棒材达40%,管材达30%,板材达70%左右,我国一般钢材深加工仅为15%左右。尽管物流加工配送这种模式被越来越多的企业所接受,并努力实践,但增强科学性,减少盲目性不可忽视。

1.战略布局的选择

建立加工中心涉及土地、交通、消费等多环节,选址尤为重要,必须经过精心细致调研,反复筛选,尽可能地接近最终用户。

2.针对用户需求选择市场定位,针对用户需求进行设计规划

例如宝钢针对天津一汽等汽车用钢需要,在汽车厂附近建立加工中心,进行矫正、清理、剪切、激光拼焊等设备选型及加工工艺设计。

3.配合钢厂等上游供应进行配套

随着钢厂的产品延伸,针对性进行配套服务。例如鞍钢、武钢等钢厂宽厚板的建设与投产,中钢集团针对社会对其新品种加工能力薄弱的现状,投资6000万元,在天津建成华北地区加工能力最大、精度较高、厚度最大的加工中心,形成了厚重卷整理、开平、剪切及配送服务优势。

针对目前国内物流加工配送中心,普遍存在小、散、弱的问题,如何通过信息沟通、相互交流,取长补短、整合资源、协调合作、共同发展是我国钢铁物流业的努力方向。如何走向协同合作,创造共赢局面,进而形成我国钢铁物流加工配送体系,达到信息化、功能化、集约化、社会化以及高效率、低成本的目标,也是开创我国钢铁物流加工配送的新局面,提高服务水平与竞争能力,实现由钢铁大国向钢铁强国转变的必然选择。

3.2　物流配送加工技术及应用

配送加工首先是分拣加工,根据客户需求,分类拣选、包装,配送到客户手中。体现个性化服务和管理,从而增加产品的附加值,体现物流的"形质效用"。在冶金工业中,配送分拣加工可以去除大量杂质、加工适合运输、满足客户需求的产品。在食品工业中,净菜加工可以提高菜的附加值。

3.2.1　分拣选加工

配送中心的作业流程包括"入库—保管—检货—分拣—暂存—出库"等作业。而配送中心的主要任务是把货物定时、定品种、定数量地供给用户,因而分拣工作十分繁忙,必须运用自动化程度较高的分拣设备,才能进行高效率、少差错的配送作业。分拣设备是配送中心实现大量自动化分拣货物的现代化设备,是开展配送业务强有力的技术保证。

在冶金工业中,采用拣选进行预选,可节约能耗、降低成本、提高入选矿石的品位和选别指标。分拣选加工是由人眼或敏感原件分辨物料物理性质的差异,再由人工或执行机构逐个拣取某种物料的过程。人眼只能鉴别物料色泽和透明度的差异,人工手选适用于粒度大于 40 毫米的有限种类物料,但由于投资少、简单,迄今仍在应用。拣选机械利用入选物料的光学性质、放射性、磁性、导电性等差异进行选别。1950 年奥地利研制出选别谷物、豆类和种子的光选机,并用于选别石灰石、白云石等建筑材料。70 年代末期出现可选粒度范围为 10～160 毫米,处理能力每台达 160 吨/小时的拣选机械。主要包括:①给矿排队系统。由料槽、滑槽、输送带等组成,使矿块或物料按规定要求排列,并按规定的速度移动。早期给料为单列排队,处理能力受到限制。电子扫描技术和电子计算机的发展可使给料排成多列,单机处理能力大为提高。②检测系统。通过敏感元件测定不同矿物的光学、磁学、电学或放射性的特征参数作为选别依据。③决策系统。电子信息处理系统(微处理机)处理来自检测系统的信号,作出决策,确定是否给执行机构发出命令。④执行机构。根据决策系统的命令拣选出特定的矿块。早期多采用机械式执行机构,现多用气阀。

拣选机种类较多,可从给矿排队系统、检测系统、决策系统和执行机构等方面进行分类。根据检测系统不同,可分为:①漫反射差光选机,利用矿物表面的漫反射差的不同进行拣选;②透光度差光选机,利用矿物的透明度不同进行拣选;③X 射线荧光光选机,利用 X 射线对矿物激发的可见荧光进行拣选,如金刚石的拣选;④紫外线荧光光选机,白钨矿在紫外线照射下会发出荧光而得拣选;⑤X 射线透射差拣选机,利用矿物对 X 射线吸收率不同进行拣选,如煤与页岩,但必须排除厚度的影响;⑥红外线反射差拣选机,用于拣选石棉;⑦γ 射线拣选机,利用铀矿、钍矿放射的 γ 射线进行拣选;⑧电导率或磁性差拣选机,利用矿物电导率或磁性的差异进行拣选,例如金刚石嵌布于金伯利岩中,后者具有弱磁性,可用该机选别。

拣选机广泛应用于拣选黑钨、金、金刚石、铀、菱铁、重晶石、滑石、石膏、石灰石、石棉、白云石、白钨、锡、斑铜、黄铁、锰、钼、银和煤等矿物。

图 3-1　矿用拣选机

自动化拣选技术的集成和应用的热门环节是配送中心,每天需要拣选的物品品种多、批次多、数量大,因此在国内超市、医药、邮包等行业的配送中心部分地引进了物流自动化拣选设备。一种是拣选设备的自动化应用,如北京市医药总公司配送中心,其拣选货架(盘)上配有可视的分拣提示设备,这种分拣货架与物流管理信息系统相连,动态地提示被拣选的物品和数量,指导着工作人员的拣选操作,提高了货物拣选的准确性和速度。另一种是一种物品拣选后的自动分拣设备。用条码或电子标签附在被识别的物体上(一般为组包后的运输单元),由传送带送入分拣口,然后由装有识读设备的分拣机分拣物品,使物品进入各自的组货通道,完成物品的自动分拣。分拣设备在国内大型配送中心有所使用。

自动分拣机的主要特点有以下几方面:

1. 能连续、大批量地分拣货物

自动分拣系统不受气候、时间、人的体力等的限制,可以连续运行,同时自动分拣系统单位时间分拣件数多,每小时可分拣 7000 件包装商品,可以连续运行 100 个小时以上。如用人工则每小时只能分拣 150 件左右,同时分拣人员也不能在这种劳动强度下连续工作 8 小时。

2. 分拣误差率极低

如果采用人工键盘或语音识别方式输入,则误差率在 3% 以上;如采用条形码扫描输入,除非条形码的印刷本身有差错,否则不会出错。因此,目前自动分拣系统主要采用条形码技术来识别货物。

3. 分拣作业基本实现无人化

自动分拣系统能最大限度地减少人员的使用,基本做到无人化。分拣作业本来并不需要使用人员,人员的使用仅局限于以下工作:送货车辆抵达自动分拣结货;分拣线末端由人工将分拣出来的货物进行集载、装车。

自动分拣系统的作业过程可以简单描述如下：物流中心每天接收成百上千家供应商或货主通过各种运输方式运来的成千上万种商品，在最短的时间内将这些商品卸下并按商品品种、货主、储位或发送地点进行快速准确的分类，将这些商品运送到指定地点（如指定的货架、加工区域、出货站台等）。同时，当供应商或货主通知物流中心按配送指示发货时，自动分拣系统在最短的时间内从庞大的高层货架存储系统中准确找到要出库的商品所在位置，并按所需数量出库，将从不同储位取出的不同数量的商品，按配送地点的不同运送到不同的理货区域或配送站台集中装车配送。

3.2.2　分割加工

生产中最基本的加工就是分割（下料）加工，通常原材料都以一定规格生产供应，在采购后都要进行分割，以适应不同需求，如肉禽类、木材、钢材、玻璃等。

1. 生猪屠宰分割工艺流程

分割环节工艺流程分以下两种方式。

（1）热分割工艺流程：合格白条接收→下猪→分割剔骨→产品修整→检验把关→上架冷却→计量→包装→冷冻、冷藏→销售（暂存→销售）。

（2）冷分割工艺流程：白条冷却排酸→下猪→4 号锯分段→1 号锯分段→小排锯→肋排锯分段→分割剔骨→产品修整→检验把关→分检→包装→金属检测→冷冻、冷藏→销售（暂存→销售）。

相关名词释义：

（1）白条，即"片猪肉"的通俗称呼，根据国标 GB9959.1—2001《鲜冻、片猪肉》的规定，指将宰后的整只猪胴体沿脊椎中线，纵向锯（劈）成两分体的猪肉。

（2）红条，指将片猪肉扒掉胴体体表、体腔所有脂肪，只保留全部肌肉组织与骨骼组织的猪肉。

（3）软白条，指将片猪肉剔除所有骨骼组织，只保留全部肌肉组织与脂肪组织的猪肉。

（4）猪肉，指猪屠宰后所得可食部分的统称，包括胴体（骨除外）、头、蹄、尾、内脏。

（5）猪副产品，指除胴体肉之外的所有可食组织，包括猪头、蹄、尾、内脏等。

（6）猪胴体，指生猪屠宰后，去毛、头、蹄、尾、内脏后的躯体。

（7）三腺，指甲状腺、肾上腺和病变淋巴结。

2. 轴承毛坯的下料技术

下料是锻造的第一道工序。下料质量的高低，即重量与尺寸的精确与否、断面的几何形状的好坏等，将直接影响锻造工艺和锻件的质量。

国外轴承行业由于采用高速镦锻机、平锻机带侧滑块的多工位压力机等锻造生产线较多，这些生产线直接用棒料锻造轴承套圈，因而下料的数量相对较少。为了提高下料的几何精度和重量精度，一是对棒料实行径向压紧，二是提高剪切速度。而且国外下料设备的自动化程度较高，一般都具有上下料、送料、自动排除头、自动监测等装置。

由于传统的下料方法基本上是开式剪切,下料质量差,其重量差在 5% 左右,端面倾斜度远大于 3°。因此,国内各厂家都在探索一些新的方法。

对于国内多数厂家来说,一般是应用单点压力机配合磨具进行剪切下料的。因此,在磨具上做了许多有益的改进工作。下料质量主要是受剪切时棒料的轴向窜动和翘曲的影响,为此,出现了套筒式剪切模。即使剪切定刀片和动刀片的形状与棒料截面形状相同,以限制剪切时棒料的翘曲和刀片对棒料剪切时的压扁,使剪切质量得到明显提高。实际生产中,对冷下料重量差可控制在 1%,压塌深度为 0.5 毫米,端面倾斜度小于 2°30′;对于热下料重量差在 2% 之内,端面倾斜度小于 3°,约束剪切模,即以径向加紧的方式使棒料的翘曲、轴向窜动和切口压扁均受到限制。这种方式有的仅在定刀端加紧,有的在定刀端和动刀端均予以加紧,其加紧的方式有气缸式的,也有机构联动的。刀片均采用与棒料截面形状相同的形状,另外,这种磨具还可带有自动送进装置。这种方式的下料重量差可控制在 1% 以内,断面倾斜度小于 2°。

棒料热切机的使用也在增多,基本是上以生产线的形式运行。采用中频感应加热、自动上料、自动进料、(个别的带有)自动检测等,自动化程度高,并且剪切机具有径向加紧装置、机身刚性好、挡料自动调整等功能,剪切质量也较以前的老式剪切机有了很大提高,可达到剪切重量误差不大于 1.5%,断面倾斜度在 3° 以内。

带锯下料是国外产品,国内已有使用。由于带锯采用高刚性的结构,导轨的导向可靠,保证了工作中低速稳定和切削力稳定,从而使下料重量精确,端面质量好,并且下料范围广。

3. 异型石材下料加工

随着住宅、环境工程向中、高档水平发展,对石材的异型板材,建筑雕塑,拼花雕刻,各类复杂美观的曲面、柱面乃至于石制家具等都提出了新的需求。以金刚石绳锯、带锯及钻磨等刀具为主,并与电脑控制的高新技术相结合的加工设备则充分满足了这种要求。

异型石材加工工艺基本上按下述步骤进行:下料—成形—磨削—修补—抛光—切角—检验—包装。

(1)下料是异型石材加工的第一步。首先选择质地优良、尺寸合适的荒料进行下料。下料基本上采用圆盘式金刚石锯、金刚石串珠绳锯机等。下料形状有板料和块料,板料有平板和圆弧板。使用的工具主要是大直径的金刚石圆锯片和金刚石串珠绳。

(2)成形指异型石材的轮廓加工。异型石材的轮廓多种多样,有花线、圆弧板、柱座、柱头、平面雕刻、立体雕刻等。使用设备也是多种多样,有先进的数控设备、液压仿形设备、光电仿形设备、立式车床、卧式车床、手拉磨床、钻床等。使用的工具有金刚石样板磨轮、小尺寸金刚石圆锯片、金刚石铣刀、金刚石钻头等。

(3)磨削主要对成形后的工件廓型进行粗磨、细磨和精磨。采用的设备基本上与成形设备相同,有些就是利用成形设备,所不同的是把成形刀具更换为磨具,而有些则是用专用磨机进行加工。对形状复杂工件采用小型电动工具进行磨削。

(4)抛光加工与磨削加工方式基本相同。所不同之处是抛光加工所采用的磨料粒度比磨削要细得多,抛光速度也大。

(5)切角是指对需要拼装对接的面进行加工。如圆弧板材拼装时对其侧面采用双刀盘锯机加工成一定角度,保证拼装成一个圆。

(6)检验异型石材尺寸公差、表面缺陷和表面光泽度。

(7)包装采用木板或塑料制品。

异型石材加工有些工艺步骤可合成为一个,如圆弧板成形和下料一次完成。有些异型石材加工可以在一个设备上完成,如数控加工中心,可以同时完成锯割、抛光、雕刻、铣削等。

异型石材总加工时间可以按下式计算。

$$T = t_1 + t_2 + t_3$$

式中:T——总的加工时间,单位为 min;

t_1——下料时间,单位为 min;

t_2——成形时间,单位为 min;

t_3——磨抛时间,单位为 min。

3.2.3 真空加工

在配送中,对产品进行真空加工,可以延长保鲜期,降低成本。

1. 真空临界低温干制技术

真空临界低温干制技术是一种在接近真空冻干所需的真空程度条件下,以低于产品发生色泽变化和营养成分损失的临界状况,通过供热机制加工各种农副产品干制品的一项技术。所加工的产品质量接近真空冻干品质,保持原有色泽,加工过程中极易损失的维生素 C 成分保存率可达 90%～93%。如脆枣枣肉保持鲜枣原有浅绿色,维生素 C 含量可达 1000 毫克/100 克～1300 毫克/100 克,而传统方法加工的一般仅为 25 毫克/100 克～35 毫克/100 克,且无任何焦苦味;猕猴桃脆片维生素 C 含量达 500 毫克/100 克以上,原有色泽和果味不变。加工这些高品质产品的操作时间仅为真空冻干的 1/4～1/6,生产效率提高而加工成本大幅度降低。可加工各种脱水蔬菜、果蔬脆片、脱水中药材、茶叶和复合果茶、干制鲜花、肉干、各种干鲜杂果(如核桃、板栗、花生、瓜子)等。加工过程不使用化学添加剂,工艺流程简单。

工艺流程为:原料→清洗→切形或去核→真空临界低温干制→包装→检验→成品。

如脆枣加工,成熟的红枣或未完全成熟的青枣清洗后去核,直接装盘放入干燥机中,经真空临界低温干制 5～5.5 小时,含水率即可降到 6% 以下,获得能够保持原有色泽、体型丰满、维生素 C 含量高达 1000 毫克/100 克以上的无任何焦苦味的成品脆枣。去核后切片(厚度 4～5 毫米)的枣片干制时间仅 3～3.5 小时,枣不去核干燥时间为 8～9 小时。

使用设备为真空干燥机。该机配置四级水蒸气喷射真空系统,系统废气作干燥供热热源,工作稳定性极高,并且具有真空冷冻干燥与真空临界低温干燥双重工作性能。既可加工冷冻干制食品,又可加工高品质临界低温干制食品。

2. 浓缩式真空浸渍技术

浓缩式真空浸渍技术是指在缺氧和低温保护氛围中,利用真空低温浓缩机制使浸渍工作液(如糖液、盐液等)按工艺要求,实现分段浓缩各种蜜饯、果脯、腌制品、极高品质的浓缩果汁等的加工技术。设备配置的特别供热系统还可进行各种肉类制品的熟化、调味加工,以及复合果茶的配料操作等。生产过程不使用化学添加剂,加工时间短且产品质量高,如蜜枣加工的浸糖操作由传统加工的42~50小时减少到4~8小时(视原料品种、大小和是否去核而定),含糖量可高达79%,维生素C含量可达400毫克/100克以上。牛肉干总氨基酸含量可达66%以上(真空熟化、调味后真空干制)。

浸渍工艺流程分别为:

①原料→清洗→切形或去核→浓缩式真空浸渍→冲洗外表浮液→成品;

②原料→清洗→切形→真空熟化、调味→成品。

浸渍后的加工品一般需经最后的真空干制(脱除一定水分)获得最终产品,如各种果脯、腌制品、酱制品、肉类制品等。如蜜枣加工,可将鲜枣清洗、去核后无需熏硫、划缝等前处理操作,直接放入浓缩式真空浸渍机中,用浓度30%的已转化过的糖液,在糖液分步浓缩条件下,按工艺要求的温度浸糖,经5~6小时浓缩式真空浸糖获得含糖饱满、半透明度极高的浸糖枣,冲洗表面浮糖后最终再经3~3.5小时的临界低温干燥,获得含水率13%~15%、总糖可达78%以上的优质蜜枣(控制糖液浓度可加工含糖较低的蜜枣)。

使用设备为浓缩式真空浸渍机。该机具有良好的真空缺氧保护氛围,供热机构的加热范围较宽,既可实现低温分段浓缩操作,又可以较高温度供肉类制品加工的熟化操作之用;同时待加工食品不需转移安放位置便可一次性完成浸渍全过程操作。浸渍液由于在缺氧保护氛围下使用,生物特性保持良好,可补加后重复利用。

3. 浸渍—脱水双联食品真空加工技术

这是一种将浓缩式真空浸渍技术与真空临界低温干燥技术的恰当组合,对以农产品为原料的各种食品进行全真空过程的加工技术。其加工产品质量高,操作时间短,加工品种众多,不受农产品原料生产季节限制,可实现全年均衡生产。适用范围为各种果蔬脆片、脱水蔬菜、干鲜杂果、脱水中药材、干制鲜花、茶叶和复合果茶、果粉和浓缩果汁、各种肉制品等。除浓缩果汁外,一般工艺流程有以下几种:

①原料→清洗→切形→干制→脱水或干制→包装→检验→成品;

②原料→清洗→切形→浸渍(浸糖、腌制、调味)→脱水或干制→包装→检验→成品;

③原料→清洗→切形→熟化、调味→脱水或干制→包装→检验→成品。

若加工猕猴桃脆片,可将鲜猕猴桃去外表毛、皮,再进行清洗后切片(厚度4~5毫米),放入浓缩式真空浸渍机中用糖液调味,使果片酸甜适中,后冲洗表面浮糖,并装盘放入真空干燥机中,经3.5~4小时真空临界低温干燥后,获得保持原有绿色、含水率低于5%、维生素C含量高于500毫克/100克、果片平整而酥脆的猕猴桃脆片。若加工牛肉干,则将牛肉清洗切形后放入浸渍机中,抽真空到133~400帕后,用蒸汽直接加热到90~95℃,保持20~30分钟熟化。熟化后吸入已配制好的调味液真空浸渍1~1.5小时,浸渍后冲洗外表浮液,再经1.5~2小时真空临界低温干制,获得含水率12%~14%、总氨基酸高于65%、口感松软、细菌总数远低于国家限制标准的牛肉干(浸渍后最终干制前也可将已浸渍调味的肉干在混料机中再添加各种固体粉状调料)。

3.2.4 综合配送加工

综合配送加工是指具有上述所有概念的配送加工,如净菜的分拣、清洗、分装、送货等。

1.净菜加工

随着近几年大市场、大流通格局的形成及新一轮菜篮子工程逐步深入,伴随着家务劳动社会化进程的加快,一种净菜配送行业如雨后春笋般涌现,一系列包装化、规格化净菜、盆菜、营养方便菜逐步推向市场,已越来越受到市民的青睐。但是作为商业新业态的净菜配送也同其他行业一样面临着激烈市场竞争,国有企业的净菜配送如何在激烈的市场竞争中求得生存、发展,进而取得社会与经济效益的双丰收,是值得我们研究的新课题。科技进步与社会发展带来了蔬菜消费的全新格局:安全、新鲜、营养、方便。陈旧落后的蔬菜供应方式为:大批带泥毛菜用卡车或普通棚车散装运输,集市堆积销售,经济效益低下,种种弊端明显。约 40 年前,净菜(minimally processed vegetables)在国外问世,至今高品质的净菜已成为发达国家蔬菜消费的主流。研究净菜加工,促进其快速发展,意义显然。

(1)净菜配送发展的现状及净菜配送企业类型

①产加销一体化的加工型净菜配送。其中较有代表性的如上海市蔬菜总公司所属净菜配送企业,它拥有一定规模的生产基地、仓库、冷藏库加工、车间和冷藏车、工程车,配送门店客户达 300 余家、200 多个品种,年配送量 3 万吨。

②自产自销与社会配送相结合的加工型净菜配送。其中具有代表性的如八仙集团,其主要生产盆菜,仅上海一地年配销额达 1800 万元。

图 3-2 净菜加工生产线

2.净菜的含义

净菜也称新鲜消毒蔬菜净菜,是指已去除不可食部分和有机农药并经消毒包装的一种可直接烹调食用的蔬菜产品,随着城市人们工作和生活节奏的加快,净菜受到了普遍欢迎,开始成为菜市上一种新的商品形式。即用新采摘的蔬菜,经过整理(如去掉不可食部分、切分等)、洗涤、消毒等加工操作,在无菌环境中真空包装而制成的一种产品。

净菜加工工艺贯穿于原料的采集,成品的加工、储藏、运输和销售等流通环节,其中加工和储藏是保持鲜食水平、延长货架期的关键。经加工工艺及保健措施处理的切分菜可保持 20 天左右的货架期,降低褐变率至 5% 左右,卫生指标符合国家要求,而且有较高的叶绿素和维生素 C 保存率。技术对于促进净菜的开发生产和销售,满足现代人快节奏的生活方式具有重要意义。净菜加工绝非简单的清洗整理,在适合的低温环境下,加工处理、贮运销售的有一定保质期、优质、卫生、方便的生鲜蔬菜商品,其可食比例极高(可食比例>90%),可直接进行烹调。净菜加工事实上是传统的完整果蔬的储藏保鲜技术与蔬菜加工的前处理工艺技术的有机结合。

图 3-3 方便食用的净菜

(1)产品特色

蔬菜新鲜,方便卫生,可直接进锅烹饪,冰箱保鲜可达 1 周。

(2)主要原辅料

新鲜的辣椒、蒜薹、油菜、胡萝卜、芹菜、菜花等,柠檬酸。

(3)主要设备

无菌操作间(或无菌室)、真空包装机、消毒锅、冰箱。

(4)工艺流程

新鲜蔬菜→整理(去掉不可食部分)→洗涤→预煮→冷却→切段、块→洗涤→过秤→装袋→封口→成品(储藏在冰箱中)。(注:过秤、装袋、封口在无菌操作间进行。)

(5)操作要点说明

①预煮:菜:水=1:3,并加入 0.5% 柠檬酸不断搅拌。对于块茎类、根茎类,如胡萝卜、菜花,预煮温度 95~100℃,时间为 45~50 秒。对于茎类、含叶绿素较多之蔬菜,如芹菜、蒜薹、油菜等,预煮温度 100℃,时间为 10~20 秒,要求水沸后加入。预煮要彻底,又要尽量保持其风味、色泽、组织状态,特别是不能软烂或呈粗纤维状。

②冷却:以流动水或冷风冷透,不冷透产品很易变色。

③封口:封口时真空度接近 0.1 兆帕,封口应紧密、平整。

④无菌室控制:采用空气过滤器过滤空气,工作前必须用紫外灯消毒 30 分钟。

⑤成品保藏:以低温避光保存为佳。

⑥产品质量指标:储藏在冰箱内保存 1 周仍很新鲜,劣变程度很低,食用品质良好。

⑦原料的质量控制。具体步骤如下:

• 原料的采收。采收的根本目的是尽可能获得优质、健全的产品。与采收直接相关的问题是采前田间管理、最适采收期的确定和采收的有关技术要求。

在接近采收前,掌握正确的灌溉时间和灌溉量,严格按照蔬菜施药的相关法规进行。有的蔬菜在采前喷洒一定浓度的 Ca^{2+} 盐可使组织的硬度和弹性得以改善并减轻生理病害;一定浓度的乙烯利可改善果皮色泽并促进成熟;一定浓度的赤霉素可推迟成熟过程,延长货架期等。最适采收期因不同蔬菜种类品种、产地等迥异,就净菜言,必须具有本品种特有的满足鲜食要求的色、香、味和组织结构特征,即达到商业成熟度;采收应避开雨天、高温及露水未干时,人工采收必须精细,尽量保护产品,避免创伤及污染,采收中注意剔除各种杂质、未成熟果、病害果和伤果。

• 原料验收。来自土壤的蔬菜自然带菌量很大,菌群较复杂,对各种理化处理的抗性强,严重污染的原料可能已潜藏腐败或含有某种毒素,安全隐患明显。在净菜加工厂,应该设置原料微生物学检验这一关键控制点,以便准确掌握主要污染微生物的种类和数量,为调整和加强工艺控制,及时采取措施提供依据。

• 预冷。根据原料特性采用自然或机械的方法尽快将采后蔬菜的体温降低到适宜的低温范围(喜温性蔬菜应高于冷害临界点),并维持这一低温,以利后续加工。蔬菜水分充盈,比热大(0.9),呼吸活性高,腐烂快,采收以后是变质最快的时期。青豌豆在 20℃下经 24 小时含糖量下降 80%,游离氨基酸减少,失去鲜美风味且质地变得粗糙。因此预冷是冷链流通的第一环节,也是整个冷链技术连接是否成功的关键。

快速冷却不仅可以使产品迅速通过多种酶促和非酶反应的最佳温度段,而且可将生化反应带来的影响减至最小。根据蔬菜的低温适应能力、收获季节、比表面、组织结构、处理量、运行成本等可以选择合理的预冷方式。各种预冷方式的特点如下:

自然空气冷却,适于昼夜温差很大的地区。

冷水冷却,水的换热系数大于空气,廉价易得,用经冷却过的水作冷却介质,蔬菜降温均匀且快速省时。水冷却装置结构简单,使用方便,经济性好。

强制空气冷却。强制冷空气吹拂蔬菜,通过热传导和释放蒸发潜热使菜体降温,此法尤其适于不耐浸水的种类。冷却速度相对慢,但费用较低。

真空冷却。在真空室的减压条件下,蔬菜体内水分迅速气化吸热而快速冷却。每失水 1%,品温可下降 6℃,此法特别适合于经济价值较高,而采后品质极易劣变的种类。但对表皮厚变、组织致密的蔬菜冷却效果有限。此外,预冷还能增强产品抗低温冲击的能力,在冷藏期中会降低对温度的敏感。

• 原料暂存。据研究,原料贮温较高,其微生物增殖快且抗热力更强,因此,在国外,制作生菜沙拉的蔬菜验收后即置于 7℃ 以下、合乎卫生要求的储藏室中。为了保证原料的卫生质量,净菜加工厂应配备原料冷库,也方便了预冷后原料的暂存。

• 选别与分级。按照相关质量标准由人工剔除长霉、虫蚀、未熟、过熟、畸形、变色的不合格品,进一步清除杂质、污物和不能加工利用的部分,再按重量、尺寸、形状指标逐步分级,使相同级别的产品具有相对一致的品质,强化蔬菜的商品概念。

3.净菜加工过程的品质保证措施

(1)清洗、消毒

清洗是去掉原料附着的杂质、泥土、污物、降低菌数的有效手段。技术关键是,清洗用水的卫生性、消毒剂的正确使用和科学的清洗方法。

清洗用水应符合国家生活饮用水标准。清洗水中加入适当的清洗剂如偏硅酸钠,如病菌已侵入表皮,则应以加压水或鼓气浮洗法增加水的冲击力。水中加入 0.05%～0.1%的盐酸有助于消除农残,加入氯剂如 $NaClO$ 以防止微生物增殖,但过量会破坏产品风味且清除残留困难。为此应采用流动式氯水消毒,产品的游离态余氯应在 0.2 毫克/升范围内,并以此来控制消毒液中 $NaClO$ 浓度。目前尚有以 O_3、H_2O_2、稳定性 ClO_2 等作为消毒剂。净菜加工厂应配置水处理系统,以处理净水喷淋消毒后的产品。原料在水中浸泡时间应控制在 2 小时内以防止软化,组织结构变化,酶的活化或色素流失。

(2)修整切分

修整在于去掉蔬菜的非食用部分,使可食部分达到 90%以上。有的净菜还需切分成惯见的烹调形式,即为鲜切蔬菜(fresh-cut vegetable)。刀具造成的伤口或创面破坏了组织内原有的有序空间分隔或定位,O_2 大量渗入,物质的氧化消耗加剧,呼吸作用异常活跃,C_2H_4 加速合成与释放,致使蔬菜的品质和抗逆力劣变,外观可以见到流液、变色、萎蔫或表面木栓化。组织的破坏同时为微生物提供了直接侵入的机会,污染也会迅速发展。这一点正是与传统的果蔬储藏保鲜的最大区别,也使净菜保鲜在技术上难度更大。积极的应对措施是:

①建立合乎卫生标准的车间,强化卫生管理,配备紫外灯等灭菌手段。

②原料应预冷至 10℃以下,操作温度同此。

③采用薄形、刀刃锋利的食用级不锈钢刀具。

④尽量减少切割次数。

⑤无菌水清洗沥干,立即进行保鲜处理。

(3)保鲜、脱水

目前关于净菜生理生化方面的研究积累还很欠缺,主要的技术手段是下述的三个方面:

①低温,基于温度对所有热化学反应影响的共同规律,对净菜实施冷链生产和流通无疑更为必要。

②抗氧化剂。由于抗氧化剂具有消耗氧或钝化氧化酶的作用,可以减轻或预防酶褐变或其他的品质劣变。如柠檬酸,安全无毒,1%溶液 pH 为 2.31,是食用酸中络合能力最强者,具有抗氧化或抑制微生物的作用,一般使用量为 0.1%～0.5%;VitC 及钠卜,安全无毒,能消耗氧,还原高价金属离子,可防止物料因氧化而引起褪色、变色和风味劣变,一般使用量为0.1%～0.3%;异 VitC 及钠卜,化学性质同 VitC,抗氧化作用较强,一般使

用量为 0.01%～0.1%；食盐，安全无毒，可降低氧在水中溶解度，抑制酶活性，有护色、抑菌作用，一般使用量为 1%～3%。上述物质适当组合后保鲜效果更好，柠檬酸就是 VitC 和食盐的良好增效剂。研究发现一些氨基酸、糖醇类、萜类、植酸、低聚壳多糖等也具有较强的抗氧化活性。净菜处理时，保鲜剂种类、溶液浓度和 pH 值、浸泡时间是影响处理效果的主要因素，保鲜处理不应影响产品风味。

保鲜处理后，应及时脱水，可采用冷风机吹拂或离心脱水，前者需控制好冷风温度和吹拂时间，后者在一定的转速下应控制好离心时间。

③薄膜包装。灭菌生鲜菜的灭菌受到很大限制，目前比较适合的方法是紫外线或 γ 射线灭菌，由于后者需要特殊设施，所以工厂多选用紫外线灭菌。影响灭菌效果的主要因素有紫外线强度，物料与光源的距离，物料接受照射的面积、照射的时间等。

包装。包装的功能在于，防止微生物二次污染和产品失水，产生气调效果，方便产品的贮运和销售。采用薄膜包装净菜，应选择高气体渗透性的薄膜，并结合低温造成一适合净菜保存的微环境，这就是净菜的 MAP(modified atmosphere packaging)保鲜。膜的以下性能至关重要：透气性，使过高的 CO_2 透出，需要的 O_2 透入，使组织产生的 C_2H_4 透出；选择透性，对 CO_2 的渗透能力大于对 O_2；透湿性，不能过高，依净菜自身的特点而异；其他性能有一定强度，耐低温，热封性、透明度好。这类材料主要是 PE、PP、EVA、丁基橡胶等。

蔬菜的呼吸率可实测。掌握了某种蔬菜的呼吸率就可按此选择所需要的薄膜种类。如果某种膜的气体渗透比(CO_2/O_2)正好与该种蔬菜的呼吸率相等，则蔬菜产生的 CO_2 通过膜逐渐渗出，O_2 又通过膜逐渐渗进补充，气体浓度维持相对稳定，使产品处于最佳气调环境中。但蔬菜种类品种太多，影响呼吸强度的内外因素又十分复杂，实践上只能选择渗透比与蔬菜呼吸率尽可能接近的膜，获得较好的 MAP 效果。

用选定薄膜加工成适合的包装袋，放入定量产品，经气体置换，密封即成。

(4)冷藏配送

净菜成品应立即置于冷藏库中降温保存。耐寒性蔬菜维持 2～4℃，喜温性蔬菜维持 4～10℃。加大进库产品与冷气流的接触面积，可使产品中心尽快降到规定低温。各种净菜保鲜期大约在 3～30 天。通过信息畅通的配送销售网络进行净菜的合理生产和快捷配送，运输销售采用冷藏车或冷藏货柜，其储运销温度也应控制在 2～10℃范围内。

净菜加工的根本点就是始终做到精细、严格和紧凑，工艺选择和控制是否合理取决于对蔬菜生理变化和微生物侵染致腐的规律和特征的深刻了解，这是净菜加工技术的理论基础；在净菜生产中应该执行 GMP 和 HACCP 规范，置生产全过程于严格和量化的技术指标之下，并及时纠正偏差、解决问题，这是生产合格净菜的保证；实践证明，食品冷链流通的普及和完善，是获得优良货架品质和实现商品价值的重要途径，发展净菜加工与发展蔬菜冷链流通有高度的一致性，当规范的净菜加工企业和与之配套的配送、销售体系形成之时，蔬菜的冷链流通也就实现了。

3.3　配送加工模型

配送集中加工代替分散在各用户的加工,可以大大节约成本,合理利用原材料。在配送加工设计中,需要对加工的原料进行合理的计算分析,使其成本最低,如合理下料等。仓储公司切割和安装各种长度和尺寸的软管以适合个别顾客所使用的不同规格的水泵。物流渠道中都是由专业人员承担的,这些专业人员能够把产品的最后定型一直推迟到接收顾客定制化订单为止。

3.3.1　条材下料模型

[例3.1]　某配送企业有一批长度为500厘米的条材,有两个用户需要长度分别为85厘米和70厘米的两种毛坯,其中长85厘米的毛坯需要3000根,长70厘米的毛坯需要5000根。应如何下料,才能使所用的原料数量最少?

1.建立数学模型

先应决定如何分割一根原材料。原材料长500厘米,若全部截成85厘米长的毛坯,最多可得到5根,余下的75厘米还可以截出一根70厘米长的毛坯。我们把所有可能的下料方法列成表(见表3-1)。

表3-1　所有可能的下料方法

	K_1/根	K_2/根	K_3/根	K_4/根	K_5/根	K_6/根	毛坯
85cm	5	4	3	2	1	0	3000 根
70cm	1	2	3	4	5	7	5000 根
剩料	5cm	20cm	35cm	50cm	65cm	10cm	

这六种下料方式分别用 K 表示。每种下料方法说明了一根原材料可得到两种毛坯的数量及余料长度。利用表3-1,设用 K 种下料方式的条材根数为 $j(j=1,2,\cdots,6)$,则可得到下料问题的数学模型:

$$M_{min} = \sum_{j=1}^{6} X_j$$

M_{min}(所用原材料根数最少)

$$s.t. \begin{cases} 5X_1 + X_2 + X_2 + X_4 + X_5 = 3000 \\ X_1 + 2X_2 + 3X_2 + 4X_4 + 5X_5 + 7X_6 = 5000 \\ X_i \geqslant 0 \end{cases}$$

2.求解数学模型

利用优化软件容易求得模型的解,过程略。

$$X_1 = 600$$

$$X_2 = 0$$

$$X_3 = 0$$

$$X_4 = 0$$

$$X_5 = 0$$

$$X_6 = 628.571$$

3.计算结果

共需用料 600＋629＝1229 根。

3.3.2　玻璃配送下料加工模型

[例 3.2]　某玻璃制品物流公司配送销售玻璃,当前拥有玻璃板的坯料为 250 厘米 ×250 厘米,现有客户前来订购规格分别为 40 厘米×30 厘米,60 厘米×60 厘米,80 厘米 ×70 厘米和 120 厘米×120 厘米四种规格的玻璃,相应的需求量分别为 1500 块、1000 块、800 块和 200 块。如何有效合理地进行划分才能使原材料得到最充分地利用?

本例采用多目标优化数学模型来解决。

1.模型的构建

假设坯料的规格为 $a \times b$,客户订购 m 种规格的成品玻璃为 $a_1 \times b_2, a_2 \times b_2, \cdots, a_m \times b_m$,假设划分方案为几种。若坯料的第 n 种划分得到第 j 种成品规格的数量为($i = 1, 2, \cdots, n$),边角余料为 c_j,则这种划分对应于向量 a_j,即:

$$a_j = (a_{1j}, a_{2j}, \cdots, a_{mj})^T \quad (i = 1, 2, \cdots, n)$$

设 $x_j (j = 1, 2, \cdots, n)$ 为按第 j 种划分方案所用的坯料的数量,$x_i (i = n + 1, \cdots, n + m)$ 为第 i 种成品玻璃的剩余产量,则生产所用的坯料总数 $f_1(x)$ 和边角余料总量 $f_2(x)$ 分别为:

$$f_1(x) = \sum_{j=1}^n x_j, \quad f_2(x) = \sum_{j=1}^n c_j x_j$$

在生产过程中,坯料用量最少是第一级目标,边角余料尽可能少是第二级目标,成品 余量尽可能少和成品余量规格尽可能大为最后级目标。因此,建立玻璃划分的数学模型。

$$\min f(x) = \sum_{i=1}^{m+2} p_i f_i(x)$$

$$= p_1 \left(\sum_{i=1}^n x_j \right) + p_2 \left(\sum_{j=1}^n c_j x_j \right) + \sum_{i=1}^n p_i + 2(x_n + i)$$

$$\text{s. t.} \sum_{j=1}^n a_{ij} x_j - x_n + i = d_i \quad (i = 1, 2, \cdots, m)$$

$$x_j \geqslant 0 \quad 且为整数 (j = 1, 2, \cdots, n + m)$$

其中 d_i 为客户要求的第 i 种玻璃的数量,$p_1 > p_2 > \cdots > p_{m+2}$ 是划分的规格。该模型是一 个($m + 2$)级的多目标整数规划模型。

2.模型的求解和应用

根据实际生产的要求设定如下原则:

①不考虑刀口宽度和坯料的厚度;

②玻璃为截断划分,坯料和成品均为长方形和正方形;

③一块坯料最多只划成五种规格的成品玻璃;

④每次划分均平行于玻璃的一条边。

坯料划分优化方案的选择标准为:

(1)坯料利用率,要达到或超过预先确定的要求,即边角余料要低于一个预先设定的标准。R_0,r_0 与 R_0 有如下关系:

$$r_0 = 1 - \frac{R_0}{ad}$$

式中:ad ——坯料的面积。

(2)至少有一种划分方案能产生第 j 种规格的成品玻璃。

假设,$r_0 = 0.96\%$,根据以上划分原则,我们可以得到 15 种满意的划分方案,具体如表 3-2 所示。

表 3-2　15 种满意的划分方案

划分方案 \ 成品数量	成品规格				边角余料:面积(平方厘米)	坯料利用率(%)
	(Ⅳ) 120 厘米×120 厘米	(Ⅲ) 80 厘米×70 厘米	(Ⅱ) 60 厘米×60 厘米	(Ⅰ) 40 厘米×30 厘米		
1	1	2	5	15	900	98.56
2	1	3	6	7	1300	97.92
3	1	4	6	2	1700	97.28
4	1	4	5	5	1700	97.28
5	1	4	4	8	1700	97.28
6	1	4	2	14	1700	97.28
7	1	1	6	16	1700	97.28
8	1	1	2	28	1700	97.28
9	2	3	4	0	2500	96.00
10	2	3	0	12	2500	96.00
11	2	0	4	14	2500	96.00
12	2	0	0	26	2500	96.00
13	0	9	0	8	2500	96.00
14	0	6	4	10	2500	96.00
15	0	6	0	22	2500	96.00

根据以上划分方案,建立该问题的多目标数学模型:

$$\min f(x) = p_1 f_1(x) + p_2 f_2(x) + p_3 f_3(x) + p_4 f_4(x) + p_5 f_5(x) + p_6 f_6(x)$$

$$= p_1 \left(\sum_{j=1}^{23} x_j \right) + p_2 900 x_1 + 1300 x_2 + 1700 \sum_{j=3}^{8} x_j + 2500 \sum_{j=9}^{23} x_j + p_3 x_{24} +$$

$$p_4 x_{25}$$

s. t. $15x_1 + 7x_2 + 2x_3 + 5x_4 + \cdots$

$x_1, x_2, \cdots, x_{27} \geqslant 0$

且 $x_j (j = 1, \cdots, 27)$ 为整数。

运用目标规划的求解方法得出上述问题的两个解，第一个解为：

$x_1^* = 10, x_2^* = 150, x_9^* = 15, x_{10}^* = 5, x_1^* = 10, x_{13}^* = 30, x_{25}^* = 10$

第二个解为：

$x_1^* = 67, x_2^* = 8, x_3^* = 93, x_4^* = 1, x_5^* = 1, x_6^* = 4, x_9^* = 13$

其余 $x_j^* = 0, f_1(x^*) = 210, f_2(x^*) = 32900$

由此得到该两个方案的相关数据结果如表 3-3 和表 3-4 所示。

表 3-3　方案 1

划分方案	成品数量　　坯料用量	成品 规 格				边角余料：面积（平方厘米）
		（Ⅳ）120厘米×120厘米	（Ⅲ）80厘米×70厘米	（Ⅱ）60厘米×60厘米	（Ⅰ）40厘米×30厘米	
1	10	10	20	50	900	98.56
2	150	150	450	900	1050	19500
9	15	30	45	60	0	37500
10	5	10	15	0	60	12500
13	30	0	270	0	240	7500
合　计	210	200	800	1010	1500	329000

表 3-4　方案 2

划分方案	成品数量　　坯料用量	成品 规 格				边角余料：面积（平方厘米）
		（Ⅳ）120厘米×120厘米	（Ⅲ）80厘米×70厘米	（Ⅱ）60厘米×60厘米	（Ⅰ）40厘米×30厘米	
1	67	67	134	335	1050	6030
2	8	8	24	48	56	10400
3	93	93	372	558	186	158100
4	1	1	4	5	5	1700
5	1	1	4	4	8	1700
9	4	4	16	8	56	6800
9	26	26	39	52	0	32500
13	0	0	207	0	184	57500
合　计	200	200	800	1010	1500	329000

根据客户的不同选择，从而得出两种不同的分割方案。

3.模型的拓展和应用

该模型能够很好地适应坯料规格和订货规格的变化,较容易推广到公司各种规格坯料的情况。另外,该模型还是解决板材、服装等多种生产领域原材料合理利用问题的一种有效方法,能为企业节约成本、多创利润。

➪ 案例分析一

港资在深圳建净菜加工配送中心

深圳输港蔬果多年来一直以粗加工为主,利润仅维持在5%~6%的水平。不满足于此,香港福丰兴业公司2003年3月在粗加工基础上投资70万元建立深圳首家净菜配送中心。虽遭遇SARS影响,但因此举迎合本港餐饮习惯,月利润率达20%,预计最高可突破30%。看此广阔前景,公司有意追加在深投资。

深圳是全国输港蔬果的最大集散地。因为粗加工投资金额小,占用场地小,无需任何技术要求,投资蔬果粗加工成为众多北上创业者的首选。目前,布吉农批市场拥有数百档位及小型作坊式加工厂,专做输港蔬果粗加工,每家雇工二十至百名不等,约三成为港人投资,服务遍布本港机场、西餐厅、酒楼各领域,深佣工成本低港七成。

福丰兴业公司多年来在深圳从事菌类贸易及蔬果供港粗加工事业,福丰兴业净菜加工中心3月启动,但因为SARS影响,实质是在6月正式开工生产。经过两个月苦心经营,8月开始盈利,月销售额15万元,利润率为15%~20%。

深圳本地货源充足,人工、场地费用比香港便宜近七成。该净菜加工中心占地512平方米,月租金37000元人民币(同等面积本港约要17万元港币),雇工25名,包吃住,每人500~700元/月薪酬不等。每日加工蔬果1000~2000千克,比本港净菜便宜5~6元/千克,仍然供不应求。员工均来自深圳各大农贸市场的外来务工人员,经过短期培训便可上岗。

图3-4 方便配送的盒装豆腐

福丰兴业净菜加工中心专向本港国际机场、超市、酒楼、西餐厅以及十余家快餐店提供一条龙配送服务,服务范围遍布九龙塘、荃湾等区。港人的饮食消费习惯使得净菜加工需求巨大,但因净菜加工多为本港工厂,成本无明显竞争优势。在深圳成立加工中心既可降低成本,又可及时供货,预计今后本港净菜加工厂将移师深圳。公司在引进净菜加工设备上花费十余万元,四辆冷藏货柜车共投资 400 多万元,每辆从数十万至 130 万元不等。加上周转资金 100 多万元,公司共投入 700 万元。

深圳布吉农产品批发中心在香港经济不景气的环境下,蔬菜粗加工工厂因其投资小,适合香港个人创业者来投资。净菜加工动辄数百万的投资,则需中产阶级乃至企业行为方能实现。

案例分析二

钢板下料配送——佳源钢材加工

唐山市北方佳源钢材加工配送有限公司(简称北方佳源)位于唐山市开平工业园园区道 6 号,乡邻唐山环城高速,交通便利,工艺协作条件优越。公司占地面积 6.8 万平方米,建筑厂房面积 2.6 万平方米,基础投资 2 亿元人民币,2007 年出口创汇 4000 万美元,是华北地区生产规模最大的现代化钢材切割配送基地。设计年生产能力卷板精密开平切割 30 万吨、中厚板切割 10 万吨,同时具有金属切削焊接加工能力。北方佳源是经营钢材贸易十多年的唐山佳源贸易(集团)有限公司的全资子公司,是河北省工商联金属材料商会执行会长单位,河北省 2007 年诚信示范企业。河北省省长郭庚茂、唐山市委书记赵勇及各级领导多次来公司考察指导工作。公司目标是打造世界级的钢铁物流及钢铁深加工品牌企业。

1. 先进的生产工艺设备

公司巨资引进国际尖端切割设备,包括瑞士百超、普瑞玛大功率数控激光切割机,美国海宝(Hypertherm)、德国凯尔贝(HiFocus160i)数控精细类激光等离子切割机,德国梅萨(Messer)、小池酸素(Koike)火焰等多台切割设备及数控折弯机等配套设备。公司专业从事钢材、有色金属以及非金属板材等钣金结构件(0.5~250 毫米)的套料切割、成形及焊接加工。生产过程采用 CNC 计算机自动编程套料,精密数控切割,可以切割加工各种复杂结构的板材工件,具有切割速度快、加工精度高、外观质量好、材料损耗小等特点。同时提供配送及其他相关配套服务。切割工件成品率高,边料率、废料率低,真正实现原材料零库存管理,帮助各类制造企业高效率盘活备料资金,最大限度地发挥自身的生产技术优势。

2. 严谨的质量管理

质量是北方佳源的生命,根植于心的质量意识和严格的管理制度,为北方佳源赢得了消费者长期的信任。钢板切割严格遵守国际 ISO9013 标准,集团公司已通过 ISO9000 质量认证。公司建立了完善的质量保证体系和质量评估体系,从生产规划、工艺装备的确定到设备的维护保养,从原材料进库到成品出厂,每一道流程都处于 ERP 的监控之下。质量控制中心拥有目前行业内规模最大、技术最先进的综合匹配测量手段,检测手段已实现了现代化和数字化。

3.战略化的人力资源管理

人才是公司长远发展的根本,人力资源是支撑公司稳定增长的关键。北方佳源重视员工发展,并建立了完整的基于培养、考核和激励的员工综合发展体系。公司为员工提供了包括专家、技能师、后备专家、后备干部、管理层等在内的多元化发展道路,在培养高级管理人才、专业技术人才的同时,大力加强高技能人才队伍建设。几年来,北方佳源已产生了 20 多名专家和特级、高级技能师,壮大了技能领域的核心骨干人才力量。与此同时,北方佳源形成了一套包括大学生人才库、实习生计划、职工外读培训、人才后备力量建设、人才评价中心等人才开发措施。其中,大学生人才库项目是北方佳源聘用员工的新途径,它可以提早让大学生接触公司,通过参与各专业部门的工作,从而实现招聘工作的"过程了解,双向选择"。北方佳源的可持续发展目标是实现企业环境管理、产品环境性能及市场环境需求的最佳结合。

⇨ 思考题

1.配送加工和制造加工的差别是什么?

2.配送加工的要求是什么?

3.配送加工的原则是什么?

4.净菜的加工要求是什么?

第 4 章

物流回收加工

⇨ **本章要点**

　　现代物流的重要特点是讲究能源节约和资源的充分利用,物流回收加工是实现以上目的的主要途径。通过本章学习,了解物流回收加工的背景和意义,掌握主要几种物流加工的技术形式,以开发物流回收加工的新领域。

4.1　物流回收加工概述

　　物流回收加工是部分废料可通过收集、分类、加工、供应等环节转化成新的产品,重新投入到生产或消费中的加工过程。随着社会生产力和科学技术的发展,社会对物流管理的日益重视以及人们对环境保护意识的日益增强,物料回收利用的经济效益更加显著,如何变废为宝,将废旧物料进行回收,减少生产经济活动过程中的资源消耗已成为全世界范围内人们广泛重视的课题。

4.1.1　物流回收加工的背景

　　现代能源、材料资源的需求增大是物流回收加工的直接原因,在认定商品已完全损坏并被回收再利用之前,许多公司都会尽量对这些产品进行重造或整修。根据商品类型及进入企业回收物流系统的原因的不同,企业在这方面所作的选择范围可以非常的广。许多消费性的商品就不能重造,一旦使用过,我们就不能对它做什么整修,所以不存在将该类退回产品进行重造、整修后再出售的问题。

　　然而,另外一些商品的特性使得它们有可能被整修。比如在电器业,如果顾客退回了一台据说不能正常工作的传真机给零售商,零售商会把这台传真机送给生产商或送到专门从事整修的第三方。此时若把该传真机出售,其价格与正常销售的传真机相比必然要低很多。因此,制造商此时往往不急于把这台传真机出售,而是找出故障,然后对其进行修理之后,制造商可能通过"批发商店"把这台经过整修的传真机卖出,也可能把它卖给二手市场的公司,由它们把这台传真机作为修理或重造品出售。

一般来说,有缺陷的商品会被送到制造商的售后服务网络。如果顾客拥有一件需要维修服务的商品,该商品会被送至制造商那里维修。制造商可能有两种售后服务方式供顾客进行选择:要么等到制造商修好商品后再来取回,要么制造商立即给顾客另外一件该商品。在第二种选择下,顾客将得不到原来送去维修的商品。

如对"潲水油"应强制回收,并对利用"潲水油"加工成生物柴油的企业进行政策扶持。据了解,近年来,上海、广州、武汉、重庆等城市出现了多家把"潲水油"加工成生物柴油等化工产品的企业,并取得了良好的经济效益、社会效益和环境效益。在美国等发达国家,大多数餐饮潲水都强制回收,经专门公司加工后形成油脂化工原料、生物柴油等产品,欧盟和美国政府还通过提供财政补贴和实施税收优惠政策来发展生物柴油。目前,国内出现了以食用油废料生产生物柴油的企业,并形成了一定的规模。因此,建议政府及有关部门,建立食用油废料强制回收机制,明确设立食用油废料回收站点,市区各类饭店、酒家等餐饮企业产生的食用油废料必须由专业机构统一回收处置,鼓励利用食用油废料生产生物柴油的企业直接回收食用油废料,并在税费上给予适当优惠,加速在城市公交车辆和燃油锅炉推广使用生物柴油。

现今不断完善的环保法规、顾客对产品的环保要求及厂商对塑胶原料及废料的不断循环再用的需求,都推动了废塑料回收再造的工业,以及相关设备的使用量。一些国外公司在废塑料循环再造方面的举措已见成效。一般来说,废料再造可以分为机械回收循环再造、化学循环再造及原料循环再造。机械回收方法是将丢弃的物料直接收回和制成塑胶粒,然后将再造的胶粒送回塑料制造工序,用来制成新产品。第一步是从废物箱收集消费者丢弃的塑胶废物。通过中央收集系统,收集消耗完的汽水瓶、清洁剂瓶以及其他家居废物,然后与其他可回收的废物一起送到物料回收中心,用机器或人手将废物和其他物料分开,再将各种掺杂在一起的塑料废物分类捡出。大致分类后,按种类分开打包,运到塑胶再造厂。

在广泛使用的 PET 包装中,本地的再造商大多再造透明和有色的 PET,以及原色或加了颜色的 HDPE。再造商从物料回收接收指定的塑料捆包后,会把这些压实了的捆包送进碎包机打散,变成一串散开的可回收物料,然后送进专用的振荡筛,细小的垃圾和灰尘会穿过筛眼掉进垃圾斗。这是第一个清除杂质的步骤。之后,筛选出来的可回收塑料进入磨碎和清洗工序。首先将材料切成细块,使标贴和其他的容器附着物脱落。此举有利于稍后的清洗工作。切碎后,加水将碎片软化和除去杂质,然后将碎片送进清洗机。一些清洗机使用温水和清洁剂,另一些则使用室温水,利用清洗过程中的机械运动将水加热。这个清洗工序可清除残留物、灰尘和标贴。接着使用浮选缸将不同密度的塑料和杂质分隔。HDPE 塑料的密度比水低,因此浮在水面。灰尘和密度较大的塑料(如 PET)沉在缸底,稍后被除去。分隔后浮选出来的清洁碎片先用热空气吹干,然后使用气流分类机将薄膜和标贴分隔出来。塑料碎片进入分类机后,向下吹进一股气流,较轻的薄膜碎片会被吹走,较重的塑料碎片则继续往下掉。最后,塑胶碎片经熔融、过滤,再用挤压法制成小粒。开始时先将塑料碎片倒进大斗中混合,以减少品质差异,之后碎片被送进挤压机。机内是一个已加热的圆筒,筒内有一个螺旋输送器。碎片在挤压机内熔融后,流过机器末端的过滤网。不熔化的杂质粒子不能通过网眼,而纯净的熔化物则挤过钻满小孔的板,变成面条形状。在这些塑胶条冷却期间,快速切割,即可制成小粒。化学循环再造则是指通过解聚合方法,拆除缩聚作用或加成聚合作用,使聚合物变回单体。可以用这种方法再造的塑料包括聚酯(例如汽水瓶的 PET 塑料)、聚酰胺(如地毡的尼龙)、聚氨酯(如汽车座位的泡沫塑料)。对于长链聚合物,可以用化学方法及热力将链打断。如果解聚合的目的是还原原来制造聚合物的化学品,这一过程称为原料或单体制造。将聚合物分解成各种化学物质后,即可回收循环再造用作原料的化学品,或是将各种化学物质充当燃料;亦可取一部分作原料,另一部分作燃料。原料循环再造虽包含化学循环再造,但其指的是用热力将聚烯烃和取代聚烯烃类解聚合,使之变成各种较小的烯烃类中间体,这类中间体与汽油或润滑油没有太大分别。在某些情况下,可以利用热力令加成聚合物解聚合,直接变回单体,回收率相当高。例如,聚苯乙烯变回苯乙烯,以及将聚甲基丙烯酸甲酯变回甲基丙烯酸甲酯。

目前,有多种工业用的聚合方法可以从塑料中回收循环再造合成单体或原料。回收单体原料的解聚合工序必须非常有效。换句话说,应有很高的单体回收率和很小的废物量。一些塑料由于具备独特的化学性质,因而特别适宜使用热力解聚合的方法。PET 和某些聚酰胺及聚氨酯都可以很有效地解聚合,产出的合成化学品可用于制造新塑料,与原始聚合物并无任何分别。PET 塑料瓶是最常见的饮料容器,尤其是在发达国家,其使用量更是可观,日本是其中一个例子。在 1997 年,日本 PET 塑料瓶的生产量已差不多达到 22 万吨,不过当中却只有 1/10 会回收再造。随着环保问题成为全球的焦点,回收运动已经成为各种工业必须考虑的后加工程序,促使各国的政府实施废物回收计划。日本政府及企业也十分响应,随之而来是对 PET 塑料瓶回收设备的需求上升。日本 Tomen Group 顺应潮流,从奥地利引进自动筛选消费后塑料瓶的机器,并从美国购入拆解塑料瓶捆包的碎包机。Tomen 的自动塑料瓶筛选机来自 Binder 公司的 Criterion,能辨别 PET、PVC、PE、PP、PS、PA、ABS 等 8 种物料。无论塑料瓶上是否贴有标签,或是塑料瓶是否已变形,它都能以每秒 5~7 个的速度将塑料瓶分类。回收后的 PET 粒料,Tomen 将之制成衣服。

4.1.2 物流回收加工意义

将各种废弃物作为资源开发,已引起了世界各国的普遍重视。每回收利用 1 万吨废旧物资,可以节约自然资源 4.12 万吨,节约能源 1.4 万吨标煤,减少 6 万~10 万吨垃圾处理量;每利用 1 万吨废钢铁,可出钢 8500 吨,节约成品铁矿石 2 万吨,节能 0.4 万吨标准煤,少产生 1.2 万吨矿渣,比用铁矿石炼钢节约 2/3 的工时;每利用 1 万吨废纸,可生产纸浆 8000 吨,节约木材 3 万立方米,节约能源 1.2 万吨标准煤,节水 100 万立方米,少排放废水 90 多万立方米,节电 600 万度。电器产品换代的节律越来越快,报废电器中的元器件平均只用了 2 万小时,只相当于设计寿命的 1/25,这些元器件还有很高的利用价值。

在中国日益灵活宽松的经济发展政策指引下，民间个体私营经济投资越来越活跃，为满足市场经济多方面的需求，废弃资源和废旧材料回收加工企业如雨后春笋般破土而出。由于具有企业规模灵活、设立方便、转型容易等特点，最先迎合市场的需要而产生的往往是中小规模企业，它们在一定程度上代表了新型经济的发展方向。

截至 2008 年底，中国废弃资源回收加工行业规模以上企业 354 家，累计完成销售收入 248 亿元，比 2007 年同期增加了 46.16％；利润总额达到了 6 亿千元，比上年增长了 30％。中国的废弃资源和废旧材料回收加工行业已初具产业发展的基础。

2006 年，中国废弃资源和废旧材料回收加工行业实现累计工业总产值 382 亿元，比上年同期增长了 33.13％；实现累计产品销售收入 393 亿元，比上年同期增长了 41.28％；实现累计利润总额 11 亿千元，比上年同期增长了 51.81％。

2007 年，中国废弃资源和废旧材料回收加工行业累计实现工业总产值 611 亿千元，比上年同期增长了 58.75％；累计实现产品销售收入 595 亿千元，比上年同期增长了 53.58％；累计实现利润总额 16 亿千元，比上年同期增长了 51.17％。

近年来，发达国家十分注重资源的回收和再利用，并将其发展成一个集"回收"与"再制造"为一体的独立产业——资源再生产业。随着中国经济持续快速增长，能源资源紧缺压力不断加大，对经济社会发展的瓶颈制约日益突出。《中共中央关于制定国民经济和社会发展第十一个五年规划的建议》提出，要加快建设资源节约型、环境友好型社会，促进经济发展与人口、资源、环境相协调，大力发展资源再生产业，是解决中国资源短缺问题的有效途径，也是发展循环经济、建立节约型社会的必然选择。

中国投资咨询网发布的《2008 年中国废旧物资回收加工行业分析及投资咨询报告》共十六章。首先介绍了废旧物质及废旧物资加工的相关定义、分类、特点等，接着分析了国际国内废弃资源回收加工行业的现状，并对中国废弃资源和废旧材料回收加工行业的工业统计数据进行了翔实的分析，然后具体介绍了废金属、废钢铁、废纸、废塑料、废橡胶、废玻璃、废家电及其他废旧物资的回收加工利用情况。随后，报告对中国废旧物资回收加工行业作了进出口分析、投资潜力分析和未来发展趋势分析，最后详细列明了与废旧物资回收加工行业密切相关的政策和法规。若想对废旧物资回收加工行业有个系统了解或者想投资废旧物资回收加工，此报告将是不可或缺的重要工具。

近年来，我国废旧物资回收加工业基本摈弃了以往那种"收进来、卖出去"的简单的废旧物资搬家式的粗放式回收经营模式，初步形成了清洗、破碎、剪切、除杂、除油、分选、预处理加工模式。从事再生资源回收利用的科研单位和大型企业不断研究和开发废旧物资高值利用的新技术、新工艺和新设备，这些新技术在一定的范围内得到了推广应用，取得了较好的经济和社会效益。某些品种的有色金属，特别是稀有金属、贵金属的废触媒、废渣中回收有价成分（如钒、钯等）的技术，已经达到了国际先进水平。

废旧物资回收利用技术装备水平不断提高，再生资源信息网络建设已经取得了明显的进展，科研开发队伍不断壮大，再生资源开发利用的范围日益扩大，再生资源开发的深度和广度拓宽的成效十分显著。改革开放以来，特别是 20 世纪 90 年代以来，再生资源开发利用的业务范围和内容日益丰富。目前大致有以下几种大的业务构成：一是以废旧物资回收为主体的流通企业；二是以废旧车船和机械设备的拆解，有色金属和贵金属回

图 4-1　能够提取稀有金属、贵金属的回收废旧电器

收提炼、提纯,再生资源回收机械制造,以及利用废旧物资加工复合材料等为主的流通企业。

4.2　物流回收加工技术

废旧物料的处置方法有很多,不同性质的废旧物料可以利用其不同的特点进行处置。下面是几种在企业中常见的处置方法:

①将钢铁、铝、铅等废旧物料适当分类,再分成若干等级,以便于企业内部设法利用。

②对拆卸下的大件废料,如钢或其他金属,可以用乙炔剪断,作为废料,或予以拼接,以备日后代用作新料。

③对某些拆下后可以转用到其他地方的废料,如马达、泵、管道等,应小心拆解,再送到维修保养部门整修后,重新入库待用。

④对某些存量很多且有利用价值的废旧物料,可以在组织内部调用或设法利用,如代替其他物料使用,或大材小用,或退还给供应商,或集中定期向外出售,如直接销售给其他企业等。

⑤对某些已无明显利用价值的物料,采取焚毁、破毁、掩埋等处理方法。

退货与回收物流处理的基本原则在于"事前防范重于事后处理"。对废旧物料进行事后处理,如焚毁、掩埋、低价转让等,会有很大的经济损失。为尽量避免这类损失,在事前就要采取有效措施,动员和综合协调设计、生产、采购、销售等部门,统一规划,防止废旧物料的产生。主要措施有:

①在企业内部实行全面物料控制,对企业内部单位的存料进行综合调剂管理;

②采取适用于物料性质的保管和保养条件；

③与设计、生产部门协商配合，在一定的许可范围内，等原存物料全部用完后再改用新材料；

④与销售部门配合，及时了解产品需求状况，合理预测并提前准备，以避免重大损失。

4.2.1 废旧干电池的回收加工技术

电池主要是由锌壳、电角锰粉、氯化铵、石墨棒、炭粉和铜帽等制造而成，使用后的干电池，其锌壳只消耗一小部分，锰只起了一点氧化作用，其他炭粉、石墨棒和铜帽等物质都还没有消耗掉，如加工提炼，便可重新利用。回收废旧干电池可变废为宝，在增收节支上有着重大意义。

将收到的废干电池砸烂，剥出锌壳和电池底铁，取出铜帽和石墨棒，余下的黑色填充物（炭粉）其中的主要成分是二氧化硫和氯化铵。回收技术如下：

1. 锌板

锌的化学性质和作用为：锌（Zn），原子序数 30，原子量 65.38，青白色金属，比重 7.14，熔点 419.4℃，沸点 709℃，化合价 2，在空气中稳定，与酸或碱作用时放出氧气，用于电镀锌及制造黄铜、锰青铜、白铁和干电池等；锌粉是有机合成工业的重要还原剂。

回收方法：先将剥出的锌壳用去污粉和水洗干净，然后放进冶炼用的石墨坩埚中（坩埚的大小可根据锌的多少而定），上面盖上一层石棉布，把坩埚放在烧旺的煤火炉上，使之熔化（温度要控制在熔、沸点之间，有条件的还可用家用小型鼓风机吹火）。待锌完全熔化后，如上面有浮潭可除去，然后将熔化后的锌水倾注进铁模中，成型（锌锭可出售）完全冷却后，可放回坩埚再熔化一次，这次将熔化的锌水要倒在铁板上，待凝固冷却后便是锌板。

2. 铜片

铜片化学性质和作用为：铜（Cu），原子序数 29，原子量 63.546，带红色而有光泽的金属，富有延展性，比重 892，熔点 1083℃，沸点 2595℃，化合价 1 和 2，在干燥空气中较稳定，但在有二氧化碳的湿空气中表面易生铜绿，溶于硝酸和热硫酸，稍溶于盐酸，遇碱易被侵蚀，具有良好的导电性和导热性；用于制造铜线铜片和电极、电铸板开关及化学药品。

回收方法：将废干电池上的铜帽取下一个一个锤平，然后放进 1:1 的稀硫酸中煮沸（硫酸的浓度一般为 60%～70%）。一份硫酸加一份清水为稀硫酸，加水时应将浓硫酸慢慢注入水中，并随时用玻璃棒搅和，千万不要将水注入硫酸，以防浓硫酸猛烈飞溅，引起事故。将稀硫酸放在耐酸的容器中，底下升火将煮沸后的铜片捞出，即得絮红色的铜片。

3. 石墨棒

石墨的化学性质和作用为：石墨是一种结晶形炭，铁黑色到溶钢色，质软具有滑腻感，金属光泽，成叶片状、鳞片状和致富块状，比重 2.25，硬度 1，能导电，化学性质活泼，具有耐腐蚀性，与酸、碱性药剂不易起作用，但能被强氧化剂氧化成有机酸，在空气或氧中强烈燃烧;能燃烧成二氧化碳;可用作抗摩材料和润滑剂,并用于制造坩埚、电极干电池等。

回收方法:将废干电池砸开取出石墨棒,用水洗净可作电极使用。

4.氯化铵

氯化铵的化学性质和作用为:氯化铵(NH_4Cl),俗称硇砂,白色晶体,比重1.5,熔点117℃,350℃升华,易潮解,溶于水和甘油,微溶于乙醇;用于金属焊接、电镀、鞣革以及干电池制作等,农业上用作氯肥,医药上用于祛痰。

回收方法:将废干电池中的黑色填充物(炭粉)放入陶品缸中,加水搅拌,待静墨沉淀后倾倒出上层溶液,用过滤布过滤,将滤液放进容器中,升火蒸发,出现晶体,停止加热,冷却后即得氯化铵晶体。

4.2.2　再生聚酯产品加工技术

聚酯是塑料的主要品种,广泛用于医药、食品工业。在当今全球聚酯工业如此快速度增长的同时,也向人们提出了一个无法回避的问题:原料来源和废料处理。石油是不可再生的资源,据专家预测:如果没有新的油田发现的话,目前世界上正在开采的油井在35～38年后将面临石油资源枯竭的危机。所以在寻找新的原料资源的同时,回收利用聚酯废旧料已成为各国面临的一项战略目标。聚酯废料主要有两大类,即在聚酯与纤维生产各工序中产生的废块、废丝等所谓的加工废料,以及用完即弃的废瓶。在纤维生产过程中,废品率在2%左右。废聚酯瓶的回收率仍处于一个较低的水平。随着各国废聚酯瓶回收利用行业的发展,全球聚酯瓶的回收在今后几年中会有很大的增长。据预测,欧洲到2010年将有100万吨以上的废聚酯瓶被回收利用。如果世界各地都能用聚酯瓶包装替代传统的玻璃瓶的话,聚酯瓶片的消费量和废聚酯瓶的回收量的增长将会大得惊人。由此可见,做好废聚酯瓶回收利用,既节省了资源,又保护了环境。

1.再生聚酯产品发展历程回顾

(1)中国再生聚酯行业发展回顾

近10年来随着聚酯的应用领域不断拓宽,其消耗量突飞猛进,我国聚酯产能已占据合成纤维的3/4。据不完全统计,目前我国每年产生的各类聚酯废料在百万吨以上。由于近年来国际原油价格的不断上涨,使得原生聚酯纤维生产企业生产成本进一步抬高,企业利润微乎其微。而应用聚酯废料生产再生纤维技术,门槛低、投入小、利润高,越来越多的企业加入到聚酯废料再生行业。目前,国内聚酯再生行业主要是用其生产再生涤纶短纤。关于聚酯废料的回收利用,国外从60年代就开始研究,80年代初,工业发达国家就从保护生态环境出发,开始研究利用废弃塑料制品进行纺丝或制成非织造布和产业用纺织品所需原料。

中国再生聚酯纤维行业的发展,主要经历了三个阶段:1983—1989年,主要生产设备为中国台湾地区、韩国转移过来的小生产线,多数为单螺杆对单纺丝位的设计,以及国产404、406小生产线,使用泡泡料,产能大多在10吨/天左右的水平,产品主要用于生产2D～6D纤维,终端市场为低档针刺无纺布和手套纱等。也有一些生产无纺布的企业从

图 4-2 可回收再生的聚酯包装

聚酯生产企业取得废料后,采用熔喷法直接生产窗帘、鞋套、揩布以及一些用即弃的非织造产品。1996—1999 年,随着聚酯瓶生产和消费的兴起,出现了以瓶片为主要原料,泡泡料为辅助原料的化纤生产线,这些生产线大都以两条螺杆 12 个纺丝位配置,年产量 7500吨,产量较多,产品质量大幅提高,出现了 1.5D 棉型和二维中空等部分替代原生纤维的产品。2000 年至目前,是再生 PET 纤维产能扩充的高速发展期,技术进步较为明显,用高洁净度废聚酯瓶片生产出三维卷曲中空纤维(3D～15D)、ES 纤维等产品。在填充用涤纶短纤应用领域,对原生涤纶产品的替代作用越来越大。由于再生涤纶业企业多,分布广,因此较难对全国能力有较精确的统计。2004 年中国化纤工业协会经过调研,估计当时我国再生涤纶短纤能力在 300 万吨以上,实际可能接近 400 万吨。2005 年我国再生聚酯已达到 450 万吨/年,产量 230 万吨。目前我国仅从事再生聚酯纤维的生产企业就达389 家,因竞争激烈,开工率已由 2000 年的 90%下降到 2005 年的 55%,部分企业已停产。2005 年,中国再生聚酯的应用以纤维用途为主(占 79%),虽然在食品级和非食品级瓶用领域也有相当比重(约 20%,其他 1%用于制造塑钢带、板材和拉链等),但真正意义上符合 FDA 和国家食品卫生相关认证的只有未投产的 2 万吨产能(北京盈创公司瓶到瓶项目),其他均为直接使用纤维级再生聚酯瓶片添加在 A 级聚酯瓶片中(比例约为10%～15%),企业的主要目的是降低成本,所生产的 PET 饮料包装瓶是不符合国家食品卫生标准的,这种现象主要是在一些中小型吹瓶厂中发生。其他再生聚酯产品全国产能估算为:塑钢带 0.6 万～1.0 万吨/年,A－聚酯板材 1.2 万吨/年。当然,中国再生聚酯行业也有自己的特色,如用 100%再生聚酯生产的拉链产能已有约 1.2 万吨/年。另外,许多新领域,如再生 PET 纺粘无纺布、食品级再生 PET 板材等还属空白。由于进入再生聚酯纤维行业的技术门槛较低,投资也不高,许多企业纷纷进入这个行业。但这些企业普遍不具备新产品开发能力,科研投入几乎没有,企业不是在考虑如何做大市场需求,而是在想方设法用低价来抢占市场份额。这些企业以生产短纤维为主,包括 6D～20D 实心短纤维、1.5D 棉型短纤维、二维中空短纤维和三维中空短纤维,所占比例分别为 40％、35％、15％和 10％。江苏客霞公司聚酯废料应用的开发研究已有 10 多年的经验,取得了很好的效益。目前,该公司以废聚酯为原料生产的纤维、有色丝、中空纤维及远红外纤维等,不但在国内销售还出口到欧洲、中东及东南亚地区。

（2）国外再生聚酯行业发展回顾

日本帝人公司是从 1995 年开始就出售用废聚酯瓶料生产的聚酯纤维,其应用范围已扩大到服装、床上用品、室内和厨房用品。日本三菱公司用再生粒子纺出 Y 截面的异形长丝,丝的规格有 80dtex/36f 和 120dtex/36f。中国尤其是江、浙、沪乡镇或民营企业出于对原料成本的考虑,也用国产或进口废聚酯碎片、再生切片生产短纤维,总产能已达 100 万吨以上,这些纤维主要用于非织造布和地毯或同其他纤维混纺而用于服装。由于回收料价格较低,用回收聚酯瓶片生产纺粘非织造布,其产品价格会有很大竞争力。从性能看,回收聚酯瓶片同纤维用切片比,相差不是很大。据报道,目前只有德国吉玛公司和美国杜邦公司在这方面获得成功。我国由于废聚酯瓶回收技术同国外相比,还有一定差距,回收的切片质量和杂质含量等方面还比不上国外的回收料。如果要用再生料制造出纺粘非织造布,还有许多工作要做。这不仅要从设备和工艺上考虑回收料的特性,更需要在废聚酯回收上把好质量关,以达到降低回收料的杂质含量,缩小回收料间的熔点和黏度差异。

另外,利用废聚酯瓶碎片或再生切片纺制短纤维并加工成服装、非织造布、玩具充填料及其他后道产品,在欧美和其他发达国家已获得成功,并取得较大的经济效益。美国伊斯曼公司早在许多年前就开始用聚酯废料和废聚酯瓶片生产各种纤维,成为美国领先的环保型工厂。美国 Dyersburg 织物公司用废聚酯瓶料生产的纤维制造绒面布。美国 Wellman 等公司利用再生聚酯纤维同其他纤维混纺开发户外用面料及运动服。意大利 ORV 公司每年用废聚酯瓶碎片生产短纤维达 3535000 吨,纤维纤度 3.3～17dtex,纤维强度 30～35cN/tex,伸长 45％～90％,纤维截面有圆形和异形。纤维用途是服装或家具织物的充填料以及用作土工布、屋顶毡基布和绝缘材料的非织造布。

2. 再生聚酯生产加工前的回收与造粒技术

废聚酯瓶回收方法分化学回收和物理回收。化学回收是将废聚酯在一定的反应条件下解聚,获得聚酯的基本单体或低聚物,重新合成制得用于纤维、涂料和制瓶的原料。日本帝人公司开发的"瓶～瓶"回收技术,就是把废聚酯瓶解聚制成 DMT,然后精制成 TPA。再用 TPA 制成瓶用聚酯,实现了"瓶～瓶"回收过程。该回收系统已工业化,年生产能力达 9 万吨。日本月岛机械公司（TSK）的回收工艺,是将废聚酯瓶片与碳酸钠在乙二醇中,于 170～180℃、0.1 兆帕下反应 40～60 分钟,使废聚酯瓶解聚制得纯度为 99.9％的对苯二甲酸和乙二醇。

物理回收有两种方法:一种方法是将废聚酯瓶破碎成片,并将其中的聚乙烯、铝、纸和黏合剂去除,然后将碎片洗涤、干燥、造粒。第二种方法则将聚酯瓶上的非聚酯的瓶盖、瓶座底、标签等通过机械方法进行分离后,将聚酯瓶洗涤、破碎、造粒。就应用而言,这两种方法,在工艺上各有特点。第一种回收方法较易形成大规模生产,但技术较复杂,设备较多,投资大;而第二种工艺,使用的设备较少,投资省,但只适用于无破损的完整的废聚酯瓶的回收。目前,我国所收集的废聚酯瓶均已被压扁,这主要是从运输方便和合理性考虑。所以在实际生产中,大多数采用第一种回收方法,国外一些公司也是如此。

据悉,目前江苏和广东地区一些设备制造厂和废聚酯瓶片生产厂所采用的工艺流程基本上是:压瓶→粉碎→搓洗(或碱水搅拌搓洗)→三道漂洗→离心脱水→干燥→熔融挤压→铸带→水槽冷却→切粒→振动筛→成品料仓。

废聚酯瓶经压瓶装置的上下两对压辊压实后,由输送带送到带水粉碎机,粉碎后的碎片尺寸小于8毫米。碎片在搓洗机(或80℃带搅拌的碱水桶)中搓洗后,使碎片上的粘贴标签和其他杂质进行分离。碎片洗涤后还需要经过2～3道漂洗以将其中的PE、粘贴标签和其他杂质漂浮掉。然后,碎片由螺旋上料机送入离心脱水机进行脱水,使碎片含水量降至2%～3%,并在干燥器中干燥,使水分进一步降至0.5%以下。最后,经熔融挤压、造粒。挤压机一般采用双螺杆挤压机。如果碎片不经过熔融挤压造粒而直接用于纺丝等后加工,则需要在脱水后再加一道粉碎,以制得适合纺丝的碎片尺寸。

废聚酯瓶回收利用发展如此之快,主要得益于废聚酯瓶片料的高利用价值:一方面,其回收率达95%以上,在纺丝和吹塑等方面的再利用非常成功;其深加工产品(地毯和非织造布等)在实际应用中无论在使用性还是经济性方面都得到充分肯定。另一方面,在主要质量指标方面,废聚酯瓶片或再生粒子同新的聚酯切片相差也不是很大。所以,废聚酯瓶回收利用是有利可图的。我国聚酯瓶片的生产正处于高速增长期,聚酯在食品和饮料等行业的大量应用以及回收利用废聚酯瓶片任重而道远。

3. 世界上部分地区再生聚酯方面市场动态

(1)日本地区

根据日本聚酯瓶回收协会的统计,2004财年(2004年4月1日到2005年3月31日)日本再生聚酯产品的产量达到14.8万吨,比2003财年的12.4万吨提高了18.8%。根据相关人士透露,2007年前后日本再生聚酯产量已经达到了将近20万吨,下游市场接受能力还是比较强的。

另外,日本2000年4月全面实施容器回收法,2006年回收聚酯瓶达到39万吨,仅达到回收率的60%。为了解决聚酯回收再利用的技术难题,由日本某公司成功研究开发出回收再生聚酯改性剂"AR-P-1000"和"AR-P-1100"两种牌号推向市场。"AR-P"回收再生改性剂的主要特点是:

①使用时不需要进行干燥处理。

②在室温下非常稳定。

③适用于所有的塑料成型加工设备。

④能够任意着色。

⑤可直接进行共混添加。

⑥提高了PET回收再生成型材料的冲击强度。由于AR-P以微细状态分散在回收PET成型材料中,在成型加工剪切力的作用下,相互界面张力小。AR-P与回收PET成型材料黏度比为1,分散好,改善了回收PET成型材料的冲击强度。例如,当添加5%"AR-P"时,缺口冲击强度由2千焦/米^{2}提高到5.5千焦/米^2。在-10℃时低温冲击强度

由 1.8 千焦/米^2 提高到 5 千焦/米^2。

⑦改善了回收再生 PET 成型材料的黏度,提高了 PET 熔融成型材料的流动性能,适宜成型加工形状复杂,异形材等挤出成型制品。

(2)白俄罗斯地区

白俄罗斯的聚酯原料对二甲苯、乙二醇缺乏,造成主要化纤企业莫吉廖夫化纤公司开工不足,产能只利用 60%。白俄罗斯唯一生产对二甲苯的企业是那弗丹股份公司,年产量 4 万吨,还不能满足需要量的一半。白俄罗斯主要从俄罗斯的鄂木斯克、乌法、基里什等地进口对二里苯,但数量得不到保证,价格又不稳定。因此,白俄罗斯政府在 2010 年石油化学发展战略规划中,要求减少聚酯纤维对进口原料的依赖,并审批新建一个年产 12 万吨的对二甲苯项目。同时,白俄罗斯开始了再生聚酯的利用工作,由澳大利亚一家企业在白俄罗斯进行聚酯回收利用,每小时可产出 1 吨再生聚酯原料,其外观有絮状和颗粒状,工艺损耗不超过 2%～3%。这种再生原料提供给莫吉廖夫化纤公司,近期进行聚酯纤维和长丝的生产试验。白俄罗斯还开始在城市里安装专用回收信息,以便从单位和居民手中收集聚酯废品。另外,这家澳大利亚公司准备发展个体回收网,回收塑料物品,用于制作服装。

(3)中国地区

1)盈创再生资源有限公司

盈创再生资源有限公司是目前亚洲唯一的一家再生瓶级聚酯切片制造厂,该公司以高新技术为支撑,将回收来的废旧塑料瓶再生利用,无限循环。经过密闭生产线上 20 多道工序,回收的废旧瓶子变成了能继续做新瓶子的原材料——再生瓶级聚酯切片。并且杂质被彻底清除,物理黏度好,含醛量很低,与原生瓶级聚酯相比,质量完全一致,完全可以替代原生料作食品与药品的包装材料,价格却比原生瓶级聚酯便宜 20%。据了解,这一“再生”技术源于欧洲,设备和工艺均取得了美国 FDA 和欧洲 ILSI 认证,保证了使用的安全性。盈创再生资源有限公司于 2005 年 4 月入驻空港工业区,目前已完成试生产,将于近期投产。项目投资总额达 2.56 亿元,达产后每年可回收处理废弃聚酯瓶 6 万吨,相当于每年为国家节约 30 多万吨石油,销售额预计可达 5 亿元。

2)台湾豪桀公司

纺织品公司为消费者生产织物和服装,但是一些公司还比较注重社会效益和环境保护。豪桀(Haojey)公司就是这样的一家公司。豪桀公司总裁兼 CEO 路易斯陈(Louis-Chen,音译)认为:我们希望保护地球,因此决定开始生产化学废品回收涤纶 Ecosensor,尽管这种纤维的价格比同类纤维的价格高出 3 倍。Ecosensor 是从日本旭化成化纤公司引进的新纤维,通过化学回收工艺节约自然资源并减少环境污染。LouisChen 说,由于是和日本旭化成公司合作,豪桀公司才得到了 Ecosensor 纤维的生产技术,迄今为止豪桀公司已经生产了 75D 和 150D 的聚酯纤维。目前,豪桀公司每年能生产出大约 5380 吨 DTY 织物和 5400 吨 SCY 织物。公司的高端功能型织物目前已经在台湾、香港和内陆地区销售,还出口到日本、越南,同样还有欧盟和美国。

(4)墨西哥地区

最近几年来,全球软饮料巨头可口可乐公司在墨西哥出资建立首家再生聚酯瓶生产工厂。由于缺少投资者,可口可乐公司与其国际灌瓶 Femsa,以及位于比利时的纸品加工厂 Alpla 合作,共同投资建设工厂。工厂建在墨西哥的 Toluca,已经在 2005 年 8 月开始生产。该工厂将生产首批冲击墨西哥市场的聚酯可口可乐瓶,其建立意图是维持可靠一致的原料供给。工厂一旦开始运作,将使用 1.5 万吨的原料,并使用 20% 的再生材料生产可口可乐饮料瓶。工厂将向可口可乐公司供应饮料容器。由于墨西哥的再生生产还处于开始阶段,许多公司不相信聚酯瓶能在墨西哥获得发展。可口可乐公司认为,由于没有什么公司愿意在刚起步的墨西哥再生行业率先投资,所以共同投资建立工厂本身就是不凡之举。可口可乐公司认为宣布成立其他工厂的计划为时过早。然而有情况表明,为使聚酯瓶在食品行业获得认可,可口可乐公司正与巴西、阿根廷和菲律宾等政府进行合作。目前欧洲有 17 个国家相信,用聚酯瓶作为食品包装材料是安全可靠的。

(5)英国地区

据报道,印度国有洲际回收公司(Indian-owned Intercontinental Recycling)位于英格兰北部 Skelmersdale 地区的装置目前正进入其试运行的最后阶段,并有望在一个月内生产出合格的再生聚酯,并进军包装行业进行销售。据悉,该装置于 2007 年 11 月开始试运行,目前还只能生产出低规格的再生 PET,并出售到纤维行业。按计划,该装置每年能回收与转化 3 万吨废塑料瓶。此外,该装置拥有一些分拣、冲洗和烘干的设备,生产出的产品将是用于非食用产品的热罐瓶片。消费者可以利用这种材料来包装非食用产品或作为中间来分隔两层可食用物质。目前,在英国,用于非食用产品的再生聚酯瓶片的市场价格约为 600 英镑/吨(FD)。

近年来,废聚酯瓶的回收以及再生料的利用在各国获得了成功并积累了一定的经验。从环保和资源再利用角度来看,废聚酯瓶回收是一项利国利民、具有经济效益前景的项目,应抓紧做好。同时废聚酯瓶片回收过程中的废水的处置也是一个值得重视的问题,因为再生 1 吨聚酯料至少要产生 3~5 吨废水。加强废水处理仍是我们所面临的一项任务。而聚酯回收及再加工工业是利国利民的循环经济产业。只要政府加强规划,有效监管,加大政策扶持力度,就可以既保证有效控制废 PET 回收加工过程中的二次污染问题,又为社会发展带来经济和社会效益。我国目前再生聚酯行业总体规模已相当可观,但个体企业规模偏小,过于分散的格局将会维持相当一段时间,要加强我们这个行业在国家产业政策制定部门的整体公关能力,在社会上及各地方政府赢得应有的地位,化纤协会是一个非常重要的载体。行业内的企业应积极主动地参与再生纤维分会的建设,多为协会出主意、想办法,使其在面对国家经济转型期及"十一五"国民经济发展规划制定期间,用一个共同的声音说话,让国家产业政策制定部门真正认识到这项工作对国家经济可持续发展的重要性和可行性,这样才有利于争取到国家给予的更多产业政策支持,以利于该行业的健康、稳定发展。

4.2.3 废钢铁的回收加工

钢铁材料在金属材料中是应用最普遍、数量最多的,金属的回收和再利用成为社会物资流通的一个重要领域。据资料分析,用废钢铁代替铁矿石炼钢,可减少气体污染

86%,减少水污染 76.96%,减少耗水量 40%,减少采矿废弃物 30%。因此,废钢铁也被称为钢铁工业的清洁资源。回收的废钢铁主要用作炼钢原料,根据回收加工的不同,有以下几种加工方式。

1. 返回废钢铁

返回废钢铁也称为自产废钢铁,是在冶金生产过程中产生的。在炼铁、炼钢、浇注及轧制过程中产生的注余、汤道、切头、切边、废次材等属于自产废钢铁。它们多数由冶金厂回收,直接返回上游工序进入炼钢炉或高炉作为原料。冶金企业在炼铁、炼钢及轧钢生产过程中产生的废钢,在企业内部回收,加工处理后,又直接返回冶炼厂作为钢铁炉料重熔。返回废钢一般不流入社会,质地比较纯净,几何形状按产品简单划一,便于采用固定的加工方式。

2. 加工废钢铁

加工废钢铁是在钢铁制品加工过程中产生的废钢铁,如切削加工中的切屑、冲压加工中的边角料、铸造加工中的浇冒口等。加工所产生的废品、废料也列入加工废钢一类。机械加工制造类企业在生产过程中产生的废钢,一般材质多样、形态各异、单重小,大部分不能挑选,加工废钢大多经回收部门回收、加工处理成合格的炉料供给冶金企业,也有直接运至冶金企业进行加工处理。有些大型机加工处理的,有些大型机械类企业在企业内部回收加工并重熔。这类废钢铁含有较多的钢、铝、锌等有色金属涂镀层和油漆等,入炉前必须经过认真的除漆和金属杂质分离,常需要破碎(或剪断)、压块(或打包)、焙烧去污等不同的加工处理,才能成为符合质量、单重要求的炉料。

3. 折旧废钢铁

折旧废钢铁也称为循环废钢铁。各种钢铁制品,不论是机器还是钢结构件都有一定的使用寿命。折旧废钢铁是指使用寿命终结时各种机械设备、零部件、钢结构件所形成的可以回收的废钢铁。如检修时更换下来的失效零件,报废的机器、汽车,退役的旧船、机车、车厢,注销的固定资产结构件,残旧民用钢铁制品等。

4.3　物流回收加工设计

回收是一个"古老"的话题,但直至目前,这种传统意义或狭义上的回收仅仅停留在对有限材料的回收上。虽然这种回收对社会发展、收废利旧起到了积极的作用,但已难以满足日益发展的社会需求和可持续发展的要求。其主要表现在以下几个方面:

①企业只注重新产品的开发,而严重忽视废旧产品的有效回收利用;

②缺乏使用回收产品的意识和健全的回收市场机制;

③回收仅停留在简单的材料回收,而忽视了产品零部件等深层次的重复再利用。

4.3.1　回收设计的概念

这里所说的回收是区别于通常意义上的废旧产品回收的一种广义回收。回收设计就是实现广义回收所采用的手段或方法,即在进行产品设计时,充分考虑产品零部件及材料回收的可能性、回收价值大小、回收处理方法、回收处理结构工艺性等与回收有关的一系列问题,以达到零部件及材料资源和能源的充分利用,使环境污染最小的一种设计思想和方法。

资源回收和再利用是回收设计的主要目标,其途径一般有两种,即原材料的再循环和零部件的再利用。鉴于材料再循环的困难程度和高昂的成本,目前较为合理的资源回收方式是零部件的再利用。回收及重复利用零部件的机电产品可行性研究表明,重复利用可使产品的最终成本平均下降 30%。因此,回收设计具有明显的社会和经济效益,它不仅降低了与废弃物处理有关的一切费用,而且减少或消除了违反有关法律后所受到的相关处罚。

4.3.2　回收设计的主要内容

产品回收设计的主要内容包括可回收材料及其标志、可回收工艺及方法、回收的经济性及可回收产品结构工艺性等几方面的内容。

1. 产品零部件的回收性能分析

产品报废后,其零部件及材料能否回收,取决于其原有性能的保持性及材料本身的性能。这就要求在产品设计时,必须了解产品报废后零部件材料性能的变化,以确定其可利用程度。如根据美国宝马 J(BMW)公司的研究,由加强聚酰胺玻璃纤维制造的汽车上的进气管零件,在汽车报废后,其弹性模量和阻尼特性几乎没有改变,因而该材料可100% 回收重用。一般来说,产品零部件材料在使用过程中性能均会有所退化,这种退化有可能使产品的重用性丧失。

2. 零部件材料的回收标志

由于构成产品的零部件数量很多,特别是形状复杂的产品更是如此。那么,怎样使那些零部件材料回收或重用呢? 这就要求对可回收的零部件材料给出明确的识别标志。这些标志及其识别对回收来讲是非常有用的。不同回收方式的回收级别不同,重用具有最高的优先权,其次是循环利用,最后是再生。目前常用的方法有以下几种:

①在产品生产时,在零件上模压出材料代号或用不同的颜色表明材料的可回收性或注明专门的分类编码代号等。例如,施乐公司为塑料材料建立了一套材料标准,其中包括彩色零件,以确保设计人员尽可能采用合适材料,并将材料标识模压在每个零件上。而宝马公司的产品,则采用了一种特殊的编码系统,大多数塑料零件采用了颜色编码标志,绿色表示纯塑料,蓝色用于表示回收的塑料,其目标是减少不同塑料数量,完全避免有毒有害物质,且对重量超过 100 克的所有聚合物均作退出标志。

②条码标志可以表示出该塑料的许多重要信息,如成分、生产年代、环境危害及添加剂等,这些信息对确定回收材料及再生的方法是非常有价值的。

3. 开发新型回收工艺技术和方法

有效回收也需要技术和方法的指导,而这些技术和方法需要不断的总结、探索与创新,主要体现在以下几个方面:

（1）产品设计人员除具有扎实的专业基础知识外，还要有强烈的保护环境和节约资源的责任感及废旧产品回收处理的基本知识，在产品设计过程中要仔细考虑产品的回收性能，并将其体现在具体产品的结构中。

（2）产品设计人员应与材料及零部件供应商、废旧产品回收部门相互沟通，搜集获取有关产品回收要求、回收途径和相关数据，形成系统的设计数据和资料。

（3）产品设计中，应尽量采用绿色材料，建立材料及零部件识别标志，并使回收的材料及其零部件在新产品中得到最大限度的利用。

（4）回收设计是一种新的设计思想与方法，只有进行不断的实践与创新，才能取得完整的系统的设计方法与信息。如某个同类型的产品进行拆卸回收实践，分析其中各部分的回收重用性能、回收价值大小等，获取的数据资料则可指导新产品的设计。

（5）产品回收不是孤立的，要求产品设计人员与制造工艺人员、废旧产品回收人员等共同协作，研究产品回收的工艺和方法，以便作为产品设计时的参考。

4.3.3 回收方式与回收经济性分析

1. 产品的回收方式分析

（1）按回收在产品生命周期中所处的位置可将回收划分为前期用户回收、后期用户回收和用户回收三种类型

①前期用户回收（Pre-consumer Recycling）是指对产品生产制造过程产生的废弃物和材料进行即刻回收利用（如边角余料、切削液等的利用）。这种方式中的回收者位于产品生命周期的前端，通常是指产品制造商。

②后期用户回收（Post Consumer Recycling）主要是指材料的回收，其基本目标是尽可能使回收材料有较高的性能，回收的材料还必须具有相容的成分组织，满足应用需求的要求。

③用户回收（Consumer Recycling）通常是指产品的回收，即产品经过首次使用后，对其进行换代或大修，然后重新利用，其目标是产品经过大修或换代后能恢复原有功能和性能。回收设计的最终结果是使达到寿命周期的产品具有最大的零部件重复利用率、尽可能大的材料回收量，减少最终处理量，不污染或少污染环境。

（2）按回收部分的使用方式可将回收划分成重用、再加工、高级回收、次级回收、三级回收、四级回收及处理

①重用是指将回收的零部件直接用于另一种用途，如压缩机、电机、电线等；

②再加工是指回收的零部件在简单修理或检修后，应用在相同或不同场合；

③高级回收是指经过重新处理的零件材料被应用在另一更高价值的产品中；

④次级回收是指将回收的零件材料用于低价值产品中，如计算机的电路板及回收的电动玩具等；

⑤三级回收也称化学分解回收，是指将回收零件的聚合物通过化学方式分解后再利用，如石油、热油及沥青等；

⑥四级回收也称燃烧回收，即燃烧回收的材料用以生产和发电；

⑦处理,这里主要是指填埋,将回收的废弃物品填埋掉。

2.回收经济性分析

产品在其使用寿命结束后,其中的有些零部件还具有一定的回收价值,这就是零件材料的回收价值与零件的重用价值。为了便于对回收价值进行评估,可根据产品的不同回收方式进行分析。

零件重用或材料回收反映了废旧产品回收所能取得的经济效益。然而,有些从废旧产品中回收后的零件和材料使用前需花费加工和处理费用,产品才得以获得良好的经济效益。此外,设计人员也需重视那些不能回收而需付出处理费用的零部件。废旧产品能否有效回收,取决于其回收效率与回收效益。

(1)产品的回收效益,获取效益的处理过程(见图4-3)

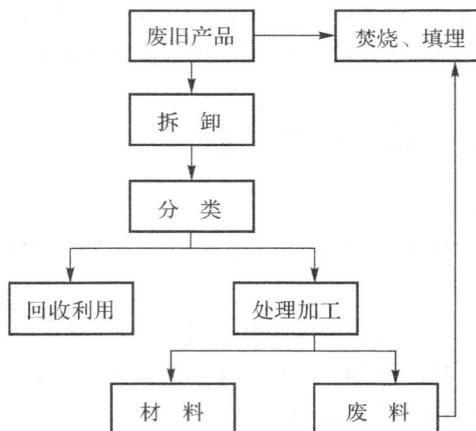

图 4-3　产品回收与处理的一般过程

通过对废旧产品零部件价值的分析,废旧产品的回收与处理所能取得的总效益为:

$$V_t = C_v - C_d - C_p = \sum_{i=1}^{t} C_v - \sum_{i=1}^{t+p} (S_w \times T) - \sum_{i=1}^{n-t} C_p$$

式中:V_t——总效益;

C_v——总回收价值;

C_d——总拆卸费用;

C_p——总处理费用;

n——产品零部件总数;

t——已回收的零件数;

p——需处理的零件数;

S_w——单位时间的拆卸费用;

T——零件的拆卸时间。

要提高零部件总回收价值,则需降低零部件的拆卸费用与处理费用。例如,若设计的零部件可达比好、易拆卸,则单位时间内的回收价值就能得到提高,拆卸费用也就随之降低。其最终结果是更少的零部件需要处理。因此,产品废弃物的处理费用也随着降低。

根据零件的回收价值、拆卸时间与处理费用等参数,可得如下的废旧产品的回收效率公式:

$$Z = \frac{(C_v - C_d - T \times S_w)}{C_v}$$

式中:Z——回收效率;

C_v——零部件的回收价值;

C_d——废旧产品剩余部分的处理费用。

根据产品回收与拆卸的一般规则,价值高的零件应首先拆卸,随着产品的进一步拆卸,回收价值越来越低,处理费用也在不断降低。由于剩余废弃物减少,使废旧产品更易于回收处理,同时回收效率也随之增大。

(2)产品回收的基本原则

产品回收设计的总原则是一方面获取最大的利用,另一方面使零部件材料得到最大限度的利用,使最终产生的废弃物数量为最小,从废旧产品中不断地拆卸与回收零部件。在废旧产品的回收过程中,主要有以下基本原则可供遵循:

①若零件的回收价值加上该零件不回收而需要的处理费用大于拆卸费用,则回收该零件。

②若零件的回收价值小于拆卸费用,而两者之差又小于处理该零件的费用,则回收该零件。

③若零件的回收价值小于拆卸费用,而两者之差又大于处理该零件的费用,则不回收该零件,除非为了获得剩余部分中其他更有价值的零件材料而必须拆卸。

④对所有不予回收的零件均需要进行填埋或焚烧处理。应从高到低对待回收的零件及材料的价值,当回收效益为 0 或负值时,则停止拆卸。然而,在实际过程中,拆卸次序不可能完全按照这种规则拆卸。例如,有些零部件虽然具有高的回收价值,但不能直接回收,或必须拆卸一部分低回收价值甚至无价值的零部件才能继续回收。为了减少废弃物,必须在产品设计时,考虑如下的因素:能否选用同种材料或相容性材料使之得到回收;产品结构能否进一步改进以达到良好的可拆卸性;能否采用已有的先进成熟的处理技术,降低废弃物造成的污染程度。

3.回收设计方法与过程

(1)回收设计方法

回收设计过程在设计的三个阶段(概念设计、粗略设计、详细设计)以模块化结构满足拆卸性能要求,以零部件的重复利用及良好的回收工艺满足回收策略及回收目标。

(2)明确并定义设计任务

确定设计任务的依据是用户及市场需求、国家的有关法律法规和政策。根据这些要求和规定,可确定产品生命周期的长短、回收方式,同时应了解材料的相容性、回收性能等,确定产品的功能及基本组成;根据设计任务,确定其具体功能和实现这些功能的基本结构,确定实现产品功能的原理及其结构。实现某种功能的原理结构可能有很多,但从便于以后的拆卸回收考虑,应尽可能采用所需零部件数量少、所有材料种类少的结构。

4.产品功能模块的划分

为了保证产品具有良好的拆卸回收性能,在进行结构设计时,应尽量采用模块化结构。因此,在确定了实现产品功能的原理及其结构后,即可确定产品功能模块的划分及组合原则。根据产品特点,决定是采用分散模块结构还是集成模块结构。

5.关键(主要)模块设计

根据功能模块的划分结果,对组成产品的主要模块结果进行具体设计。主要包括组成模块的零件数量最少化,模块内部及模块之间连接结构的统一化、标准化,并易于拆卸分离,尽量采用可回收零部件及材料等。

6.辅助模块的选择及零部件设计

产品的主要模块设计完成后,其基本结构就大致确定了。但产品总体功能的实现还需要选择适宜的辅助模块,并对有关零部件进行设计。其主要内容包括各零部件、模块之间的连接结构,根据产品中零部件材料特点确定拆卸回收对象,并对回收过程及回收工艺作出初步规划。

7.回收工艺及回收评价

经过上述设计过程,即可确定产品的具体结构,此时则可对产品的整体拆卸回收效果进行评价,即优化拆卸过程及回收方法。分析拆卸回收过程的经济性,确定最佳回收策略,最终实现产品回收设计的目标。

⇨ 案例分析

我国再生资源回收利用体系建设

2007年4月,商务部、国家发改委等部委联合发布了《再生资源回收管理办法》,让再生资源回收企业和从业人员能有章可循、有法可依。国家发改委等部委在选择国家级循环经济试点单位时,已将北京市朝阳区中兴再生资源回收利用公司、石家庄市物资回收总公司、吉林省吉林市再生资源集散市场、湖南汨罗再生资源集散市场、广东清远再生资源集散市场等列为再生资源回收利用体系建设试点单位。

2008年8月29日,第十一届全国人大常委会第四次会议表决通过了《中华人民共和国循环经济促进法》,该法于2009年1月1日起实行。资源和环境问题是这部法律关注的中心问题,实际上,这个问题已经成为国际社会公认的社会问题和政治问题。胡锦涛总书记在党的十七大报告中指出:"坚持节约资源和保护环境的基本国策,关系人民群众切身利益和中华民族生存发展。必须把建设资源节约型、环境友好型社会放在工业化、现代化发展战略的突出位置,落实到每个单位、每个家庭。"作为发展循环经济的重要内容,再生资源行业与节约资源和保护环境有着密切关系。有人认为,它是二次污染的源头;也有人认为,它是节约资源、保护环境的支柱性行业之一。

把节约资源和保护环境作为基本国策是由我国的基本国情决定的。我国重要矿产资源人均储量不高,重要资源短缺已对经济发展构成严重制约。资源的高消耗造成了严重的环境污染和生态破坏。目前,我国生态环境虽然局部有所改善,但总体恶化的趋势尚未根本扭转。大家已经认识到,传统的高投入、高消耗、高排放、低效率的粗放型增长方式已经走到了尽头,如不加快转变经济增长方式,建设节约型社会,资源难以为继,环境难以承受;应该按照循环经济促进法确定的"减量化、再利用、资源化"的原则,形成"资源—产品—再生资源"的循环流程,构筑充分回收利用再生资源的循环经济发展模式,才能实现人与自然、资源与环境、经济与社会的动态平衡,促进生态环境系统、经济系统协调发展。

只要我们运用成熟的先进技术,就可将生产和消费过程中产生的废旧物资转化为可重新利用的资源和产品,从而实现各类废物的再利用和资源化。据测算,每回收利用 1 万吨再生资源,可节约自然资源 4.12 万吨,节约 1.4 万吨煤,减少 6 万~10 万吨垃圾处理量;每利用 1 万吨废钢铁,可炼钢 8500 吨,节约铁矿石 2 万吨,节能 0.4 万吨标煤,少产生 1.2 万吨废渣;每利用 1 万吨废纸,可生产纸 8000 吨,节约木材 3 万立方米,节能 1.2 万吨标煤,节水 100 万立方米,少排放废水 90 万立方米,节电 600 万度。

可见,再生资源的回收与利用水平直接关系到一个国家能否最大限度地减少原生资源的开采,最大限度地保护不可再生资源,最大限度地减少原生资源开采中所造成污染的废弃物的排放;关系到一个国家能否进入可持续发展的良性循环模式。总之,再生资源是一笔巨大的财富,是缓解当前资源紧缺、减轻环境污染和生态破坏压力的重要途径。

发展再生资源行业应该包括两个方面:第一是推动、鼓励更多的企业参与这个行业;第二是科学有效地规范和引导参与这个行业的企业和人员。《国务院关于加快发展循环经济的若干意见》中明确提出:"大力开展资源综合利用,最大限度实现废物资源化和再生资源回收利用。再生资源产生环节要大力回收和循环利用各种废旧资源,支持废旧机电产品再制造;建立垃圾分类收集和分选系统,不断完善再生资源回收利用体系。"这是国家对再生资源行业提出的要求,也是物流企业努力的方向。

再生资源是相对原生资源而言,俗称废旧物资,是指在社会生产和生活消费过程中产生的,已经失去原有全部或部分使用价值,经过回收、加工处理,能够使其重新获得使用价值的各种废弃物。具体包括废旧金属、报废电子产品、报废机电设备及其零部件、废造纸原料(如废纸、废棉等)、废轻化工原料(如橡胶、塑料、农药包装物、动物杂骨、毛发等)、废玻璃等。再生资源大体上可分成三类:一是生产性再生资源,如生产过程中产生的黑色与有色金属废料、非金属废料;报废的机器与设备、机动车辆等;铁路废器材;废柴油、机油;仓储积压产品与残次产品(已经审核可作报废处理)等。二是消费性再生资源,如废旧金属、塑料、橡胶、玻璃、毛麻棉及制品、纸张、骨等。三是其他特定废旧品,如已报废的枪支、弹药等军用物资;已失效或已使用过不能再用的医疗器械及药品;废弃的电子产品、电池等。但是,随着经济的发展、社会的进步、人民生活水平的提高,再生资源很难分类清楚,如汽车从生产出来后可作生产用也可作老百姓消费用,最终归属则是一致的,即报废成为再生资源。

但是,在科技水平不高、经济条件有限、人们认识不足的情况下,某一过程的废弃物品不一定马上成为再生资源。一般来说,可资源化开发利用的再生资源应具备三个特征:第一是规模性,废弃物产生的量大而面广,可组织回收利用;第二是无害性,在回收、分选、加工、处理和再利用的过程中,对生态环境不造成二次污染,对人类健康与生活不构成新的危害;第三是收益性,经过回收、处理、再利用,可从中获得一定的经济收益,或可弥补导致环境污染、生态破坏带来的损失、危害及治理的成本。再生资源还具有三大优点:①它是宝贵的有用资源;②由于上游产品的更新和淘汰,它又是不断增长的资源;

③利用再生资源可以减少原生资源的开采,最大限度地保护不可再生资源,最大限度地减少原生资源开采中所造成污染的废弃物的排放。因此它是对节能降耗、环境保护起到有效作用的资源。

由于能源紧张和环境保护的需要,也由于再生资源具有上述特征和优点,再生资源产业又被视为"社会静脉产业"或"第二矿业"。20世纪末,发达国家再生资源产业规模为2500亿美元,本世纪初已增至6000亿美元,预计到2010年可达到1.8万亿美元。在今后的30年内,其规模将超过3万亿美元。该产业提供的原料将由目前占总原料的30%提高到80%。再生资源产业已成为全球发展最快的产业,蕴藏着无限商机。比如:美国再生资源产业有企业5.6万家,从业人员130万左右,年产值2360亿美元,与美国汽车业相当;日本规划到2010年,再生资源产业的从业人员1400万,年产值约3500亿美元。

发达国家再生资源产业的基本特征为:一是在行业属性方面,不仅涉及生产领域,而且涉及流通领域,还涉及消费领域与后消费领域,是一个交叉领域多、涉及面广的大而复杂的系统;二是在内部结构方面,是集流通、生产、科研、环保为一体,合理流程、分工协作、专业化与多元化发展的现代产业;三是在表现形式方面,是集经济效益、环保效益、社会效益为一体,产权多元、市场化有序运作、优质化服务的企业群或规模化的集团公司。

新中国成立以来,我国就比较重视再生资源回收利用工作,近几年,随着我国发展循环经济、建设节约型社会等政策的出台,我国的再生资源回收利用行业受到前所未有的重视。据统计,"十五"期间我国回收利用再生资源总量为4亿多吨,年平均回收利用量在8000万吨,年平均增长率为12%以上,主要再生资源回收利用总值超过了6500亿元,年平均增长率超过了20%。2007年回收利用再生资源1.82亿吨,其中废钢铁8392万吨,废有色金属999.65万吨,废纸6021万吨,废塑料1488万吨,其他如废橡胶、废棉、废麻、废化纤、碎玻璃等1300万吨。虽然我国的再生资源行业得到了迅速发展,但与我国再生资源产生量和需求量相比,与发达国家对再生资源的利用情况相比,还有很大差距。有关统计表明,全世界再生资源产业的产值每年可以达到6000亿美元,其中美国达1100亿美元,日本达350亿美元,而我国再生资源年产值大约200亿美元左右。与此同时,每年可以回收利用但没有回收利用的再生资源价值达350亿~400亿美元。这组数字既反映出我国与发达国家的差距,同时也显示出我国再生资源发展还存在巨大的市场空间。

我国再生资源行业准入门槛偏低,企业规模普遍偏小,除了大量的国有、集体企业,还有众多的民营、个体及股份制回收企业及个人从事再生资源回收利用工作,从业人员约1000万人,素质偏低。而且回收渠道多元化,回收方式分散化、无序化。在市场利益的驱动下,普遍存在着"利大大干,利小小干,无利不干"的现象,市场层次较低,导致再生资源综合回收利用率低,加工方式落后,二次污染严重,市场交易混乱。再加上资金不足,人才匮乏,技术力量薄弱,管理不到位,严重阻碍了我国再生资源行业向现代化、规模化和产业化方向发展。

循环经济的一个较为明显特征是资源要科学合理地"循环"。但是,没有经济效益的"循环",既得不到市场的认可,也得不到社会的支持,难以为继。这就是说,发展循环经济,既要"循环",将废弃物转为再生资源,取得实质性进展;更要"经济",将再生资源持续有效地再投入到社会生产中去,并具有显著效益。

目前我国循环经济的发展正处于从理念倡导、局部试验、示范向全面实践推进阶段。在这一关键时期,迫切需要把握循环经济的内涵——再生资源回收。今后我国再生资源产业的发展,必须从产业发展方面上实现产业化,从发展机制上实现市场化,从服务形式上实现社会化,从运作模式上实现企业化,从管理手段上实现法制化,从整体结构上实现系统化,从经营方式上实现集约化。

近年来,国家大力推动发展循环经济,提倡环保节能,建设节约型社会,对再生资源行业给予了大量政策支持。当前政策环境对再生资源行业发展非常有利。关键在于我们一定要进一步解放思想,行业内干部职工要进一步转变观念,各级主管决策部门更要进一步转变观念;真正认识到新时期再生资源行业的特点和特征,在人才培养、技术支持、资金调配、政策导向等方面给予更多的支持和关注。供销合作社的社有企业应当立足本系统,放眼大市场,整合系统内外资源,谋求更高、更快发展。

从目前的情况来看,为适应经济发展的需要,各地回收企业积极探索新的回收利用方式。一是打造再生资源回收和循环利用基地,如中国再生资源开发有限公司在广东清远建设了中国第一家再生资源示范基地。这个基地总占地面积3000亩,土建总面积160万平方米,总投资超过9亿元人民币。项目全部建成投产,年可拆解加工及安全处理各类废五金电器、废电机、废电线电缆的能力将达到300多万吨,年可产出再生工业原料价值约500亿元人民币。既为"珠三角"经济圈发达的制造业提供重要的工业原料支撑,同时也为清远这个"广州后花园"提供优化生态环境的可靠保障。清远基地是一个非常有前景,又对中国再生资源行业有重要示范意义的现代化再生资源项目。二是拓展了再生资源专业市场。三是创建了一批再生资源循环利用园区。四是拓宽了资源回收手段和渠道,如各地纷纷开展网上收废,利用网络手段解决群众卖废品难的问题,方便群众交售,改进了传统的资源回收方式。

供销合作社系统的再生资源回收利用可以追溯到20世纪50年代,经过半个世纪的发展,目前全国供销社系统共有县级以上再生资源回收企业2800余家(全国5000余家),再生资源回收网点12万个(全国16万个),再生资源加工企业1500家,从业人员60多万人,已形成了集回收、加工、科研、开发为一体的行业体系。供销合作社回收企业废旧物资销售额在2003年为130亿元,到2008年仅上半年就达530多亿元,各地供销合作社兴办的再生资源回收市场600多个,年交易额1000多亿元,现供销合作社经营和通过供销合作社市场交易的废旧物资占社会回收量的70%以上。

当前供销合作社系统正在努力推进的"新农村现代流通网络建设"工程的内容之一就是建立和完善再生资源回收利用网络。长期以来,供销合作社就是再生资源回收利用的主力军,面对新形势,各级供销合作社必须进一步提高对再生资源回收利用工作重要性的认识,充分利用供销合作社系统传统的再生资源经营网络和丰富的系统管理经验,通过规范、整合和利用现有网络,结合城乡建设发展规划,实现"三点一线"。"三点"即通过整合现有回收网点,实施统一规范的管理;统一规划,建设布局合理的交易集散市场;开拓以集中加工再生工业原料为主的综合利用领域。"一线"即以城市为单位,形成从回收、加工到综合利用的有序管理、协调发展的再生资源产业链条,构建以社区回收站点为基础,集散市场为核心,加工利用为目的"三位一体"的再生资源回收利用网络。通过网络整合、改造、优化、提升,把再生资源回收利用工作提高到一个新水平。为推动这一工程的实施,供销合作总社及各地供销合作社从资金、渠道等方面给予了大力支持。另外,在商务部开展的再生资源回收体系建设 26 个试点城市中,有 24 个城市的项目承担单位是供销社系统再生资源回收企业,这些企业在当地的再生资源回收体系建设中起到了中坚的作用。

当前我国正在发展循环经济,建设资源节约型和环境友好型社会,这为再生资源行业提供了很好的机遇。供销合作社的再生资源企业在规模、技术、经营方式上仍存在不少问题,与国家再生资源发展战略存在较大差距。这就需要企业的经营者和管理者摒弃传统的经营理念和经营模式,广泛联合和利用社会力量,引进新的战略投资者、新的经营理念、新的经营业态和新的技术设备,实现投资主体的多元化。要抓紧培育一批有竞争力的再生资源回收利用企业,扩大再生资源回收利用规模,延伸再生资源回收利用产业链条,搞好再生资源的初加工,切实提高再生资源回收利用的综合效益。要创新收废方式,积极探索实行电话预约、在线收废等各种便民、利民服务方式,提高再生资源回收利用工作的质量和效益。要加强再生资源回收利用市场体系建设,有计划地发展、培育一批全国性、区域性废旧物资交易市场,发挥好废旧物资交易市场的集散功能,形成通畅、高效、便捷的交易服务体系,努力实现资源回收再利用,企业创收、增效益。通过再生资源回收利用网络的建设,促使再生资源行业朝着有序、集约、规范、高效的市场化、规模化、产业化、现代化的方向发展,达到方便群众、技术进步、资源有效利用、经济持续发展的目标。

▷ 思考题

1. 简述物流回收加工的分类。
2. 简述物流回收加工的作用。
3. 物流回收加工的常用方法是什么?
4. 物流回收加工对企业的要求是什么?

第 5 章

物流加工设计与管理

⇪ **本章要点**

  物流加工设计是物流加工的实施。通过本章学习,了解物流加工设计的项目策划,掌握物流加工设计可行性报告的写作,理解物流加工管理中的相关内容,如质量、成本、时间管理等。

5.1 物流加工项目设计

  物流加工设计是选定项目,进行项目可行性研究,加工流程设计的全过程,一般称为项目策划。不同于流通过程,其属于生产领域。通常的物流加工都要有设备、选址、厂房和生产工艺加工过程,涉及质量管理、成本管理、质量认证等内容。

5.1.1 物流加工项目策划

1. 物流加工的项目策划

  随着现代物流的发展,越来越多的物流企业不断扩大经营范围,开展现代物流服务,逐渐主动地从单纯的物流功能经营者向现代物流加工企业转型。由于现代物流企业在经营范围、运作模式等很多方面与传统的物流企业具有明显的区别,采用传统的管理模式显得"心有余而力不足"。因此,如何充分、高效率、低成本、高质量满足客户的现代物流需求是物流企业成功转型过程中一个迫切需要解决的问题。现代物流服务供应商提供物流服务大都是以物流项目的形式存在的,因此引入项目管理(简称 PM)为物流企业开展现代物流服务提供了有效解决这一问题的办法。目前现代物流的发展在我国处于起步阶段,国内对物流企业开展现代物流服务和实施向现代物流企业转型过程中引入项目管理的相关研究,基本上处于空白阶段。所以本文对物流企业引入项目管理的战略思想提出和系统研究,在理论上具有新颖性;对指导物流企业如何开展现代物流服务和向现代物流企业成功转型,在实践上具有十分重要的意义和价值。

(1)项目定义

所谓项目,是指针对特定目标,在一定进度和时间范围内,通过预算、投资、管理、实施等手段达到的多种变革的一次性过程,主要包括范围、组织结构、质量、费用和时间进度五个要素。从项目的定义可以看出,项目与传统作业具有重要的区别,主要表现在:传统作业的环境是稳定的,而项目的环境是相对变化的;传统作业属于"循规蹈矩",而项目属于"探索";传统作业的风险较小,而项目的风险则要大得多。之所以建立与实施项目,是因为传统作业不能满足需要或达到某些目标,而通过实施项目,则能达到预期的目的。

结合到物流企业开展现代物流服务而言,现代物流服务供应商提供物流服务大都是以物流项目的形式存在的,现代物流服务相当于项目,而传统物流服务相当于传统作业。现代物流服务与传统物流服务相比具有根本的区别:现代物流服务范围远远大于传统物流服务范围,一般来说,现代物流服务涉及的范围包括物流方案的策划、运输、仓储、配送、加工等多个环节;而传统物流服务的范围基本局限于运输、仓储、货运代理等,现代物流服务复杂性远远大于传统物流服务的复杂性。

(2)PM定义

PM是指通过项目经理和项目组织的努力,运用系统理论和方法对自己的资源进行计划、自制、指挥、控制,旨在实现项目的特定目的的管理方法体系。PM的特性有:PM的对象是项目或被当作项目来处理的运作;PM的全过程都贯穿着系统工程的思想;PM的组织具有特殊性(临时性、柔性、强调协调性);PM的体制是一种基于团队管理的个人负责制;PM的方式是目标管理;PM的要点是创造和保持一种使项目顺利进行的环境;PM的方法、工具和手段具有先进性、开放性。

2.物流加工项目管理

物流加工项目管理主要的重点是成本管理、计划管理、质量管理等。

第一,引入PM有利于企业提供现代物流服务和提高客户的满意度。现代物流服务供应商提供物流服务大都是以物流项目的形式存在的,这一点与以往传统的物流服务提供者的业务形式区别很大。传统物流服务业务单一,企业大多采用一般的直线职能制这种传统管理模式来进行管理,但现代物流服务供应商提供的是综合的物流服务,针对每个客户的特点,提供的是个性化的综合服务。因此,物流企业在向现代物流企业转型的过程中,开展现代物流服务,采用传统的管理模式难以管理物流加工。如果采用这种管理方式,各个职能部门的员工就必须面对各个客户的不同业务,大大增加了工作量,同时部门之间衔接存在困难,更加重要的是,客户的供应链各个环节被人为地割裂,不利于客户供应链物流的整合,大大增加了物流成本,增加了对市场和客户的响应时间,必然导致客户满意率的降低。因此,针对客户的这种综合的、个性化的物流服务要求,就必须按照客户供应链的特点进行纵向重组,形成综合的、一体化的物流服务项目,从而和客户的整个供应链的运作紧密结合。为了满足客户综合服务的需要,物流企业运作需要采用项目管理的方式来管理业务。因为PM企业打破部门之间的界限,将分工过细的职能、工作重新整合,把相关部门的人员临时抽调到同一个组织中,形成项目团队,目标一致,直接面向客户开展工作,有效开展现代物流服务,从而避免部门之间衔接上的困难,最大限度地减少完成任务所花费的费用与时间,进而提高组织效率和顾客满意度,克服传统作业模式的不足。

第二,引入 PM 有利于物流企业的组织结构重构,为 PM 企业的组织结构向扁平化、团队化、精干化发展打下基础。结合组织结构重构的相关理论,PM 企业组织结构重构主要是在立足现状的基础上,向新兴的网络型组织结构发展,具体而言就是将传统的直线职能组织代之以过程为中心、以客户为导向的全新网络型组织(扁平化组织);将职能分工下的连续作业方式转变为在同一小组内进行的平行作业;将原有金字塔形的管理层次改变为扁平式的管理层次;将传统的决策职能与执行职能的分离转变为团队在过程中的统一,从而实现物流企业组织结构的跨越式发展。

第三,引入 PM 有利于业务流程再造(BPR)。同时由于物流企业开展现代物流服务的业务流程不同于传统业务流程,以传统业务流程来开展现代物流服务注定是要失败的,因而可以以引入 PM 为契机,对传统业务流程进行再造,为更好地开展现代物流服务打下基础。

第四,实现了负责问题的集中攻关。由于项目团队集中了来自不同职能部门的人员,他们具有不同的专业知识、专业经验。相同的使命,使他们能集中在一起共同为实现项目的整体目标而努力。

5.1.2　物流加工项目建议书与可行性报告

将项目管理引入物流企业加工运作中去,主要需要从三个方面实施。首先,从管理思想上实施,应将 PM 系统思想灌输到物流企业的整个组织管理过程。其次,从管理方法上实施,应将 PM 的三维模型引入物流企业的整个管理过程。最后,从具体的管理工具上实施,应注重在开展现代物流服务过程中对先进的 PM 工具的利用。项目加工项目的实施具体形式是项目建议书和可行性报告。

1. 项目建议书

项目建议书是建设项目前期工作的第一步,它是对拟建项目的轮廓性设想。主要是从客观考察项目建设的必要性,看其是否符合国家长远规划的方针和要求,同时初步分析建设项目条件是否具备,是否值得进一步投入人力、物力作进一步深入研究。从总体上看,项目建议书是属于定性性质的。

项目建议书的作用概括为以下几方面:

①项目建议书是国家挑选项目的依据。国家对项目,尤其是对大中型项目的比选和初步确定是通过审批项目建议书来进行的。项目建议书的审批过程实际就是国家对新提议的众多项目进行比较筛选、综合平衡的过程。项目建议书经批准后,项目才能列入国家长远计划。

②经批准的项目建议书是编制可行性研究报告和作为拟建项目立项的依据。

③涉及利用外资的项目,一般都要求提供项目建议书,供审批用,在项目建议书批准后,方可对外开展工作。

因此,编制项目建议书既要全面论述,更要突出重点,一般侧重于项目建议的必要性、建设条件的可能性、获利的可能性这三方面,结论要明确客观,做到重点突出、层次分明,切忌繁杂。

2.可行性研究报告

(1)概念

可行性研究是确定建设项目前具有决定性意义的工作,是在投资决策之前,对拟建项目进行全面技术经济分析论证的科学方法。在投资管理中,可行性研究是指对拟建项目有关的自然、社会、经济、技术等进行调研、分析比较以及预测建成后的社会经济效益。在此基础上,综合论证项目建设的必要性、财务的盈利性、经济上的合理性、技术上的先进性和适应性以及建设条件的可能性和可行性,从而为投资决策提供科学依据。

(2)可行性研究报告的作用

可行性研究是投资前期工作的重要内容。它一方面充分研究建设条件,提出建设的可能性;另一方面进行经济分析评估,提出建设的合理性。它既是项目工作的起点,也是以后一系列工作的基础,其作用概括起来有以下几方面:

①作为建设项目论证、审查、决策的依据;

②作为编制设计任务书和初步设计的依据;

③作为筹集资金,向银行申请贷款的重要依据;

④作为与项目有关的部门签订合作、协作合同或协议的依据;

⑤作为引进技术、进口设备和对外谈判的依据;

⑥作为环境部门审查项目对环境影响的依据。

3.可行性研究与项目建议书的主要区别

(1)研究任务不同

项目建议书是初步选择项目,以决定是否需要进行下一步工作,主要考察建议的必要性和可行性;可行性研究则需进行全面深入的技术经济分析论证,作多方案比较,推荐最佳方案,或者否定该项目并提出充分理由,为最终决策提供可靠依据。

(2)基础资料依据不同

项目建议书是依据国家的长远规划和行业、地区规划以及产业政策,拟建项目的有关的自然资源条件和生产布局状况,项目主管部门的有关批文;可行性研究除把已批准的项目建议书作为研究依据外,还需把文件详细的设计资料和其他数据资料作为编制依据。

(3)内容繁简和深度不同

两个阶段的基本内容大体相似,但项目建议书不可能也不要求做得很细致,内容比较粗略简单,属于定性性质;可行性研究报告则是在这个基础上进行充实补充,使其更完善,具有更多的定量论证。

(4)投资估算的精度要求不同

项目建议书的投资估算一般根据国内外类似已建工程进行测算或对比推算,误差准许控制在 20%左右;可行性研究必须对项目所需的各项费用进行比较详尽精确的计点,误差要求不应超过 10%。

4. 项目评估

(1)概念

建设项目咨询评估是通过对项目可行性研究报告的评价,从宏观经济和微观经济相结合的角度,在不同的建设方案中筛选并提出更优化的方案或措施,供主管部门决策,使项目投资效果最好,或者用最少的投资来取得最大的经济和社会效益。

(2)项目评估的作用

通过项目评估,促进建设项目前期工作,促进项目决策的科学化、民主化,促进投资管理的加强和投资效益的提高。项目的作用概括为以下几方面:

①优化建设方案,完善项目可行性研究;

②实事求是地校核投资,落实资金筹措办法和渠道;

③促进项目决策科学化,避免重复建设和盲目建设;

④有利于客观经济调控,落实经济发展规划;

⑤有助于统一认识、协调行动,为项目实施创造条件。

5. 项目评估与可行性研究的主要区别

(1)立足点不同

可行性研究一般是站在投资角度考虑问题,项目评估一般是站在银行、国家投资角度考虑问题。

(2)侧重点不同

可行性研究侧重于项目技术、经济方面的论证,项目评估则着重于对可行性研究的质量和可靠性的审查和评估。

(3)作用不同

可行性研究主要是作为项目决策的依据,更确切地说它是为项目评估提供依据和资料;项目评估不仅是为项目决策服务,而且是银行参与决策和决定贷款与否的依据。同时,两者相互不能替代。

(4)编制单位不同

可行性研究报告由有资格的设计或咨询机构来编制;项目评估则由项目隶属的政府部门(计委、经委等)、项目主管部门、贷款银行等有权机构,或由上述部门委托有资格的专门评估机构来做。

6. 项目评估与可行性研究报告的内在联系

项目评估与可行性研究有着密切的联系,两者的理论基础、基本内容和要求都是一致的;同时,两者具有因果关系,没有项目的可行性研究,就不会有项目的评估,不经项目评估,项目的可行性研究也就不能最后成立。

7. 项目后评价

(1)概念

项目后评价是指对已经完成的项目(或规划)的目的、执行过程、效益、作用和影响进行系统的、客观的分析;通过项目活动实践的检查总结,确定项目预期的目标是否达到,项目的主要效益指标是否实现;通过分析评价达到肯定成绩、总结经验、吸取教训、提出建议、改进工作、不断提高项目决策水平和投资效果的目的。

（2）后评价的作用

后评价是在项目投资完成以后,通过对项目目的、执行过程、效益、作用和影响所进行的全面系统的分析,总结正反两方面的经验教训,使项目的决策者和建设者学习到更加科学合理的方法和策略,提高决策、管理和建设水平。后评价是增强投资活动工作者责任心的重要手段。后评价主要是为投资决策服务的,即通过后评价建议的反馈,完善和调整相关方针。

政策和管理程序,提高决策者的能力和水平,进而达到提高和改善投资效益的目的。总之,后评价要从投资开发项目实践中吸取经验教训,再运用到未来的开发实践中去。

8.项目后评价与项目前评估的主要区别

项目后评价与项目前期准备阶段的评估,在评价原则和方法上没有太大的区别,都采用定量与定性相结合的方法。但是,由于两者的评价时点不同,目的也不完全相同,因此存在一些区别。前评估的目的是确定项目是否可以立项,它是站在项目的起点,主要应用预测技术来分析评价项目未来的效益,以确定项目投资是否值得及可行。后评价则是在项目建成之后,总结项目的准备、实施、完工和运营,并通过预测对项目的未来进行新的分析评价,其目的是为了总结经验教训,为改进决策和管理服务。所以后评价是站在项目完工的时点上,一方面检查总结项目实施过程,找出问题,分析原因;另一方面,要以后评价时点为基点,预测项目未来的发展。前评估的重要判别标准是投资者要求获得的效益率或基准收益率,而后评价的评价标准侧重点是前评估的结论,主要采用对比的方法,这就是后评价与前评估的主要区别。

5.2 物流加工成本管理

物流长期以来被认为是经济领域的"黑暗大陆",同时又被认为是企业第三利润来源,而物流成本管理的缺失则是由于对费用了解的空白,成本具有很大的虚假性,被认为是"物流冰山"。但物流业却是个薄利产业,降低成本是提高物流加工企业运作绩效的重要手段。为此,物流加工企业必须高度重视物流成本,加强物流运作管理的关键是控制并最终降低各种物流费用。物流加工成本是指包括生产、流通、消费全过程的物品实体与价值变换而发生的全部成本。它具体包括了从物流加工企业内部原材料协作件的采购、供应开始,经过生产制造过程中的半成品存放、搬运、装卸、成品包装及运送到流通领域,进入仓库验收、分类、储存、保管、配送、运输,最后到消费者手中的全过程,发生的所有成本。

物流加工成本管理是对所有这些成本进行计划、分析、核算、控制以达到降低物流成本的全部活动的总和,包括物流加工成本的构成与分类、物流加工目标成本的设定、物流加工成本预算的制订、物流加工成本核算的方法、物流加工成本效益指标分析等。

物流加工企业管理就是物流加工过程的决策、计划、指挥、组织、控制和协调。物流流通过程产生空间效用和时间效用。加工是通过改变物品的形态或性质而创造价值,产生形质效用,因而属于生产活动。但是流通阶段的加工即物流加工,处于不易区分生产还是物流的中间领域,目的在于提高物流系统效率。

在出口方面,物流加工管理根据海关关于加工贸易企业账簿、单证管理规定,结合会计师事务所建账经验及众多企业实际需求,为加工贸易企业设计。通过跟踪和记录进出口货物的生产物流和报关物流,核查物流数据与报关数据之间的差异,并分析造成差异的原因,确保账物相符,是仓库管理和报关管理的有机结合,可以解决企业仓库账和海关账不一致的问题,既可辅助企业进行日常的进出口管理,又能协助企业去报关,并直接生成符合海关要求的账册和报表(货物进出存账、加工贸易原材料来源与使用表,加工贸易产品流向表、设备登记表等),俗称海关账。通过物流加工管理,企业可以随时掌握经营过程中进出口货物的来源和流向,从容接受海关等部门的监督。

物流加工管理的重点是成本管理和项目管理,物流加工在物流系统中的地位如图5-1所示。

5.2.1 物流加工成本

(1)物流加工设备成本

物流加工设备因物流加工的形式不同而定,如剪板加工需要剪板机,木材加工需要电锯等,购置这些设备所支出的成本,以物流加工费的形式转移到被加工的产品中去。

(2)物流加工材料成本

在物流加工过程中,投入加工过程中的一些材料(如包装加工要投入包装材料,天然气的液化加工所需要的容器等)消耗所需要的成本和物流加工材料成本。

(3)物流加工劳务成本

在物流加工过程中从事加工活动的管理人员、工人及有关人员工资、奖金等成本的总和,即物流加工劳务成本。应当说明,物流加工劳务成本的大小与加工的机械化程度和加工形式存在着密切关系。一般来说,加工机械化程度越高,则劳务成本越低,反之则劳务成本越高。

(4)物流加工其他成本

除上述成本外,在物流加工中耗用的电力、燃料、油料等成本,也应加到物流加工成本之中去。

(5)财务和税收成本

在物流加工中产生的利息、增值税、所得税等,包括占用流动资金的利息支出、企业和个人所得税等,是企业中不容忽视的成本之一。

5.2.2 物流加工成本管理的内容

(1)合理确定物流加工的方式

物流部门的物流加工是以满足用户的需要而设定的。物流加工的方式很多,加工方式又与物流加工成本存在着一定的联系。物流企业应根据服务对象,选择适当的加工方法和加工深度,因为不同的加工方法和加工深度的成本支出是不相同的,所以在确定加工方式时必须进行经济核算和可行性研究,合理确定加工成本的支出。

(2)合理确定加工能力

物流加工成本与加工的批量、加工的数量存在着正比关系,加工批量越大、加工数量越多,物流加工成本也相应增加。但是,加工批量是否均衡,加工数量是否稳定,会给加工带来很大影响。当被加工的批量和数量大于加工能力时,表现为加工能力不足;反之,则表现为加工能力过剩。前者会因加工能力不足而失去获得加工利润的机会;后者会因加工能力过剩,而造成加工设备、加工人员的闲置成本损失。因此,应根据物流需要和加工者的实际能力来确定加工批量和数量。

(3)加强物流加工的生产管理

物流加工的生产管理与物流加工成本联系十分紧密。一般来说,生产管理的水平越高,其成本水平越低。物流加工生产管理的内容很多,如劳动力、设备、动力、物资等方面的管理,无一不与物流加工成本密切相关。比如套裁型物流加工,其最有特殊性的管理是出材率的管理,要加工的出材率高,还要物资成本低。由此涉及的消耗定额管理,套裁规划设计计算等,都非常重要。

(4)物流加工费用的单独核算

物流加工活动一般隶属于其他物流企业,比如仓储业所从事的物流加工等,因此,它不属于一个独立的经济部门。但是,物流加工成本与其他成本的形式和使用都存在很大区别。为了检查和分析物流加工成本的使用、支出情况,分析物流加工的经济效益,要求对物流加工成本单独管理、单独核算。

(5)制定反映物流加工特征的经济指标

物流加工的对象是已经成为商品的产品,因而它不同于生产过程中的加工。物流加工是对生产加工的一种辅助和补充。为了更好地反映物流加工的经济效益,应制定能反映物流加工特征的经济指标,如用反映物流加工后单位产品的增值程度的增值率,反映物流加工在材料利用方面的材料出材率、利用率等指标来进行考核。

5.2.3　物流加工成本管理的方法

通常的成本管理方法已在其他课程中体现,如作业成本法、量本利分析法等。本节仅介绍较少应用的方法。

1. 税收策划

物流加工企业是以赢利为目的的经济组织,而税收同成本费用一样都是企业利润的减项,税是物流加工企业最为重要的一种成本。因此,物流加工企业为了提高经济效益要努力控制成本,与节约费用一样,企业也希望能够在法律允许的范围内,尽量减少纳税支出。于是,如何对纳税工作进行筹划也渐渐成为物流加工企业十分关心的一个问题。税收筹划,对于大多数人来说可能还是一个新鲜的概念,有人甚至会把它与偷逃税等违法行为联系起来。偷逃税行为与税收筹划活动的确是有某些相似之处,但是事实上两者却是截然不同的,偷逃税是某些纳税人为了减轻税收负担而采取的伪造、变造、隐匿账簿等手段,这是税法所明令禁止的。而税收筹划却是纳税人在法律允许的范围内,通过对生产经营活动进行事先的安排以实现税收负担最低化或税收利益最大化的行为,两者最大的区别就是合法与不合法。

在物流加工的诸多税种中,增值税是最重要的一种税。增值税是世界各国普遍采用的一个税种。自从 1954 年法国率先征收增值税到 1997 年,全世界开征增值税的国家已经发展到 100 多个。目前发达国家中只有美国还没有征收增值税。多数国家已将增值税的征收环节由制造环节或批发环节扩展到了零售环节,而且对服务和货物一起全面征收。增值税税率大都在 15%～25%间(1997 年),多数国家的增值税收入占其全部税收收入(包含社会保险税)的比重较高,由经济合作与发展组织(OECD)所代表的发达国家(1997 年),其增值税收入占全部税收收入的百分比一般在 15%～25%或达到 GDP 的 5%～8%。发展中国家增值税的税率虽然较低,但增值税收入在全部税收收入的比重却比较大。

我国增值税是对在我国境内从事销售货物或者提供加工、修理修配劳务以及从事进口货物的单位和个人取得的增值额为课税对象征收的一种税。它是由国家税务局负责征收管理,所得收入由中央政府与地方政府共享,已经是我国政府特别是中央政府财政收入最主要的来源。

我国在 1984 年建立了增值税制度,但只局限于在生产环节对部分工业产品征税,后来不断扩大征税范围,改进计税方法。在 1994 年增值税改革时主要遵循了以下三个原则:

(1)普遍征收原则

这是规范化增值税的基本要求,体现在征税范围上,包括货物的生产、批发、零售和进口四个环节,此外,还包括加工和修理修配劳务;从纳税人看,扩大到单位和个人。

(2)中性原则

1994 年改革后的增值税只设两档税率;除少数几类货物外,绝大多数货物都按基本税率征税。这种中性原则保证了市场对资源优化配置的基础性作用。

(3)简化原则

它体现在两方面:一是尽量减少税率档次;二是在计税方法上对一般纳税人采取规范的购进扣税,对小规模纳税人采取按统一征收率计征税款的原则。

2. 增值税的税收筹划思路

企业税收上述增值税的三大原则对增值税的企业税收筹划有很大帮助,那么,关于增值税的税收筹划又如何具体思考呢?

首先,要了解增值税的计税方法。增值税的计税方法是以每一生产经营环节上发生的货物或劳务的销售额为计税依据,然后按规定税率计算出货物或劳务的整体税负,同时通过税款抵扣方法将外购项目在以前环节已纳的税款予以扣除,从而避免了重复征税。

基本公式为:应纳税额=当期销项税额-当期进项税额

其中:当期销项税额=当期销售额×税率

其次,分析影响应纳税额的因素,即七大税制要素:纳税人、课税对象、税率、税收优惠(免税、减税、起征点)、纳税环节、纳税期限和纳税地点,以及各要素之间的相互关联度。

再次,增值税中有一项比较特殊的制度出口退税制度,分析其中的操作细节,寻找税收筹划的空间。

最后,由于增值税的税负具有转嫁性,分析企业所处行业以及产品的特征(如产品的强势与弱势、竞争力的强与弱和需求的弹性等特征)等因素,考虑能否把税负转嫁出去,也就是说,利用外界因素进行企业税收筹划。以上仅提供一种思路,其实企业税收筹划的思路有许许多多,但上述思路也许是比较系统的一种思路。

3. 税收筹划案例

某市塑料制品厂是以废旧物资为原料的企业,经营数月后发现增值税税负高达12%,而一般企业的增值税税负仅为5%左右。经过深入分析,原因在于该厂的原材料(废旧塑料)主要靠自己收购,由于不能取得增值税专用发票,按规定不能抵扣进项税额,因此税负一直居高不下。如果企业不直接收购废旧塑料,而是从废旧物资回收公司购进,则可以取得一定的进项税额,从而降低增值税税负。于是,该企业决策层决定不再自己收购,而直接向物资回收部门收购,这样可以根据物资回收单位开具的增值税专用发票享受17%的进项税额抵扣。但是,过了一段时间后发现,由于回收单位本身需要盈利,塑料制品厂在获得进项税额抵扣的同时,材料的价格也大大增加。税负虽然降低了,但企业的利润并没有增加。如何才能既降低税负又降低原材料成本呢?税收政策的变化为企业进行高层次的筹划提供了机会。《关于废旧物资回收经营业务有关增值税政策的通知》(财税〔2001〕78号)规定,从2001年5月1日起,废旧物货回收经营单位销售其收购的废旧物资免征增值税,生产企业增值税对纳税人购入废旧物资回收经营单位销售的废旧物资,可按照废旧回收经营单位开具的由税务机关监制的普通发票上注明的金额,按10%计算抵扣进项税额。

根据上述政策,如果工厂独资建立一个废旧塑料回收公司,那么不仅回收公司可以享受免征增值税的优惠,而且工厂仍可根据回收公司开具的发票抵扣进项税额,这样工厂遇到的问题就迎刃而解。经过调查和分析,设立回收公司增加的成本(注册费用、管理成本等)并不高,而且这部分成本基本上属于固定成本,对节省的税收来说只是个小数,而且随着公司生产规模的日益扩大,企业的收益会越来越多。于是,公司实施上述方案,并在较短的时间内扭转了高税负局面。

现将公司实施筹划方案前后有关数据对比如下。

实施前:80%的原材料自行收购,20%的原材料从废旧物资经营单位购入。假定前5个月自行收购废旧塑料400吨,每吨2000元,合计80万元,从经营单位购入废旧塑料83.33吨,每吨2400元,合计金额约20万元,允许抵扣的进项税额2万元,其他可以抵扣的进项税额(水电费修理配件等)4万元,生产的塑料制品对外销售收入150万元。有关数据计算如下:

$$应纳增值税税额 = 销项税额 - 进项税额$$
$$= 1500000 \times 17\% - (20000 + 40000)$$
$$= 195000(元);$$

税负率＝195000÷1500000×100％＝11％。

实施后:假定后 5 个月公司生产规模与前 5 个月相同,回收公司以每吨 2000 元的价格收购废旧塑料 483.33 吨,以每吨 2400 元(与从其他废旧物资经营单位的销售售价相同)的价格销售给塑料制品企业,其资料不变。有关数据计算如下:

回收公司免征增值税;

制品厂允许抵免的进项税额＝483.33×2400×10％＋40000＝155999.20(元);

应纳增值税额＝销项税额－进项税额

　　　　　　＝1500000×17％－155999.20＝99000.80(元);

应纳增值税额＝销项税额－进项税额

　　　　　　＝1500000×17％÷155999.20＝99000.80(元);

税负率＝99000.80＋1500000×100％＝6.6％;

方案实施后比实施前节省增值税税额＝195000－99000.80＝95999.20(元)。

节省城市维护建设税和教育费附加合计约 10000 元。上述筹划方案对于以废旧物资为主要原材料的制造企业普遍适用,例如以废旧纸张为原料的造纸厂、以废金属为原料的金属制品厂等。

5.3　物流加工质量管理

物流加工过程中的质量管理要求与一般生产过程中的质量管理相似,主要是全面质量管理、ISO9000 和 HACCP。

5.3.1　物流加工全面质量管理

全面质量管理是为了能够在最经济的水平上并考虑到充分满足顾客要求的条件下进行市场研究、设计、制造和售后服务,把企业内各部门的研制质量、维持质量和提高质量的活动构成为一体的一种有效的体系。与一般质量管理概念的基本差别在于,它强调为了取得真正的经济效益,管理必须始于识别顾客的质量要求,终于顾客对他手中的产品感到满意。全面质量管理就是为了实现这一目标而指导人、机器、信息的协调活动。

全面质量管理意义有以下几方面:

①提高产品质量;

②改善产品设计;

③加速生产流程;

④鼓舞员工的士气和增强质量意识;

⑤改进产品售后服务;

⑥提高市场的接受程度;

⑦降低经营质量成本;

⑧减少经营亏损；

⑨降低现场维修成本；

⑩减少责任事故。

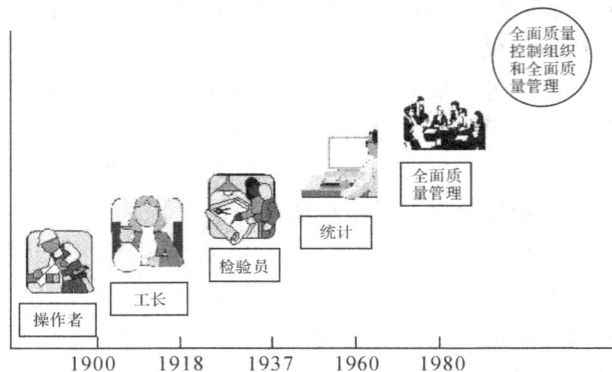

图 5-2　全面质量管理的发展过程

1. 全面质量管理的主要内容

20 世纪 50 年代末，美国通用电气公司的费根堡姆和质量管理专家朱兰提出了"全面质量管理"(Total Quality Management，TQM)的概念，认为"全面质量管理是为了能够在最经济的水平上，并考虑到充分满足客户要求的条件下进行生产和提供服务，把企业各部门在研制质量、维持质量和提高质量的活动中构成为一体的一种有效体系"。60 年代初，美国一些企业根据行为管理科学的理论，在企业的质量管理中开展了依靠职工"自我控制"的"无缺陷运动"(Zero Defects)；日本在工业企业中开展质量管理小组(Q. C. Cycle)活动，使全面质量管理活动迅速发展起来。

在"质量控制"(quality control)这一短语中，"质量"一词并不具有绝对意义上的"最好"的一般含义。质量是指"最适合于一定顾客的要求"，这些要求是产品的实际用途和产品的售价。

在"质量控制"这一短语中，"控制"一词表示一种管理手段，包括四个步骤：①制定质量标准；②评价标准的执行情况；③偏离标准时采取纠正措施；④安排改善标准的计划。

影响产品质量的因素可以划分为两大类：一是技术方面的，即机器、材料和工艺；二是人方面的，即操作者、班组长和公司的其他人员。在这两类因素中，人的因素重要得多。

全面质量管理是提供优质产品所永远需要的优良的产品设计、加工方法以及认真的产品维修服务等活动的一种重要手段。全面质量管理有三个核心的特征：即全员参加的质量管理、全过程的质量管理和全面的质量管理(三全)。

全员参加的质量管理即要求全部员工，无论高层管理者还是普通办公职员或一线工人，都要参与质量改进活动。参与"改进工作质量管理的核心机制"，是全面质量管理的主要原则之一。

全过程的质量管理必须在市场调研、产品选型、研究试验、设计、原料采购、制造、检验、储运、销售、安装、使用和维修等各个环节中都把好质量关。其中，产品的设计过程是全面质量管理的起点,原料采购、生产、检验过程实现产品质量的重要过程;而产品的质量最终是在市场销售、售后服务的过程中得到评判与认可。

全面的质量管理是用全面的方法管理全面的质量。全面的方法包括科学的管理方法,数理统计的方法,现代电子技术、通信技术等。全面的质量包括产品质量、工作质量、工程质量和服务质量。

质量管理的基本原理适用于任何制造过程,由于企业行业、规模的不同,方法的使用上略有不同,但基本原理仍然是相同的。方法上的差别可概括为:在大量生产中,质量管理的重点在产品;在单件小批生产中,重点在控制工序。质量管理贯穿在工业生产过程的所有阶段,首先是向用户发送产品,并且进行安装和现场维修服务。

要有效地控制影响产品质量的因素,就必须在生产或服务过程的所有主要阶段加以控制。这些控制就是质量管理工作(job of quality control),按其性质可分为四类:①新设计控制;②进厂材料控制;③产品控制;④专题研究。

建立质量体系是开展质量管理工作的一种最有效的方法与手段。质量成本是衡量和优化全面质量管理活动的一种手段。在组织方面,全面质量管理是上层管理部门的工具,用来委派产品质量方面的职权和职责,以达到既可免除上层管理部门的琐事,又可保留上层管理部门确保质量成果令人满意的手段的目的。原则上,总经理应当成为公司质量管理工作的“总设计师”,同时,他和公司其他主要职能部门还应促进公司在效率、现代化、质量控制等方面的发挥。从人际关系的观点来看,质量管理组织包括两个方面:一方面,为有关的全体人员和部门提供产品的质量信息和沟通渠道;另一方面,为有关的雇员和部门参与整个质量管理工作提供手段。质量管理工作必须有上层管理部门的全力支持,如果上层管理部门的支持不够热情,那么,向公司内其他人宣传得再多也不可能取得真正的效果。

在全面质量管理工作中,无论何时、何处都会用到数理统计方法。但是,数理统计方法只是全面质量管理中的一个内容,它不等于全面质量管理,应该认真地在公司的范围内逐步开展全面质量管理活动。明智的做法是,选择一两个质量课题加以解决并取得成功,然后按这种方式一步一步地实施质量管理计划。全面质量管理工作的一个重要特征是,从根源处控制质量。例如,通过由操作者自己衡量成绩来促进和树立他对产品质量的责任感和关心,就是全面质量管理工作的积极成果。

2. 全面质量管理的实施

全面质量管理强调以下观点:

①用户第一的观点,并将用户的概念扩充到企业内部,即下道工序就是上道工序的用户,不将问题留给用户。

②预防的观点,即在设计和加工过程中消除质量隐患。定量分析的观点,只有定量化才能获得质量控制的最佳效果。

③以工作质量为重点的观点,因为产品质量和服务均取决于工作质量。

全面质量管理一般分为以下四个阶段:

①第一个阶段称为计划阶段,又叫 P 阶段(Plan)。这个阶段的主要内容是通过市场调查、用户访问、国家计划指示等,摸清用户对产品质量的要求,确定质量政策、质量目标

和质量计划等。

②第二个阶段为执行阶段,又称 D 阶段(Do)。这个阶段是实施 P 阶段所规定的内容,如根据质量标准进行产品设计、试制、试验,其中包括计划执行前的人员培训。

③第三个阶段为检查阶段,又称 C 阶段(Check)。这个阶段主要是在计划执行过程中或执行之后,检查执行情况,是否符合计划的预期结果。

④最后一个阶段为处理阶段,又称 A 阶段(Action)。这个阶段主要是根据检查结果,采取相应的措施。

5.3.2 ISO9000

ISO9000 是国际标准化组织的一族标准的统称。"ISO9000 族标准"指由 ISO/TC176 制定的所有国际标准。TC176 即 ISO 中第 176 个技术委员会,全称是"质量保证技术委员会",1987 年更名为"质量管理和质量保证技术委员会"。TC176 专门负责制定质量管理和质量保证技术的标准。

1. ISO9000 的内容

ISO/TC176 早在 1990 年第九届年会上提出的《90 年代国际质量标准的实施策略》中,即确定了一个宏伟的目标:"要让全世界都接受和使用 ISO9000 族标准,为提高组织的运作能力提供有效的方法;增进国际贸易,促进全球的繁荣和发展;使任何机构和个人,可以有信心从世界各地得到任何期望的产品,以及将自己的产品顺利销往世界各地。"

为此,ISO/TC176 决定按上述目标,对 1987 年版的 ISO9000 族标准分两个阶段进行修改:第一阶段在 1994 年完成,第二阶段在 2000 年完成。

1994 年版 ISO9000 标准已被采用多年,其中如下三个质量保证标准之一通常被用来作为外部认证之用:

①ISO9001:1994《质量体系设计、开发、生产、安装和服务的质量保证模式》,用于自身具有产品开发、设计功能的组织;

②ISO9002:1994《质量体系生产、安装和服务的质量保证模式》,用于自身不具有产品开发、设计功能的组织;

③ISO9003:1994《质量体系最终检验和试验的质量保证模式》,用于对质量保证能力要求相对较低的组织。

注:ISO9001:1994 年版标准将质量体系划分为 20 个要素(即标准中的"质量体系要求")来进行描述,ISO9002 标准比 ISO9001 标准少一个"设计控制"要素。

2000 年 12 月 15 日,2000 年版的 ISO9000 族标准正式发布实施。2000 年版 ISO9000 族国际标准的核心标准共有四个:

①ISO9000:2000《质量管理体系——基础和术语》;

②ISO9001:2000《质量管理体系——要求》;

③ISO9004:2000《质量管理体系——业绩改进指南》;

④ISO19011:2000《质量和环境管理体系审核指南》。

上述标准中的 ISO9001：2000《质量管理体系——要求》通常用于企业建立质量管理体系并申请认证之用。它主要通过对申请认证组织的质量管理体系提出各项要求来规范组织的质量管理体系，主要分为五大模块的要求。这五大模块分别是：质量管理体系、管理职责、资源管理、产品实现、测量分析和改进。其中每个模块中又分有许多分条款。随着 2000 年版标准的颁布，世界各国的企业纷纷开始采用新版的 ISO9001：2000 标准申请认证。国际标准化组织鼓励各行各业的组织采用 ISO9001：2000 标准来规范组织的质量管理，并通过外部认证来达到增强客户信心和减少贸易壁垒的作用。

质量保证标准，诞生于美国军品使用的军标。第二次世界大战后，美国国防部吸取第二次世界大战中军品质量优劣的经验和教训，决定在军火和军需品订货中实行质量保证，即供方在生产所订购的货品中，不但要按需方提出的技术要求保证产品实物质量，而且要按订货时提出的且已订入合同中的质量保证条款要求去控制质量，并在提交货品时提交控制质量的证实文件。经过几年的实施，美国国防部在总结以往订货所应用的质量保证条款的基础上，于 1959 年提出两项军品质量保证标准，经过试行于 1963 年升为正式的质量保证标准。实施后取得了很好的成效。

美国军品应用质量保证标准成功的经验，首先在锅炉和压力容器上被采用。美国机械工程师协会（ASME）于 1971 年发布和实施了 ASME-Ⅲ-NA4000《锅炉与压力容器质量保证》标准。锅炉和压力容器质量保证标准的实施，使锅炉和压力容器的事故率大幅度下降，取得显著的成效。

进入 20 世纪 70 年代，美国核工业部门引进和实施了质量保证标准。1971 年，美国国家标准学会（ANSI）借鉴军品质量保证标准，制定和发布了国家标准 ANSI N45.2《核电站安全质量保证法规》，后演变为 ANSI/ASME NQA-1-1983。国际原子能机构吸取美国的经验，于 1978 年颁布了 IAEA50-C-QA《核电站安全质量保证法规》，并得到世界先进工业国家的承认，它包括 13 项条款，通常称之为"十三条"。"法规"对保证核工业安全起到重要的保证作用。

由于美国军品、锅炉和压力容器，以及核电站采用和实施质量保证标准所取得令人信服的成效，1978 年以后，质量保证标准被引用到民品订货中来。英国制定了一套三个水平的质量保证标准，即 BS5750：Part1、Part2、Part3。加拿大制定了一套四个水平的质量保证标准 CSAZ299.1—299.4。此外，法国、挪威、荷兰、瑞士和澳大利亚等国家也先后制定了质量保证标准。

质量管理标准是为了适应质量保证标准的实施而诞生的。欧美很多国家，为了适应供需双方实行质量保证标准对质量管理提出的新要求，在总结多年质量管理实践的基础上，相继制订了质量管理标准和实施细则。质量管理标准和细则的实施，保证了质量保证标准的贯彻实施。

2. ISO 系统质量管理和质量保证标准的诞生和发展

（1）ISO/TC176 技术委员会简介

ISO 是 international organization for standardization 的缩写，其代表的意义是：国际标准化组织。它成立于 1947 年，是非政府性组织，目前已有 100 多个成员国。ISO/TC176 技术委员会是 ISO 下属技术委员会之一，全名为"质量管理和质量保证技术委员会",秘书国为加拿大。

ISO/TC176 技术委员会是 ISO 为了适应国际贸易往来中民品订货采用质量保证作法的需要,于 1979 年在 ISO 原认证委员会第二工作组(ISO/CERTCO/WG2)的基础上建立的。该委员会有英、美、法、加拿大、德国、南非、瑞士、挪威、日本、中国等 50 多个国家,作为"P"成员国(正式成员国)参加工作和活动;有"O"成员国(观察成员国)16 个,并且不断地发展增加。目前下设有三个分技术委员会和 12 个工作组。

SC1 分技术委员会负责制定术语标准,法国为秘书国;SC2 分技术委员会负责制定"质量体系标准",下设有两个工作组,分别负责质量管理和质量保证标准,美国和英国分别为两个工作组的秘书国;SC3 分技术委员会负责质量技术标准的制定。

(2)ISO 质量管理和质量保证标准的诞生和发展

1)质量术语标准——ISO8402 标准的演变

ISO/TC176 的 SC1 分技术委员会,自 1981 年 10 月开始,在总结和参照世界有关国家标准和实践经验的基础上,通过广泛协商,于 1986 年 6 月 15 日正式发布 ISO8402—1986《质量——术语》标准,该标准包括 22 个术语。随着世界各国质量管理的发展,在实践中出现了新的问题,对质量术语也提出了更高的要求。为此,SC1 分技术委员会于 1994 年经委员会审查通过,发布 ISO8402—1994《质量管理和质量保证——术语》标准。该标准共包括四部分术语,其中基本术语 13 个,与质量有关的术语 19 个,与质量体系有关的术语 16 个,与工具和技术有关的术语 19 个,共计 67 个术语。

2)ISO9000 质量管理和质量保证标准的诞生和发展

ISO/TC176 的 SC2 分技术委员会经过努力工作,于 1987 年发布了 ISO9000 质量管理和质量保证系列标准。该系列标准是质量管理和质量保证标准中的主体标准,共包括"标准选用、质量保证和质量管理"三类五项标准。该五项标准的诞生是世界范围质量管理和质量保证工作的一个新纪元,对推动世界各国工业企业的质量管理和供需双方的质量保证,促进国际贸易交往起到了很好的作用。

近几年来,随着国际贸易发展的需要和标准实施中出现的问题,于 1994 年对系列标准进行了全面修订,并于当年 7 月 1 日正式发布实施。随后,标准制定工作进展较快,ISO9000 标准发展成 ISO9000—1、ISO9000—2、ISO9000—3 和 ISO9000—4;ISO9004 发展成 ISO9004—1、ISO9004—2、ISO9004—3 和 ISO9004—4 等项标准。

3)质量管理和质量保证技术性标准(ISO10000 系列标准)的发展情况

ISO/TC176 的 SC3 分技术委员,经过几年的努力工作,从 1990 年开始先后制定并发布了十几个标准,从 ISO10005 质量计划到 ISO10016 检验和试验记录等标准。

ISO 质量管理和质量保证标准,经过十几年的发展,目前 ISO8000、ISO9000、ISO10000 三个系列已有 20 多项标准,称为"质量管理和质量保证族标准"。世界已有 70 多个国家一字不漏地直接采用或等同转为国家标准采用;有 50 多个国家建立质量体系认证/注册机构,形成了世界范围内的贯标和认证"热"。

3.我国质量管理和质量保证标准的演变

(1)我国质量术语标准的演变

原国家标准局于 1986 年 6 月 14 日发布了 GB6583.1《质量管理和质量保证术语第

一部分》,该标准共收入术语 59 个,比 ISO8402《质量——术语》标准多 37 个术语。由于 GB6583.1—1986《质量管理和质量保证术语第一部分》是参照 ISO/DIS8402《质量——术语》(草案)制定的,而正式发布的 ISO8402—1986《质量——术语》标准,在草案的基础上有所修订,故有的同一个术语,GB6583.1 标准中的定义与 ISO8402 的定义不一致。为了解决这一问题,国家技术监督局将等效采用改为等同采用 ISO8402,并于 1992 年 10 月 13 日制定和发布了 GB/T6583—1992—ISO8402：1986《质量——术语》标准,该标准包括有 22 个术语。

1994 年又等同采用 ISO8402：1994 年版,修订成 GB/T6583—1994idt—ISO8402：1994《质量管理和质量保证术语》。该标准包括的术语分四个部分共 67 个,与 ISO8402：1994 版相同,并于 1994 年 12 月 24 日发布,于 1995 年 6 月 30 日实施至今。

(2)我国质量管理和质量保证标准的演变

原国家标准管理部门为了加快推进我国质量管理的步伐,适应企业加强质量管理提高产品质量的要求,于 1988 年组织人员等效采用 ISO9000 系列标准。经批准后于当年 12 月 10 日发布国标 GB/T 10300 质量管理和质量保证系列标准,并于 1989 年组织 116 个企业试点贯彻实施。为了使我国质量管理和质量保证工作更好地与国际接轨,经国家标准化管理部门研究,决定将等效采用 ISO9000 系列标准改为等同采用,由全国质量管理和质量保证标准技术委员会(CSBTS/TC151)提出,经国家标准化部门批准,于 1992 年 10 月 13 日发布了国标 GB/T 19000—1992—ISO9000：1987 质量管理和质量保证系列标准。

1994 年国家标准化管理部门组织人员根据 ISO9000：1994 版标准对国标 1992 年版标准进行修订,经批准于 1994 年 12 月 24 日发布了 GB/T 19000—1994idt—ISO9000：1994《质量管理和质量保证标准》,并于 1995 年 6 月 30 日实施至今。

(3)我国质量管理和质量保证技术性标准的情况

我国对 ISO10000 质量管理和质量保证技术性标准也采用等同的方法来制定成国标,从 1993 年开始先后制定和发布了 GB/T19021.1、GB/T19021.2、GB/T19021.3 与质量体系审核有关的标准,以及计量检测设备的质量保证要求、质量手册编制指南、全面质量管理经济效果指南等标准。随着 ISO 质量管理和质量保证标准不断发布,相信我国的质量管理和质量保证标准也会不断地完善起来。由于我国质量管理和质量保证标准,都是等同采用 ISO 相应标准。下面为 ISO9000 系列标准情况简介如下。

1)ISO9000 系列标准包括的标准范围

ISO9000 系列标准共包括 4 项标准。它们是:ISO9000—1：1994《质量管理和质量保证标准第一部分:选择和使用指南》、ISO9001：1994《质量体系设计、开发、生产、安装和服务的质量保证模式》、ISO9002：1994《质量体系生产、安装和服务的质量保证模式》、ISO9003：1994《质量体系、最终检验和试验的质量保证模式》。

2)ISO9000 系列标准用途和分类

ISO9000 系列标准,根据其用途可将 5 项标准分为三类:指导选用“质量管理和质量保证标准”用的标准、质量保证标准和质量管理标准。将其用途简述如下:

①ISO9000—1：1994 标准的用途,该标准主要用途是供给供需双方选择质量保证

和供给供方选择质量管理标准时使用。

②在合同情况下,指导供需双方选择和使用 ISO9001、ISO9002、ISO9003 质量保证标准,或指导供方在选择质量体系认证和注册时使用。

③在合同或非合同情况下,指导供方(企业)在建立质量管理体系时,在 ISO9004—1 标准中选择体系要素使用。

3)ISO9001—ISO9003:1994 标准的用途

该三项标准是一组质量保证标准,它们是在合同情况下,供购双方签订供货合同选择质量保证标准时,或供方申请体系认证选择质量保证模式时使用的标准。根据购方订购产品结构的特点、设计和制造的复杂性、设计成熟的程度,以及产品安全性和经济性等选用三项标准之一。选用 ISO9001:1994 标准的条件是:产品结构复杂,设计和制造复杂性较高,设计成熟程度不够,产品具有安全性和经济性要求。当选用该标准时,供方应向购方提供产品设计、生产、安装和服务全过程的质量保证。选用 ISO9002:1994 标准的条件是:设计复杂性较低,设计成熟程度较高,产品结构不太复杂,制造复杂性较高,产品具有安全性和经济性要求。当选用该标准时,供方应向购方提供生产、安装和服务过程的质量保证。选用 ISO9003:1994 标准的条件是:产品结构简单,设计和制造复杂性较低,设计成熟程度较高,一般没有安全性和经济性要求。当选用该标准时,供方应向购方提供产品最终检验和试验的质量保证。选用质量保证标准时,经过供购双方协商可以对标准条款进行增删,当购方若在 ISO9001:1994—ISO9003:1994 的质量保证模式之外再增加质量保证条件要求时,供方应将增加的质量保证条件作为体系要素,写成体系文件并贯彻实施,以确保增加的质量保证条件达到合同规定的要求。

ISO9001:1994—ISO9003:1994 三项质量保证标准,从标准性质来看虽属推荐性标准,但当供购双方决定选用并订入合同条款中时,则标准即具有法律效力,强制供方必须贯彻执行。

图 5-3　ISO9001 认证标志

4.ISO9004—1:1994 标准的用途

ISO9004—1:1994 标准,是指导企业在合同情况下和(或)非合同情况下,推进质量管理,建立健全质量管理体系选择体系要素时使用的标准。

系列标准的组成,用途分类:

（1）ISO9000—1：1994《质量管理和质量保证标准第一部分：选择和使用指南》

①指导供购双方选择和使用 ISO9001—ISO9003 质量保证标准；

②指导企业贯彻 ISO9004—1 标准，建立质量管理体系。

（2）ISO9001：1994《质量体系设计、开发、生产、安装和服务的质量保证模式》

（3）ISO9002：1994《质量体系、生产、安装和服务的质量保证模式》

（4）ISO9003：1994《质量体系、最终检验和试验的质量保证模式》

以上是一组质量保证标准，供购双方在合同情况下选用其中的一个标准，或供方申请质量体系认证时选用其中一个标准。

（5）ISO9004—1：1994《质量管理和质量体系要素第一部分：指南》

指导企业推进质量管理建立质量管理体系时使用的标准。

5. ISO9001、9002、9003 质量保证标准之间的关系

ISO9000—94 系列标准中的质量保证标准包括 ISO9001—ISO9003，它们是一组三个不同的质量体系的保证模式。从用途上看，它们各自独立，但它们内在有着紧密的关系。ISO9003 是最终检验和试验质量保证模式，含 16 项体系要素，是三者中要求提供证据最少的质量保证模式；ISO9002 是生产、安装和服务的质量保证模式，含 19 项体系要素，ISO9002 包容了 ISO9003 的要素；ISO9001 是设计、开发、生产、安装和服务的质量保证模式，含 20 项体系要素，ISO9001 包容了 ISO9002 的要素。关于这一点，可从 ISO9000—1：1994 的附录 D（提示的附录）"相应题目章节号对照表"中看出三者关系，质量保证标准（ISO9001—ISO9003）与质量管理标准（ISO9004—1）之间的关系。

ISO9004—1 是质量管理标准，其用途是指导企业推行质量管理，建立质量管理体系，提高管理水平用的；ISO9001—ISO9003 是一组三种不同模式的质量保证标准，它们的用途是指导供需双方选择质量保证模式或供方质量体系认证用的。它们的性质和用途虽然不同，但它们之间有着内在的联系，可从以下两点看出：

①ISO9004—1 标准含 21 项体系要素，ISO9001、ISO9002、ISO9003 分别包括有 20 项、19 项和 16 项体系要素。从体系要素相比，ISO9004—1 标准除去不包括 ISO9001 的"4.3 合同评审"和"4.7 需方提供产品的控制"两项要素外，其余要素都是要求相同或一致的，ISO9001—ISO9003 标准的体系要素对质量活动只提出要求，而 ISO9004—1 标准的体系要素对质量活动不但提出要求，还提出达到要求的途径。可以说 ISO9004—1 体系要素基本包括了 ISO9001—ISO9003 体系的各项要素。

②由于两类体系的要素基本相同或一致，只要 ISO9004—1 体系中再增加"合同评审"和"需方提供产品的控制"（当需要时）两项要素，按 ISO9004—1 建立的质量管理体系，就可达到 ISO9001—9003 质量保证体系运行的要求。因而企业的质量管理体系是企业产品质量保证体系的基础。

5.3.3　ISO9000 认证

"认证"一词的英文原意是一种出具证实文件的行动。ISO/IEC 指南 2.1986 中对"认证"的定义是：由可以充分信任的第三方证实某一经鉴定的产品或服务符合特定标准

或规范性文件的活动。举例来说,对第一方(供方或卖方)生产的产品甲,第二方(需方或买方)无法判定其品质是否合格,而由第三方来判定。第三方既要对第一方负责,又要对第二方负责,不偏不倚,出具的证实要能获得双方的信任,这样的活动就叫做"认证"。这就是说,第三方的认证活动必须公开、公正、公平,才能有效。这就要求第三方必须有绝对的权力和威信,必须独立于第一方和第二方之外,必须与第一方和第二方没有经济上的利害关系,或者有同等的利害关系,或者有维护双方权益的义务和责任,才能获得双方的充分信任。那么,这个第三方的角色应该由谁来担当呢? 显然,非国家或政府莫属。由国家或政府的机关直接担任这个角色,或者由国家或政府认可的组织去担任这个角色,这样的机关或组织就叫做"认证机构"。

现在,各国的认证机构主要开展如下两方面的认证业务:

1. 产品品质认证

现代的第三方产品品质认证制度早在 1903 年发源于英国,是由英国工程标准委员会(BSI 的前身)首创的。

在认证制度产生之前,供方(第一方)为了推销其产品,通常采用"产品合格声明"的方式,来博取顾客(第二方)的信任。这种方式,在当时产品简单,不需要专门的检测手段就可以直观判别优劣的情况下是可行的。但是,随着科学技术的发展,产品品种日益增多,产品的结构和性能日趋复杂,仅凭买方的知识和经验很难判定产品是否符合要求,加之供方的"产品合格声明"属于"王婆卖瓜,自卖自夸"的一套,真真假假,鱼龙混杂,并不总是可信,这种方式的信誉和作用就逐渐下降。在这种情况下,前述产品品质认证制度也就应运而生。1971 年,ISO 成立了"认证委员会"(CERTICO),1985 年,易名为"合格评定委员会"(CASCO),促进了各国产品品质认证制度的发展。现在,全世界各国的产品品质认证一般都依据国际标准进行认证。国际标准中的 60% 是由 ISO 制定的,20% 是由 IEC 制定的,20% 是由其他国际标准化组织制定的,也有很多是依据各国自己的国家标准和国外先进标准进行认证的。

产品品质认证包括合格认证和安全认证两种。依据标准中的性能要求进行认证叫做合格认证,依据标准中的安全要求进行认证叫做安全认证。前者是自愿的,后者是强制性的。

产品品质认证工作,从 20 世纪 30 年代后发展很快。到了 50 年代,所有工业发达国家基本得到普及,第三世界的国家多数在 70 年代逐步推行。我国是从 1981 年 4 月才成立了第一个认证机构——"中国电子器件质量认证委员会",虽然起步晚,但起点高,发展快。

2. 品质治理体系认证

这种认证是由西方的品质保证活动发展起来的。1959 年,美国国防部向国防部供给局下属的军工企业提出了品质保证要求,要求承包商"应制定和保持与其经营治理、规程相一致的有效的和经济的品质保证体系","应在实现合同要求的所有领域和过程(例如:设计、研制、制造、加工、装配、检验、试验、维护、装箱、储存和安装)中充分保证品质",并对品质保证体系规定了两种统一的模式:军标 MIL-Q-9858A《品质大纲要求》和军标 MIL-I-45208《检验系统要求》。承包商要根据这两个模式编制"品质保证手册",并有效实施。政府要对照文件逐步检查、评定实施情况。这实际上就是现代的第二方品质体系审核的雏形。这种办法促使承包商进行全面的品质治理，取得了极大的成功。后来，美国军工企业的这个经验很快被其他工业发达国家军工部门所采用，并逐步推广到民用工业，在西方各国蓬勃发展起来。

　　随着上述品质保证活动的迅速发展，各国的认证机构在进行产品品质认证的时候，逐渐增加了对企业的品质保证体系进行审核的内容，进一步推动了品质保证活动的发展。到了 70 年代后期，英国一家认证机构 BSI（英国标准协会）首先开展了单独的品质保证体系的认证业务，使品质保证活动由第二方审核发展到第三方认证，受到了各方面的欢迎，更加推动了品质保证活动的迅速发展。通过三年的实践，BSI 认为，这种品质保证体系的认证适应面广，灵活性大，有向国际社会推广的价值。于是，在 1979 年向 ISO 提交了一项建议。ISO 根据 BSI 的建议，当年即决定在 ISO 的认证委员会的"品质保证工作组"的基础上成立"品质保证委员会"。1980 年，ISO 正式批准成立了"品质保证技术委员会"（即 TC176）着手这一工作，从而导致了前述"ISO9000 族"标准的诞生，健全了单独的品质体系认证的制度。一方面扩大了原有品质认证机构的业务范围，另一方面又导致了一大批新的专门的品质体系认证机构的诞生。自从 1987 年 ISO9000 系列标准问世以来，为了加强品质治理，适应品质竞争的需要，企业家们纷纷采用 ISO9000 系列标准在企业内部建立品质治理体系，申请品质体系认证，很快形成了一个世界性的潮流。目前，全世界已有近 100 个国家和地区正在积极推行 ISO9000 国际标准，约有 40 个品质体系认可机构，认可了约 300 家品质体系认证机构，20 多万家企业拿到了 ISO9000 品质体系认证证书。第一个国际多边承认协议和区域多边承认协议也于 1998 年 1 月 22 日和 1998 年 1 月 24 日先后在中国广州诞生，在这短短的时间内被这么多国家采用，影响如此广泛，这是在国际标准化史上从未有过的现象，已经被公认为"ISO9000 现象"。

　　3. 推行 ISO9000 的作用

　　（1）强化品质治理，提高企业效益；增强客户信心，扩大市场份额

　　负责 ISO9000 品质体系认证的认证机构都是经过国家认可机构认可的权威机构，对企业的品质体系的审核是非常严格的。这样，对于企业内部来说，可按照经过严格审核的国际标准化的品质体系进行品质治理，真正达到法治化、科学化的要求，极大地提高工作效率和产品合格率，迅速提高企业的经济效益和社会效益。对于企业外部来说，当顾客得知供方按照国际标准实行治理，拿到了 ISO9000 品质体系认证证书，并且有认证机构的严格审核和定期监督，就可以确信该企业是能够稳定地生产合格产品乃至优秀产品的信得过的企业，从而放心地与企业订立供销合同，扩大了企业的市场占有率。可以说，在这两方面都收到了立竿见影的功效。

　　（2）获得了国际贸易"通行证"，消除了国际贸易壁垒

　　许多国家为了保护自身的利益，设置了种种贸易壁垒，包括关税壁垒和非关税壁垒。其中非关税壁垒主要是技术壁垒，技术壁垒中，又主要是产品品质认证和 ISO9000 品质体系认证的壁垒。在"世界贸易组织"内，各成员国之间相互排除了关税壁垒，只能设置技术壁垒，所以，获得认证是消除贸易壁垒的主要途径。在我国"入世"以后，失去了区分国内贸易和国际贸易的严格界限，所有贸易都有可能遭遇上述技术壁垒，应该引起企业

界的高度重视,及早防范。

(3)节省了第二方审核的精力和费用

在现代贸易实践中,第二方审核早就成为惯例,但又逐渐发现其存在很大的弊端:一个供方通常要为许多需方供货,第二方审核无疑会给供方带来沉重的负担;另一方面,需方也需支付相当的费用,同时还要考虑派出或雇佣人员的经验和水平问题,否则,花了费用也达不到预期的目的。唯有 ISO9000 认证可以排除这样的弊端。因为作为第一方的生产企业申请了第三方的 ISO9000 认证并获得了认证证书以后,众多第二方就没必要再对第一方进行审核。这样,不管是对第一方还是对第二方都可以节省很多精力或费用。还有,假如企业在获得了 ISO9000 认证之后,再申请 UL、CE 等产品品质认证,还可以免除认证机构对企业的品质保证体系进行重复认证的开支。

(4)在产品品质竞争中永远立于不败之地

国际贸易竞争的手段主要是价格竞争和品质竞争,由于低价销售的方法不仅使利润锐减,假如构成倾销,还会受到贸易制裁。所以,价格竞争的手段越来越不可取。70 年代以来,品质竞争已成为国际贸易竞争的主要手段,不少国家把提高进口商品的品质要求作为限入奖出的贸易保护主义的重要措施。实行 ISO9000 国际标准化的品质治理,可以稳定地提高产品品质,使企业在产品品质竞争中永远立于不败之地。

(5)有效地避免产品责任

各国在执行产品品质法的实践中,由于对产品品质的投诉越来越频繁,事故原因越来越复杂,追究责任也就越来越严格。尤其是近几年,发达国家都在把原有的"过失责任"转变为"严格责任"法理,对制造商的安全要求提高很多。例如,工人在操作一台机床时受到伤害,按"严格责任"法理,法院不仅要看该机床机件故障之类的品质问题,还要看其有没有安全装置,有没有向操作者发出警告的装置等。法院可以根据上述任何一个问题判定该机床存在缺陷,厂方便要对其后果负责赔偿。但是,按照各国产品责任法,假如厂方能够提供 ISO9000 品质体系认证证书,便可免赔,否则,不仅要败诉,而且要受到重罚。随着我国法治的完善,企业界应该对"产品责任法"高度重视,尽早防范。

(6)有利于国际的经济合作和技术交流

按照国际经济合作和技术交流的惯例,合作双方必须在产品(包括服务)品质方面有共同的语言、统一的熟悉和共守的规范,方能进行合作与交流。ISO9000 品质体系认证正好提供了这样的信任,有利于双方迅速达成协议。

5.3.4 HACCP

HACCP(Hazard Analysis Critical Control Point)是基于"危害分析和关键控制点"基础上建立的科学的、预防性的食品安全管理体系。国家标准 GB/T15091—1994《食品工业基本术语》对其规定的定义是:生产(加工)安全食品的一种控制手段,对原料、关键生产工序及影响产品安全的人为因素进行分析,确定加工过程中的关键环节,建立、完善监控程序和监控标准,采取规范的纠正措施。

HACCP 表示危害分析的临界控制点,确保食品在生产、加工、制造、准备和食用等过程中的安全,在危害识别、评价和控制方面是一种科学、合理和系统的方法。但不代表健康方面一种不可接受的威胁,而是识别食品生产过程中可能发生危害的环节并采取适当的控制措施防止危害的发生。通过对加工过程的每一步进行监视和控制,从而降低危害发生的概率,在物流加工中广泛用于食品质量管理中。

　　HACCP 是一种简便、合理、科学、先进,且专业性很强的食品安全质量控制体系,设计这种体系是为了保证食品生产过程中可能出现危害的环节得到控制,以防止发生危害公众健康的问题。该体系强调的是企业本身的作用,而不是依靠对最终产品检测或部分取样分析来确定产品质量。HACCP 在国际上已被认为是控制由食品引起疾病的最有效的方法,得到了联合国粮食及农业组织和世界卫生组织(FAO/WHO)联合食品法典委员会的认同。

　　HACCP 体系作为食品安全控制方法已为全世界所认可,虽然 HACCP 不是零风险体系,但 HACCP 可用于尽量减少食品安全危害的风险。HACCP 有助于改善食品生产企业与管理官方以及消费者的关系,树立食品企业安全的信誉。

　　HACCP 并不是新标准,它是 20 世纪 60 年代由皮尔斯伯公司联合美国国家航空航天局(NASA)和美国一家军方实验室(Natick 地区)共同制定的。

　　HACCP 遵循"PDCA"的管理原则,与 ISO9000 质量管理体系类似。它也采用"过程"方法进行管理,提倡管理者的领导核心作用和全员参与,强调监视测量;并要求对质量记录、文件和数据进行控制管理等。

　　但是,HACCP 对食品企业的管理目标,特别是卫生安全目标的要求更明确,管理内容也更具体。它强调食品企业严格遵守食品和卫生法律法规,建立以 HACCP 计划、良好操作规范(GMP)和卫生标准操作规程(SSOP)为核心的三级食品安全管理体系。因此,HACCP 在对食品安全危害和质量的控制上更具体,在管理技术措施上更富有针对性和有效性。

　　目前,大多数的食品企业采取 HACCP 与 ISO9000 两套系统独立运行,部分程序共用的运作模式。企业可以根据需要同时或分别申请 HACCP 认证。

图 5-4　HACCP 认证标志

5.4　物流保税加工

5.4.1　物流保税加工概述

　　保税加工货物,是指经海关批准未办理纳税手续进境,在境内加工、装配后复运出境的货物。保税加工货物包括专为加工、装配出口产品而从国外进口且海关准予保税的原材料、零部件、元器件、包装物料、辅助材料(简称料件)以及用上述料件生产的成品、半成品。

保税加工货物就是通常所说的加工贸易保税货物。加工贸易俗称"两头在外"的贸易,料件从境外进口,在境内加工装配后,成品运往境外的贸易。

加工贸易形式主要有两种形式:

(1)来料加工

来料加工是指由境外企业提供料件,经营企业不需要付汇进口,按照境外企业的要求进行加工或装配,只收取加工费,制成品由境外企业销售的经营活动。

(2)进料加工

进料加工是指经营企业用外汇购买料件进口,制成成品后外销出口的经营活动。

经营加工贸易的企业可以是对外贸易经营企业和外商投资企业。加工贸易经营企业可以根据需要申请设立保税工厂、保税集团。保税工厂是指由海关批准的专门从事保税加工的工厂或企业。加工贸易形式是在来料加工、进料加工和外商投资企业履行产品出口合同的基础上,发展形成的一种保税加工的监管形式。保税集团是指经海关批准,由一个具有进出口经营权的企业牵头,在同一关区内,同行业若干个加工企业联合对进口料件进行多层次、多工序连续加工的组织。

5.4.2 保税加工的管理模式

海关对保税加工货物的监管模式有两大类:一类是物理围网的监管模式,包括保税区、出口加工区和跨境工业区;另一类是非物理围网的监管模式,采用纸质手册管理或计算机联网监管。

1. 物理围网监管

所谓物理围网监管,是指经国家批准,在关境内或关境线上划出一块地方,采用物理围网,让企业在围网内专门从事保税加工业务,由海关进行封闭式监管。在境内的保税加工封闭式监管模式为出口加工区,已经施行了多年,有一套完整的监管制度;在关境线上的保税加工封闭式监管模式为跨境工业区,目前只有一处,即珠澳跨境工业区,分澳门园区和珠海园区两部分,在澳门特别行政区的部分是澳门园区,在珠海经济特区的部分是珠海园区。

货物到港口后进保税区保存而未进行加工,而后进行的交易就是保税一般贸易,而保税加工贸易应该是货物在保税区内进行了加工,一般贸易应该指的就是不进保税区的,保税加工主要在保税区进行。

保税区亦称保税仓库区。这是一国海关设置的或经海关批准注册、受海关监督和管理的可以较长时间存储商品的区域。保税区能便利转口贸易,增加有关费用的收入。运入保税区的货物可以进行储存、改装、分类、混合、展览以及加工制造,但必须处于海关监管范围内。外国商品存入保税区,不必缴纳进口关税,可自由出口,只需交纳存储费和少量手续费,但如果要进入关境则需交纳关税。各国的保税区都有不同的时间规定,逾期货物未办理有关手续,海关有权对其拍卖,拍卖后扣除有关费用后,余款退回货主。

我国保税区,又称保税仓库区,是经国务院批准设立的、海关实施特殊监管的经济区域,是我国目前开放度和自由度最大的经济区域。其功能定位为"保税仓储、出口加工、转口贸易"三大功能。根据现行有关政策,海关对保税区实行封闭管理,境外货物进入保税区,实行保税管理;境内其他地区货物进入保税区,视同出境;同时,外经贸、外汇管理等部门对保税区也实行较区外相对优惠的政策。

保税区是中国继经济特区、经济技术开发区、国家高新技术产业开发区之后,经国务院批准设立的新的经济性区域。由于保税区按照国际惯例运作,实行比其他开放地区更为灵活优惠的政策,它已成为中国与国际市场接轨的"桥头堡"。因此,保税区在发展建设伊始就成为国内外客商密切关注的焦点。

保税区具有进出口加工、国际贸易、保税仓储商品展示等功能,享有"免证、免税、保税"政策,实行"境内关外"运作方式,是中国对外开放程度最高、运作机制最便捷、政策最优惠的经济区域之一。

1990年6月,经中央批准,在上海创办了中国第一个保税区——上海外高桥保税区。1992年以来,国务院又陆续批准设立了14个保税区和一个享有保税区优惠政策的经济开发区,即天津港、大连、张家港、深圳沙头角、深圳福田、福州、海口、厦门象屿、广州、青岛、宁波、汕头、深圳盐田港、珠海保税区以及海南洋浦经济开发区。目前全国15个保税区隔离设施已全部经海关总署验收合格,正式投入运营。

1992年,在邓小平同志视察南方讲话发表之后,各保税区纷纷加快了实质性启动,基本建设进展迅速,初步形成了招商引资的软硬环境。海内外客商投资踊跃,大多数保税区首期开发区域的土地已批租或出让完毕,并在进一步开发二期工程,吸引外资工作也出现了可喜的局面。经过多年的探索和实践,全国各个地区的保税区已经根据保税区的特殊功能和依据地方的实际情况,逐步发展成为当地经济的重要组成部分。目前集中开发形成的功能有保税物流和出口加工。

2.非物理围网

非物理围网的监管模式主要有以下两种。

(1)纸质手册管理

这是一种传统的监管方式,主要是用加工贸易纸质登记手册进行加工贸易合同内容的备案,凭以进出口,并记录进口料件出口成品的实际情况,最终凭以办理核销结案手续。这种监管方式在海关对保税加工货物监管中曾经起过相当大的作用,但随着对外贸易和现代科技的调整发展,将逐渐被联网监管模式所替代。目前尚在一定的范围内使用。

(2)计算机联网监管

计算机联网监管是一种高科技的监管方式,主要是应用计算机手段实现海关对加工贸易企业实施联网监管,建立电子账册或电子手册,备案、进口、出口、核销,全部通过计算机进行。海关管理科学严密,企业通关便捷高效,受到普遍欢迎,将成为海关对保税加工货物监管的主要模式。这种监管方式可分为两种:一种是针对大型企业的,以建立电子账册为主要标志,以企业为单元进行管理,不再执行银行"保证金台账"制度,已经实施了多年,形成了完整的监管制度;另一种是针对中小企业的,以建立电子手册为主要标志,继续以合同为单位,执行银行"保证金台账"制度,现在已开始施行,今后将逐渐取代纸质手册管理。

加工贸易货物的保税期限,纸质手册管理的货物为 1+1 年,即电子账册管理的货物,账册记录第一批料件起到账册撤销止。

加工区保税加工货物,料件进区到成品出区办结海关手续止(合同管理)。申请核销的期限:纸质手册为到期后 30 天最后一批成品出运后 30 天;电子账册为 6 个月一报,满 6 个月,则其后的 30 天内报核。

加工区保税加工货物,6 个月一报进出境(区)的实际情况与结存情况。

5.4.3 保税加工分类

1.纸质手册下保税加工货物

(1)监管程序

具体如下:合同备案→货物报关→合同报核。电子账册管理企业基本程序:备案报关→报核结案。

(2)合同备案

1)合同备案的含义

①海关行政许可;

②持合法合同到加工地海关申请合同备案(备案结果:货物保税),领取"加工贸易登记手册"等。

备案实质:将合同的内容写进登记手册。

合法合同:经过商务主管部门合同审批,获得"加工贸易业务批准证"和必要的许可证。

2)合同备案的步骤

①商务部门审批合同、申领批件(《加工贸易业务批准证》或/和《加工贸易加工企业生产能力证明》);

②领取必要的许可证件(如是商务部的只有时间上的先后,否则跨部门);

③合同预录入计算机系统;

④审核、备案:需要开设台账时,领取"保证金台账开设联系单"(载明台账金额和保证金金额);

⑤银行交保证金,领取"台账登记通知单";

⑥凭单领取"加工贸易登记手册"(不需要开设台账时,直接领取"加工贸易登记手册");

⑦需要时申领手册分册:登记总册部分内容、独立编号,与总册可分开使用,但须同时报核。

手册分册:适用于多口岸报关周转困难的异地深加工结转。

3）备案单证

①"企业加工合同备案申请表"及"备案呈报表"；

②《加工贸易业务批准证》、《加工贸易加工企业生产能力证明》；

③合同；

④必要的许可证件；

⑤确定单耗和损耗率所需资料。

4）需要许可证的货物

①易制毒化学品（监控化工品、消耗臭氧层物资）；

②音像制品、印刷品——新闻出版署印刷复制司的批准文件；

③地图产品及附有地图的产品——国家测绘局的批件、样品或样图；

④再生废料——环保总局的《进口废物批准证书》。

5）保税额度问题

①全额保税——备案合同项下的料件，全额保税；

②不予保税——按一般进口办理，包括试车材料、非列名消耗性物料、合同项下不予备案的料件。

6）台账制度

①所有实行以合同为管理单元的加工货物；

②必须按照保证金台账制度办理，或"不转"，不设台账；或"空转"，设账不缴保证金；或"实转"，交保证金或足额或半额。台账制度的核心内容是对企业和商品实行分类管理。

7）备案的凭证：加工贸易登记手册

加工贸易手册分册，海关签章编号的备案合同，A、B 类企业经营 5000 美元以下的 78 种服装辅料。

8）合同备案的变更：品名、规格、金额、数量、加工期限、单损耗、商品编码发生变化时

①程序：商务部门审批，海关变更备案，银行变更台账（必要时）；但如性质不变、品种不变、变更的金额≤1 万美元和合同延长不超过 3 个月的，可直接到海关、银行办理。

②变更规定：商品由允许类转为限制类的，已备案部分不用交付保证金。允许类或限制类转为禁止类的，立即按国家规定办理；调整为 D 类企业时，已备案合同经核准，可缴纳保证金继续执行，但不得变更或延期合同；保证金因企业类别调整，需要由"虚转"转为"实转"的，应交付保证金（经核准，可只缴纳合同未履行部分）；金额变更，由≤1 万美元调整为＞1 万美元的，原不设台账的 A、B 类企业要开设台账（虚转）；如同时涉及限制类进口料件的，B 类企业还要缴纳保证金（50％）（半实转）。

9）其他备案

①异地加工贸易备案申请：非同一关区，加工企业与经营企业均实行分类管理，并按较低类别者实施管理；经营企业持《异地加工贸易申请表》、《加工贸易批准证》、《加工贸易加工企业生产能力证明》到本地海关申报，申领"关封"。海关则予以审核批复。持经营地颁发的"关封"和备案必要单证，向加工地海关办理备案并设台账。必备单证有许可证件、合同或合同副本、单耗损耗表等。

②加工贸易外发加工申请。

外发加工：因自身工序工艺或技术限制，委托承揽企业对之加工，然后运回本企业继续加工。

申请资料：外发加工申请审批表、外发清单（加工完毕如实填写"外发加工货物运回清单"）；加工合同；承揽企业营业执照复印件；承揽企业生产能力状况证明。

③加工贸易串料：因生产出口产品不得已急需时，保税料件和保税料件、保税料件和非保税料件串换必须三符合：同品种、同规格、同数量。更换下来的料件自行处置；保税料件和国产料件（不含深加工结转料件）；串换四符合：同品种、同规格、同数量、（国产料件出口）零关税，且不涉及许可证管理。

（3）货物报关

1）加工贸易保税货物进出境报关

报关制报关：持手册等报关，免证，保税进口；交证，比例征税出口。

免证：免自动进口许可证等证件（原油、成品、废旧机电例外），不免三品的许可证；制成品如属许可证管理范畴，则必须提交许可证，否则免证。

征税问题：料件进口时——保税进口；成品出口时——全部进口料件生产免税。含国产料件按下列公式比例计税：

$$出口关税＝出口货物完税价格×关税税率×国产料件计值比例$$

特例：加工贸易未锻铝，出口按一般贸易出口货物征收从价征税（关税）；加工贸易列名的服装，出口从量征税。

注意：报关单必须与备案时生成的电子底账一致，否则不能通关。

2）加工贸易保税货物深加工结转报关（必须异关区）

将保税加工半成品转至另一关区内加工贸易企业进一步加工后复出口。

程序包括：计划备案、收发货登记、结转报关三环节。

①计划申报：如未报或错报未获批者，重新从头申报；转出企业持"转出计划"、"深加工结转申请表"（共四联）海关备案；海关备案，后三联退转出企业交转入企业；转入企业持"转入计划"、"深加工结转申报表"（后三联、填本企业内容并签章），20日内向主管海关备案；转入海关审核。

②收、发货均登记"结转情况登记表"，并加盖"结转专用名章"。退货同样登记，并注明"退货"，加盖"结转专用名章"。

③深加工结转报关：（先进后出，因为无监管区，同意进再出）

转入企业凭"申请表"、"登记表"办理结转进口报关，并于次日将报关情况通知转入企业；转出企业10日内凭"申请表"、"登记表"等办理出口报关。

如分批报关结转，则需在90日内完成。

转出、转入报关申报价格为结转货物的实际成交价格。两份报关单相对应，申报序号、商品编号、数量、价格、手册编号均应当一致。注意关联备案号的填写。

3）加工贸易其他保税货物及相应报关

其他保税货物：剩余料件、边角料、副产品、残次品、受灾保税货物（特征：不能再出口）。处理方式：内销、结转、退运、放弃、销毁等。均实行报关制报关；销毁、放弃只核销不报关。

①内销报关：一般进口报关，交税、交证、交(缓税)利息。

证："进口许可证"和"内销批准证"(商务主管部门签发)。

如内销金额小于该加工合同金额的3‰且≤10000元人民币，免商务部门审批和交许可证。

剩余料件、制成品、残次品、副产品内销应缴缴税利息；边角料内销，免进口税。

进口税＝数量×单价×税率。

数量：剩余料件和边角料——按申报数量计算；

制成品和残次品——折算出料件数量计算；

副产品——按报验状态计征。

单价：进料加工的剩余料件和制成品——按料件原进口价格计算完税价格；

副产品和边角料——按内销时进口相同料件的价格计算完税价格。

来料加工的剩余料件和制成品——按内销申报价格计算完税价格。

税率：按接收申报日税率计。

②结转报关：剩余料件结转至另一加工贸易合同用。结转条件：同一经营单位、同一加工厂、同样进口料件、同一加工贸易方式。

如在用实转手册，台账中实转金额≥拟结转料件应缴税款，免交保证金。

步骤：

申请：提交"结转申请书"、"结转料件清单"。

核准：(不予结转、结转)签发《加工贸易剩余料件结转联系单》。如转至另一加工厂，须收保证金或银行保函(如是同一工厂则止此)。

进口报关：用作不同工厂间。

③退运报关：持"登记手册"等出口报关制报关。不管是剩余料件、边角料、残次品，还是副产品。

④放弃报关：申请、核准，凭海关《放弃加工贸易货物交接单》送交接受仓库，接受仓库签章，凭签章的"交接单"核销。下列货物不准放弃：国家禁限进口的；污染环境的；其他。

⑤销毁：申请、核准，必要时海关派员监销。凭"销毁证明"核销。

⑥受灾保税货物的报关(灾后7天内书面报告海关)。

不可抗力造成的，如属许可证管理的，免交许可证，非不可抗力成灾，必须提供：商务部门签注意见；主管部门的证明文件；保险公司保险赔款通知书或检验检疫证明文件。

⑦批复。

完全无法再利用的，核准免税；尚可利用，重新审定价格，按对应进口料件适用税率，计缴进口税和缓税利息；因不可抗力成灾，如属关税配额进口的，按配额税率计征进口关税；非不可抗力成灾，按原进口价格审价交税。如属关税配额进口的，而又丢证的，按配额外税率征税。

(4)合同报核

1)定义

合同报核是合同履行完毕或终止合同并对未出口部分处理后,经营企业申请核销要求结案的行为。

核销:海关核准解除监管的海关行政许可行为。

2)报核的时间

①最后一批成品出口或者加工贸易手册到期之日起30日内;

②合同因故提前终止的,合同终止之日起30日内。

3)报核的步骤

①收集、整理、核对报关单和手册;

②核实单耗,填制"核销核算表";

③填写"核销预录入申请单"。

4)报核的单证

报核的单证包括:"核销申请书"、"登记手册"、"进出口报关单"、"核销核算表"及其他(该表要根据实际单耗核实填写,如与手册不一致,最后一批前调整)。

5)特殊情况的报核

①遗失手册:核销申请表、缉私部门的《行政处罚决定书》(代替了手册)、进出口报关单、核销核算表等报核。遗失要及时报告海关,由缉私部门调查并出具《行政处罚决定书》。

②遗失报关单:凭"报关单留存联"或"报关单复印件"(报关海关签章)报核(代替报关单)。单据同上。

③不申领手册、≤5000美元、78种列明服装辅料的合同:持"合同",其他单据同上。

注:出口报关单应注明备案合同编号。

④合同提前撤销:首先报批商务主管部门,然后凭批件和手册报核。

⑤有违规走私行为,仅处罚、警告而未没收保税货物的,照常报核。被没收加工贸易货物的,凭"行政处罚决定书"、"行政复议决定书"、"判(裁)决书"和"裁决书"报核。

2.电子账册管理下的保税加工货物

(1)电子账册管理下的保税加工货物概述

1)含义

联网监管:保税工厂的进、销、存、用等生产物流数据全部通过计算机网络,受海关的严密监管,构成了电子围网。企业的备案、变更、报关、核销等统统也通过网络完成。

监管模式:电子账册或电子手册。电子手册是纸质手册的替代。

2)电子账册的建立

电子联网监管核准:申请和批准(直属海关)——联网监管验收合格证。

申请资格:

①必定是A类出口生产型企业;

②独立法人资格;

③总担保能力;

④生产流程全程计算机控制。

申请单证：

①联网监管申请表；

②经营范围清单（料件与成品的名称与四位编码）；

③营业执照；

④外贸经营资格批件；

⑤会计报表。

3）加工贸易业务核准

申请和批准（商务主管部门/管委会）——加工贸易业务批准证。

申请单证：

①营业执照；

②外贸经营资格批件；

③联网监管验收合格证；

④经营范围清单；

⑤"生产能力证明"。

4）电子账册的建立（主管海关）

建立电子账册——凭"加工贸易业务批准证"核发"经营范围电子账册"和"便捷通关电子账册"。

"便捷通关电子账册"即"加工贸易电子账册"，也称为 E 账册。

"经营范围电子账册"用于载明核准的进出口料件、成品及最大周转金额和数量，不能报关用。

建立商品归并关系：电子版的归并关系"参数表"。

例如：企业材料领用的库管级别是螺钉级，它包括螺母和螺钉，而基于监管需要，则必须还原成螺母和螺钉。在进口是必须分开来申报，即使它是组成一个整体。

而企业管理级别的"螺钉"可以与若干产品相对应，而一个产品也与不同的原材料间建立了对应关系，企业内部管理则只需与"螺钉"建立对应关系即可，而不是螺母和螺钉。而为了满足监管需要，则必须在成品与螺钉与螺母间建立更为明确的关系。在建立这种对应关系的时候要保持商品名称、编码、数量之间的对应，以核对进出间平衡。

（2）报关程序

1）备案（前期阶段）

①经营范围电子账册的备案

备案内容：经营单位名称与代码、生产单位名称与代码、加工贸易批准证书编号、加工能力、经营范围清单。

变更事项：经营范围、加工能力变更，须经商务主管部门核准才可海关办理。此外海关直接办理。

②便捷通关电子账册的备案

- 备案内容：包括企业基本情况、料件和成品情况、单耗关系；

- 料件备案必须在进口前备案，成品和单耗备案可以推迟到成品出口前；

- 海关会根据加工能力核定一个最大周转金额和周转数量,每批进口时不能超过它们的剩余值;
- 电子账册分册:异地报关和异地深加工结转情况下核发。

通常一个企业只建立一个"电子账册",但企业下有非法人资格但却独立核算的分厂,则该分厂可以另建立电子账册。

2)报关

缓税利息的计算:计息日从上次核销日到开具税款缴纳数止。

$$缓税利息 = 应补税款 \times 计息期间 \times 利息率$$

计息日从上次核销日到开具税款缴纳数止。

3)报核(后续阶段)

①分类:定期报。

周期报:半年核销一次。

②程序。

- 预报核:"同意报核"电文。将周期内的报关数据发送电子信息给海关,海关与动态的电子账册比对(进出级比对)。
- 正式报核。将周期的结存数与应当结存数发送电子信息给海关,海关与电子账册比对(库存级比对)。结果:少,绝对不允许;多,可以,只要合理,则转入下期核销。

报核单据:电子账册报核总体情况表;归并参数表;盘点表;报关单;税款缴纳书;财务保税加工货物报表;核销。

3. 出口加工区及其货物的报关程序

(1)出口加工区概述

①含义:省级以上报批国务院核准后成立,实行封闭式监管,设在经济技术开发区。

②功能:加工贸易及相关储、运业务,与保税区相比功能较为单一,只准加工,不准开展商业零售、转口贸易,不得在加工区居住,不得建立营业性的生活消费设施。区内有加工企业、仓储企业、监管下的运输企业、管委会(全职能型)。

③海关监管。

- 24小时全天候隔离封闭监管;
- 区内各种类型企业与海关实行计算机联网管理;
- 境外货物免证保税备案进区,境内区外货物交证退税出口进区;
- 境外货物免证保税备案出区,区内货物交证交税出区进口境内;
- 境外机器、设备按特定减免税交证明、减免税报关进口;境内区外设备交证退税出口进区;
- 境外交通车辆、生活用品按照一般进口货物报关办理,境内区外车辆交证退税出口进区。

外发境内区外加工具保(保证金或银行保函)出区,境内区外进区具保外发加工,不签发出6个月内进区核销退保(比照其他进出境)口退税单。

测试、检验、展览,比照暂准进出口货物办理(区别:登记而不具保),期限2+1个月,其间不得用于境内区外的生产使用,海关将留底样备查。

区内企业使用电子账册管理,不设保证金台账,账册 6 个月核销一次,电子账册分为加工贸易电子账册和企业设备电子账册(如何申请暂时不讲)。

(2)报关程序

①与境外之间进出境的货物报关:备案清单报关。

注意:如果是跨关区进出口加工区货物,按转关运输中的直转方式办理。

- 进境报关流程:(转关运输主管部门:海关物流监控部门)口岸录入转关数据,持"转关货物申报单"、"汽车载货登记簿"向海关物流监控部门办理转关。

- 审核:发送加工区海关转关申报电子数据,加封汽车。

- 加工区海关物流监控部门核销"汽车载货登记簿",发送电子回执给口岸海关;收货人录入"出口加工区进境货物备案清单",持"账册编号"、"运单"、"发票"、"箱单"等进境报关。

出境流程报关:加工区海关录入"出境货物备案清单",持"账册编号"、"发票"、"箱单"、"运单"等出境报关;录入转关申报数据,并持"转关货物申报单"、"汽车载货登记簿"向海关物流监控部门办理转关;审核,发送口岸海关电子转关数据,加封汽车;口岸海关转关核销"汽车载货登记簿",并发送转关核销电子回执给加工区海关;货物离境,口岸海关核销"清洁载货清单",反馈加工区海关;加工区海关签发"备案清单证明联"。

- 查验放行,签发"备案清单证明联"。

- 加工企业核销。

②与境内区外其他地区之间的进出口货物报关。

- 运外区外:先进口报关后出口报关。

区外企业录入"进口货物报关单",凭"证"、发票、装箱单进口报关;区内企业凭"出境货物备案清单"、"账册编号"、发票、装箱单出口报关。加工区海关向区外企业核发"进口报关单付汇证明联",向区内企业核发"出境货物备案清单出境收汇证明联"。

- 运入区内:先出口报关后进口报关。

区外企业录入"出口货物报关单",凭"证"、发票、装箱单等出口报关;

区内企业凭"进境货物备案清单"、"电子账册编号"、发票、装箱单进口报关;

查验放行:向区外企业核发"出口报关单收汇证明联",向区内企业核发"进境货物备案清单进境付汇证明联"境内区外企业核销。

- 出区深加工结转(直接或通过保税仓库转入其他加工区、保税区加工后复出口)。

深加工结转业务的核批:转出入双方两区管委会批核,两区外企业商务部门的核批。加工贸易业务核准,免证但不免 5 证。

- 非监管区的备案结转。

转入企业转入地海关备案;持"出口加工区出区深加工结转申请表"、"转入计划";加工企业加工区海关转出备案;持"出口加工区出区深加工结转申请表"、"转出计划";实际收发货(30 日之内,分批或集中);转入企业填制"报关单"进口报关;转出企业填制"结转出口备案清单"办理出口(30 日之内,分批或集中)。

- 两监管区的备案结转,各自办理备案。

5.4.4　保税加工企业管理

加工企业分为 A、B、C、D 四个管理类别：

①A 类企业：半年内无走私记录；两年海关注册登记、无欠税、按期核销、免检商品无申报不实、报关单差错率<5％；年进出口额＞100 万美元；专人负责海关事务，提交的单据真实、齐全、有效；仓管健全，具有健全的财务制度。

②B 类企业：满足不了红色限制。

③C 类企业：1 年两次以上违规，欠税 100 万元以下或逃税 5 万～50 万元；报关单差错率 10％以上；出借报关名义，不按规定核销；账册管理混乱，遗失重要单、证或拒不提供账簿影响监管的；被商务主管部门行政处罚的（含通报批评、警告等）。

④D 类企业：有走私违法行为（如禁止类货物），运输工具私设夹层、暗格的，定（走私）罪的；欠税 100 万元以上或逃税 50 万元以上（可累计）；改证的，假证骗取税收优惠的，被吊销外贸资格的。

5.4.5　保税加工货物

保税物流货物是指经海关批准未办理纳税手续进境，在境内储存后复运出境的货物，也称作保税仓储货物。已办结海关出口手续尚未离境经海关批准存放在海关专用监管场所或特殊监管区域的货物，带有保税物流货物的性质。保税物流货物在境内储存后的流向，除出境外，还可以留在境内按照其他海关监管制度办理相应的海关手续，如保税加工、正式进口等。

保税加工具有特殊性，并不是所有的商品和货物都能进行，国家有具体规定。保税加工货物和商品分为禁止类、限制类、允许类三类。

1. 禁止类商品（禁止加工贸易、禁止备案）
①列名的废、旧机电产品和废料；
②化肥、煤炭、烧制木炭的木材；
③仿真枪支的原材料；
④为种植、养殖出口产品而进口的种子、种苗、化肥、饲料、添加剂、抗生素等；
⑤冻的鸡翅尖、鸡爪、鸡肝及其他鸡杂碎，冻鱼翅、干鱼翅、湿鱼翅、燕窝、西洋参、鹿茸及其粉末。

2. 限制类商品
①钢材中的铁及非合金钢材、不锈钢；
②初级形状的聚乙烯、聚酯切片（塑料原料）；
③天然橡胶；
④涤纶长丝、化学纤维短纤（化纤原料）；
⑤棉花、棉纱、棉坯布；
⑥羊毛；

⑦冻鸡、食糖、植物油(非经化学改性)。

3. 允许类

①任何类企业都不得开展禁止类商品的加工贸易。

②D 类企业不得开展加工贸易。

③C 类企业只要开展加工贸易,必须按应征税款,缴纳保证金"实转"。

④B 类企业允许类产品,不缴纳保证金空转;限制类产品,缴纳应征税款 50%的保证金"实转"。

⑤A 类企业设台账,但不管是允许类还是限制类,都不用缴纳保证金"虚转"。

⑥从事飞机、船舶等特殊行业加工贸易,或年进出口额达 3000 万美元(自营生产企业 1000 万美元),或者年加工出口 1000 万美元的 AA 类企业,不办理台账"不转",但备案,由此可见备案、台账、手册三梯级,两区也是备案但不设台账。

⑦≤1 万美元,78 类服装辅料,A、B 类企业,不设台账、不缴保证金,但要备案并申领手册。即不转领手册。

⑧≤0.5 万美元,78 类服装辅料,A、B 类企业,不设台账、不申领手册,但要备案(在合同上需海关签章、编号,报关时凭合同报关),即不转免手册。

注:78 种服装辅料,指拉链、纽扣、鞋扣、扣绊、搭扣、摁扣、垫肩、胶袋、花边、滚条等。

5.4.6　保税物流货物加工监管的特点

保税物流货物监管制度具有"设立审批、准入保税、纳税暂缓、监管延伸、运离结关"的特点。

1. 设立审批

保税物流货物必须存放在经过法定程序审批设立的保税监管场所或者特殊监管区域。保税仓库、出口监管仓库、保税物流中心 A 型、保税物流中心 B 型,要经过海关审批,并核发批准证书,凭批准证书设立及存放保税物流货物;保税物流园区、保税区、保税港区要经过国务院审批,凭国务院同意设立的批复设立,并经海关等部门验收合格才能进行保税物流货物的运作。未经法定程序审批同意设立的任何场所或者区域都不得存放保税物流货物。

2. 准入保税

保税物流货物通过准予进入监管场所或监管区域来实现批准保税。这样,"准入保税"就成为海关保税物流货物监管的特点之一。海关对于保税物流货物的监管通过对保税监管场所或者特殊监管区域的监管来实现。以保税监管场所或者特殊监管区域实施监管成为海关对保税物流货物监管的重要职责,海关应当依法监管场所或者区域,按批准存放范围准予货物进入保税监管场所或者区域,不符合规定存放范围的货物不准进入。

3. 纳税暂缓

凡是进境进入保税物流监管场所或特殊监管区域的保税物流货物在进境时都可以暂不办理进口纳税手续,等到运离海关保税监管场所或特殊监管区域时才办理纳税手续,或者征税,或者免税。在这一点上,保税物流监管制度与保税加工监管制度是一致的,但是保税物流货物在运离海关保税监管场所或特殊监管区域征税时不需同时征收缓税利息,而保税加工货物内销征税(除出口加工区、珠海园区和边角料外)时要征收缓税利息。

4.监管延伸

(1)监管地点延伸

进境货物从进境地海关监管现场,已办结海关出口手续尚未离境的货物从出口申报地海关现场,延伸到保税监管场所或者特殊监管区域。

(2)监管时间延伸

保税仓库存放保税物流货物的时间是1年,可以申请延长,延长的时间,最长1年;出口监管仓库,存放保税物流货物时间是6个月,可以申请延长,延长的时间,最长6个月;保税物流中心A型存放保税物流货物的时间是1年,可以申请延长,延长的时间,最长1年;保税物流中心B型存放保税物流货物的时间是2年,可以申请延长,延长的时间,最长1年;保税物流园区存放保税物流货物的时间没有限制;保税区存放保税物流货物的时间没有限制。

5.运离结关

根据规定,保税物流货物报关同保税加工货物报关一样有报核程序,有关单位应当定期以电子数据和纸质单证向海关申报规定时段保税物流货物的进、出、存、销等情况。但是实际结关的时间,除外发加工和暂准运离(维修、测试、展览等)需要继续监管以外,每一批货物运离保税监管场所或者特殊监管区域,都必须根据货物的实际流向办结海关手续;办结海关手续后,该批货物就不再是运离的保税监管场所或者特殊监管区域范围的保税物流货物,在这里规定时间的报核已经不具备最终办结海关手续的必要程序。

☞ 案例分析

玉米变性淀粉加工项目建议书

一、项目概况

1.项目名称:玉米变性淀粉加工。

2.建设性质:新建。

3.项目业主:县乡企局。

4.建设内容:引进先进技术和设备对玉米进行深加工,年产玉米变性淀粉5000吨。

5.建设地址:某某县某某乡。

6.投资估算:总投资1146万元,固定资产投资1046万元,流动资金100万元。

7.经济效益:预计年实现销售收入可达2050万元,年获利润205万元,投资回收期5.1年。

二、项目背景

变性淀粉是以原淀粉为原料,经物理、化学方法或酶的作用处理后得到的适用于某种特定应用的淀粉降解物或衍生物。玉米淀粉经深加工后,可得到酸化淀粉、氧化淀粉、双醛淀粉、黄原酸酯等变性淀粉。变性淀粉稳定性好,产品质量和效率高,广泛应用在食品、医药、化工、纺织、造纸等行业。据统计,目前世界变性淀粉总产量达 300 多万吨,其中 70% 以上是由玉米加工而成,品种上千个。近几年,国家重点组织了多项玉米变性淀粉技术产业化开发,实现了关键设备国产化,逐步解决我国变性淀粉品种少、系列化程度低、部分产品还需进口的状况,部分产品已可替代国外同类产品。2005 年,我国变性淀粉实际产量在 50 万吨左右,需求量年平均递增速度达到了 27%,远远高于我国经济发展速度,具有很好的市场前景。通过加工使玉米在流通中的价值大大提高,增加了种植玉米的收入。

三、建设条件

该县地处黄土高原腹地,气候温和,光热资源丰富,土地肥沃,非常适宜玉米种植。近年来,随着该县农业结构调整,农民已开始大力发展玉米种植业,年种植玉米 5 万多亩,年产量 3 万吨,且种植面积逐年增大,所产玉米质量较高,淀粉含量达 65% 以上,是优质工业原料,畅销全国各地。由于该县位于甘、陕、宁交界处,周边地区居民普遍种植玉米,生产原料充足。该项目属农业产业化推进项目,既可增加农民收入,也可带动草畜业的健康发展,项目所在地距驿马出口创汇示范园区 2 公里,交通便利,区位优势明显,浇灌条件好,土地、劳动力资源丰富。目前大量种植玉米,产品外销。

四、投资估算及资金筹措

该项目总投资 1146 万元,其中固定资产 1046 万元,流动资金 100 万元。

(一)固定资产投资:1046 万元。

1. 土建工程 413 万元。其中:厂区占地面积 30 亩,每亩土地征用费 5 万元,计 150 万元;建厂房:1000 平方米 × 1400 元/平方米 = 140 万元;库房建设:500 平方米 × 1400 元/平方米 = 70 万元;锅炉房、宿舍、办公室共 30 间,砖混结构每间 1 万元,计 30 万元;灶房、厕所 8 间,砖木结构每间 0.5 万元,计 4 万元;院坪硬化:3000 平方米 × 300 元 = 9 万元;亮化、绿化、供排水等基础设施:10 万元。

2. 设备投资 600 万元。其中:设备购置费 560 万元,设备运杂费 10 万元,设备安装调试费 30 万元。

3. 职工培训费 6 万元。培训技工、普工 30 人,每人培训费 2000 元。

4. 其他费用 27 万元。包括项目设计费、管理费、不可预见费用等。

(二)流动资金:100 万元。

(三)资金筹措方式:引资。

五、预计经济效益

1. 销售收入:5000 吨 × 4100 元/吨 = 2050 万元;

2. 利润:按销售收入的 10% 计算,年获利润 205 万元;

3. 税金:按销售收入的 5% 计算,年上缴税金 102.5 万元;

4. 投资回收期:固定资产投资 1046 万元/年获利润 205 万元 = 5.1 年。

六、结论

玉米变性淀粉是玉米物流加工主要产品之一,也是长线产品,具有产品附加值高、用途广等特点。该项目采用国际标准生产,可打入国际市场,替代进口产品,出口创汇,市场前景广阔。

思考题

1. 物流成本的主要内容？
2. 什么是物流项目管理？
3. 项目建议书的主要内容是什么？
4. 质量管理的要求是什么。

第6章

物流包装

🖒 **本章要点**

　　包装是物流的重要功能之一。现代物流理论认为,包装是按一定的技术方法采用容器、材料及辅助物等将产品包封起来并予以适当的装用标志的工作总称,它是为合理的社会物流服务的。通过本章的学习,了解物流与包装的关系,包装的分类、功能的作用,掌握包装的全面发展概况、包装的材料与技术及包装的发展趋势,为下一步学习打下基础。

6.1　物流包装

　　包装是物流系统的构成要素之一,与运输、储存、搬运、流通加工均有密切的关系。包装是指为了在流通过程中保护商品、方便储运、促进销售,按一定技术的要求而采用的容器、材料及辅助物等的总体名称。也指为了达到上述目的而采用容器、材料和辅助物的过程中施加一定技术方法等的操作活动。

6.1.1　物流与包装

　　社会经济领域中物流活动无处不在,由于物流对象、目的、范围、范畴等不同,形成了不同类型的物流,但共同的是肯定都具有物流的基本要素。目前物流的分类没有统一标准,各种分类都有一定的科学道理和实践意义。国内最早提出物流分类的是吴润涛和崔介何。前者提出按物流活动范围和业务性质将物流分为生产物流、销售物流、供应物流、回收物流和废弃物流五种;后者提出按物流所处的范围将物流分为企业物流(含生产企业物流、流通企业物流)、国民经济物流和国际物流三种。王莉提出按地域分类,有区域物流、城镇物流和国际物流三种。张绪昌、丁俊发、李振提出按业务活动范围分,有宏观物流(社会物流)和微观物流(企业物流)两种,又提出按物流组织主体分,有第一方物流、第二方物流和第三方物流三种。还有如前所述,近些年,很多人还就现代物流与传统物流的分类进行了分析和讨论。现代物流在不同的国家和经济背景下发展而来,因此其概念在不同国家有不同的表述形式,而且有些国家随着时代的发展而不断修正物流的定义。

现代物流是将产品的包装、装卸、保管、库存管理、流通加工、运输、配送等活动有机地结合,形成完整的供应链,向用户提供一体化、多功能的综合服务。作为企业"第三利润源"的现代物流业,在中国传统计划经济体制下的物资分配计划和运输体制下发展起来,逐步形成了以长江三角洲、珠江三角洲、环渤海经济圈为代表的区域物流。仅 2006年上半年,全国社会物流总额达 28.5 万亿元,同比增长 26.2%。配送、加工、包装等物流业务继续保持快速发展势头。在中国加入 WTO 背景下,FedEx、UPS、DHL、联邦快递、联邦包裹等国际著名物流公司纷纷抢滩大陆市场,凭借其丰富的经验、优质的服务、一流的管理和优秀的人才,已成为物流市场上不可忽视的重要力量。中海物流、华宇物流、中铁快运等国内著名物流企业迅速发展,逐渐涉足配送、物流组织、后道加工等领域,提供多种形式物流服务,为企业提供了更多的第三方物流供应商的选择。

现代物流的一个很明显的特征就是可以提供增值性的物流服务(value-added logistics services)。所谓增值物流服务,是指在完成物流基本功能(即运输、储存、包装、装卸搬运、流通加工、配送及物流信息管理)的基础上,根据客户需求提供的各种延伸业务活动(《国家标准物流术语》),这是由现代物流的运作环境所造成的。现阶段,由于在新经济,尤其是网络经济环境下运作,增值物流服务主要包括以下几层含义和内容:

1. 增值便利性的服务

一切能够简化手续和操作的服务都是增值性服务。在提供物流服务时,可以推行一条龙的门到门服务,提供完备的操作或作业提示、培训和维护、省力化设计或安装、代办业务、24 小时营业、自动订货、传递信息和转账以及物流全过程追踪等服务。这些都是增加便利性的服务。

2. 加快反应速度的服务

快速反应(quick response)已经成为物流发展的动力之一。传统的观点和做法是将加快反应速度变成单纯对快速运输的一种要求,但在需求方对速度的要求越来越高的情况下,它也变成了一种约束。因此,具有重大推广价值的增值性物流服务方案应该是优化配送中心和物流网络,重新设计流通渠道,以此来减少物流环节、简化物流过程,提高物流系统的快速反应性能。

3. 降低成本的服务

无论选择哪种物流运作模式,企业最关注的焦点之一就是降低物流成本。企业可以考虑的方案包括:采取物流共同化计划,同时,如果具有一定的商务规模,如亚马逊这些具有一定销售量的电子商务企业,可以通过采用比较适用但投资比较少的物流技术和设施设备,或推行物流管理技术,如运筹学中的管理技术、条码技术和信息技术等,提高物流的效率和效益。

4. 延伸服务

现代物流强调物流服务功能的恰当定位与完善化、系列化,除了传统的储存、运输、包装、流通加工等服务外,向上可以延伸到市场调查与预测、采购及订单处理,向下可以延伸到配送、物流咨询、物流方案的选择与规划、库存控制决策建议、货款回收与结算、教育与培训、物流系统设计与规划方案的制作等。

在基本物流服务功能中,配送和储存分别解决了供需双方之间空间和时间的分离问题,分别是物流创造"空间效用"及"时间效用"的主要功能要素,因而在物流系统中处于主要功能要素的地位。延伸服务最具有增值性,但也是最难提供的服务,能否提供此类增值服务现在已成为衡量一个物流企业是否真正具有竞争力的标准。

6.1.2　物流包装概述

包装的目的在于对物品的保护、方便搬运、单位商品包装化、商品的标识等方面。很多场合,包装位于生产工程的最后阶段,其后便进入物流程序,从这一点来看,相当于生产和物流的连接点。包装,从物流角度来说,要求结实、尽量压缩体积、标准化、容易操作,而且价廉;包装在物流方面特别重要的是标准化和模块化,包装构成物流的操作单位。

包装一般可分为工业包装和商品包装。工业包装既是生产的终点,又是企业外物流的始点,它的作用是按单位分开产品,便于运输,并保护在途货物。商品包装的目的是便于消费者购买,便于在消费地点按单位把商品分开销售,并能鲜明地显示商品特点,吸引购买者的注意并引起他们的喜爱,以扩大商品的销售。

包装的基本功能有:保护功能、定量功能、标识功能、商品功能、便利功能、效率功能和促销功能。

在商品销售过程中,定量的包装袋(盒)防止商品发生化学变化,即防止商品受潮、发霉、变质等,避免了外界不良因素的影响。同时在外包装上印制条形码,便于条码扫描器识别,实现收银自动化,加快了商品流通,提高了商业部门的效率。

在商品运输和装卸过程中,具有良好结构特性的包装为装卸和搬运作业提供了方便,便于各种装卸、搬运机械的使用,极大地提高了装载搬运的效率;同时能够最大限度减少装卸和运输过程中产生的震动,把损失降到最低。

在商品存储过程中,良好的包装能实现防潮、防虫、防盗及具有一定的堆码强度,保证存储期间产品性能不受影响,为保管工作提供了方便;另外,包装物的各种标志使仓库管理者易于识别、存取、盘点。

物流作为企业的"第三利润源",包装具有极其重要的地位和作用,这一切都是由物流本身具有的功能决定的。物流的基本功能要素包括物资的运输、保管、装卸搬运、包装、流通加工、物流信息等。为保证产品完好的运至消费者手中,大多数产品都需要不同方式、不同程度的包装。包装形式和包装方法的选择,包装单位的确定,包装形态、大小、材料、重量等的设计,以及包装物的使用次数等,都是物流包装范畴。

生产企业为本厂供应生产资料时,或流通企业在为用户提供商品时,为了弥补生产过程加工程度的不足,为了更有效地满足本企业或用户的需要,更好地衔接产需,往往需要在流通过程中进行一些辅助性的加工活动,称之为流通加工。这种在流通过程中对商

图 6-1　具有促销功能的酒包装

图 6-2　各种物流运输包装

品进一步加工,以使流通过程更加合理、更加高效,是现代物流发展的一个重要趋势。这种加工活动不仅存在于社会流通过程中,也存在于工厂内部的物流过程中。流通加工的内容有装袋、定量化小包装、拴牌子、贴标签、配货、挑选、混装、刷标记等。生产的外延流通加工,包括剪断、打孔、折弯、拉拔、挑选、组装,以及改装、配套、混凝土搅拌、钢材重新轧制等。此外,对流通加工规模、品种、方式的选择,以及加工效率的提高途径等,也都是物流包装(加工)范畴。

　　物流包装是近年随着现代物流的出现而逐渐被认识和熟悉的,贯穿于产品或服务整个生命周期内的包含传统包装和现代物流包装加工的所有活动。另外,包装还要充分考虑废弃和回收的问题,特别是近年来对环境问题的关注越来越强烈。不必要的多余的包装和不适当的包装材料的使用,不仅会使回收和废弃发生无为的成本,还会成为污染自然环境的要因,应开发可再利用的容器和容易融于自然环境的包装素材,积极选择并使用它们。再者,与包装有关系的重要之处是以什么单位交易的问题。比如,经常使用的方法是装入 1 打 12 个,作为 1 箱,以此为交易的最低份额。如果把这个最低份额打散开,以每一个小单位作为交易单位,那么每件商品的物流成本就会变得很高。采取包装单位等于交易单位的方式,可以说在物流效率上是理想的。

6.1.3　物流对包装技术的要求

1.运输包装绿色化、安全化

日益枯竭的自然资源和日益严峻的生态环境要求我们最大限度地采用绿色包装,包括从材料的选择、产品制造、销售、使用、运输、使用、回收等整个过程都应满足绿色物流的需要。在选取包装材料时应遵循 5R1D 原则,即轻量化(reduce)、可重复(reuse)、可回收(return)、拒绝非生态材料(refuse)、可循环(recycle)、可降解(degradable)。在整个运输过程中,首要任务是保证产品从生产厂家安全运送到消费者手中。因此包装应具有良好的包装结构设计和足够的缓冲防震性能,把流通过程中损失降到最低。

2.包装器具标准化、器具化

包装生产(规格尺寸)决定了流通,而流通又对包装生产起反作用。包装的标准化、器具化极大地提高了装载和搬运的效率,而且包装尺寸与运输车辆、船、飞机等运输工具货箱仓容积的吻合性,方便了运输,提高了运输效率。包装构成物流的操作单位,根据包装尺寸的倍数来确定物流空间。

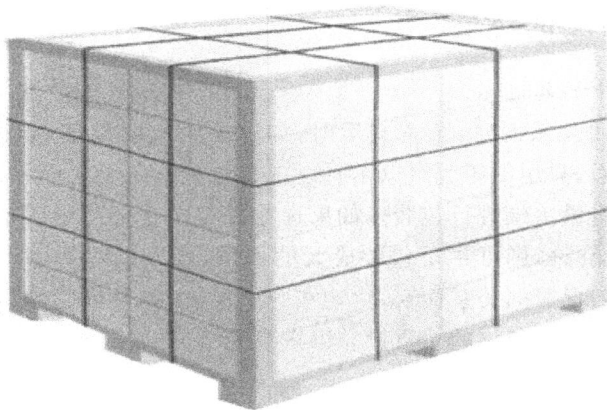

图 6-3　包装标准化物流托盘一体化

3.包装设计简单化、通用化

包装成本在商品价值中占很大比例,降低包装成本就是提高产品的竞争力。若包装强度设计过高,包装材料选择不当,会使包装成本过高,影响可能获得的收益。因此包装设计时应把握简单实用的原则,防止过剩包装。同时,通用化包装不用专门安排回收使用,可方便转用于其他产品的包装。

随着经济贸易的日益发展,及社会对物流包装价值的认可和追求,物流包装必定面临新的发展机遇。今后物流包装发展大致有如下发展趋势:

(1)大力发展绿色包装

绿色包装是无公害包装,指无污染、可回收利用或再用的包装材料或制品,意味着包装产品从材料的选择、使用、回收等整个过程都应符合绿色物流的要求,满足生态环境的要求。从环保角度讲,绿色包装主要通过绿色包装设计、绿色包装材料技术、绿色包装工艺等三个方面实现。

绿色包装设计通过虚拟制造技术在虚拟制造环境中生成软产品原型,其代替传统的硬产品进行包装性能的预测和评价,缩短产品的设计与制造周期。

绿色包装材料不仅仅包括容易降解的纸质材料,还应包括可降解的塑料、铝包装。纸材料可回收,但污染严重,并且再生纸会降低纸的质量等级。塑料有着广泛的前景,只要攻克降解的技术难关,必将成为重要的绿色材料。

(2)推动物流包装标准化

物流标准化是指在运输、配送、包装、流通加工、资源回收及信息加工处理过程中通过制定、发布、实施各类物流标准,达到协调统一,获得最佳的物流秩序和经济效益。包装标准化是以物流包装为对象,对包装类型、规格、容量、使用材料、包装容器的结构类型、印刷标志、产品的仓储、缓冲措施、封装方法、名词术语、检验要求等给予统一的标准和技术措施,在整个物流系统中实现包装合理化及现代化。加入 WTO 后,包装标准化可减少与其他国家的国际物流争端,提高物流效率,减少物流费用,在很大程度上提高产品在国际市场上的竞争力。

6.1.4 包装与流通环境

1.包装与物流中的其他环节

以包装与运输的关系而言,杂货载运时,如过去用货船混载,必须严格地用木箱包装。而改用集装箱后,只用纸箱就可以了。以包装与搬运的关系而言,如用手工搬运,应按人工可以胜任的重量单位进行包装。如果运输过程中全部使用叉车,就无须包装成小单位,只要在交易上允许,则可尽量包装成大的单位,可以以吨为单位运输,例如柔性集装箱容器。以包装与保管的关系而言,货物在仓库保管,如果堆码较高,则最下面货物的包装应能承受压在上面的货物的总重量。以重量为 20 千克的货箱为例,如果货物码放 8 层,最下边的箱子最低承重应为 140 千克。

与此同时,物流系统又受包装的制约。如用纸箱运输,则不能不用集装箱;如设计只能承受码放 8 层的包装,就是仓库再高也只能码放 8 层货物,这样就不能有效地利用仓库空间。

2.包装与作业环境

作业环境是指物料处理与运输作业有关的人造系统环境。货物受损常起因于运输、保管以及所选择的服务方式。如果采用自己服务的方式,即使用自己的人员和工具,货物处于自己的控制之下,受损率可以小一些;如果由运输公司提供服务,货物可能会经历许多环节,多次装卸转运,企业对物流控制的作用极其有限,用包装来防止货损的措施就要多一些。可见对包装的要求是不同的。

在物流系统中,最容易引起货物损坏的原因是:震动、碰撞、刺破和挤压。震动常见于运输过程中;碰撞在运输和搬运过程中都可能发生;刺破一般指在搬运时被作业场地周围的尖锐硬器所损;挤压主要发生在堆垛时,过高的堆垛会使底层货物受压变形甚至压碎。

3. 包装与自然环境

自然环境主要有温度、湿度等因素,外部自然环境主要与包装物品的稳定性和易变质性有关。有些物品在高温下会软化融解、分解变质、变色;而有些物品在低温下会爆裂、变脆或变质。需要提醒的是,对温度有要求的物品,仅仅靠包装是不够的,还需要在运输和储存条件方面采取必要的措施。水和蒸气对物品的损害很大,危害性要超过温度,几乎绝大多数的货物在潮湿的环境中都会受到不同程度的损害,如生锈、霉变、收缩变形,严重的会发生腐蚀、潮解。除了避免将货物放置在潮湿环境中之外,良好的包装是对付意外受潮情况的最有效手段。其他因素如空气中的有害化学物质对物品也有影响,有些物品很容易受到化学物质的污染而变质;也有些物品怕光,见光后会变色、变质,需要采取一些特殊的包装手段。

6.1.5 物流包装材料简介

广义的包装材料指用于包装的纸、塑料、玻璃、金属、木材、复合材料及各类包装辅助材料,如黏合剂、涂料、防潮、防锈包装材料、捆扎材、印刷油墨等。了解各种材料的性能特点、加工适应性等,能够为正确选择商品包装材料和制品成型技术打下基础。

包装材料的应用有着十分悠久的历史。人类早期用天然植物藤蔓、树叶、禾草编制成筐篓,用来盛装谷物蔬菜;在掌握了烧制冶炼技术后,加工生产出了陶器、青铜等包装容器;纺织、造纸技术的发展,促进了包装的重大进步。尤其是 20 世纪以来塑料生产与应用技术的发展,给现代包装注入了新的活力,使包装材料与产品性能更加适合商品包装的要求,促进了包装工艺和技术的完善。

在包装材料中,纸和纸板以其原料来源丰富、生产加工容易、缓冲保护性能优良、绿色环保而在整个包装材料中占有较高的比重。

塑料包装功能全面,尤其具有良好的成型性能,可以加工成各种薄膜包装袋、盘、盒、瓶、桶等容器,几乎适合包装各种固态、液态商品。通过发泡或充气加工成的缓冲材料,对商品流通具有十分优良的保护作用,尽管其废弃物的处理难度较其他包装材料更大,但在包装工业中的地位仍逐年上升。

玻璃、金属包装以其密封性能好、商品保质期长和卫生安全等优点,在食品、药品、化妆品特别是饮料包装领域仍占有主导地位。为了充分利用各种包装材料的优点,近年来开发出众多的复合包装材料,如纸塑复合、塑料与铝箔复合、纸塑与铝箔复合等,由于它们具有阻隔性能好、化学性能稳定、包装适性广等特点,产量与应用领域在逐年增长。

现代各种包装材料与容器所占的比例大约为:纸和纸板 35.6%、塑料 31.1%、玻璃

6.6％、金属 26.6％。

物流包装材料主要是指在物流运输过程中所涉及的各类包装材料。传统物流运输包装材料主要是木材、纸张、增强塑料、金属钢铁以及高强度复合材料等。随着现代物流的深入，包装作为始终贯穿产品或服务生命周期的一项活动，对应于现代物流中包装的功能延伸，除了上述传统运输包装材料外，印刷油墨、黏合剂及其他包装辅助材料也是本书所要介绍的。

绿色物流包装材料是近年在发展绿色经济的环境下逐步形成的新概念，与一般包装材料的不同点就在于它具有良好的环境性能，对人体和环境不造成危害。通常是指易降解、易回收、能进行资源有效循环利用的材料。绿色包装材料是发展绿色包装的关键，研究开发无公害的绿色包装材料是当前世界各国关注的热点，对物流包装来说一个重要的问题就是开发高强度、大板面、环境性能好、无公害、易回收再利用、轻量化的绿色运输包装材料，它已成为决定绿色运输包装顺利发展的技术关键。

6.2 物流包装系统

6.2.1 物流系统的概念

物流系统是指由产品、相关设施设备、人员及通信联系等若干要素所构成的具有特定功能的有机整体。物流系统随着工业化发展的历程，从手工物流系统、机械化物流系统、自动化物流系统、集成化物流系统、职能化物流系统逐步发展起来。物流系统的目的是实现产品的空间效益和时间效益，在保证社会再生产顺利进行的前提下实现各种物流环节的合理衔接，并取得最佳经济效益。物流系统是社会经济大系统的一个子系统或组成部分。物流系统和一般系统一样，具有输入、转换、输出三大功能，通过输入和输出使系统与社会环境进行交换，使系统和环境相依存。

传统物流一般指产品出厂后的包装、运输、装卸、仓储，而现代物流提出了物流系统化或叫总体物流、综合物流管理的概念。具体地说，就是使物流向两头延伸并加入新的内涵，使社会物流与企业物流有机结合在一起。从采购物流开始，经过生产物流，再进入销售物流。与此同时，要经过包装、运输、仓储、装卸、加工配送到达用户（消费者）手中，最后还有回收物流。可以说，现代物流包含了产品从"生产"到"废弃"的整个物理性的流通全过程。

现代物流业的魅力在于它的核心理念。它把整个社会看做一个物流运行系统，用信息系统来整合对顾客、经销商、运输商、生产商、物流公司和供应商之间的管理，让物的流动具有最佳的目的性和经济性，消除整个价值上的浪费，让每个参与者都能受益，从而提高整个社会的资源利用水平，提高整个社会的竞争力，抵消市场经济条件下盲目竞争和调节滞后的制度性缺陷。因此，在这种系统管理思想的指导下，每个物流结点都相互联系，从而结成一个物流网，每个结点上的物资都按照区域、属性和服务对象在不同的方向得到集成。按照顾客的要求,准时运送到相应的物流结点,在集成和配送过程中实现其最大的经济性。现代物流使得全社会都减少了人和物的等待,资源的配置和其有效需求基本相当,社会运行平稳高效,同样的资源创造出更高的生活质量。从这个角度上说,现代物流改变着世界资源的有效合理配置。

6.2.2　物流系统的组成要素

1. 从物流功能的角度看物流系统的组成

从物流功能的角度可以把物流系统看成是由物流作业系统和物流信息系统两个部分组成。物流作业系统包括运输、保管、搬运、包装、流通加工等作业子系统。在运输、保管、搬运、包装、流通加工等作业中使用种种先进技能和技术,并使生产据点、物流据点、输配送路线、运输手段等网络化,以提高物流活动的效率。物流信息系统在保证订货、进货、库存、出货、配送等信息通畅的基础上,使通信据点、通信线路、通信手段网络化,提高物流作业系统的效率。

2. 从系统概念的角度看物流系统的组成

(1) 物流系统的基本要素

物流系统和所有的系统一样,其基本要素也由劳动者、资金和物三方面构成。

劳动者(人),人是物流的主要因素,是物流系统的主体。人是保证物流得以顺利进行和提高管理水平的最关键的因素。提高人的素质,是建立一个合理化的物流系统并使它有效运转的根本。

资金(财),财是物流活动中不可缺少的资金。交易是以货币为媒介来实现交换的物流过程,实际也是资金运动过程。同时,物流服务本身也需要以货币为媒介。物流系统建设是资本投入的一大领域,离开资金这一要素,物流不可能实现。

物是物流中的原材料、成品、半成品、能源、动力等物质条件,包括物流系统的劳动对象,即各种实物以及劳动工具、劳动手段,如各种物流设施、工具,各种消耗材料(燃料、保护材料)等。没有物,物流系统便成了无本之木。

上述要素对物流发生的作用和影响,称之为外部环境对物流系统的"输入"。物流系统本身所拥有的各种手段和特定功能,在外部环境的某种作用下,对输入进行必要的转化活动,如物流管理、物流业务活动、信息处理等,使系统产生对环境有用的成品提供给外部环境,这便称为物流系统的"输出"。显然,物流系统的输出是物质产品的位移,还有伴随的环境污染等负产出,称为物流系统的"转换作用"。需要指出,川流不息的物流信息是以物流输入为相对起点的,经过一个物流周期性运动,以反馈的形式回到原来的起点。

(2) 物流系统的功能要素

一般认为,物流系统的功能要素有运输、储存保管、包装、装卸搬运、流通加工、配送、物流信息等。物流系统的功能要素是物流系统所具有的基本能力,这些基本能力有效地组合、联结在一起,便成了物流系统的总功能,便能合理、有效地实现物流系统的总目标。

物流功能要素反映了整个物流系统的能力,增强这些要素,使之更加协调、更加可靠,就能够提高物流运行的水平。因此,这些要素是物流科学重点研究和重点发展的内容。运输及保管分别解决了供给者与需要者之间场所和时间的分离,分别是物流创造"空间效用"及"时间效用"的主要功能,因而在物流系统中处于主要功能要素的地位。

(3)物流系统的支撑要素

物流系统的建立需要有许多支撑手段,尤其是在复杂的社会经济系统中,要确定物流系统的地位,要协调与其他系统的关系,这些要素必不可少。主要包括:

①体制、制度。物流系统的体制、制度决定物流系统的结构、组织、领导、管理方式。国家对其进行控制、指挥,明确管理方式以及系统的地位、范畴,是物流系统发展的重要保障。有了这个支撑条件,物流系统才能确立在国民经济中的地位。

②法律、规章。物流系统的运行,不可避免会涉及企业或人的权益问题。法律、规章一方面限制和规范物流系统的活动,使之与更大的系统相协调;另一方面是给予保障,如合同的执行、权益的划分、责任的确定都需要靠法律、规章来维系。

③行政、命令。物流系统和一般系统的不同之处在于物流系统关系到国家军事、经济命脉,所以,行政、命令等手段也常常是物流系统正常运转的重要支持要素。

④标准化。标准化是物流系统与其他系统在技术上实现连接的重要支撑条件,以保证物流各环节协调运行。

(4)物流系统的物质基础要素

物流系统的建立和运行,需要有大量技术装备手段,这些手段的有机联系对物流系统的运行有决定意义。这些要素对实现物流和某一方面的功能也是必不可少的。物质基础要素主要有:

①物流设施。它是组织物流系统运行的基础物质条件,包括物流站、货场、物流中心、仓库、物流线路、建筑、公路、铁路、港口等。

②物流装备。它是保证物流系统工作的条件,包括仓库货架、进出库设备、加工设备、运输设备、装卸机械等。

③物流工具。它也是物流系统运行的物质条件,包括包装工具、维护保养工具、办公设备等。

④信息技术及网络。它是掌握和传递物流信息的手段。根据所需信息水平不同,包括通信设备及线路、传真设备、计算机及网络设备等。

⑤组织及管理。它是物流网络的"软件",起着联系调运、协调、指挥各要素的作用,以保障物流系统目的的实现。

(5)物流系统的结构要素

物流系统的产业结构要素,有两个主要的组成部分。

①物流平台。物流平台包括物流设施平台、物流装备平台、物流信息平台、物流政策平台诸部分,它们都是物流系统的基本支撑性的结构。物流平台的实体,又可以归纳成线路、节点两部分。

②物流运作企业。支撑平台运作的是各种类型的物流企业。可以说,企业是使整个物流系统运动起来的主导力量。

6.2.3　物流系统的特征

物流系统具有一般系统所共有的特点,即整体性、相关性、目的性、环境适应性;同时还具有规模庞大、结构复杂、目标众多等大系统所具有的特征。

1.物流系统是一个"人机系统"

物流系统是由人和形成劳动手段的设备、工具所组成。它表现为物流劳动者运用运输设备、装卸搬运机械、仓库、港口、车站等设施,作用于物资的一系列生产活动。在这一系列的物流活动中,人是系统的主体。因此,在研究物流系统的各个方面问题时,应把人和物有机地结合起来,作为不可分割的整体,加以考察和分析,而且始终要把如何发挥人的主观能动作用放在首位。

2.物流系统是一个大跨度系统

这反映在两个方面:一是地域跨度大;二是时间跨度大。在现代经济社会中,企业间物流经常会跨越不同地域,国际物流的地域跨度更大。物流系统通常采取储存的方式解决产需之间的时间矛盾,这样时间跨度往往也很大。大跨度系统带来的主要是管理难度较大,对信息的依赖程度较高。

3.物流系统是一个可分系统

作为物流系统无论其规模多么庞大,都可以分解成若干个相互联系的子系统。这些子系统的多少和层次的阶数,是随着人们对物流的认识和研究的深入而不断扩充的。系统与子系统之间、子系统与子系统之间,都存在着时间和空间上及资源利用方面的联系,也存在总目标、总费用以及总的运行结果等方面的相互联系。物流子系统的组成并非一成不变的,它是由物流管理目标和管理分工决定的。物流子系统不仅具有多层次性,而且具有多目标性。

物流系统虽然本身是一个复杂的社会系统,但同时处在国民经济这个比它更大、更复杂的大系统之中,是国民经济系统之中的一个子系统,而且是一个非常庞大、非常复杂的子系统,对整个国民经济系统的运行起着特别重要的作用。对物流系统的分析,既要从宏观方面去研究物流系统运行的全过程,也要从微观方面对物流系统的某一环节(或称之为子系统)加以分析。

4.物流系统是一个动态系统

一般的物流系统总是联系着多个生产企业和用户,随需求、供应、渠道、价格的变化,系统内的要素及系统的运行也经常发生变化。这就是说,社会物资的生产状况、社会物资的需求变化、资源变化、企业间的合作关系,都随时随地地影响物流,物流受到社会生产和社会需求的广泛制约。物流系统是一个具有满足社会需要、适应环境变化能力的动态系统,因此人们必须对物流系统的各组成部分经常不断地修改、完善,这就要求物流系统具有足够的灵活性与可改变性。在社会变化较大的情况下,物流系统要重新进行设计。

5.物流系统具有复杂性

物流系统运行对象——"物",是遍及全部社会的物质资源。资源的大量化和多样化带来了物流的复杂化。从物资资源来看,品种成千上万,数量极大;从从事物流活动的人员来看,需要数以百万计的庞大队伍;从资金占用来看,占用着大量的流动资金;从物资供应点来看,遍及全国城乡各地。这些人力、物力、财力资源的组织和合理利用,是一个非常复杂的问题。

在物流活动的全过程中,始终贯穿着大量的物流信息。物流系统要通过这些信息把各个子系统有机地联系起来。如何把信息收集全、处理好,并使之指导物流活动,也是非常复杂的事情。

物流系统的边界是广阔的,其范围横跨生产、流通、消费三大领域。这一庞大的范围,给物流组织系统带来了很大的困难,而且随着科学技术的进步、生产的发展、物流技术的提高,物流系统的边界范围还将不断地向内深化,向外扩张。

6.物流系统是一个多目标函数系统

物流系统的总目标是实现宏观和微观的经济效益。但是,系统要素间有着非常强的"背反"现象,常称之为"交替背反"或"效益背反"现象,在处理时稍有不慎就会出现总体恶化的结果。通常,对物流数量,希望最大;对物流时间,希望最短;对服务质量,希望最好;对物流成本,希望最低。显然,要满足上述所有要求是很难办到的。例如,在储存子系统中,站在保证供应、方便生产的角度,人们会提出加大储存物资的品种和数量,而站在加速资金周转、减少资金占用的角度,人们则提出减少库存。又如,最快的运输方式为航空运输,但其运输成本高,时间效用虽好,但经济效益不一定最佳;而选择水路运输,情况则相反。所有这些相互矛盾的问题,在物流系统中广泛存在。物流系统要在这些矛盾中运行,在各方面满足人们的要求,显然要建立物流多目标函数,并在多目标中求得物流的最佳效果。

6.2.4 物流系统的目标

1.物流系统的总目标

物流系统是社会经济系统的一个部分,其总目标便是获得宏观和微观两方面效益。物流系统本身也有宏观和微观之分。例如,城市物流系统、区域物流系统、行业物流系统就是宏观的物流系统;而企业物流系统就是微观物流系统。

物流的宏观经济效益是指一个物流系统的建立对社会经济效益的影响。其直接表现形式是这一物流系统如果作为一个子系统来看待,就是其对整个社会流通及全部国民经济效益的影响。物流系统本身虽已很庞大,但它不过是更大系统中的一部分,因此,必然属于更大系统之中。如果一个物流系统的建立破坏了母系统的功能及效益,那么这一物流系统尽管功能理想,但也是不成功的。物流系统不但会对宏观的经济产生影响,而且还会对社会其他方面产生影响。例如物流设施建立会影响当地人的生活、工作,物流的污染、噪声会对人和环境带来伤害等。因此,物流系统的建立,还必须考虑这一因素,要以社会发展和人民幸福为大前提。

物流系统的微观经济效益是指该系统本身在运行后所获得的企业效益。其直接表现形式是这一物流系统通过组织"物"的流动,实现的所得大于所耗。当物流系统基本稳定运行,投入的劳动基本稳定之后,这一效益主要表现在利润上。在市场经济条件下,企业作为独立的经济实体,必须根据价值规律及供求规律,按最大经济效益办事,因此必然要考虑微观经济效益。一个物流系统的建立,如果只将自己作为子系统,完全从母系统要求出发,不考虑本身的经济效益,这在大部分情况下是行不通的。

应该说,一个物流系统的建立,需要有宏观及微观两个方面的推动力,两者缺一不可。在建立和运行物流系统时,要有意识地以两个效益为目的。

2.物流系统的具体目标

具体来讲,无论对于宏观还是微观物流系统,物流系统要实现以下五个目标:

(1)服务(service)

物流系统联结着生产与再生产、生产与消费,因此要求有很强的服务性。这种服务性表现在本身有一定从属性,要以用户为中心,树立"用户第一"的观念。其利润的本质是"让渡"性的,不一定是以"利润为中心"的系统。物流系统采取送货、配送等形式,就是其服务性的体现。在技术方面,近年来出现的"准时供应方式"、"柔性供货方式"等,也是其服务性的表现。

(2)快速、及时(speed)

及时性是服务性的延伸,是用户的要求,也是社会发展进步的要求。整个社会再生产的循环,取决于每一个环节,社会再生产不断循环推动社会的进步。马克思从资本角度论述了流通的这一目标,指出流通的时间越短、速度越快,"资本的职能就越大",并要求"力求用时间去消灭空间","把商品从一个地方转移到另一个地方所花费的时间缩短到最低限度"。快速、及时既是一个传统目标,更是一个现代目标,其原因是随着社会大生产发展这一要求更加强烈了。在物流领域采取的诸如直达物流、联合运输、高速公路、时间表系统等管理技术,就是为了达到这一目标。

(3)节约(saving)

节约是经济领域的重要规律。在物流领域中除流通时间的节约外,由于流通过程消耗大而又基本上不增加或不提高商品的使用价值,所以依靠节约来降低投入,是提高相对产出的重要手段。物流过程作为"第三个利润源泉",主要是依靠节约。在物流领域推行的集约化方式,采取的各种节约、省力、降耗措施,也是为了实现节约这一目标。

(4)规模优化(scale optimization)

以物流规模作为物流系统的目标,以此来追求"规模效益"。生产领域的规模效益是以往所承认的,但在流通领域,似乎不那么明显了。实际上,规模效益问题在流通领域也很突出,只是由于物流系统比生产系统的稳定性差,因而难以形成标准的规模化模式。在物流领域以分散或集中等不同方式建立的物流系统,研究物流集约化的程度,就是为了实现规模化这一目标。

(5)库存控制(stock control)

库存控制是及时性的延伸,也是物流系统本身的要求,涉及物流系统的效益。物流系统是通过本身的库存,起到对千百家生产企业和消费者的需求保证作用,从而创造一个良好的社会外部环境。同时,物流系统又是国家进行资源配置的一环,系统的建立必须考虑国家进行资源配置、宏观调控的需要。在物流领域中正确确定库存方式、库存数量、库存结构、库存分布就是要努力实现这一目标。

上述物流系统化的目标简称为"5S",要发挥以上物流系统化的效果,就要进行研究,把从生产到消费过程的货物量作为流动的物流量看待,依靠缩短物流路线,使物流作业合理化、现代化,从而降低其总成本。

6.2.5 物流包装系统

任何产品商品化后都需要包装,包装是现代商品生产、储存、销售和人类社会生活中不可缺少的重要组成部分。因此,包装包含有科技、文化、艺术和社会心理、生态价值等多因素,不再是原有的单一的功能性包装概念。它应是现代包装科学中的"包装系统",是一个系统工程,更是一种新的经济意识理念。物流包装是一个系统工程,涉及产品、运输、印刷、材料、国家标准等,如图 6-4 所示,大体上从包装材料、物流效率和环境对策三方面考虑。

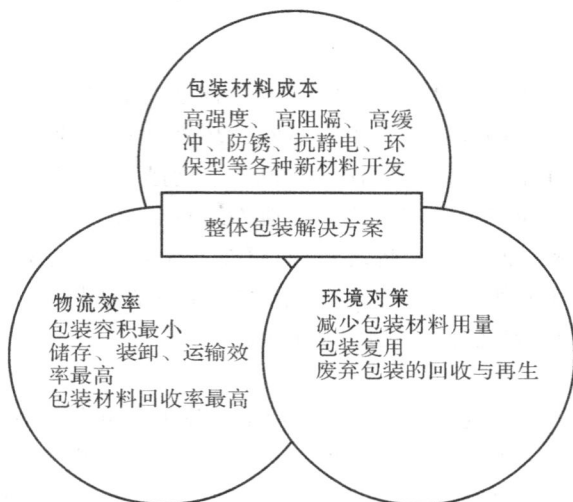

图 6-4 物流包装系统

1. 产品包装系统

产品包装系统由三层组成:内层容器,第二层包装以及外层包装。装载产品的内层容器必须防水、防漏并贴上指示内容物的适当标签。内层容器外面要包裹足量的吸收性材料,以便内层容器打破或泄漏时,能吸收溢出的所有液体。防水、防漏的第二层包装用来包裹并保护内层容器。有些包装好的内层容器可以放在独立的第二层包装中。有些规定中包括了物质包装的体积及重量限度。第三层包装用于保护第二层包装在运输过程中免受物理性损坏。按照最新规定的要求,还应提供能够识别或描述标本的特性,以及能够识别发货人和收货人的标本资料单、信件和其他各种资料,以及其他任何所需要的文件。

在国际贸易中,联合国规章范本规定使用两种不同的三层包装系统。基本的三层包装系统用于运输多数物质;但那些高危险度的物体则必须按更严格的要求进行运输。关于如何根据运输材料来选用不同包装的详细资料,建议读者参考国家或国际的规章范本。

国际规章范本并非要取代各地方或国家要求,但在有些还没有国家要求的情况下,就应遵守国际规章范本。

物流包装大量采用了自动设备,最先进的自动包装系统(见图 6-5)将来自不同传送带的物流合并,甚至在这些传送带速度不同的情况下。但是这必须由一个可以为进来的包裹匹配空间的紧连接网络控制。

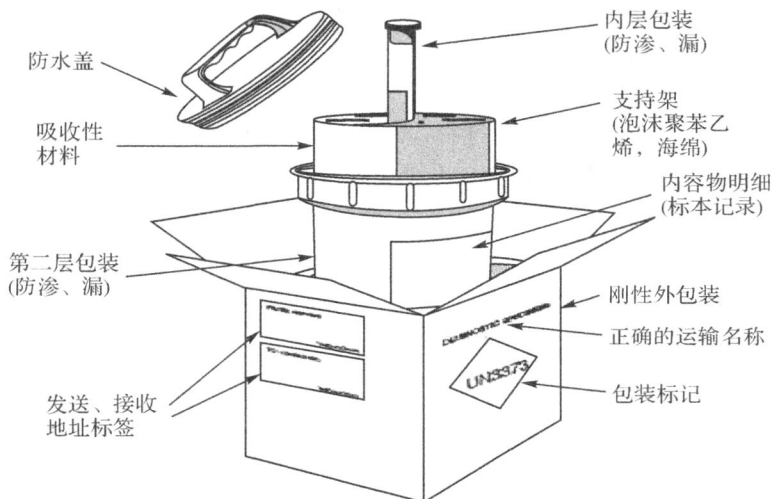

图 6-5　物流包装系统

2.绿色包装系统

绿色包装的结果是取之自然又回归自然,使人类能获得良好的自然环境、自然资源及其长久的支持。绿色包装循环链任何一个环节,都以绿色的内容形成各自的基本形态,形成绿色的系统。特别是系统的末端,其绿色需要人们和社会的绿色意识、绿色管理、绿色的法规和绿色的行为给予支持和保证。否则,绿色系统难以形成,并最终遭到破坏。绿色包装制品,是应被包装产品的要求及环境保护的要求,通过包装设计,对绿色包装材料实施绿色的清洁加工和成型,所获得的包装制品。绿色包装设计,实质是绿色包装系统的设计。

(1)3R1D 原则

3R1D 是国际上公认的绿色包装设计原则和方法,也是绿色包装系统的重要内涵。

①Reduce 原则,即减量化(或轻工化)原则。要求包装制品在保证包装、防护和使用功能的前提下,力求消耗材料量最少,以节约资源,降低能耗,降低成本,减少排放物和废弃量。履行这条原则,包括优化结构,适量包装,以轻质包装代替重质包装,可再生资源材料代替不可再生资源材料,资源丰富材料代替资源匮乏材料。

②Reuse 原则,即重复使用原则。多次重复使用的包装制品,既节约材料,降低能耗,

又有利于环境保护。包装设计应优先考虑重复使用的可能性,在技术、材料及回收管理可行的情况下,实施重复使用的设计方案。

③Recycle 原则,即循环再生原则。对于不能重复使用的包装制品,需要考虑循环再生处理的可能性,利用再生技术形成再生材料或再生包装。如再生纸、再生纸板、再生塑料等,玻璃、陶瓷、金属包装制品废弃后,可经再熔再造,制成新的同样的材料或包装制品。有些材料和包装制品,可通过处理获得新的可利用的物质,产生新的价值。如废弃塑料的油化、汽化,可获得使用价值颇高的油气或燃气。

④Degradation 原则,即可降解原则。所使用的包装制品及材料,废弃后既不能回收重复使用,也不能回收循环再生处理的,或是回收价值不大的,应当在自然环境中降解销蚀,不对自然生态环境构成污染。

(2)绿色系统原则

绿色包装设计针对包装制品全过程。从材料的加工、选用,包装制品的生产、成型,包装制品流通、使用,到包装废弃物的回收、处理,每个环节都符合绿色要求,无污染后果。

6.3　物流包装自动识别技术

自动识别技术是信息数据自动识读、自动输入计算机的重要方法和手段,它是以计算机技术和通信技术的发展为基础的综合性科学技术。自动识别技术近几十年在全球范围内得到了迅猛发展,初步形成了一个包括条码技术、磁卡识别技术、光学字符识别、射频技术、生物识别及图像识别等集计算机、光、机电、通信技术为一体的高技术学科。在现代包装中具有重要意义,可以自动识别包装内商品。

6.3.1　射频识别技术

射频识别(Radio Frequency Identification,RFID)技术的基本原理是电磁理论。射频系统的优点是不局限于视线,识别距离比光学系统远,射频识别卡可具有读写能力,可携带大量数据、难以伪造和有智能等。

射频识别技术适用的领域:物料跟踪、运载工具和货架识别等要求非接触数据采集和交换的场合。由于射频识别标签具有可读写能力,对于需要频繁改变数据内容的场合尤为适用。

射频识别标签基本上是一种标签形式,将特殊的信息编码进电子标签,标签被粘贴在需要识别或追踪的物品上,如货架、汽车、自动导向的车辆、动物等等。

射频识别标签能够在人员、地点、物品和动物上使用。目前,最流行的应用是在交通运输(汽车和货箱身份证)、路桥收费、保安(进出控制)、自动生产和动物标签等方面。自动导向的汽车使用射频标签在场地上指导运行。其他应用包括自动存储和补充、工具识别、人员监控、包裹和行李分类、车辆监控和货架识别。

射频识别标签的设计很多。如：电子微尘，为动物设计的可植入的标签只有一颗米粒大小；包含较大的电池，为远距离通讯（甚至全球定位系统）使用的大型标签如同一部手持式电话。

6.3.2　生物识别技术

生物识别技术是指通过计算机利用人类自身生理或行为特征进行身份认定的一种技术，如指纹识别、虹膜识别技术和头像识别等。据介绍，世界上某两个人指纹相同的概率极为微小，而两个人的眼睛虹膜一模一样的情况也几乎没有。人的虹膜在两到三岁之后就不再发生变化，眼睛瞳孔周围的虹膜具有复杂的结构，能够成为独一无二的标识。与生活中的钥匙和密码相比，人的指纹或虹膜不易被修改、被盗或被人冒用，而且随时随地都可以使用。

生物识别技术是依靠人体的身体特征来进行身份验证的一种解决方案，由于人体特征具有不可复制的特性，这一技术的安全系数较传统意义上的身份验证机制有很大的提高。

生物识别是用来识别个人的技术，它以数字测量所选择的某些人体特征，然后与这个人的档案资料中的相同特征作比较，这些档案资料可以存储在一个卡片中或存储在数据库中。被使用的人体特征包括指纹、声音、掌纹、手腕上和眼睛视网膜上的血管排列、眼球虹膜的图像、脸部特征、签字时和在键盘上打字时的动态。

指纹扫描器和掌纹测量仪是目前最广泛应用的器材。不管使用什么样的技术，操作方法都总是通过测量人体特征来识别一个人。

生物特征识别技术适用于几乎所有需要进行安全性防范的场合，遍及诸多领域，在包括金融证券、IT、安全、公安、教育、海关等行业的许多应用中都具有广阔的前景。随着电子商务应用的越来越广泛，身份认证的可靠安全性就越来越重要，就越来越需要更好的技术来实现身份认证。

所有的生物识别过程大多具有四个步骤：原始数据获取、抽取特征、比较和匹配。生物识别系统捕捉到生物特征的样品，唯一的特征将会被提取并且被转化成数字的符号，接着，这些符号被用作那个人的特征模板。这种模板可能会存放在数据库、智能卡或条码卡中，人们同识别系统交互，根据匹配或不匹配来确定人们的身份。生物识别技术在我们不断增长的电器世界和信息世界中的地位将会越来越重要。

6.3.3　语音识别技术

语音识别技术（在自动识别领域中通常被称作"声音识别"）将人类语音转换为电子信号，然后将这些信号输入进具有规定含义的编码模式中。它并不是将说出的词汇转变为字典式的拼法，而是转换为一种计算机可以识别的形式，这种形式通常开启某种行为。例如：组织某种文件、发出某种讯号或开始对某种活动录音。

语音识别以两种不同形式的作业进行信息收集工作:分批式和实时式。分批式是指使用者的信息从主机系统中下载到手持式终端里,并自动更新,然后在工作日结束时将全部信息上传到计算机主机。在实时式信息收集中,语音识别也可以与射频技术相结合,提供活动和快捷的与主机的联系方式。

语音识别系统还分为这样两种类型:连续性讲话和间断发音。连续性讲话型允许使用者以一个演讲者的讲话速度讲话。间断发音要求在每个词和词组之间留出一个短暂的间歇。不管你选择什么类型的语音识别系统,安装这样的系统会在信息收集的速度和准确性方面给你很大的效益,有助于提高工作人员的活动能力和工作效率。

语音识别技术常用于汽车行业的制造和检查业务,也在仓储业和配送中心的物料实时跟踪,运输业的收发货和装卸车船等几个行业中需要检查和质量控制方面的应用及一些需要解放手眼和实时输入数据等工作场合的应用。语音识别技术输入的准确率高,但不如条码。声音反馈虽可提供准确率,但降低了速度;而速度是声音识别技术的关键优点。语音识别技术可以满足所需要的速度。

6.3.4　图像识别技术

随着微电子技术及计算机技术的蓬勃发展,图像识别技术得到了广泛的应用和普遍的重视。作为一门技术,它创始于 20 世纪 50 年代后期,随后开始崛起,经过近半个世纪的发展,已经成为在科研和生产中不可或缺的重要部分。

自 70 年代末以来,由于数字技术和微电子技术迅猛发展给数字图像处理提供了先进的技术手段。图像科学也就由信息处理、自动控制系统理论、计算机科学、数据通信、电视技术等学科中脱颖而出,成长为旨在研究图像信息的获取、传输、存储、变换、显示、理解与综合利用的崭新学科。

具有数据量大、运算速度快、算法严密、可靠性强、集成度高、智能性强等特点的各种应用图文系统在国民经济各部门得到广泛的应用,并在逐渐深入到家庭生活。现在,通信、广播、计算机技术、工业自动化、国防工业乃至印刷、医疗等部门的尖端课题无一不与图像科学的进展密切相关。事实上,图像科学已成为各高技术领域的汇流点,有人预言,"图像产业"将是 21 世纪影响国民经济、国家防务和世界经济的举足轻重的产业。"图像科学"的广泛研究成果同时也扩大了"图像信息"的原有概念。广义而言,图像信息不必以视觉形象乃至非可见光谱(红外、微波)的"准视觉形象"为背景:只要是对同一复杂的对象或系统,从不同的空间点、不同的时间等诸方面收集到的全部信息之总和,就称之为多维信号或广义的图像信号。多维信号的观点已渗透到如工业过程控制、交通网管理及复杂系统分析等理论之中。

6.3.5　磁卡识别技术

我们常用的磁卡是通过磁条记录信息的。磁条技术应用了物理学和磁力学的基本原理。磁条就是一层薄薄的由定向排列的铁性氧化粒子组成的材料(也称为涂料),用树脂黏合在一起并粘在诸如纸或塑料这样的非磁性基片上。

磁条技术的优点是数据可读写,即具有现场改变数据的能力,数据存储量能满足大多数需要,便于使用,成本低廉,还具有一定的数据安全性,它能黏附于许多不同规格和形式的基材上。这些优点,使之在很多领域得到广泛应用,如信用卡、银行 ATM 卡、机票、公共汽车票、自动售货卡、会员卡、现金卡(如电话磁卡)等。

6.3.6 各种自动识别技术比较

条码、光学字符识别(Optical Character Recognition,OCR)和磁性墨水(Magnetic Ink Character Recognition,MICR)都是一种与印刷相关的自动识别技术。OCR 的优点是人眼可读,可扫描,但输入速度和可靠性不如条码,数据格式有限,通常要用接触式扫描器;MICR 是银行界用于支票的专用技术,在特定领域中应用,成本高,需接触识读,可靠性高。

磁条技术是接触识读,它与条码有三点不同:一个是其数据可做部分读写操作,另一个是给定面积编码容量比条码大,还有就是对于物品逐一标识成本比条码高。而且接触性识读的最大缺点就是灵活性太差。

射频识别是非接触式识别技术,由于无线电波能"扫描"数据,所以 RF 挂牌可做成隐形的;有些 RF 识别技术可读数公里以外的标签,RF 标签可做成可读写的。射频识别的缺点是射频标签成本相当高,而且一般不能随意扔掉,而多数条码扫描寿命结束时可扔掉。视觉和声音识别还没有很好地推广应用,机器视觉还可与 OCR 或条码结合应用,声音识别可解放人的手眼。

⇨ 案例分析

宝洁公司的物流包装改进

在宝洁的发展历程中,缩短距离,更加深入地研究消费者,是宝洁的第三核心竞争力。下面以宝洁公司的香波产品包装优化为例,详细剖析宝洁供应链的优化方法。

宝洁供应链优化总体思路就是通过压缩供应链时间,提高供应链反应速度,来降低运作成本,最终提高企业竞争能力。从宝洁供应链上下游之间的紧密配合方式进行分析,寻找可以压缩时间的改进点,从细节入手,以时间的压缩换取市场更大的空间。

1.供应商管理时间压缩

供应链合作伙伴关系不应该仅仅考虑企业之间的交易价格本身,还有很多方面值得关注,比如完善的服务、技术创新、产品的优化设计等。宝洁和供应商一起探讨供应链中非价值增值点以及改进的机会,压缩材料采购提前期,开发供应商伙伴关系,建立相互信任关系。压缩供应商时间管理分为以下四点:

(1)材料不同制订的时间不同

香波生产原材料供应最长时间 105 天,最短 7 天,平均 68 天。根据原材料的特点,宝洁公司将其分为 A、B、C 三类分别进行管理:A 类品种占总数 5%～20%,资金占 60%～

70%；C 类品种占总数 60%～70%，资金占<15%；B 类介于两者之间。对不同的材料管理策略分为全面合作、压缩时间和库存管理三类。

对材料供应部分的供应链进行优化，将时间减少和库存管理结合起来。比如，原材料 A 供应提前期 105 天，但是订货价值只占总价值 0.07%，不值得花费很多精力讨论缩短提前期。而原材料 B 虽然提前期只有 50 天，但是年用量却高达总价值的 24%，因此对这样的材料应该重点考虑。

（2）原材料的库存由供应商管理

宝洁的材料库存管理策略是供应商管理库存（VMI）。对于价值低、用量大、占用存储空间不大的材料，在供应链中时间减少的机会很少，这类材料占香波材料的 80%，它们适合采用供应商管理库存的方式来下达采购订单和管理库存。库存状态的透明性是实施 VMI 的关键。首先双方一起确定供应商订单业务处理过程所需的信息和库存控制参数；其次改变订单处理方式，建立基于标准的托付订单处理模式；最后把订货交货和票据处理各个业务处理功能集成在供应商一边。

以广州黄埔工厂为例，黄埔工厂将后面 6 个月的销售预测和生产计划周期性地和供应商分享。供应商根据宝洁的计划制订自己的材料采购计划，并根据宝洁生产计划要求提前 12 天送到宝洁工厂。宝洁使用材料之后付款。对供应商来说，不必为宝洁生产多余的安全库存，自己内部计划安排更有灵活性；对宝洁来说，节省了材料的下单和采购成本。实际的材料采购提前期只是检测周期，至于原材料 A，采购提前期由 81 天缩短到 11 天，库存由 30 天减少到 0。

（3）压缩材料库存的时间

对于价值不高、用量大且占用存储空间很大的材料，适合采用压缩供应链时间的方法来管理。这类材料大概占所有材料的 15%。对这类材料，不能只采取传统的库存方法，因为对于高频率、小批量、多变的生产方式，对材料供应的要求更高。如果供应时间长，则要求工厂备有很大的安全库存。只有通过压缩时间的方法，才能保持材料的及时供应和库存不变或者降低。

对香波材料进行分析，原材料 B 属于 A 类材料，用量大，但是存储空间不是很大，适宜采取压缩供应时间的管理方式。对无价值时间消除，对有价值时间改进。材料 AE03 由国外制订供应商提供 CFA，在北京生产为 AE03，再运到广州，采购提前期为 72 天。供应链活动可以分为 5 种，分别为：T—运输；S—存储；P—生产；I—检测；D—延迟。AE03 这五类活动的总时间分别为：34.9 天、12.5 天、2.0 天、7.8 天、14.6 天。真正有价值的时间只有生产和运输两种，检测存储以及延迟都是无价值时间。

通过考察供应商的质量方面的日常表现，对材料实施免检放行。结合对存储时间和运输时间的有些改变，结合延迟时间和检测时间的减少，总体时间最后减少了 18 天。材料库存从 30 天减少到 20 天，库存价值每个月减少了 2 万美元。

（4）与供应商进行全面合作

在香波供应链中，总会有一两个供应商供应用量大、材料占据空间大、价值高的 A 类材料。比如在黄埔工厂主要是香波瓶供应商。这类供应商供应提前期已经很短，找不到时间压缩空间，所以宝洁和供应商一起同步进行供应链优化，寻找在操作和管理系统中存在的机会。

首先是供应商内部改进。瓶形之间转产时间 1 小时,为不同品种的香波瓶制订不同的生产周期。对于个别品种,以建立少量库存的方式保证供货,在生产能力有闲暇的时候生产这些品种补充库存。

其次是供应商和宝洁合作改进。将 100 多种印刷版面合并成 80 多种,减少了转产频率。在材料送货方面,为适应多品种小批量的要求,宝洁雇佣专门的运输商每天将同一区域的材料收集运送到宝洁。与供应商各自做运输相比,运输成本明显降低,更好地满足了客户要求。

除了加强与供应商之间的紧密合作和共享信息之外,宝洁还对企业内部供应链时间压缩进行了改进。

2.用产品包装标准化设计压缩时间

摒弃原来不同品牌香波使用不同形状的包装设计,改为所有香波品牌对于同一种规格采用性质完全一样的瓶盖,不同的产品由不同的瓶盖颜色和印刷图案区分。这样一来,减少了包装车间转产次数。例如旧的设计方案,海飞丝 200ml 转产到飘柔 200ml,转线操作需要 25 分钟。统一包装设计之后,包装车间无需机器转线,只需要进行 5 分钟的包装材料清理转换即可。这项改进减少了包装车间 20％的转线操作,从原来的 112 小时每月减少到 90 小时每月。

3.用工艺对生产过程改进压缩时间

宝洁香波产品制造车间有 8 个储缸,生产 16 种不同配方的香波。宝洁公司要求公司内部生产部门保证 85％以上的工艺可靠性。其中,香波配方和品种的区别如下:一个香波配方对应多个品种,品种之间的不同是一些添加剂如香精、色素以及一些特殊的营养成分等。

通过对现状分析,制造部门进行了如下的改进:香波生产部门和技术部门合作,制订了储缸分配计划来减少转产并减少生产批量,分别生产 5 种 A 类配方产品,制造车间每次生产 12 吨,即一个储缸的量。包装车间可以根据每笔订单需求量的大小,选择不同的批量大小包装产品。即使 6～16 号配方每天都在车间生产一遍,则转产的损失也只有5％,远远低于 15％的上限。

4.缩减不增值过程以缩短包装时间

包装部门的改进策略主要考虑以下三点:减少转产时间、减少非计划停机时间、人员技能的提高。

包装部门提出"减少转产时间"的两点策略:配方之间的转换——洗线,不同包装形式之间的转换——洗线。生产部和工程部成立了转产改进小组,合作进行香波的管道改进项目,来减少洗线时间以及洗线过程香液的浪费。在香波输送管道中,增加一种类似活动活塞的器件,洗线时活塞可以快速地把香液从储缸送到包装线,这个过程非常迅速,相对于正常的输送时间可以忽略不计。这种洗线方式可以减少香液在洗线过程中的浪费(原来损耗 5％)。通过这些改进,洗线时间由 40 分钟下降到 25 分钟。

减少包装尺寸的转换时间。对于一些不同尺寸转换时必须更换的零件,设计了一个零部件可以同时包容两个到三个包装尺寸,只是在转线时更换一下相位就可以了,其效果使转线时间从原来的 25 分钟降低到 15 分钟。

减少非计划停机时间。原来包装部门在 15％ 的生产可靠性损失中,有 9％ 是非计划停机时间,如机器故障、临时的机器维修等。非计划停机的时间损失由原来的 9％ 降低到 4％。

人员技能的提高。由于采用每日计划,生产部对人员安排的可预见性大大降低,这对生产部人员管理是一个巨大的挑战。针对这一现状,宝洁公司实施"人员技能提高"策略,改变相应的人员管理和培训制度,使员工在任务紧的时候,可以在不同生产线随意调配;在生产任务不紧的时候,员工可以自主做一些自我培训或者改进项目。

包装部门改进后的总体效果是:在每日计划模式下,转产频率比以前提高三倍,转线损失由原来的 5％ 上升到 8％,非计划停机时间由原来的 9％ 降低到 4％。人员技能更全面,对生产计划的改变更灵活,生产可靠性仍然保持了超过 85％ 的水平。平均每天生产的品种从原来的 10 种增加到 30 种,反应能力大大提高,库存大大降低。

5.优化仓储管理,缩减货物存取时间

以黄埔工厂管理为例,黄埔工厂的仓储在开始实施每日计划时也同步进行了改进。原来的情况是有两种货架:一是叉车可以从提货通道提取任何一个地台板的选择式货架,适合产量不大的品种;另一种叉车开入式的 3 层货架集中设计,每次出货入货的最小单位都是 12 个地台板,大约相当于 6 吨香波产品,即一个最小的生产批量。

宝洁公司作了如下改进:增加一个货架设计,仍然是 3 层开入式提取和存放货物。但是通过改进,每一层是一个单独的产品品种,即每次出货入货的最小单位是 4 个地台板,相当于最小批量是 2 吨的香波成品,使得产品能够根据规模在合适的货架进行存放和提取。

运输环节的优化与管理:采用第三方物流运送从工厂到全国仓库,与物流供应商签订详细的运输协议,衡量运输商的可靠性和灵活性。每天跟踪运输业绩,考察由供应商造成的货物损坏率,以及由于运输不及时造成的客户订单损失。利用统计模型分析不同类型产品的运输调货频率,进行最优化设计,找到保留库存、卡车利用率和满载率的平衡点。

与客户之间的订单处理与信息共享:与大客户建立电子订单处理系统,比传统的电话传真更快捷。与个别客户统一产品订货收货平台,及时了解客户的销售活动信息,如开店促销等,并反馈回工厂,保证客户有新的市场活动时,宝洁有充足的产品供应。

宝洁公司通过对供应链上下游伙伴的合作,不断挖掘自身生产过程中的时间压缩机会,以实现对客户需求的快速响应,不断夯实作为公司竞争力的供应链反应速度。

➭ 思考题

1.物流在当前经济生活中的意义是什么?
2.简述包装在物流中的作用。
3.简述包装的分类。
4.包装产生何种效用?
5.包装可以增加企业利润吗?

第 7 章

物流包装材料

📖 **本章要点**

包装材料是包装工程的一个重要内容,它主要研究用于包装的四大基本材料纸张、塑料、玻璃、金属等包装方面的适用性及其成品的成型技术,包括材料的结构与性能,生产与加工以及成型产品的适用性。通过本章学习,了解绿色包装材料、纸、纸板、塑料、玻璃和金属等包装材料的结构分类、性能指标,同时也介绍了各类包装材料的发展趋势,为了解包装材料的内容提供了一定的帮助,也为正确选择商品包装材料和制品的形成技术打下基础。

7.1 纸和纸板的包装材料

以纸和纸板为原料制成的包装,统称为纸制包装。纸和纸板作为传统的包装材料,发展至今仍是现代包装最主要的包装材料。纸包装材料是最早采用的包装材料之一,也是当今世界各国包装行业用得最广、用得最多的包装材料。在全世界包装材料与容器的消费当中,纸和纸板的消费在数量上和金额上都占有优势。纸制包装产值约占整个包装材料产值的 45% 左右,它被广泛地应用于商品的销售包装、运输包装,以其独特的性能为商品提供了良好的保护,是包装材料中极具发展前途的材料。

7.1.1 包装用纸的规格、种类和特点

1. 包装纸和纸板的规格

包装纸和纸板分为平板纸、卷筒纸和卷盘纸三种商品形式,它们的规格尺寸各有不同。平板纸尺寸规格差别较大,常见规格为 787 毫米×1092 毫米、850 毫米×1168 毫米、880 毫米×1230 毫米、900 毫米×1280 毫米。平板纸既可以按重量来计量,也可以按令来计数,我国规定 500 张为一令,10 令为一件,但每件纸重量不应超过 250 千克,以利于

包装与装卸。卷筒纸的宽度一般都有统一的标准，卷筒直径也规定了一定的范围，由于纸和纸板的定量差别较大，故卷筒纸长度没有统一的规定。习惯上的做法是，如新闻纸和胶版纸的长度是 6000 毫米左右，卷筒纸袋纸的长度为 4000 毫米。卷盘纸多用来制造胶带、缠绕纸管。

2. 包装纸和纸板的种类

纸和纸板一般是按定量和厚度来区分的。一般认为，定量小于 225 克/平方米的称为纸；大于 225 克/平方米的则称为纸板。既考虑定量，又考虑厚度的分法是：定量在 200 克/平方米以下、厚度不到 0.1 毫米的称为纸，定量超过 200 克/平方米、厚度大于 0.1 毫米的称为纸板。

包装纸和纸板种类繁多，根据加工工艺可分为包装纸、包装纸板、加工纸和纸板等几大类。包装纸主要用来制造纸袋、裹包和包装标签等纸包装制品的纸张，主要品种有牛皮纸、纸袋纸、瓦楞原纸、铜版纸、鸡皮纸、食品包装纸、中性包装纸等；包装纸板主要用来制造加工纸盒、纸管、纸桶或其他包装制品，常用的纸板有白纸板、黄纸板、箱纸板、灰纸板、茶纸板、标准纸板、厚纸板等品种，多用来包装普通商品。

3. 包装纸和纸板的特点

从包装的功能上讲，任何包装材料都必须要满足保护商品、方便储运和促进销售这三个功能。而纸和纸板以及纸制容器除能很好地满足这三项要求之外，还具有其他包装材料所不具有的优点：

（1）原料充沛，价格低廉

纸和纸板的原料丰富而广泛，易进行大批量、机械化生产，成本价格低廉。用木制成纸板箱，每制造 1 吨包装纸板用 3～4 立方米的木材，它可以替代 10～12 立方米木材制成的木材包装箱，既可降低 2 倍的板材消耗，不论以单位面积还是单位容积价格，与其他材料相比都是经济的。

（2）保护性能优良

与其他材料的包装容器相比，纸箱的抗冲击性强，又隔热、遮光、防尘、防潮，能很好地保护内容物。纸箱在内部装满载荷物时耐压强度好，而空箱运输和储存时，折叠起来占用空间又小。

（3）安全卫生

纸和纸板包装材料无毒、无味、无污染，纸箱既可以做成完全封闭型，又可以制成具有"呼吸作用"型，以满足不同商品储存、运输的要求，且不会污染内容物。

（4）加工储运方便

纸和纸板的成型性和折叠性优良，便于裁剪、折叠、鼓合、钉接，既适于机械化加工和自动化生产，又利于手工生产；同时可以根据需要设计制成各种形状。

（5）印刷装潢适性好

纸和纸板作为承印材料，具有良好的印刷性能。印刷的图文信息清晰牢固，便于复制和美化商品。尤其是面对当前盛行的仓储式超市，印刷精美的商品外包装直接面对消费者，可使消费者对内容物一目了然，从而刺激消费者的购买欲。

图 7-1 安全卫生的饮料纸包装

（6）绿色环保，易于回收处理

纸制包装可回收复用和再生，废物容易处理，不造成公害，节约资源。纸制品的原始材料——植物纤维，在自然界可以循环再生，取之不尽，用之不竭。

（7）加工性能好

以纸为基材，可以和其他包装材料如塑料、金属箔、纤维制的线和布等制成复合包装材料。

7.1.2　包装用纸分类介绍

1.包装用非涂布纸

包装用非涂布纸有纸袋纸、牛皮纸、鸡皮纸、羊皮纸、仿羊皮纸、玻璃纸、半透明纸、食品包装纸、茶叶袋纸、黑色不透光包装纸、中性包装纸等。

（1）纸袋纸

纸袋纸用于制作纸袋，供水泥、化肥、农药等包装用，故又称水泥袋纸。纸袋纸根据国家标准分为 1、2、3、4 四种品号，产品一般为卷筒纸，根据需要也可以生产平板纸。卷筒纸宽度有 1100 毫米和 1020 毫米，或根据订货要求生产。水泥包装袋通常以 4～6 层纸袋纸缝制而成。为保证运输过程中和装卸时不易破损，要求纸袋纸有较高的物理强度，如耐破度、撕裂度、抗张强度、耐折度等；为了使纸袋纸能抵抗运输过程中瞬时的冲击应力，还要求纸袋纸具有一定的伸长率；为了在装袋时让空气易于从袋中排出，以免造成粉尘飞扬，还要求纸袋纸具有一定的透气度。另外，还要求纸袋纸具有一定的施胶度，使其具有良好的防水性能。

（2）牛皮纸

牛皮纸用于包装工业品，主要是棉毛丝纺织品、五金交电产品、仪器、仪表以及各种小商品。牛皮纸还常用作纸盒的挂面、挂里以及制作要求坚牢的档案袋、纸袋等。有的将纸袋纸也列入牛皮纸范围，称为重包装袋用牛皮纸。牛皮纸还可以作为砂纸的基纸。

牛皮纸按标准分为 A、B、C 三个等级，A 等牛皮纸要求用针叶木硫酸盐浆制造，B 等和 C 等牛皮纸以针叶木硫酸盐浆为主，可以掺用部分其他纸浆，也有用废水泥纸浆制造。从外观上牛皮纸可以分为单面牛皮纸、双面牛皮纸和条纹牛皮纸等品种。

牛皮纸通常为未漂硫酸盐浆的本色——浅褐色，也可以根据要求制成彩色牛皮纸。牛皮纸的定量根据要求可从 40 克/平方米到 120 克/平方米，分为 8 个档次，以 80 克/平方米品种用途最广。牛皮纸要求有较高的耐破度、撕裂度和良好的耐水性能。另外，条纹牛皮纸用于包装出口商品和其他商品。条纹牛皮纸除具有机械物理强度外，还具有较好的光泽和清晰的条纹。

（3）鸡皮纸

鸡皮纸是一种单面光且光泽度较高、比较强韧的平板薄型包装纸，主要适用于食品、工业品的包装，分 A、B、C 三个等级。鸡皮纸的颜色较牛皮纸浅，也可以按要求生产各种颜色的鸡皮纸。鸡皮纸要求有较高的耐破度、耐折度以及一定的抗水性。各种规格的鸡皮纸都是 40 克/平方米。鸡皮纸的原料可用漂白硫酸盐木浆或未漂亚硫酸盐木浆，掺用少量草浆。

（4）羊皮纸、仿羊皮纸

羊皮纸又称植物羊皮纸或硫酸盐纸，是一种半透明的具有高度的防油、防水、不透气性、湿强度大的高级包装用纸。它主要用于包装化工药品、仪器、机械零件、油脂食品等。羊皮纸的原纸以漂白化学木浆为原料，原纸经 72% 的硫酸浸渍处理之后，经水洗、纯碱中和处理，再水洗后用甘油溶液浸渍塑化而富有弹性。根据用途不同，羊皮纸又分为工业羊皮纸和食品羊皮纸。食品羊皮纸与工业羊皮纸的各项技术指标均相同或相近，除特别要求重金属铅、砷的含量不能大于 0.002% 和 0.00015%。

仿羊皮纸是防油纸的一种，用于包装含油脂较多的食品、药品、油脂产品，以及机械产品的防油耐渗包装。仿羊皮纸经过超级压光处理，产品呈半透明状，光泽度和紧度较高，不透油。仿羊皮纸的原料为未漂亚硫酸盐木浆。

（5）玻璃纸

玻璃纸属于再生纤维素膜。玻璃纸透明、光亮，适用于医药、食品、纺织品、化妆品等商品的透明、美化包装，并可作为透明胶带的原纸。玻璃纸的主要原料是精制的漂白化学木浆或漂白棉短绒浆。玻璃纸的透明性极好，对可见光的透过率可达 99%；不透气性、耐油、耐化学性能好；不带静电不易粘上灰尘；耐寒性好；其纵向强度大而横向强度小，撕裂强度差，适用于撕裂带启封的包装；安全卫生，特别适合食品包装。玻璃纸的缺点是尺寸稳定性差，亲水性强，通水遇热易互相黏结，纸页中水分蒸发后会脆化。玻璃纸分 A、B 两个等级，颜色有漂白、彩色两种。

（6）食品包装纸

食品包装纸根据所包装的食品种类不同，分为三种型号，即 Ⅰ 型、Ⅱ 型、Ⅲ 型。Ⅰ 型包装纸又称糖果包装原纸，适用于经印刷、上蜡加工后，供糖果包装商标用纸。根据用途又分为 A、B、C 三个等级，A 级和 B 级纸供机械包糖用，C 级纸供手工包糖用。糖果包装纸具有良好的不透气性和抗水性，由于用于机械包装，对原纸的抗张强度和撕裂强度都有特殊要求。糖果包装纸原纸要求以漂白化学木浆为主，配以部分漂白草浆，但不得采用废旧纸;此外不得使用荧光增白剂或对人体有影响的化学助剂,并符合国家对包装食品用纸的卫生标准。Ⅱ型食品包装纸又称为冰棍包装纸原纸,适用于经印刷、涂蜡加工后作为冰棍包装纸。冰棍包装原纸产品分 B、C 两个等级,B 级供机械包装冰棍、雪糕用,C 级供手工包装冰棍、雪糕用。冰棍包装纸原纸的定量有 24 克/平方米和 28 克/平方米两种,对其裂断长及撕裂度有一定的要求。要求用漂白木浆或草浆生产,不允许采用废旧纸或社会回收的废纸做原料,不允许使用荧光增白剂或对人体有影响的化学助剂。Ⅲ型食品包装纸又称普通食品包装纸,普通食品包装纸是一种不经涂蜡加工,直接用于入口食品包装用的食品包装用纸,在食品零售市场广泛应用。普通食品包装纸按标准分为 B、C、D 三个等级,有双面光和单面光两种。

(7)薄页包装纸

薄页包装纸是指定量 22 克/平方米以下的薄型包装纸。薄页包装纸按照其用途可以分为三种型号:Ⅰ型适用于高级商品内衬包装,也可作复写纸用,Ⅱ型适用于一般仪器以及其他商品内衬包装,Ⅲ型适用于商品内衬包装。

Ⅰ型薄页包装纸原习惯称为薄页纸。薄页纸过去是指用作礼品包裹用的薄而又半透明的纸,如今在包装工业中通常被用作商品内包装。Ⅱ型薄页包装纸(邮封纸)因为早年曾被用作邮票衬纸和保价信件的封口纸,所以被称为邮封纸。这是一种薄型的单面光纸,要求其正面光泽度不低于 10%,纸质紧密,薄而柔韧,透明度好,白度要求也较高。邮封纸主要用于一些商品的内衬包装,如仪器、卷烟、化妆品、食品、水果等,经印刷、涂蜡处理后也可用于包装糖果。邮封纸的定量有 19 克/平方米和 21 克/平方米两种,品质分为 A、B、C 三个等级,邮封纸为平板纸,色泽为白色。Ⅲ型薄页包装纸即是原来的薄型有光纸,其质量分为 B、C 两个等级,定量从 18 克/平方米到 24 克/平方米不等。其技术指标主要要求一定的抗张强度,对白度和尘埃度虽有要求但要求不高。

(8)黑色不透光包装纸

黑色不透光包装纸适用于照相纸、电影胶片、X 射线胶片和 120 胶卷等感光材料的防光包装用纸。按用途黑色不透光包装纸分为Ⅰ型和Ⅱ型两种型号,每一种型号按质量又分为 A、B 两个等级。其中,Ⅰ型用于照相纸、电影胶片和 X 射线胶片等的防光包装纸,而Ⅱ型则专用于 120 胶卷防光包装纸。

(9)中性包装纸

中性包装纸是用于军用品的包装用纸,也用于包装铝制品和仪器仪表零件。产品按质量分为 B、C 两个等级,规格有卷筒和平板两种。中性包装纸以未漂硫酸盐木浆为原料。

(10)防锈原纸

防锈原纸是制造防锈纸的原纸。以防锈原纸为载体,将气相缓蚀剂浸在载体防锈原纸上面,经干燥后制成防锈纸。防锈纸分置于待包装的金属周围或直接用于包装金属制品,起到防止锈蚀保护金属制品的作用。

2.包装用涂布纸

(1)铜版纸

铜版纸又称涂布印刷纸,是以原纸涂布白色涂料制成的高级印刷纸。它将颜料、黏合剂和辅助材料制成涂料,经专用设备涂布在纸张的表面,经干燥、压光在纸面形成一层光洁、致密的涂层,从而获得良好的表面性能和印刷性能。铜版纸在包装行业中,主要应用在软包香烟的包装上,此外在包装纸袋领域的应用也很广泛。印刷分成有凹印、胶印、柔印。除胶印之外,凹印、柔印都用卷筒单面铜版纸。

（2）铸铜纸

铸铜纸又称作玻璃卡纸,它是一种表面特别光亮,犹如镜面的优质包装印刷涂布纸。这种纸在生产过程中,当原纸经过可塑性涂料涂布之后,在涂料层还处于未干状态并有可塑性的情况下,使纸面压贴于内部加热的镀铬缸面上,在镀铬的烘缸上热压后,让涂料层受热干燥成膜,其膜的可塑性就自然消失,从而使纸张从缸面上自动脱落下来,即形成了铸铜纸。

铸铜纸主要应用于药品的包装领域,在香烟的外包方面应用也很广泛。它具有良好耐折叠性能和美化装饰效果。

3.包装用纸板

用于包装的纸板主要有箱纸板、瓦楞原纸、黄纸板、白纸板、灰纸板、茶纸板、标准纸板、厚纸板以及白卡纸和米卡纸等。

（1）箱纸板

箱纸板是用于制造瓦楞纸板、固体纤维板或纸板盒等产品的表面材料,定量为125～360克/平方米。箱纸板包括普通箱纸板(未用硫酸盐木浆抄造的箱纸板)、牛皮挂面箱纸板(表面两层或一层用硫酸盐木浆抄造的箱纸板)以及牛皮箱纸板(俗称牛发卡纸,配浆中硫酸盐木浆占80%以上,且正反面色泽相近的箱纸板)。

普通箱纸板和牛皮挂面箱纸板的产品质量分为优等品、一等品、合格品三个等级。其中优等品为国际先进水平,一等品为国际一般水平、国内先进水平,合格品为国内合格水平。优等品适用于制造重型、精细、贵重及冷藏物品包装用的瓦楞纸板;一等品适用于制造一般物品包装用的瓦楞纸板;合格品适用于制造轻载瓦楞纸板。牛皮箱纸板分为优等品、一等品两个等级,适用于制造重型、精细、贵重及冷藏物品包装用的瓦楞纸板。箱纸板分卷筒和平板两种,平板箱纸板的尺寸为787毫米×1092毫米、960毫米×1060毫米、960毫米×880毫米。

（2）瓦楞原纸

瓦楞纸板是由箱纸板和瓦楞纸胶合而成,而瓦楞纸是由瓦楞原纸轧制而成的。由瓦楞纸板制成的瓦楞纸箱作为一种容器,要求具有一定的刚性,即抗压强度。瓦楞原纸必须有较高的挺度(环压强度和压楞强度)。此外,还要求原纸具有一定的松厚性,即紧度要适中。瓦楞原纸国外一般都用阔叶木半化学浆制造,我国木材资源紧缺,大多以麦草、蔗渣、棉秆和废纸为原料进行生产。

（3）黄纸板

黄纸板又称草纸板,是一种低档的包装用纸板,过去曾大量用作裱糊制作包装小商品、食品、纺织品、鞋等的纸盒和用作包装的衬垫隔框。由于黄纸板主要用作被糊纸盒,因此要求表面平整,不能有翘曲,为保证成品成盒的强度,要求黄纸板具有一定的耐破度和挺度。

(4)白纸板

白纸板又称单面白纸板,主要用途是经单面彩色印刷后制成纸盒供包装用。因白纸板表面具有良好的印刷性能,能印出精美的图案;同时白纸板便于模切、模压和刻痕加工,可以制成各种形式、形状的包装纸盒;而且白纸板又具有一定的抗张强度、耐折度和挺度等包装性能,因此,白纸板最适宜作为销售包装材料。通常白纸板制成的纸盒,用于包装香烟、食品、化妆品、药品、纺织品等。

(5)灰纸板

灰纸板又称书封纸板、封面纸板、双灰纸板和工业纸板。主要用于精装书封面、高档包装盒、文具制品、纺织印染及制革行业等。灰纸板技术指标主要要求紧度、平均裂断度、白度、耐破度、耐折度、撕裂度和水分等。灰纸板的面层为半漂破布浆或漂白化学木浆,里层为稻草浆、草浆和废纸浆。

(6)茶纸板

茶纸板是一种浅棕色的纸板,有单面光和双面光两种,供轻纺商品包装纸盒和与瓦楞纸黏合制造瓦楞纸板。茶纸板由于要求面层组织均匀、表面光滑平整、适印性较好,因此常用 100％的硫酸盐浆废纸浆。

(7)标准纸板

标准纸板是一种用于制作精密的特殊模压制品以及重要制品之包装用的纸板。纸板要经过压光处理,表面平整不翘曲且全张厚度必须均匀一致。标准纸板的原料一般为30％～40％的本色硫酸盐木浆和 60％～70％的褐色磨木浆。

(8)厚纸板

厚纸板是一种供制作特种纸盒及纸箱内隔栅用的厚包装用纸板。厚纸板用 100％的褐色机械木浆或掺以部分化学木浆来制造。

(9)白卡纸和米卡纸

白卡纸是供印刷名片、封皮及包装装潢用的纸板。米卡纸是供美术印刷品如画册和精装书籍装潢衬纸用的压花纸板。

(10)瓦楞纸板

瓦楞纸板是将瓦楞原纸加工成瓦楞形状以后,再按一定的方式与两个平行的平面页作为外面纸和内面纸,中间夹着通过瓦楞辊加工形成的瓦楞芯纸,各个纸页由涂到瓦楞楞峰的黏合剂黏合在一起而形成的多层纸板。最早的瓦楞纸板是由面纸、瓦楞纸芯和里纸三层构成的,瓦楞芯侧面呈近似三角形结构,波纹状的峰顶分别与面纸和里纸黏结,形成连续的拱形。

根据瓦楞的齿形可以分为 U、V、UV 型三种。U 型瓦楞楞峰圆弧半径比较大,瓦楞纸板具有弹性,在弹性限度内还原性能较好;V 型瓦楞挺力好、坚硬可靠,用纸量少,胶黏剂用量比较少,黏结强度低,受压后恢复慢,现在已不再使用;UV 型瓦楞的齿形弧度较 V型瓦楞大,较 U 型瓦楞小,从而综合了两者的优点,它的抗压强度高、弹性好、恢复力强、黏结强度好。

根据瓦楞的楞型分为 A、B、C、E 四种。A 型瓦楞高而宽,富有弹性,缓冲性好,一般利用它的缓冲保护性包装容易破碎的玻璃制品、水果、玩具等;B 型瓦楞低而密,平压和平行压缩强度高,但缓冲性差,垂直支撑力低,故适合于包装自身具有一定强度的和支撑力的电器;C 型瓦楞的性能介于 A 型和 B 型之间,既具有良好的缓冲性,又具有很好的刚性,很多工厂把它当作 A 型瓦楞的替代品;E 型瓦楞纸板比较薄,一般用来制作纸盒作为销售包装。

根据瓦楞的层数分可以分为单楞单面(双层)瓦楞纸板(多用于内包装或包装衬板)、单楞双面(三层)瓦楞纸板(应用最广)、双楞双面(五层)瓦楞纸板(多用于大型商品包装)、三楞双面(七层)瓦楞纸板(多用在大型商品包装)。

(11)蜂窝纸板

蜂窝纸板由面纸和里纸、纸芯组成。纸芯呈蜂窝状,由数层纸按规律粘贴而成。面纸和里纸由相同材质的等厚各向同性板材组成,如纤维板、三合板或箱纸板,形成蜂窝夹层板,主要承载应力、弯矩和扭矩;纸芯形成蜂窝夹芯,主要承载剪应力。蜂窝纸板的制造采用蜂窝复合技术,具有层板结构。

蜂窝纸板的结构特征:

①蜂窝纸板具有多相性,包括固相、液相及气相。固相成分包括植物纤维、胶料、填料及染料,是决定蜂窝纸板受力大小的主要因素;液相和气相的存在使得蜂窝纸板的力学性质量更复杂多变。

②蜂窝纸板具有各向异性。由于组成纸材成分的空间分布、排列及取向的较大差异,造成蜂窝纸板的力学性质具有显著的各向异性。

③层板结构、抗压能力强,缓冲性能优良。瓦楞纸板纸质较软,楞型受冲击易变形,内装产品的破损率较高;而蜂窝纸板具有层板结构,表面面板承载能力强,蜂窝夹芯可起到工字梁腹板的作用,

蜂窝纸板具有结构新颖、性能优越、承重大、成本低、强度高、弹性好等系列特点,是包装领域替代木箱、塑料箱(含塑料托盘、泡沫塑料)的一种新型绿色包装材料。首先,蜂窝纸板具有优良的承载能力和缓冲性能;其次,它的生产采用再生纸板材料和水溶胶黏剂,可以百分之百回收,克服了泡沫塑料衬垫对人和自然环境的危害;最后,它易于加工切割成各种形状及尺寸,成本低,可重复使用。近年来,欧、美、日等发达国家很重视蜂窝纸板的缓冲包装设计,并已应用于精密仪器、仪表、家电器及易碎物品的运输包装。

7.1.3 纸类包装材料的发展趋势

目前乃至今后几年内,我国包装纸的发展方向是高强度、低克重、多功能,以满足水泥、面粉等一系列包装使用高强度的需要;发展中、高档纸箱产品,重点是多色彩瓦楞纸箱,以适应国内外纸箱的需要;发展蜂窝制品包装新技术、新产品,以逐步替代木制品包装;充分利用我国再生自然资源,发展如农作物秸秆为原料的纸模包装行业,以替代发泡塑料生产餐具盒、托盘和工业产品包装制品。通过开发新型纸浆增强剂和改进瓦楞纸板结构,提高纸强度、减少纸板厚度来达到减量,同时达到发展经济、保护我们的生存环境的目的。

1. 多功能专用包装纸品

在运输和保存的过程中,被包装物对外包装材料有着多方面的要求,如防潮、保鲜、

保温、杀菌、防腐等,以便更好地保护和保存被包装物。这就要求大多数的外包装在设计时要具备多项功能。

2. 发展植物纤维纸品,提倡非木浆造纸

随着人类生存环境的恶化、可利用资源的逐渐减少和包装废弃物的日益增多,人类对"绿色包装"的呼声越来越高。这就要求包装材料的选择要以尽可能小的破坏环境为目的。纸制包装材料是人们最熟悉、应用最广泛的绿色包装材料,其原料来源广泛,废弃物既可以回收再生纸张,在自然环境中又容易腐化,是应用最早的绿色包装材料。在90年代,材料界的人士提出"以纸代塑"的主张。但造纸要消耗大量木材,我国森林资源贫乏,所以应积极发展非木浆造纸,采用芦苇、甘蔗渣、棉秆、麦秸、竹等代木造纸,扩大速成人工林,充分利用废弃材、加工余边材料等,扩大原料来源。植物秸秆是天然植物纤维,来源丰富且可再生。作为包装材料又有许多优点,例如良好的缓冲性能,无毒,无臭,通气性能好,使用后也能完全自然降解。据调查,我国每年的农作物秸秆在 5 亿吨以上。如果能将这笔资源有效利用将会大大减轻造纸对森林资源的压力。

3. 纸浆模塑产品

纸浆模塑是一种立体造纸技术,是指一定浓度的纸浆加入适量的化学助剂,在成型机中通过真空或加压使纤维均匀分布在模具表面,从而制成湿纸模坯,再进一步脱水脱膜,对制品干燥整形,制成纸浆模制品的生产技术。纸模是随着解决发泡塑料污染问题而产生的,是新兴的环保产业。发泡塑料造成的"白色污染"日益严重,且废弃物处理困难,回收再生成本高。而工业级的纸浆模塑制品主要以废纸和废纸板为原料,其原料来源非常广泛。同时,其特有的几何结构对商品具有优良的保护作用,能防震、抗冲击、防静电、抗压且通风散热。质轻价廉,无污染,可回收再利用。纸浆模塑制品被用来取代难降解的发泡塑料,广泛应用于餐具、禽蛋托盘、鲜果托盘、工业托盘、食品及其半成品包装、医疗器具包装等。

4. 特种包装纸

特种包装纸是指根据商品的不同性质、用途和特殊要求而设计的有特殊用途的包装纸。由于不同被包装物有不同的特性,包装材料的性能也必然随之而有所区别和侧重。特种包装纸的技术含量较高、品种多,因此发展空间大,市场前景可观。因环保和绿色概念而产生的多种新型的特种包装纸都有较大的发展前景。如阻燃包装纸能够确保箱内物品不会受到火灾的威胁,经过加工之后的阻燃纸遇到小火不会被引燃,还有可能自熄;脱水包装纸不会使食品组织细膜被破坏,同时还能抑制酶的活性,防止蛋白质分解,减少微生物繁殖,达到保持食品鲜度、浓缩鲜味。

进入 21 世纪以来,我国经济进入了一个崭新的发展阶段,包括加入 WTO 后的深刻影响,我国的包装行业发展日新月异。新的经济形势对纸制品包装提供了前所未有的美好市场前景和发展动力,也提出了更加严峻的挑战。但是,在受到其他包装材料尤其是塑料材料的强烈冲击下,纸包装材料仍然能作为一种主导材料并不断地推陈出新,充分说明了其在同类材料中的巨大竞争力,也预示了其广阔的未来市场。

图 7-2　特种包装纸纸盒

7.2　塑料包装材料

塑料是一种用天然的或合成的高分子化合物为主要原料,并与填料、色料和各种辅助剂(诸如增塑剂、稳定剂、发泡剂、耐老化剂等)混合,在一定温度和压力下塑造成一定形状,并在常温下能保持既定形状的高分子材料。塑料是在 20 世纪初产业化的一种新型高分子材料,问世至今不到 100 年。然而由于其品种繁多、性能优良、市场适应性强,而且成形加工方便、成本低廉,在和其他材料的竞争中显示出了强大的生命力。目前已深入到工业、农业、国防、科研等领域的各个方面,成为现代人类生活中一种不可或缺的材料。塑料制品在包装领域中也得到了广泛的应用及高速的发展。现在,在塑料制品的各种应用中,塑料包装材料雄居首位。塑料包装材料在各种包装材料中的应用量亦仅次于纸品,位居第二位,而且近年来其发展速度一直居于各种包装材料之首。

7.2.1　塑料包装材料的特点及其产品

1. 塑料的组分

我们通常所用的塑料并不是一种纯物质,它是由许多材料配制而成的。其中高分子聚合物(或称合成树脂)是塑料的主要成分,此外,为了改进塑料的性能,还要在聚合物中添加各种辅助材料,如填料、增塑剂、润滑剂、稳定剂、着色剂等,才能成为性能良好的塑料。

(1)合成树脂

合成树脂是塑料的最主要成分,其在塑料中的含量一般在 40%~100%。由于含量大,而且树脂的性质常常决定了塑料的性质,所以人们常把树脂看成是塑料的同义词。

例如把聚氯乙烯树脂与聚氯乙烯塑料、酚醛树脂与酚醛塑料混为一谈。其实树脂与塑料是两个不同的概念。树脂是一种未加工的原始聚合物,它不仅用于制造塑料,而且还是涂料、胶黏剂以及合成纤维的原料。而塑料除了极少一部分含100％的树脂外,绝大多数的塑料,除了主要组分树脂外,还需要加入其他物质。

(2)填料

填料又叫填充剂,它可以提高塑料的强度和耐热性能,并降低成本。例如酚醛树脂中加入木粉后可大大降低成本,使酚醛塑料成为最廉价的塑料之一;同时还能显著提高机械强度。填料可分为有机填料和无机填料两类,前者如木粉、碎布、纸张和各种织物纤维等,后者如玻璃纤维、硅藻土、石棉、炭黑等。

(3)增塑剂

增塑剂可增加塑料的可塑性和柔软性,降低脆性,使塑料易于加工成型。增塑剂一般能与树脂混溶,无毒、无臭,对光、热稳定的高沸点有机化合物,最常用的是邻苯二甲酸酯类。例如生产聚氯乙烯塑料时,若加入较多的增塑剂便可得到软质聚氯乙烯塑料;若不加或少加增塑剂(用量＜10％),则得硬质聚氯乙烯塑料。

(4)稳定剂

为了防止合成树脂在加工和使用过程中受光和热的作用而分解和破坏,延长使用寿命,要在塑料中加入稳定剂。常用的有硬脂酸盐、环氧树脂等。

(5)着色剂

着色剂可使塑料具有各种鲜艳、美观的颜色。常用有机染料和无机颜料作为着色剂。

(6)润滑剂

润滑剂的作用是防止塑料在成型时不粘在金属模具上,同时可使塑料的表面光滑美观。常用的润滑剂有硬脂酸及其钙镁盐等。除了上述助剂外,塑料中还可加入阻燃剂、发泡剂、抗静电剂等,以满足不同的使用要求。

2.塑料的基本性能

塑料具有质轻、比强度高、电绝缘性能和化学稳定性能优异、减摩、透光和减震性能好等特性。

(1)质轻、比强度高

塑料质轻,一般塑料的密度都在0.9～2.3克/立方厘米之间,重量只有钢铁的1/8～1/4,铝的1/2左右,而各种泡沫塑料的密度更低,在0.01～0.5克/立方厘米之间。按单位质量计算的强度称为比强度,有些增强塑料的比强度接近甚至超过钢材。例如合金钢材,其单位质量的拉伸强度为160兆帕,而用玻璃纤维增强的塑料可达到170～400兆帕。

(2)电绝缘性能优异

几乎所有的塑料都具有优异的电绝缘性能,如极小的介电损耗和优良的耐电弧特性,这些性能可与陶瓷媲美。

(3)化学稳定性能优异

一般塑料对酸碱等化学药品均有良好的耐腐蚀能力,特别是聚四氟乙烯的耐化学腐蚀性能比黄金还要好,甚至能耐"王水"等强腐蚀性电解质的腐蚀,被称为"塑料王"。

(4)减摩、耐磨性能好

大多数塑料具有优良的减摩、耐磨和自润滑特性。许多工程塑料制造的耐摩擦零件就是利用塑料的这些特性。在耐磨塑料中加入某些固体润滑剂和填料时,可降低其摩擦系数或进一步提高其耐磨性能。

(5)透光及防护性能

多数塑料都可以作为透明或半透明制品,其中聚苯乙烯和丙烯酸酯类塑料像玻璃一样透明。有机玻璃化学名称为聚甲基丙烯酸甲酯,可用作航空玻璃材料。聚氯乙烯、聚乙烯、聚丙烯等塑料薄膜具有良好的透光和保暖性能,大量用作农用薄膜。塑料具有多种防护性能,因此常用作防护包装用品,如塑料薄膜、箱、桶、瓶等。

图 7-3　玩具的透明塑料包装

(6)减震、消音性能优良

某些塑料柔韧而富于弹性,当它受到外界频繁的机械冲击和振动时,内部产生黏性内耗,将机械能转变成热能。因此,工程上用作减震消音材料。例如,用工程塑料制作的轴承和齿可减少噪音,各种泡沫塑料更是广泛使用的优良减震消音材料。

上述塑料的优良性能,使它在工农业生产和人们的日常生活中具有广泛用途;它已从过去作为金属、玻璃、陶瓷、木材和纤维等材料的代用品,一跃成为现代生活和尖端工业不可缺少的材料。

3. 塑料在包装工业中的应用

(1)薄膜

薄膜包括单层薄膜、复合薄膜和薄片,这类材料做成的包装也称软包装,主要用于包装食品、药品等。单层薄膜的用量最大,约占薄膜的 2/3,其余的则为复合薄膜及薄片。制造单膜最主要的塑料品种是低密度聚乙烯,其次是高密度聚乙烯、聚丙烯和聚氯乙烯等。

薄膜经电晕处理、印刷、裁切、制袋、充填商品、封口等工序来完成商品包装。有的还需要在封口前,抽成真空或再充入氮气(或二氧化碳),以提高商品的货架寿命。薄膜经过双轴拉伸热定型,制成收缩薄膜,这种膜有较大的内应力。包装商品后迅速加热,则薄膜会产生 30%～40% 的收缩,把商品包紧。厚度为 0.15～0.4 毫米的透明塑料薄片,经热成形制成吸塑包装,又称泡罩包装,在包装药片、药丸、食品或其他小商品方面已普遍应用。

(2)容器

①塑料瓶、桶、罐及软管容器。使用的材料以高、低密度聚乙烯和聚丙烯为主,也有聚氯乙烯铁胶、聚苯乙烯、聚酯、聚碳酸酯等树脂。这类容器容量小至几毫升,大至几千升。耐化学性、气密性及抗冲击性好,自重轻,运输方便,破损率低。如聚酯吹塑薄壁萍,透气性低,能承受压力,已普遍用来盛饮用水、汽水等充气饮料。

②杯、盒、盘、箱等容器。以高、低密度聚乙烯、聚丙烯以及聚苯乙烯的发泡或不发泡片材,通过热成形方法制成,用于包装食品。塑料包装箱的性能比纸箱或木箱好得多,用低发泡钙塑材做包装箱可降低包装商品的成本。用高密度聚乙烯制成的各种周转箱、木箱容易清洗、消毒,使用寿命也长。

4.塑料防震缓冲包装材料

使用缓冲包装材料的主要目的是用来缓和被包装产品在运输、装卸中所受到的冲击和振动外力,以保护产品不被损坏。所以缓冲材料是指一些具有能高度压缩和具有复原性的弹性材料,它们具有冲击能量的吸收性、振动吸收性以及复原性。

用聚苯乙烯、低密度聚乙烯、聚氨酯和聚氯乙烯可以制成泡沫塑料。泡沫塑料按发泡程度和交联与否分为硬质和软质两类;按泡沫结构,分为闭孔和开孔两种,密度在 0.02～0.06 克/立方厘米之间,具有良好的隔热性和防震性,主要用作包装箱内衬。用聚丙乙烯或低密度聚乙烯薄膜之间充以气泡制成的薄膜,称为气泡塑料薄膜或气垫薄膜,密度在 0.008～0.03 克/立方厘米之间,适用于食品、医药品、化妆品和小型精密仪器。将聚苯乙烯或低密度聚乙烯在挤出机内通入加压易于汽化的气体,经挤出吹塑而制成低发泡薄片,成为泡沫纸,再用热成形的方法,可制成食品包装托盘、餐盘、蛋盒及快餐食品的包装盒。

5.塑料密封材料

包装密封剂和瓶盖片、垫片等,是一类具有黏合性和密封性的液体稠状糊或弹性体,以聚氨酯或乙烯—醋酸乙烯酯树脂为主要成分,用作桶、瓶、罐的封口材料。橡胶或无毒软聚氯乙烯片材,可作瓶盖、罐盖的密封垫片。

6.塑料带状材料

塑料带状材料包括打包带、撕裂膜、胶黏带、绳索等。塑料打包带是用聚丙烯、高密度聚乙烯或者聚氯乙烯的带坯,经单轴拉伸取向、压花而成宽 13～16 毫米的带,单根抗拉强度在 130 千克以上,较铁皮或纸质打包带捆扎方便、结实。

7.2.2　塑料包装材料分类

1.塑料的分类

塑料种类很多,到目前为止世界上投入生产的塑料大约有 300 多种,常用的分类方法有以下几种。

（1）根据塑料受热后的性质不同分为热塑性塑料和热固性塑料

热塑性塑料分子结构都是线型结构，在受热时发生软化或熔化，可塑制成一定的形状，冷却后又变硬。在受热到一定程度又重新软化，冷却后又变硬，这种过程能够反复进行多次，如聚氯乙烯、聚乙烯、聚苯乙烯等。热塑性塑料成型过程比较简单，能够连续化生产，并且具有相当高的机械强度，因此发展很快。热固性塑料的分子结构是体型结构，在受热时也发生软化，可以热塑制成一定的形状，但受热到一定的程度或加入少量固化剂后，就硬化定型，再加热也不会变软和改变形状了。热固性塑料加工成型后，受热不再软化，因此不能回收再用，如酚醛塑料、氨基塑料、环氧树脂等都属于此类塑料。热固性塑料成型工艺过程比较复杂，所以连续化生产有一定的困难，但其耐热性好、不容易变形，而且价格比较低廉。

（2）根据塑料的用途不同分为通用塑料和工程塑料

通用塑料是指产量大、价格低、应用范围广的塑料，主要包括聚烯烃、聚氯乙烯、聚苯乙烯、酚醛塑料和氨基塑料五大品种。人们日常生活中使用的许多制品都是由这些通用塑料制成。工程塑料是可作为工程结构材料和代替金属制造机器零部件等的塑料，例如聚酰胺、聚碳酸酯、聚甲醛、ABS树脂、聚四氟乙烯、聚酯、聚酰胺等。工程塑料具有密度小、化学稳定性高、机械性能良好、电绝缘性优越、加工成型容易等特点，被广泛应用于汽车、电器、化工、机械、仪器、仪表等工业，也被应用于宇宙航行、火箭、导弹等方面。

2.包装工业中常用的塑料包装材料

塑料的品种很多，在包装行业使用量最大的是聚乙烯、聚丙烯、聚苯乙烯、聚氯乙烯、聚酰胺等塑料。由于科学技术的发展，对新材料的需要，又出现了一些力学性能优良，并且有较广使用温度范围的新型材料，如聚碳酸酯、聚甲醛、聚四氟乙烯等。下面介绍几种常用的塑料包装材料。

（1）聚乙烯（Polyethylene，PE）

聚乙烯是由油裂解所得到的乙烯，经聚合而成。聚乙烯为无臭、无毒、外观呈乳白色的蜡状团体，化学稳定性好，常温下几乎不与任何物质反应，具有一定的透气性，热封性能好。

聚乙烯是包装中用量最大的塑料制品之一。目前已商品化的聚乙烯树脂有下面10种：低密度聚乙烯（LDPE）、中密度聚乙烯（MDPE）、线形低密度聚乙烯（LLDPE）、超低密度聚乙烯（U/VLDPE）、高密度聚乙烯（HDPE）、高分子量高密度聚乙烯（HMW-HDPE）、超高分子量聚乙烯（UHMWPE）、茂金属催化聚乙烯（MPE）、可发性聚乙烯（EPE）和回收聚乙烯（PCR）。

低密度聚乙烯（LDPE）是一种非线性热塑性聚乙烯，支链较多，并对透明性、柔软性、可热封性和易加工性有较大的影响。低密度聚乙烯加工方式很多，可以吹胀、流延、挤出涂布、挤出吹塑和注塑。低密度聚乙烯的最大产品是薄膜，大约有55％的低密度聚乙烯被加工成薄膜。低密度聚乙烯可普遍用于食品、服装包装袋、阻温层、农用薄膜、日用品包装和收缩缠绕膜以及复合薄膜中的热封合黏合层。

中密度聚乙烯（MDPE）相对于低密度聚乙烯来说，有较好的强度、挺度和阻隔性能。

中密度聚乙烯的加工温度稍高于低密度聚乙烯。

高密度聚乙烯（HDPE）含支链少,结晶度高达90％,有些品种使用温度可达120℃,耐寒性能优良。对于高密度聚乙烯,其分子结构主要为线形,结晶度高,支链少,因此刚性好,强度高,可以大量采用吹塑成型法制成瓶子、大罐等中空容器,用于运输包装及日用品包装。由于高密度聚乙烯为乳白色,拟纸性强,手感舒适,坚韧耐撕,耐热、耐寒性好、耐油性优良、无毒、无味,可用于水产品、农产品、食品、药品、办公用品、体育用品包装。

线形密度聚乙烯（LLDPE）是在结构上介于高密度聚乙烯和低密度聚乙烯之间的一种聚乙烯。线形低密度聚乙烯一般具有高结晶度和高密度,其热封性能好。线形低密度聚乙烯的大规模生产是在20世纪70年代末,在比较短的时间内,LLDPE以其优异的性能和较低的成本,在许多领域已替代了LDPE。目前LLDPE几乎渗透到所有的传统聚乙烯市场,包括薄膜、模塑、管材和电线电缆。其最具优势的领域是包装,如拉伸缠绕包装、杂物袋和重包装袋。

（2）聚丙烯（Polypropylene,PP）

聚丙烯是以丙烯单体进行聚合的热塑性聚合物。它是一种热塑性树脂,具有良好的耐热性、电绝缘性,且耐腐蚀、密度低,加之原料易得、来源丰富,使之成为近年世界通用树脂中增长较快的品种。它的透明性比聚乙烯好,表面光滑,吸水性低,气密性也比聚乙烯好。

聚丙烯属聚烯烃品种之一,也是包装中最常用的塑料品种之一,是目前常用塑料中最轻的一种。它也是世界上使用量较大、用途非常广泛的通用树脂,其消费量仅次于聚乙烯,居世界第二位。从目前的国内包装领域看,聚丙烯在包装领域主要用于生产编织制品、薄膜、片材、中空容器等产品,其中最主要的是编织制品。

聚丙烯薄膜主要包括双向拉伸聚丙烯（BOPP）薄膜、流延聚丙烯（CPP）薄膜、普通包装薄膜和微孔膜等。BOPP薄膜具有质轻、机械强度高、尺寸稳定性好等优点,广泛应用在包装领域,特别是食品包装领域。BOPP薄膜按用途可分为光膜、烟膜、电工膜、珠光膜等。CPP薄膜具有阻隔性好、热封温度低、印刷和复合适应性强、耐蒸煮等特点。与BOPP薄膜相比,CPP薄膜具有加工设备简单、单位面积成本低的优势。而且其抗刮性和包装机械性能良好,因而在包装领域占有重要地位。CPP薄膜主要分为通用型、蒸煮型、镀铝型三种,一般均与BOPP、BOPET（双向拉伸聚酯）等薄膜复合使用。通用型CPP薄膜是良好的热封基材,现主要用于干燥类食品及服装等产品的包装;蒸煮型CPP薄膜可耐120℃高温蒸煮,主要应用于熟食及药品等需高温杀菌处理的包装;镀铝型CPP薄膜对铝等蒸煮金属具有极佳的附着强度,应用于各类精美食品包装。

（3）聚苯乙烯（Polystyrene, PS）

聚苯乙烯是由苯乙烯单体聚合而成,它是质硬、脆、透明、无定型的热塑性塑料。聚苯乙烯易于染色和加工,吸湿性低,尺寸稳定性、电绝缘性能和热绝缘性能极好。聚苯乙烯的透光率为87％～92％,其透光性仅次于有机玻璃。聚苯乙烯毒性极低,属于比较安全的塑料品种。

聚苯乙烯是目前世界上应用最广的塑料之一。聚苯乙烯包括三个品种,有通用聚苯乙烯、增强聚苯乙烯和发泡聚苯乙烯。通用聚苯乙烯耐热温度高、流动性高和几乎不含添加剂,通常用作发泡塑料和热潮成型材料,用于注塑透明商品盒、高品质化妆用品器皿盒、光盘包装、透明的食品盒、果盘、小餐具等。高流动性聚苯乙烯常用作医用器皿、餐具盒热塑成型的材料。中流动性聚苯乙烯树脂适用于吹塑瓶、盒的食品和医药包装。增强聚苯乙烯不透明、易热塑成型,典型的包装应用有冷藏乳制品。发泡聚乙烯是由一些特殊的发泡结晶聚苯乙烯球料制成,一般由苯乙烯单体、引发剂、水、发泡剂及其他助剂经聚合后得到合发泡剂的树脂,主要用于各类电器的缓冲包装、食品包装以及鲜鱼的活体包装箱等;还可用于保温及低发泡片材制作一次性使用的快餐盒、盘。聚苯乙烯薄膜经拉伸处理后,耐冲击强度差的缺点得到改善,可制成热收缩膜,用于食品的收缩包装。

(4)聚氯乙烯(Polyvinyl Chloride,PVC)

聚氯乙烯是由氯乙烯单体聚合而得。聚氯乙烯化学稳定性好,在常温下一般不受无机酸、碱的侵蚀;耐热性较差,受热易变形;光学性能好,可制成透光性、光泽度皆好的制品。根据聚合方法的不同,常用的聚氯乙烯树脂可分为悬浮法树脂与乳液法树脂。聚氯乙烯的性能可调,可制成从软到硬不同力学性能的塑料制品。在包装方面,80%的商品聚氯乙烯是用悬浮聚合法生产的,其他则用乳液聚合法生产。悬浮法聚氯乙烯树脂是制造聚氯乙烯塑料的主要原料,可加工成硬质或软质聚氯乙烯制品。硬质聚氯乙烯制品可以是各种管材、片材、板材、防腐设备、周转箱等,软聚氯乙烯可制成包装薄膜、软管等产品。乳液法聚氯乙烯树脂,其粒子微细,能在常温下与增塑剂混合成糊状物,习惯称"糊状树脂",适于涂布、浸渍、搪塑、滚塑等加工。液态增塑剂使聚氯乙烯薄膜具有中等的氧气阻隔性,具有好的透明性、高耐穿刺性和胶黏性、坚韧性和弹性。含有增塑剂及其他成分的软质聚氯乙烯,因增塑剂等有毒及有异味,所以不能用于食品包装,但可用于包装仪器仪表、电器设备、化肥等以及作为防潮、防水的包装材料。

硬质聚氯乙烯也可不采用增塑剂而采用内增塑的方法生产软质聚氯乙烯薄膜。这些不含增塑剂的薄膜没有增塑剂的异味,不易硬化、老化,可用于蔬菜、水果、冷冻食品、药品、点心等的包装。半硬薄片可制成杯状容器,用于包装冰淇淋、果冻、酱菜、西餐点心等;拉伸薄膜还可用于收缩包装,如用于蔬菜、点心、服装等的收缩包装。

(5)聚偏氯乙烯共聚物(Polyvinylidene Chloride,PVDC)

聚偏氯乙烯是偏氯乙烯的共聚物。聚偏氯乙烯的分子结构的对称性使得它具有高度的结晶性;并且软化温度高,接近其分解温度,再加上它与一般的增塑剂相容性较差,难以加热成型。因此工业上采用结构与其相似的氯乙烯共聚,起到内增塑的作用,从而达到适当地降低其软化温度,提高与增塑剂相容的目的,同时又不失 PVDC 固有的高结晶特征。

聚偏氯乙烯树脂有如下品种:F 树脂(带丙烯腈的共聚物)、水乳胶和挤出树脂。聚偏氯乙烯树脂在阻隔性能上的应用主要是阻气、阻氧和阻水。主要用于制造薄膜和热收缩膜,包装肉类或其他食品、药品等。

单层薄膜广泛用于日常家用包装,与聚烯烃通过共挤制成多层薄膜,常用于包装肉类、乳酪和其他对水汽较敏感的食品包装。这种结构通常包含 10%～20% 的聚偏氯乙烯共聚物品,主要提供材料的阻隔性能,还可与其他薄膜复合制成复合薄膜包装食品。聚

图 7-4　硬质聚氯乙烯包装瓶

偏氯乙烯共聚物还常被用作半刚性热塑性容器的阻隔层。乳液法聚偏氯乙烯涂覆在其他纸张、薄膜或塑料容器的表面,可提高纸张和塑料薄膜甚至半刚性容器 PET 瓶的阻隔性能。

（6）聚酰胺（Polyamide，PA）

聚酰胺的商品名叫尼龙（Nylon）,是分子主链上含有酰胺基团的线型结晶聚合物,它是由内酰胺或由二元胺与二元酸缩聚而成。聚酰胺具有透明性、热成形、高强度及在较宽的温度范围内保持很高的挺度等特性。但是,由于其结构组成的原因,尼龙表现出很强的水蒸气敏感性。

尼龙在包装方面主要以薄膜形式应用,为提高薄膜性能,一般对薄膜进行拉伸。由于尼龙的熔融加工性能好,在大多数的包装应用中,尼龙通常被用于制造挤出薄膜,可以通过流延或吹胀的工艺得到。在整个薄膜加工过程中,通过不同温度的处理,可以得到不同结晶度的尼龙。尼龙通过吹塑加工,可以用来生产工业容器、燃油罐和油罐。尼龙一般应用于医疗器械、肉类和乳酪包装及热成型填充包装。在大多数包装应用中,尼龙一般与其他薄膜复合成多层结构,其他树脂主要提供热封性能和阻水性能。

（7）聚对苯二甲酸乙二醇酯（Polyethylene Terephthlate，PET）

聚对苯二甲酸乙二醇酯是由对苯二甲酸和乙二醇酯直接酯化后缩聚而得。聚酯树脂具有优良的性能,力学性能好,其韧性在常用的热塑性塑料中是最大的,薄膜的拉伸强度可与铝箔相媲美,冲击强度为其他薄膜的 3～5 倍,耐折性好,但撕裂度强度差;耐油、耐脂肪、耐稀酸和稀碱、耐大多数溶剂,但不耐浓酸和浓碱;具有优良的耐高、低温性能,可在 120℃ 下长期使用,短期使用可耐 150℃ 高温,可耐 −70℃ 低温,且高、低温时对其力学性能影响小;气体和水蒸气渗透率低,具有优良的阻气、水、油及异味性能;透明度高,可阻挡紫外光,光泽性能好。

在包装行业中人们常将聚对苯二甲酸乙二醇酯简称为聚酯。PET 无毒、无味,卫生安全性好,可直接用于食品包装;双向拉伸可以使聚酯树脂薄膜纵向和横向力学性能提高。因此,双轴取向薄膜成为该材料的重要产品。聚酯树脂的应用范围主要在三大领域:纤维、片材和薄膜以及瓶用树脂。

PET 片材是继 PVC 片材之后,用于医药品包装的片材。欧洲国家禁止 PVC 用于一次性包装之后,PET 成为主要的医药品包装用片材。PET 薄膜用于医疗用器具、精密仪器、电器元件的高档包装材料和录音带、录像带、电源胶片、计算机软盘及感光胶片等的基材,还可以制成拉伸薄膜用于各类产品的包装,以及经过镀铝或涂覆 PVDC 后再与其他薄膜复合,制成复合薄膜。

瓶用树脂是 PET 制成瓶类容器用于充气饮料及纯净水等的包装,其特点是重量轻、强度高、韧性好、透明度高,拉伸取向后可耐较高的内压,化学稳定性好,阻隔性高。结晶的 PET 树脂是目前较好的耐热包装材料,适用于冷冻食品及微波处理的食品容器以及热罐装食品的包装。

(8)聚奈二甲酸乙二醇酯(Polyethylene Naphthalene,PEN)

聚奈二甲酸乙二醇酯是由奈二甲酸和乙二醇酯直接酯化后缩聚而得。PEN 和 PET 有非常类似的结构,所以在性质上也有相同的特性,而且几乎在所有方面都优于 PET。PEN 的耐热性能较好,拉伸强度比 PET 高 35%,且加工性能好,成型周期快。在 PET 树脂的阻隔性和耐热性达不到要求的应用领域,PEN 则显示出其卓越的性能。

PEN 以其较高的防水性、气密性、抗紫外线性以及耐热、耐化学、耐辐射而著称。目前,在包装上的典型使用是生产医药和化妆品的吹塑容器和可蒸煮消毒果汁、啤酒瓶等。

(9)聚碳酸酯(Polycarbonate,PC)

聚碳酸酯是在分子链中含有碳酸酯的一类高分子化合物的总称。聚碳酸酯作为一种线形聚酯,是一种无色或呈微黄色透明的无定型塑料。聚碳酸酯具有优越的耐高温性能及在高温下的高强度性能,其耐低温性能也很好,脆化温度低于 $-100\,^\circ\mathrm{C}$,可在 $130\,^\circ\mathrm{C}$ 下长期使用;对水、蒸气和空气的渗透率高,若需阻隔时,必须进行涂覆处理;无毒、无味、无臭,具有透明性;耐候性较好,对热、辐射、空气、臭氧具有良好的稳定性。

聚碳酸酯在包装上主要以薄膜形式用于蔬菜、肉类等需要呼吸及氧气的食品,还可制成纯净水桶、婴儿乳瓶,以及瓶、碗、盘类的食品包装。

(10)聚乙烯醇(Polyvinyl Alcohol,PVA)

聚乙烯醇不能由单体直接聚合而成,而是先用醋酸乙烯酯聚合成聚醋酸乙烯酯,然后将其醇解,制得聚乙烯醇。聚乙烯醇是一种耐热,高强度,柔韧性、耐溶剂、介电性能好的材料。聚乙烯醇薄膜的机械性能好,耐折、耐磨,无毒、无臭、无味,化学稳定性好,阻气性和阻香性好。因分子内含有羟基,具有较大的吸水性,故阻湿性差,且随着吸湿量的增加,其阻气性能急剧下降。

聚乙烯醇的单体乙烯醇是不稳定的,因此聚乙烯醇被大量用于制造涂料和黏合剂。当它作塑料使用时,通常以薄膜形式应用于食品包装。它是一种性能优良、用途广泛的水溶性聚合物,由它制备的薄膜具有优异的阻氧性、阻油性、抗撕裂性、透明性、抗静电性、印刷性、耐化学腐蚀性等,并在一定条件下具有水溶性和可生物降解性,在薄膜材料中占有独特的、十分重要的地位。

7.2.3 塑料包装材料的发展趋势

1. 高阻隔、多功能性

这类材料包括高阻渗透性、多功能保鲜性、选择透气性、耐热性、无菌性以及防锈、防臭等材料。其中提高通用塑料性能方面,采用金属化合物类催化剂,可以大幅度提高聚乙烯的强度,从而可以将聚乙烯薄膜做得更薄,并达到原来较厚的聚乙烯薄膜的使用效果,从而节约聚乙烯物料的耗用量,起到降低包装成本,减少废弃塑料包装材料量,减轻环保压力的多重功效。此外,以高阻渗性多功能保鲜、无菌包装材料也备受人们的关注,例如含氧化硅涂层的塑料薄膜的主要特点是具有高透明性和对水蒸气及氧气的高阻隔性,且透微波,所包装的物质可直接进微波炉加热;使用后的废弃物易回收处理,不会对环境造成负担等。因此,尽管该产品尚处于开发应用初始阶段,还存在着价格昂贵以及涂层性脆、运输过程中阻隔性损失较大等问题,但目前众多公司十分看好这一领域,纷纷加盟含氧化硅涂层的塑料包装材料的研究。

2. 降低塑料包装材料的生产成本

降低塑料包装材料的生产成本,是提高其竞争能力的重要措施。其主要途径有:①采用优质材料。在确保使用功能的前提下,减少原料单耗。②提高塑料包装材料的生产技术水平,降低生产费用。在提高塑料包装材料生产技术、降低生产费用方面,开发与应用,为大规模生产装置的投产奠定了坚实的基础。塑料制品生产装置的大型化,无论对于降低产品能耗或劳动力耗用量均创造了十分有利的条件。因此,塑料薄膜、片材等生产装置的大型化已成为一种十分明显的趋势。

3. 节能、环保、易回收利用

塑料包装材料的广泛应用,在促进工农业生产、满足人民生活需要上均起到了积极的作用。然而由于过去人们环境意识不强,废弃塑料包装被乱抛乱扔,大量分布于自然界中,一直被认为是塑料一大优点的稳定性好的特性却成了欲使塑料迅速分解、回归自然的一大障碍。大量塑料包装材料积存自然界中,严重影响生态平衡,给人类生存环境造成极大危害之后,引起了各国广泛重视。对此,工业发达国家提出了适应环境保护的所谓“3R1D”的主张,值得我们在今后发展塑料包装材料中作为借鉴。“3R”即:①减少塑料包装材料的单耗,以减少废弃塑料包装材料的数量,减少可能进入自然界的污染源。例如塑料瓶的轻量化,塑料薄膜厚度薄型化以及改瓶装为袋装等。当然,减少单耗是在不降低包装的使用功能的前提下进行的。②重视塑料包装材料的重复使用工作。回收多次灌装使用的塑料瓶已成为人们开发研究的热点之一,例如可口可乐公司已开发成功并在乌拉圭开始使用可多次回收灌装用的 PEN 瓶。③做好塑料包装材料的回收利用。其中包括经物理处置,将废弃塑料包装材料经化学降解制造单体或其他化学产品的原料;或者通过焚烧处理回收能量等,达到化废为宝的目的。“1D”即开发人们经常提到的降解型塑料,这类塑料在一定的条件下可以较快地降解而回归自然,而且在使用中仍能保持良好的物理及力学性能和化学稳定性,对商品起到良好的保护作用。从降解机理看,有生物型降解塑料和光降解型分解塑料。从制造方法分,有完全依靠生物产品加工制得的,有完全通过人工方法合成的新型高分子化合物,还有以现有塑料为基础,掺混降解型添加剂而成的渗混型降解塑料。其中以用微生物产品为原料的降解型塑料分解效果最好。

4.塑料共混、塑料合金和无机材料填充增强的复合材料

被称作明日塑料之星的塑料共混物、塑料合金、无机材料填充增强的复合材料,在20世纪的发展基础上,通过基础研究的努力,在生产和加工技术已经获得了进一步的提高和完善,在产品性能改进和系列化、功能化方面取得了更大的进展,对提高塑料包装质量产生了很大的影响。

随着塑料包装产品质量的不断提高,功能性增加以及新品种的不断开发,其用途也进一步拓宽,用在了食品包装、医药包装、农副产品包装、建材包装等领域。随着21世纪经济的不断调整,塑料包装材料与传统包装材料相比,从产品整个生命周期评价分析,可以节约能量、节约资源、减少废弃物。因此在21世纪的包装材料中仍然占据着重要的地位并发挥重要的作用。

7.3　玻璃包装材料

7.3.1　玻璃包装材料的特性

作为包装材料,玻璃具有一系列非常可贵的特性:透明性好,易于造型,具有特别的美化商品的效果;玻璃的保护性能优良,坚硬耐压,只有良好的阻隔性、耐蚀性、耐热性和光学性能;能够用多种成形和加工方法制成各种形状和大小的包装容器;玻璃的原料丰富,价格低廉,并且具有回收再利用的性能。玻璃作为一种包装材料还具有许多优点。

①化学惰性。对于大多数可能用玻璃包装的物品,玻璃不会与之作用,没有什么影响,安全性高。

②阻隔性高。对水蒸气和气体完全隔绝,从而具有很好的保存性。

③透明度高,且可制成有色玻璃。

④刚性大。在整个销售期间保持形状不变,可使外包装容器的刚性减少,降低成本。

⑤耐内部压力强。特别对那些含碳酸气体的饮料和气溶胶的商品包装来说,是一种特别重要的性能。

⑥耐热性好。在包装时需要耐高温的主要场合有:热灌装,在容器中烧煮或消毒杀菌,用蒸汽热空气对容器进行消毒,而玻璃能耐大于 500℃ 的温度,能适应于任何包装用途。

然而,玻璃包装也存在一些缺点,如脆性,玻璃的耐冲击强度不大,尤其是当表面受到损伤或制造时组成不均匀时会很严重。如灌装期间瓶子破碎,既损失了容器,又损失了产品,更严重的是中断了机器运转,甚至更难估计的是玻璃屑掉在产品中,尤其是食品和化妆品中,则后果不堪设想。

7.3.2　玻璃包装材料的分类

玻璃包装材料按组成分类,通常根据形成体氧化物的种类,把玻璃分成硅酸盐玻璃、硼酸盐玻璃、磷酸盐玻璃和铅酸盐玻璃等。常用的包装玻璃为钠钙玻璃,其次是硼硅酸盐玻璃。钠钙硅酸盐玻璃是用途和用量最多的玻璃品种,容易熔制和加工、价格便宜。

玻璃作为包装容器的材料,由于其生产原料充足、价格便宜,生产工艺比较简单,使得玻璃包装容器广泛应用于食品、药品、化工等方面。玻璃包装容器通常成为玻璃瓶,种类繁多,可根据需要进行分类。

①按容器制造方法分为根据模具成型的模制瓶和通过拉制成形再二次加工形成的管制瓶。

②按色泽分为无色透明瓶、有色瓶和不透明的混浊玻璃瓶。

③按造型有圆形瓶和异形瓶。

④按瓶口形式分为磨口瓶、普通塞瓶、螺旋益瓶、凸耳瓶、冠形盖瓶和滚压盖瓶。

⑤按用途分有食品包装瓶、饮料瓶、酒瓶、输液瓶、试剂瓶和化妆品瓶等。

⑥按容积分有小型瓶和大型瓶;按使用次数还可分为一次用瓶和复用瓶。

⑦按瓶壁厚度可分为厚壁瓶和轻量瓶。

⑧按所盛装的内装物分为罐头瓶、酒瓶、饮料瓶和化妆瓶。

⑨按瓶口尺寸分为大口瓶(瓶口内径大于 30 毫米)和小口瓶(瓶口内径小于 30 毫米)。

⑩按瓶口瓶盖形式分为普通塞瓶、冠塞瓶、螺纹塞瓶、滚压塞瓶、凸耳塞瓶和防盗塞瓶等。

⑪按瓶罐的结构特征分为普通瓶、长颈瓶、短颈瓶、凸颈瓶、溜肩瓶、端肩瓶和异形瓶等。

图 7-5　钠钙玻璃包装

7.4 金属包装材料

金属包装材料的应用虽然只有 100 多年的历史,但随着现代化冶金工业的发展,为工农业各部门提供大量各种金属,成为各部门现代化生产的基础。金属材料广泛使用于工业产品包装、运输包装和销售包装中,并成为主要的包装材料之一。目前在各种包装材料中,日本和欧洲各国,金属约占 14% 左右,仅次于纸和塑料包装,占第三位,而在美国,包装消耗的金属材料比塑料要多,约占第二位。我国的金属材料占包装材料总量的8% 左右,仅次于塑料包装材料。

7.4.1 金属包装材料的性能特点

①金属包装材料的机械性能优良、强度高,因此金属包装容器可以制成薄壁、耐压强度高,不易破损的包装容器。这样使得包装产品的安全性有了可靠的保障,并便于储存、携带、运输、装卸和使用。

②金属包装材料的加工性能优良,加工工艺成熟,能连续化、自动化生产。金属包装材料具有很好的延展性和强度,可以轧成各种厚度的板材、箔材。板材可以进行冲压、轧制、拉伸、焊接,制成形状大小不同的包装容器;箔材可以与塑料、纸等进行复合;金属铝、金、银、铬、钛等还可镀在塑料薄膜或纸张上。因而金属能以多种形式充分发挥优良的、综合的防护性能。

③金属包装材料具有极优良的综合防护性能。金属的水蒸气透过率很低,完全不透光,能有效地避免紫外线的有害影响。其阻气性、防潮性、遮光性和保香性大大超过了塑料、纸等其他类型的包装材料。因此金属包装能长时间保持商品的质量,货架寿命长达三年之久,这对于食品包装尤其重要。

④金属包装材料具有特殊的金属光泽,也易于印刷装饰,这样可使商品外表华贵富丽,美观适销。另外,各种金属箔和镀金属薄膜是非常理想的商标材料。

⑤金属包装材料资源丰富,能耗和成本也比较低。而且具有重复可回收性,从环境保护方面讲,是理想的绿色包装材料。

金属包装材料虽然具有以上特性,但也有不足之处。主要是:化学稳定性差,耐蚀性不如塑料和玻璃,尤其是普通钢质包装材料容易锈蚀。因此金属包装材料多须在表面再覆盖一层防锈物质,以防止来自外界和被包装物的腐蚀破坏作用;同时也要防止金属中的有害物质对商品的污染。例如金属材料中不同程度地含有重金属离子 Pb、Fe、Sn 等,这些重金属离子能够与商品作用,特别是食品,不仅污染食品,而且这些重金属离子对人体危害较大。

7.4.2　金属包装材料的分类

1.金属包装材料的分类

金属包装材料主要分钢材和铝材两大类,而每一类又包含若干品种,各有自己的适用范围。

(1)钢材

与其他金属包装材料相比,钢材来源较丰富,能耗和成本也较低,至今仍占金属包装材料的首位。包装用钢材主要是低碳薄钢板。低碳薄钢板具有良好的塑性和延展性,制桶制罐工艺性好,有优良的综合防护性能。但冲拔性能没有铝材好。钢质包装材料最大的缺点是耐蚀性差,易锈,必须采用表面镀层和涂料等方式才能使用。按照表面镀层成分和用途的不同,钢桶包装用钢材主要有下面几类:

①冷(热)轧低碳薄钢板。主要用于制造大中型运输包装容器,如集装箱、钢桶、钢箱等,以及捆扎材料。

②镀锌薄钢板。又称白铁皮,是制桶(罐)的材料之一,主要用于制造工业产品包装容器。

③镀锡薄钢板。又称马口铁,是制造桶(罐)的主要材料,大量用于罐头工业,也可以用来制造其他食品和非食品的桶(罐)容器。

④镀铬薄钢板。又称无锡钢板,是制造桶(罐)的主要材料之一,可部分代替马口铁,主要用于制造食品包装容器如饮料罐等。

(2)铝材

铝质包装材料的使用历史较短,但由于铝具有某些比钢优异的性能,特别是铝资源丰富,铝的提炼方法有了很大的改进。故铝作为包装材料近年来发展很快,在某些方面已取代了钢质包装材料。

铝材的主要特点是重量轻、无毒无味、可塑性好、延展性、冲拔性能优良,在大气和水汽中化学性质稳定,不生锈、表面洁净有光泽。铝的不足之处是在酸、碱、盐介质中不耐蚀,故表面也须涂料或镀层才能用作食品容器。而且它的强度比钢低,成本比钢高,故铝材主要用于销售包装,很少用在运输包装上。

①铝板。为纯铝或铝合金薄板,是制罐材料之一,可代替部分马口铁,主要用于制作饮料罐。

②铝箔。采用纯度在99.5%以上电解铝板,经过压延制成,厚度在0.2毫米以下,一般包装使用的铝箔都是和其他材料复合使用,作为阻隔层,提高阻隔性能。

③镀铝薄膜。底材主要是塑料或纸张,在其上镀上极薄的铝层,可成为铝箔的代用品而被广泛地使用。因为是在塑料薄膜或纸上镀上极薄的铝层,所以其阻隔性能比铝箔略差,但耐刺扎性优良,在实用性能方面超过了铝箔。这种镀铝薄膜材料常用于制作衬袋材料。

2.金属包装材料的介绍

（1）金属包装用钢材

1）低碳薄钢板

根据包装工业的特点，金属包装材料大多制成桶罐等包装容器。其生产制作过程是将薄钢板经冲压、成形或冲拔、成形，这就要求金属包装材料具有一定的强度和足够的塑性和韧性。因此包装用的钢材主要是含碳量低于 0.25% 的低碳薄钢板，它是采用平炉或转炉生产的镀锌用原板和酸洗薄钢板。低碳薄钢板机械强度高，加工性能良好，具有优良的综合防护性能，遮光性强，导热率高，耐热性和耐寒性优良，易于印刷装饰，是制作运输包装、金属钢桶、金属罐的主要材料。低碳薄钢板的用途主要有：制作运输包装，金属容器和钢质包装桶罐基材。

2）运输包装用金属容器

①集装箱。集装箱是大型密封的包装箱，具有 1 立方米以上的容积。各种物品采用集装箱作运输包装，具有安全、简便、迅速、节省人力和包装材料的优点，并适用于各种运输工具的联运和机械化装卸，是一种先进的运输方式。能显著减少货损，对贵重、易碎、怕潮的高档商品尤其必要。集装箱在途中转运时，不动箱内货物，直接进行换装，并能进行快速装卸。

②钢箱。钢箱是一种较集装箱小的运输包装容器，用于代替木质周转箱，适用于工业产品的运输包装。钢箱坚固耐用，商品破损率小，可节约大量木材和运输包装费用，减少损失。现已大量用于自行车、玻璃、机电产品、汽车配件等产品的运输包装。在军用品物流包装中用量较大，如弹药箱等。

③钢桶。钢桶是主要的运输包装容器，低碳薄钢板制成的钢桶强度高、密封性好、载重量大，能长期反复使用，十分适用于运输包装。钢桶主要用于液体货物的运输和储存，例如蜂蜜、食品用油及石油化工产品等；也有不少钢桶用于固体货物的包装，如电石、金属钠、黄磷等。用于装贮食品如蜂蜜的钢桶，其内壁必须涂刷有机涂料以防生锈及溶出重金属离子铅、铁、锌等污染食品，并延长钢桶的使用寿命。近年来还出现了一种新型液体产品贮运容器——钢塑桶。它由外层为钢桶和塑料内胆装配而成，此种钢塑桶特别适合于不能用钢桶贮运周转的腐蚀性较强的化学试剂、药品或液体食品，如酱、醋、饮料等。

3）钢质包装桶罐基材

不少钢质桶罐是以低碳薄钢板为基材，再经表面防锈镀层而成的板材，主要有：镀锡薄钢桶（俗称马口铁）、镀锌薄钢板、镀铬薄钢板等。

①镀锌薄钢板。镀锌薄钢板又叫白铁皮，它是在酸洗薄钢板后，经过热浸镀锌处理，使钢板表面镀上厚度为 0.02 毫米以上的锌保护层。因为锌的电极电位比铁低，化学性质比较活泼，在空气中能很快生成一层氧化锌薄膜。这层氧化锌薄膜非常致密，保护了里面的锌和钢板不受腐蚀，即使擦破了镀锌层，由于锌先发生氧化反应从而保护了铁，这样大大提高了钢板的耐腐蚀性能。用镀锌板制成容器后，就不必再进行表面防腐处理，因此镀锌薄钢板广泛用来制作金属包装容器。这种容器强度高、密封性能好，是在工业产品包装中应用较多的一种包装材料。镀锌薄钢板是制桶（罐）材料之一，它主要用于生产工业产品的包装容器，还可以用于制造汽车润滑油、油漆、化工产品、洗涤剂等方面的

图 7-6 钢质包装桶

钢桶(罐)类容器。

②镀锡薄钢板。镀锡薄钢板简称镀锡板,俗称马口铁,是两面镀有纯锡的低碳薄钢板。马口铁是传统的制罐材料,至今仍是制作食品罐头的主要罐材。马口铁有光亮的外观,良好的耐蚀性和制罐工艺性能,易于焊接,适于涂料和印铁。但其冲拔性能比不上铝板,因此大多制成以焊接和卷封工艺成型的三片罐结构,也可以做成冲拔罐。马口铁除大量用于罐头工业外,还用作糖果、饼干、茶叶、乳粉等销售包装;也可用于某些工业产品如化学产品、化妆品等的罐类和盒装。此外还是玻璃瓶罐的良好的制盖材料。

③镀铬薄钢板简称镀铬板,又称无锡钢板。20 世纪 60 年代初为减少用锡而发展起来的一种马口铁代用材料,它是表面镀有铬和铬的氧化物的低碳薄钢板。镀铬板的抗蚀性能比镀锡板稍差,所以镀铬板的铬层和氧化铬层厚度比镀锡板锡层和氧化膜厚 20 倍左右,且须经内外壁涂料后方能使用。涂料后的镀铬板,其涂膜的附着力特别优良,比镀锡板对各种涂料的附着力普遍都增加 3～6 倍。镀铬板的加工成型性和强度与镀锡板相似,但由于铬层较薄且韧性差,在罐头封口处,封口部分涂层易裂或擦伤,导致生锈,需加补涂。镀铬薄钢板主要用于制作腐蚀性小的啤酒罐和饮料罐。为方便冰镇,一般均采用彩印商标及装潢,印铁效果良好。

(2)金属包装用铝材

包装用铝材主要以铝板、铝箔和镀铝薄膜三种形式应用。铝板主要用于制作铝质包装容器,如罐、盆、瓶及软管等。铝箔多用于制作多层复合包装材料的阻隔层,制成的铝箔复合薄膜用于食品包装(主要为软包装)、香烟包装、药品、洗涤剂和化妆品等方面的包装。镀铝薄膜是复合材料的另一种形式,这是一种新型复合软包装材料,它是以特殊工艺在包装塑料薄膜或纸张表面(单面或双面)镀上一层极薄的金属铝。这种镀铝薄膜复合材料主要用作食品,如快餐、点心、肉类、农产品等的真空包装,以及香烟、药品、酒类、化妆品等的包装及装潢、商标材料。

1)铝板

铝是一种轻金属,在大气中非常稳定,加工工艺性能优良,是一种应用非常广泛的金属。1930年起采用铝来制作包装容器,由于铝制作包装容器加工方便,轻便耐用,防护性能良好,所以包装产品方面应用的范围很广,用量也大。目前,世界上生产铝较多的国家有美国、欧洲等国,每年生产的铝中,大约有7%~10%,总数达60万吨用于产品包装。制作铝包装容器的板材多采用纯铝或铝合金板材。铝罐是由铝板制作成一次冲拔成型的二片罐。铝罐轻便美观,外壁不生锈,罐身无缝不泄漏,且由单一金属制成,保护性能好,用于鱼、肉类罐头及啤酒饮料罐。现在在欧美应用较多,约占金属罐的1/3,主要用于销售量很大的啤酒饮料罐,一般制成易拉罐形式。铝罐是一种挤压软管包装容器,主要用于牙膏、化妆品、药膏等的包装。铝罐包装不仅具有重量轻、优良的防护性能、强度好、不易破碎、便于携带的特点,而且具有易开启、可挤压折叠,食品易于再存放,保持新鲜度的时间比瓶、罐装长,不需进行冷冻处理,使用方便等优点。因此颇受消费者的欢迎,并被用于军用食品和宇航食品的包装。

图7-7　铝罐——易拉罐

2)铝箔

用于包装的金属箔中,应用最多的是铝箔。铝箔是采用纯度为99.3%~99.9%的电解铝或铝合金板材压延而成,厚度在0.2毫米以下。一般包装用铝箔系和其他包装材料复合使用,作为阻隔层,提高其阻隔性能。生产上为了降低包装成本希望尽量减薄铝箔的厚度,但当铝箔过薄时会产生针状小孔,使阻隔性能降低。因此必须努力提高铝箔的生产技术,使针孔发生率尽量减少。针孔的多少可根据其透气、透湿数据来衡量。另外对铝箔不要求具有较高的机械性能的同时又要保持一定的柔软性,以减少折裂。铝箔虽然具有上述优点,但铝箔由于本身强度不算高,耐撕裂性差,折叠时易裂口,不耐酸碱介质,不能热黏合封口,因此很少单独使用。绝大多数铝箔是与塑料薄膜、纸张等材料经过复合加工,以复合材料的形式使用。这样既保持了铝箔的优良性能,又弥补了铝箔在某些包装性能方面的不足。复合状态用的铝箔厚度可降至0.007~0.009毫米,含铝箔的复合材料比起无铝箔的复合材料,其阻隔性尤其是遮光性高,能满足真空、无菌、充氮等包装技术的要求,是一种适应性强、适用范围广的新型包装材料,既可用作软包装材料,又可用作半硬或硬包装材料。现已广泛用于食品包装,并已取代部分金属罐。例如,为了节能和防止废弃瓶罐所造成的公害,过去的马口铁罐和玻璃瓶饮料容器已被大量使用的立式铝箔袋和纸包装容器(内贴铝箔利乐包)等来取代。

3)镀铝薄膜

镀铝薄膜是一种新型复合软包装材料,此外还可镀金、银、铜等。采用特殊工艺在包装塑料薄膜或纸张表面(单面或双面)镀上一层极薄的金属铝,即成为镀铝薄膜。由于镀铝层较脆,容易破损,故一般在其上再覆一层保护用塑料膜如聚乙烯、聚酯、尼龙等。镀层厚约 300 埃,比铝箔还薄。镀铝薄膜有许多与铝箔复合材料相同的优良性能:①阻隔性优良,货架寿命长,适用于食品、药品等的包装。②具有金属光泽,光反射率可达 97%,使商品增添货柜高档感,提高商品附加值。③镀铝层导电性能好,能消除静电,因此封口性好,尤其包装粉末状产品时不会污染封口部位,保证了包装的密封性,大大减少了渗漏情况。④镀铝层厚度可任意选择。⑤易于印刷加工。

常用的塑料薄膜有聚酯、尼龙、双向拉伸聚丙烯、聚乙烯、聚氯乙烯等。前三种镀铝薄膜有极好的黏结力和光泽,是性能优良的镀铝复合材料。镀铝聚乙烯薄膜则因价格低、装潢性好而受到欢迎。镀铝聚丙烯薄膜还可制成易启封的封口,用于药品的易开包装。其镀铝基材的优点最值得一提的是其成本比塑料膜低,它和铝箔/纸复合材料相比较,既更薄而又价廉,性能相似。而它的加工性能则较铝箔/纸好得多,例如模切标签时利落整齐,印刷中不易产生蜷曲,不留下折痕,因此正大量取代铝箔纸而成为新型商标签及装潢材料。鉴于以上种种优点,镀铝薄膜是一种既成功又经济的新型复合包装材料。近 10 年来,在欧美等国以及我国已得到大量推广应用,在不少产品包装上取代了铝箔复合材料(例如在香烟包装方面,镀铝纸正在逐步取代铝箔纸)。镀铝薄膜主要用作食品如快餐、点心、肉类、农产品等的真空包装,以及香烟、药品、酒类、化妆品等的包装以及商标材料,如图 7-8 所示。

图 7-8　新型复合软包装材料镀铝薄膜

案例分析

北京地区启动《乳品企业自律南京宣言》实施方案的包装材料

目前我国奶类产量已跃居世界第三位,正处于向现代奶业转型的关键时期。乳品行业经过近几年的快速发展,企业间的竞争不断加剧,出现了制约我国奶业健康发展的一些问题,主要是原料奶收购和终端产品销售市场两个环节秩序混乱,奶农养殖效益下滑,乳品企业利润降低。有些地方已经出现杀奶牛当牛肉卖的现象,严重威胁奶源基地建设和奶业发展后劲。当务之急是乳品企业要开展行业自律,自觉履行规范市场行为的责任,善待奶农,善待消费者,善待同行,努力构建和谐奶业。为了规范市场行为,营造公平竞争环境,履行社会责任,构建和谐行业,推进现代奶业健康有序发展,中国奶业协会会同 14 家副理事长乳品企业在 2007 年年会上共同形成并发布了《乳品企业自律南京宣言》。大家共同呼吁,要推行合同收奶,坚决反对限量收奶、压级压价、拖欠奶资、争抢奶源等不良行为,切实维护奶农利益。要开展公平竞争,反对捆绑销售、特价销售等低于成本价销售违反价值规律的恶性竞争行为。

由于北京市场的首都区位优势,全国各大乳品加工企业为提升品牌影响力,采取多种营销手段抢占北京市场,使得市场竞争处于白热化状态,出现捆绑销售、特价销售等低于成本价销售的恶性竞争行为,市场竞争处于无序状态。由此导致了乳品加工企业的盈利能力下降,出现压低牛奶收购价格问题,加之奶牛养殖成本上升,使北京奶牛养殖受到冲击,效益下降、直接影响奶农增收,导致部分养殖小区出现杀牛、卖牛现象,奶牛养殖处于低迷状态。

鉴于北京市场实际情况,为规范首都奶业市场健康有序竞争,切实维护奶农、消费者、乳品加工企业的利益,不搞无序竞争,北京奶业协会根据中国奶业协会的安排和企业的一致意愿,在充分讨论与协商的基础上,决定组织北京三元食品股份有限公司、光明乳业股份有限公司、内蒙古伊利实业集团股份有限责任公司、内蒙古蒙牛乳业(集团)股份有限责任公司等 5 家知名大型乳品加工企业于 2007 年 7 月 23 日率先在北京地区启动《乳品企业自律南京宣言》实施方案。取消所有涉及产品的捆绑、搭赠(包括其他产品或礼品)销售行为;禁止低于成本价的倾销行为,取消特价、降价销售。对于特殊的临逾期(已超过二分之一保质期)产品,其销售价也不得低于成本价;鼓励优质优价。方案涉及的产品类别包括不同包装材料、规格的所有超高温灭菌乳、巴氏杀菌乳、酸牛奶、乳粉、含乳饮料产品。

近些年,随着科学技术的不断发展,人们生活需要的不断提高,乳制品的种类也是越来越多,保存期更长、保鲜性更好就成为乳制品包装材料的一个新课题。乳制品的种类不同、性状不同、组分不同,包装的要求就不同。乳制品包装的目的就是根据不同类乳制品的要求选择合适的包装材料,延长乳制品的保存期限,保证乳粉的质量;同时又有利于储运、销售。乳制品主要有两种状态:固态和液态。

1. 乳粉制品包装材料

乳粉的种类很多,因原料组成、加工方法和辅料及添加剂的种类不同而异,主要有全脂奶粉、脱脂奶粉、乳清粉、特殊调制奶粉等。近几年,还出现了各种类型的乳粉,如速溶乳粉、奶油粉、无脂脱盐乳清粉、有脂脱盐乳清粉等。虽然乳粉制品的种类繁多,但它们的共同特点是原料乳都要通过干燥最终制成粉状的产品。乳制品里都含有大量的蛋白质、脂肪等各种营养物质,如全脂奶粉的乳脂含量达到了 26％左右,所以和阳光、氯气都会发生反应。此外,乳粉的颗粒具有多孔性,吸潮性强,一旦受潮后就会结块,容易引起细菌繁殖。

对于长期保存乳制品的包装一定要采用真空或充氮包装,可以使用金属包装、塑料包装。金属罐包装的乳制品一般采用真空充氮包装,充氮包装是使用半自动或全自动的真空充氮封罐机,这是目前全脂类乳制品的最好的包装方法之一。实验证明,充氮包装的全脂奶粉在 24℃下保存,储藏 9 个月后,其风味不会发生改变;而如果使用的是不充氮的金属包装,其风味就会发生改变,质量明显下降。塑料包装采用 500 克单层聚乙烯薄膜带,它比金属包装罐的成本低,而且具有一定的防潮作用,但隔热性能相对差。现在有采用一层聚乙烯薄膜夹一层铝箔的双层夹层或三层复合材料,用高频电热焊接封口,基本上可以避免光线、水分和气体的渗入。

2. 消毒奶制品的包装材料

消毒奶经过验收后必须要净化,目的是除去乳中的机械杂质并减少微生物的数量。净化后的原料乳还要进行杀菌,有三种形式:低温长时间杀菌、高温短时杀菌和超高温瞬时杀菌。随着科技的发展,消毒奶的包装材料经历了几个不同的发展阶段,由最初的玻璃瓶和单层聚乙烯塑料薄袋发展到三层复合包装薄膜和纸盒包装。消毒奶包装材料要使用对氧气阻隔性能好的包装材料。传统的玻璃瓶不容易保存,而且密封性不是很好,从而影响了保鲜性;单层聚乙烯塑料薄袋对氧气的阻隔性能差,保鲜的时间不长,当在空气中放置一段时间后,就会使消毒奶发生变质。三层复合薄膜在生产过程加入了聚乙烯醇或特殊涂层,因此大大改善了包装材料对氧气的阻隔性能,其阻隔性(这里专指透气性)受生产工艺、涂层厚度、材料构成等因素的影响。纸杯乳新鲜、高雅、卫生、方便、时尚,给人以耳目一新之感。用它包装液体牛乳或发酵乳在国外特别是在日本及东南亚国家较多,而在国内是一种新的包装形式。与其他包装物相比较,纸杯具有方便、新颖和较高的综合性价比等特点。与普通玻璃瓶装乳相比,增加了一点包装成本,但大大降低了瓶装乳的高投诉率,减少了售后处理成本,有利于改善企业形象,满足不同层次消费者的需求。与塑料膜袋装乳相比,纸杯同样增加了一些包装成本,但包装外观高雅。

📑 思考题

1. 简述包装材料的发展趋势。

2. 简述包装用纸和纸板的种类以及应用领域。

3. 你了解哪些国内外新型包装纸?

4. 比较分析蜂窝纸板和瓦楞纸板的性能特点。

5. 简述包装用塑料的分类。

6. 简述塑料包装材料与其他包装材料相比较,有何优缺点。

7. 简述玻璃包装材料的特性以及种类。

8. 简述包装材料的特点。

9. 选用包装材料应该考虑哪些因素?

第 8 章

物流防伪包装和技术

⇨ **本章要点**

　　物流防伪包装是包装的新型形态，是建立在包装的保护功能之上的，是包装保护功能的补充与完善。本章介绍了防伪包装的最新发展、防伪包装主要分类和主要的几种物流防伪包装应用技术。

8.1　物流防伪包装概述

　　防伪包装是采用了防伪技术设计制作的、具有防伪功能的包装，它是对包装的保护功能外的补充和完善。在物流中，防伪包装主要用于销售包装，防伪包装对物流的增值作用具有重要意义。

8.1.1　物流防伪包装的功能

　　包装的保护功能是防止天然（自然）的因素与人为因素所造成的对商品的危害与破坏。防止天然（自然）因素的破坏是对商品的内容、形态和性能进行保护，使包装好的商品经得起自然条件的破坏，如温度（热）、湿度和其他自然条件引起的变质、变形与性能（功能）丧失等。人为因素的破坏包括在运输、搬运和装卸等操作过程中不慎跌落振动、冲击、碰撞或堆码层数过多而造成的对商品的损坏和事故。这也称为人为的、无意识的并可避免的因素与事故。但还有一种人为的、有目的有意识的窃换、仿冒他人商品的破坏因素。现代包装的又一保护功能就是对人为有意识破坏的防范。

　　综上所述，我们给防伪包装所作定义是：借助于包装，防止商品在流通与转移过程中被人为有意识的因素所窃换和假冒的技术与方法。

　　定义中的流通包括从生产厂家到经销商及商店，以及从经销商到消费者手中的全部流通环节;转移包括两部分:其一是商品从生产厂向消费地点的实体商品转移,其二是消费者从销售店购买商品后所完成的所有权的转移。防伪包装的作用是防止商品在流通和转移过程中被窃换、假冒。

8.1.2 防伪包装的分类

1. 按识别真伪方法分

①一线防伪包装,指大众化的识别真伪,只需借助于简单的方法或不需任何特殊技术仅凭目测便可判别真伪的包装。

②二线防伪包装,指需专家(专业人员)或需用专门仪器识别,将特殊材料或信息经特殊工艺加入到包装中的包装。

③组合防伪包装,将上述两种防伪包装技术组合使用,以方便大众消费者识别,同时还可通过仪器作科学评判验证的包装。

2. 按包装种类分

①防伪内包装,指在内包装上施以防伪技术。

②防伪外包装,指在外包装上施以防伪技术。

③标贴防伪,将作了防伪处理的特殊贴签放入包装中或贴于包装上。

3. 按包装部位所施加的防伪技术分

①内部防伪包装,在外包装内部或内包装内部施以防伪措施,或在包装内作特殊的标记(难以发现或难以模仿的),并在产品说明书中加以说明(注明)。

②外部防伪包装,在外包装上的某处施以防伪措施。

③内外结合式防伪包装,将内部防伪包装与外部防伪包装相结合,同时采取防伪措施。

4. 按包装防伪布局大小分

①局部防伪包装,对包装的一部分进行加密防伪。

②整体防伪包装,对整个包装进行加密防伪。

5. 按包装结构分

①开启结构防伪包装,在包装的结合部位(如瓶盖、箱盖、袋口等)设有特制的防开启、拆离结构。

②附加结构防伪包装,在包装的封口处贴永久性的标签或喷字、团、线等。只有用户使用方可拆启并不可恢复。

③特制专有结构防伪包装,将包装的全部或局部(如盖、塞等)设计成与众不同的结构,并申请专利加以保护。

④特有技术结构防伪包装,选用持有(自己的专有技术)难以仿造的材料、模具所制的包装,包括难以仿制的复杂印刷、保密的包装加工方法、加工包装材料的特殊配方等。

6. 按包装材料分

①油墨防伪包装,选用特殊的防伪油墨制作特殊的防伪图案、色彩、文字等。

②材质防伪包装,对包装容器的材料作特殊的处理,使之具有特殊的功能(包括化学

的、物理的等）。

③加密技巧防伪包装，对包装容器所用材料在加工（如复合或表面处理）中施以特殊的技术，如整体激光全息防伪包装等，如图 8-1 所示。

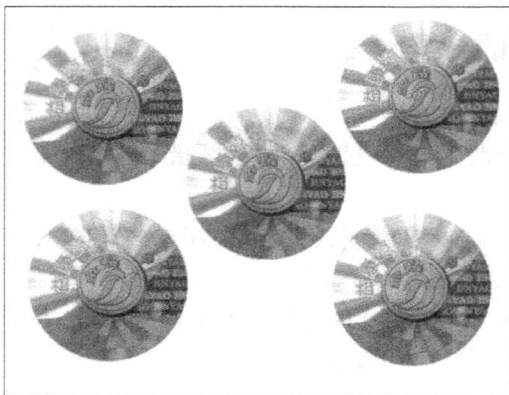

图 8-1 激光全息防伪标签

7. 按特种技术分

①条码防伪包装。商品条码是一种用光电扫描识读设备自动识读并实现信息自动输入计算机的图形标记符号，是由不同粗细的平行线按特定格式安排间距的条码和字符组成的一种标记。将条码印刷在包装上，通过光电扫描输入电脑，能在数秒内得知不同商品的产地、制造厂家、产品属性、生产日期、价格等一系列的信息，从中便可知道商品的真伪。

②电码电话防伪包装，在每一件产品包装表面设置一组顺号编码和一个随机密码（将密码用涂料覆盖），只有破坏性地撕下或刮掉涂料才能看到密码。密码已输入数据库与电话查询网，要知道商品真假，只需拨通电话，键入产品防伪密码，经数据库核对，便能听到关于真伪的答复。

8.2　物流防伪包装技术

以包装达到防伪目的的技术称作防伪包装技术。有许多技术可以用于商品的防伪包装，因而防伪包装技术所涉及的面比较广泛，其中有的技术比较复杂，有的技术比较简单，有些技术是比较新颖的技术，也有些技术是比较传统的。这些技术哪些防伪效果比较好，哪些防伪效果比较差，或者不具备防伪能力，很难以一个通用的标准来衡量，但是下列几点可以作为我们选择防伪包装技术的参考。

1. 防伪包装技术应不易被仿制

防伪包装的目的就是要保证商品不被假冒，如果商品包装技术易于仿制，人人都可以实施，那么防伪包装就失去了意义。这里的不易被仿制是一个广义的概念，它包括技术本身的不易被仿制,经济方面的不易被实施,包装材料的不易被获得以及包装设备的不可替代等等。只有满足防伪包装技术不易被仿制,才能保证商品的防伪包装具有防他的可能性。

2.防伪包装技术应易于被识别

一种防伪包装技术仅仅满足不易被仿制仍然是不够的,还要求该技术容易被识别性。一般的防伪包装技术都比较复杂,普通的消费者大多很少具备技术鉴别的能力。如果一个商品采用的防伪技术,消费者不能够对其有效地识别,那么这种技术就形同虚设,起不到防伪的目的。

3.防伪包装技术的时效性也应引起足够的重视

一般的技术在开发成功的初期由于比较新颖、掌握的人数比较少,防伪效果就比较明显;而在使用了一段时间以后,该技术得到了普及,因而也就失去了新颖性,也会逐渐失去防伪的能力。

防伪包装技术的不易被仿制性和易于被识别性是商品防伪包装的基本要求,任何一项技术如果不满足这两条要求,那么就不能用于商品包装防伪。

8.2.1　条码技术

条码是给每一个商品分配一个代表特定内涵的编码,再将这一编码按一定的规则标记为计算机可识读的一组黑白(或深浅)相间、长短相同、宽窄不一的平行线,并在这些平行线下标上可供人工识读的相应代码。

条码的形成及广泛应用基于两个原因:一是以计算机为中心的光电识读系统的不断完善及大容量、超大容量计算机的不断问世,给世界范围内商品的流通提供了高效快捷的管理手段;二是商品经济的高速发展,迫切需要商品在全球范围内的自由循环,因而条码就像商品的通行证,具有这种通行证的商品就会在世界的超级市场上畅行无阻。两种原因互相促进,即条码技术为计算机技术提供了广阔的市场,同时计算机技术又为条码技术的推广提供了设备的保证。时至今日,条码系统已被广泛地应用于许多部门及行业。商品的防伪包装借助于这两种技术,无疑会收到事半功倍的效果。

对于商业零售领域的条码系统,条码识读器识读印刷在商品包装上的条码,电子收银机对条码的信息的处理结果传输给商店里的商业计算机,商业计算机又与电子数据交换系统相连,从而形成了以计算机为中心的条码系统,实现了商品的订货、仓储、零售等一系列的现代化管理。条码技术已深入我们生活的各个领域。

由于条码技术的发展与计算机技术的发展密切相关,随着计算机技术的迅猛发展,条码技术也会在商品经济的大潮中得到更加广泛的应用。把握条码技术发展的脉搏,无疑会对防伪包装的未来作出客观的预测。因此,与防伪包装技术有关的条码技术的发展应引起商品包装人士的关注,如图 8-2 所示。

现代条码的发展方向主要有以下两种。

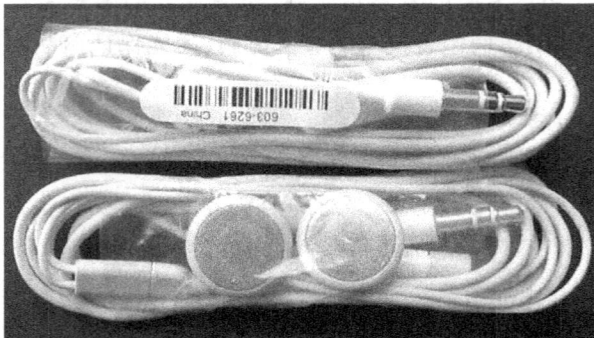

图 8-2　条码防伪产品包装

（1）大力发展非接触式条码印刷设备

非接触式条码印刷设备在条码的印刷过程中与被印物不接触，因而对承印材料的表面几乎没有任何要求，在粗糙的表面也能完成印刷任务。由于是非接触，因而可以在现场印刷，在包装以后印刷，为防伪包装提供了可靠的设备保证。因此，大力发展非接触式条码印刷设备，是实现条码技术在防伪包装方面应用的一个主要内容。发展非接触式条码印刷设备可以从三个方面努力：一是开拓新的印刷设备，包括新的原理和新的技术；二是降低现有设备的价格，使得企业对非接触式条码印刷设备用得上，也买得起；三是降低现有设备的辅助工作时间。

（2）大力发展隐形条码

隐形条码的发展从两个方面受到了商品包装的欢迎。一是隐形条码不破坏商品包装的完整性；二是隐形条码具有较强的防伪效果。由于隐形条码具有这样两个特点，所以在防伪包装方面具有很大的发展前景。隐形条码的发展主要从两个方面努力：一是解决现有隐形条码技术存在的难题，包括技术难题、材料难题等；二是开发新的隐形技术。

8.2.2　激光打印及激光光刻技术

将激光打印及激光光刻技术有意应用于包装防伪领域的实例现在还很少，主要是因为日前所用的防伪包装理论不适于将激光打印及激光光刻技术应用于防伪包装。随着新的防伪包装理论的提出及被认识，激光打印及激光光刻技术在防伪包装方面会发挥出越来越大的作用。

激光打印及激光光刻技术主要包括两个内容：一是激光打印技术；二是激光光刻技术。有人将激光打印技术与激光光刻技术等同看待，甚至将激光光刻机称为激光打印机，实在是一种误解。虽然两者都是采用了激光原理，基本工作原理却有较大的差异。前者需要墨粉作为打印介质，激光打印的结果是将墨粉牢固地附着在被打印的基材表面，形成预定的打印字符、图形、符号等；而后者则是靠高能量的激光在被印物表面聚焦将其烧灼刻印而成的，刻印的结果是在被刻印的基材表面用"光"刻出一个个凹下去的预定字符、符号、图形等。后者的设备价格是前者的十几倍，其防伪效果也比前者好。

将激光光刻机应用于防伪包装目前还没有实际应用的报道,一是因为防伪包装的理论研究不够,业内部分人士还没有从"技术越深奥防伪效果越好"的传统防伪包装理论中走出来;二是激光光刻机的设备价格及使用价格都较高的缘故。以发展的眼光来看,激光光刻机被普及地应用于防伪包装领域已为时不远,在低价设备不能满足防伪包装要求的情况下,高价设备——激光光刻机就自然而然地会成为企业防伪包装设备的主要选择目标。激光光刻机防伪的途径有许多种,但最主要的有价格防伪、秘诀防伪及现场防伪。

(1)价格防伪

设备价格及使用价格高正是将激光光刻机用于防伪包装的主要原因之一。一般的不法之徒大多都是经济实力较弱的,按照目前激光光刻机的市场价格,他们中的大多数是无力购置该设备的。因而使用该设备印制的商标、装潢、包装的产品被假冒的程度远远低于其他不用该设备的产品。用高价购买了激光光刻机不等于就可以有效地防伪,因为防伪工作是一项系统工程。购买了高价的设备,只是从一个方面达到了防伪的要求,要想实现防伪的目标,还要从系统工程的角度综合考虑,包括科学设计产品的包装、科学地设计印字的位置等。

(2)秘诀防伪

秘诀方法很多,尤其在生产实践中,每种小小的变动都有可能成为一种极好的秘诀防伪方法。根据激光光刻机的特点,就可以设计出许多的秘诀防伪方法。这里讨论其中的两种,以使读者对激光光刻机的秘诀防伪有一个基本了解,主要有以下几点:

1)利用基材实现秘诀防伪

合理使用刻印秘诀形成秘诀防伪是激光光刻机用于防伪包装的又一个原因。激光光刻机是将被刻印基材的表面烧蚀掉而完成刻印的,其刻印的效果随基材的不同而不同。如果基材的表面涂层完全一样,而将涂层覆盖的基材表面按照不同的排列组合制成,激光刻印后所表现的效果就不一样。如果与生产日期相对应,在不同的日期用不同的排列组合,就会使得仿制的困难更大一些,这种排列组合就构成了激光光刻机的秘诀防伪。利用激光光刻机实现秘诀防伪的关键技术之一是要设计出合理适用的被涂层覆盖着的基材表面层。大部分包装材料都可以用作基材表面层。例如在聚乙烯材料上有间隔地镀一层铝膜,间距的大小可按条码的原理设计,这种表面看起来铝和聚乙烯相间的基材表面层,待覆盖上相应的涂层后就是一个极好的具有防伪秘诀的刻印基材。用激光光刻机对其刻印后,涂层被刻蚀掉,被刻印的符号或字符具有不相同的光亮度,显然要对其仿制是比较困难的。基材的变化,就会影响刻制的效果,从而形成新的秘诀防伪方法。

2)利用刻字深度实施秘诀防伪

利用激光光刻机刻字深度可以精确控制的特点能实现秘诀防伪的功能。例如要刻制"工学院"字符串,可以将"工院"两个字刻制得比较深一些,将"学"字刻得浅一些。这样将五个字放在一起,不借助仪器普通消费者是不容易区分它们的深浅的,而有关人员就能容易地甄别,这就形成了秘诀防伪。还可以将一个字分成两部分,一部分有意刻制得深一点,而将另一部分刻制得浅一点,由深浅两部分组成的一个字不借助仪器也是难以辨识,要想模仿制假是比较困难的,因而也形成了一种秘诀防伪的方法。

（3）现场使用防伪

现场使用是激光光刻机防伪的关键。在商品包装上使用激光光刻技术主要有两种途径：一是使用激光光刻机刻印商标；二是利用激光光刻机在现场刻印。两种方法都具有一定的防伪作用，但后者的防伪效果更好一些。激光光刻机的防伪定位是投资性防伪，它使一些不法之徒在巨大的投资面前无能为力。如果采用印商标的方法进行防伪，那么制假者在无力购买激光光刻机的情况下也能通过购买商标而实施制假的活动，激光光刻机也就失去了投资防伪的功能。如果巧妙地设计激光刻印的位置，迫使激光光刻机必须在现场使用，没有激光光刻机就不能实施刻印工序，这就达到了激光光刻机投资防伪的目的。因此说现场使用及合适的包装刻印位置是激光光刻机防伪的两个关键。

（4）与条码技术结合防伪

条码是商品进入市场的一个通行证，激光光刻机如果能与条码技术相结合，无疑给商品进入市场又加了一道保险。利用激光光刻机刻字特性，可以在不同的材料上刻制出各式各样的条码符号，既完成了商品通行证的制作工作，又达到了商品防伪的目的。所以说，激光光刻技术与条码技术相结合是目前最理想的防伪包装技术之一。

①单一材料的刻制。利用激光光刻机刻制商品的条码，如果包装材料是单一的材料，例如塑料，则采用的原理就是材料颜色的改变，即包装材料在被刻到的地方色彩改变，形成条码的条或条码的空；而没有被刻到的地方，形成条码的空或条码的条。总之，在用激光光刻机对单一材料刻制条码时，首先要明确反射率较高的部分一定是作为条码的空使用。空的形成也许是激光光刻机刻制的结果，也许是非刻制的结果。单一材料刻制的效果可能没有复合材料刻制的效果好，这是因为单一材料是利用了刻制后材料色彩改变的原理，而这种改变很难满足条码符号中空和条对光反射率的要求。

②复合材料的刻制。在复合材料上用激光光刻机刻制商品的条码要比在单一材料上刻制容易。复合材料是指两层或两层以上的复合材料，刻制时激光光刻机将表面材料烧蚀掉形成条码的空，留下的地方形成条码的条。由于复合材料是专门制作的，所以条和空的反射率都易于保证。例如在纸铝复合材料上刻制条码，激光光刻机将纸烧蚀掉的部分形成了反射率较高的空（铝反射率很高，所以不能被烧蚀），而没被烧蚀掉的部分就形成了条码的条。

无论采用复合材料还是采用单一材料刻制商品条码，其防伪的效果都没有多大的差异，主要都是利用了激光光刻机的经济防伪特点。如果在包装的设计时能考虑激光光刻机的现场使用，则防伪的效果会更大。

8.2.3　激光全息图像技术

激光全息图像技术在防伪包装上的应用主要是印制防伪商标。防伪商标除了具有一般的防伪作用外，另一个突出的优点是装饰效果极佳，因而许多企业都乐意使用激光全息图像防伪商标。影响激光全息商标防伪性能的因素主要是商标的种类及商标的使用位置。不同种类的激光全息图像防伪商标具有不同的防伪效果，即使同类的防伪商标也存在着明显的差别，主要与商标的使用位置有关。

激光全息图像防伪商标种类有以下三种。

（1）不干胶型

不干胶型激光全息图像防伪商标使用非常方便，对机械的适应性较好，由于不用涂抹胶水及其他黏接剂，所以在生产线上使用没有污渍，尤其对较高级的包装，效果更为明显。这种商标目前用量也最大。不干胶型激光全息图像防伪商标的一个主要缺点是可以反复使用。从一个位置揭下后可以被完整地粘到另一个位置，使一些不法之徒可以利用旧的包装及商标制假，因而影响了防伪商标的防伪效果。从防伪的角度考虑，该类商标不宜作为防伪商标使用。

（2）防揭型

防揭型激光全息图像防伪商标的开发弥补了不干胶型激光全息图像防伪商标的缺点。防揭型商标只能一次性使用，当将商标从包装上揭下时，商标上的图像已面目全非，根本不能再次使用，这就堵死了不法之徒利用旧商标制假的路。目前许多企业已在开发自己的防揭型激光全息图像防伪商标。防揭型激光防伪商标是包装领域最有发展前途的一种商标类型。

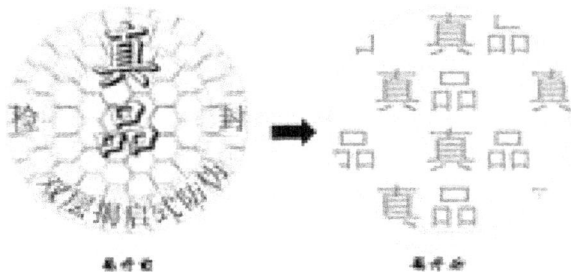

图 8-3　防揭型不干胶标签

（3）烫印型

烫印型激光全息图像防伪商标是种根本不能揭下的激光防伪商标，它能够被紧密完整地粘到被包装件上，与被包装件形成一体。如果能够合理地选择黏合的位置，其防伪效果会优于上面两种类型的防伪效果。

8.2.4　油墨技术

油墨技术是印刷技术在防伪包装上应用的一个主要方面。将油墨技术应用于防伪包装是通过改变油墨的配方，或者在普通的油墨中添加一些特殊的敏感材料，如光敏材料、热敏材料、磁性材料等而实现的。用这些特种油墨印制的商标具有一些独特的特点，消费者根据不同的特点可识别出商品的真伪，商标本身也不易被仿制，因而具有防伪效果。防伪包装用印刷油墨是指为了使包装印刷后的产品具有一定的防伪能力，而在印刷油墨的配置中加入适量的特种物质，印刷后在一定的条件下显出特种性能的印刷油墨。多变的特种物质，就形成了形形色色的防伪包装用印刷油墨。

1. 热敏油墨

热敏油墨又称示温油墨，它的颜料能根据温度的变化而变色，不同的温度显现出不同的颜色。能呈现热敏变色特性的颜料种类较多，常用的有晶体结构变化型、遇热分解型、结晶转移型等。

2. 磁性油墨

磁性油墨采用的颜料是磁性材料，常用的有三氧化二铁和四氧化三铁等，前者呈棕色，后者呈黑色，两者的残留磁性都比较高。连结料一般是醇酸树脂，还可以在磁性油墨中加入其他颜料，以得到各种各样颜色的油墨。磁性油墨最早主要用于印制信用卡上的编码。随着计算机及计算机识读扫描系统的开发及发展，各种磁卡应运而生，从大学生使用的饭票磁卡到股票市场的股东卡，从各种各样的购物卡到邮电系统的邮电卡，给磁性油墨的使用提供了广阔的领域。由于磁卡具有携带方便、结算快捷的特点，将来会得到更广泛的应用。磁性油墨用于防伪包装主要形成秘诀防伪的功能。在包装的某个部位用磁性油墨印刷，用特殊手段可以检测出，从而形成秘诀防伪。各种磁卡在扫描识读时要受到识读系统的摩擦，还要在识读系统的电场的作用下存储，因而要求在印刷时要有足够的墨层厚度和密度。

3. 荧光油墨与磷光油墨

荧光油墨由荧光材料溶于相应的树脂而制成。荧光颜料的颗粒一般较大，连结料的种类也较多，不同的连结料会产生不同的荧光。在使用荧光油墨时应保证其有足够的浓度，印品上的墨层应厚一点，这样才能保证满意的荧光效果。用荧光油墨印出的印品色彩鲜艳，装潢效果很好，在可见光和紫外线的作用下，可发出闪闪荧光。防伪包装用的荧光油墨以自己调配的防伪效果最好。不同的配方可以得到不同的荧光效果，一般很难进行逼真的仿制，配方掌握在企业自己的手里，从而形成了秘诀防伪。荧光油墨的耐光性较差，用于室外的印刷品效果不好。

磷光油墨的特点是可以吸收射到其上的光线，并在一定的时间内再以一定的波长发射回去。它的颜料是硫化锌类物质，连结料一般是中性透明物质，如环己酮树脂等，主要用于印制广告及标牌等。将磷光油墨与荧光油墨混用，可以收到更好的防伪包装效果。

4. 防伪油墨

防伪油墨又被称为保险油墨、安全油墨，它是在防伪领域使用最早的一种特殊油墨。它主要是为对付用褪色灵等涂改票据的不法之徒而设计的，用于印制发票及一切有价证券的底纹。当遇到褪色灵等化学药品作用时，这些底纹消失或变色，从而发现涂改的痕迹。防伪油墨褪色的机理主要有两个方面：一是使用遇褪色灵就能褪色的颜料，如一些盐基性染料等；二是使用遇到褪色灵或其他一些化学物质就能变色的连结料，如联苯酚等。两种方法都能得到比较满意的效果。在防伪油墨中加入荧光材料，其防伪包装的效果会更好，如图 8-4 所示。

5. 塑料薄膜印刷用油墨

塑料薄膜对印刷油墨的吸收和黏着力很弱，为了改变这种情况，可以从两方面努力：一是选择适宜的连结料，二是对塑料薄膜进行印前处理。连结料的选择原则是选用与承印物相同或相近的树脂，以利于油墨的黏着。对塑料薄膜进行印前处理的目的是激活塑

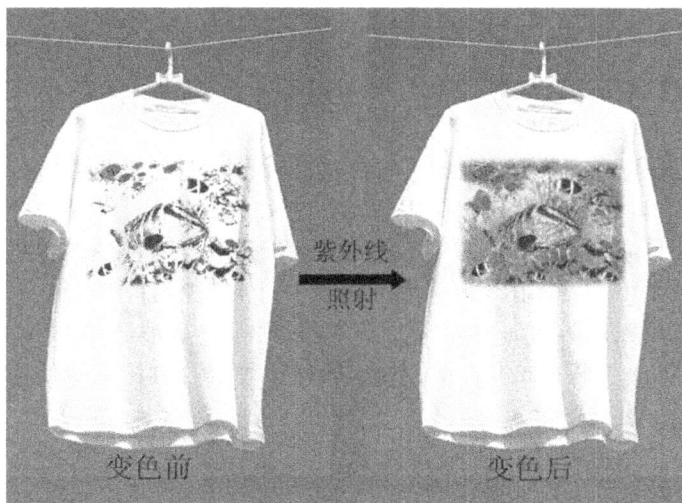

图 8-4　防伪变色油墨印制的产品

料薄膜的表面,以利于油墨的黏着。目前活化塑料薄膜表面的方法较多,常用的有火焰处理法、溶剂处理法、化学处理法及电晕处理法。其中电晕处理法比较理想,使用最多。

6.喷涂油墨

喷涂油墨指喷墨印刷用的油墨,适用于喷涂金属、塑料、玻璃等材料。喷涂油墨的颜料是水溶性染料,连结料主要有聚酯、聚醚、氯化聚烯烃等。喷墨印刷在防伪包装方面的应用越来越广,由于其喷印速度快,质量好,因而被大量地装备到生产线上,用于喷印日期及其他标识。早期的喷墨打印机由于使用的喷涂油墨质量不稳定,经常堵塞喷嘴,造成停产,现在已基本得到了解决。因此要求喷涂油墨的黏度要适当,流动性要好,以免堵塞喷嘴。

将喷涂油墨的配方加以改进,加入适量的荧光材料、热敏材料等,会使喷涂油墨的防伪效果更好。

防伪油墨的种类较多,随着生产力的发展,新的防伪油墨也在不断地涌现。一般来说,我们对防伪油墨的特点研究得较多,但对防伪油墨的应用却探讨不够,造成了使用防伪油墨的包装也不能有效防伪的结果。因此,对防伪油墨的应用进行讨论很有必要,使得防伪油墨能真正起到包装防伪的作用。今后防伪油墨的应用主要应朝在线使用和复合使用方向深入。

(1)防伪油墨的在线使用

目前防伪油墨的使用多数以商标的形式出现,印刷企业将商标印制后交予使用企业,使用企业将其贴在包装容器上。这种程序的弊端在于使用企业不知道防伪油墨的具体配方,即不知防伪的秘诀,将商品防伪的主动权拱手让出,商标及其油墨的配方容易流入不法之徒的手中。克服以上弊端的方法是防伪油墨的在线使用。企业可以将印制机械直接安排在包装线上,防伪油墨可以自己调配(一般企业是可以做到的,根据不同的日期、不同的产品可以采用不同的配方),这样可以保证油墨配方的安全,也不存在商标流入他人之手的弊端。油墨的在线使用事实上是企业掌握了油墨的配方秘诀,从而达到防伪的目的。实际上在所有的防伪方法中,秘诀防伪是最可靠的一种,世界上许多大的企业都是靠秘诀防伪而保住自己的品牌的,如可口可乐公司、健力宝公司等都无一例外。

(2)防伪油墨的复合使用

随着时间的推移,每一种防伪油墨都会失去新颖性,但只要我们恰当地使用,就会延长它的使用寿命。将防伪油墨复合使用就是一个好办法。复合使用防伪油墨主要有两种方法:一是将两种或两种以上的防伪油墨复合使用,组合两种油墨各自的特点,形成新的防伪油墨;另一是将字符或图案用两种或两种以上的防伪油墨印制。如印制像条形码一样的图案,可以用磁性防伪油墨印制图案的条,而用热敏油墨印制图案的空,显然,这样做就是提高了防伪油墨的技术含量。如果能将这种复合方法在线使用,则会收到更好的防伪效果。

8.2.5　印刷技术

商标的印刷是印刷技术在防伪包装方面的一个主要应用内容。由于商标的种类繁多、式样各一,印出的效果也要求不同,加之承印物不一、油墨的差异,就出现了许许多多的印刷方法,像平版印刷、凸版印刷、凹版印刷、柔性版印刷、丝网印刷等。这些不同的印刷方法为防伪包装商标的印刷提供了极大的选择范围。从防伪包装角度来说,凹版印刷与喷墨印刷的防伪效果比较好,这里主要讨论凹版印刷技术和喷墨印刷技术。

1. 凹版印刷在防伪方面的应用

(1)手工雕刻凹版印刷的防伪效果较好

秘诀防伪是商品防伪的一个主要方面,而这又是靠商标来实施的,手工雕刻凹版印刷为其提供了必要的手段。手工雕刻凹版印刷在制版时易实施秘诀防伪,雕刻时凹坑的深浅决定了印品图文的浓淡层次,仿制者可以轻易地仿制出图文的大小及线条的粗细,但是很难仿制出浓淡层次一样(即一样深的墨坑)的印品。这就是长期以来有价证券必用凹版印刷的主要原因。印量越少,防伪效果越好。由于手工雕刻凹版的周期长,费用高,所以在印量少时,印品的价格就较高。而制假者的目的主要是为了追求经济利益,在无利可图或利益不大的时候,他们是不愿冒任何风险的。因此可以说,小批量的商标采用凹版印刷其防伪的效果可能比大批量的凹版印刷要好。

(2)制版和印刷分两地进行

异地制版和印刷具有较好的防伪效果。印刷厂一般具有制版的能力,但是商标使用企业的制版工作则应另选单位。因为秘诀防伪的一个关键是知道的人越少越好,即使知道也应只知道一部分,而不能让其知道商标设计及印制的整个工序。这样即使在某个环节出了漏洞,其他环节也足以能满足防伪的需要。商标在印刷厂印刷时企业要派出责任心强的人员到现场监督印制,以防印版被盗和商标被偷。印制完毕,要将印版收回保存好。

(3)印刷与防伪油墨技术相结合

油墨防伪技术是秘诀防伪的一个方面,将凹版印刷技术与油墨防伪技术相结合,实现双重秘诀防伪,防伪效果会更好。有些印刷防伪油墨的颜料颗粒较大,需要较厚的墨层,而凹版印刷的墨层一般较厚,印品的质感较强,两者的结合,会得到双重的防伪及装潢效果。如凹版印刷使用荧光油墨,既保证了凹版印刷的微凸感,又保证了荧光油墨的使用要求,两者的秘诀防伪功能也都得到了保证。油墨应自己调配,而后交给印刷企业使用,印制完毕,应将油墨收回保存。这样可获得较好的防伪效果。

2. 喷墨印刷在防伪包装方面的应用

喷墨印刷机在线使用具有较好的防伪效果。一般经济实力较小的制假者是舍不得投资购买设备的,通过巧妙地使用喷墨印刷机,将日期等信息喷在包装件的关键部位,可以起到一定的防伪效果。喷墨印刷机使用防伪油墨具有更好的防伪效果。喷墨印刷机的在线使用具有投资性防伪的功能,防伪油墨具有秘诀防伪功能,两者结合,具有双重防伪功能。

8.2.6　破坏性防伪技术

利用旧的包装盒、包装瓶、包装盖、商品的标签等制假是假冒商品泛滥的一个主要方面。由于不需要大的投入,也不需要懂得复杂的技术就可以进行商品的假冒活动,所以从事这部分制假活动的不法之徒的主要特点是数量多,经济能力差,素质低。防止这种制假方法的主要手段是采用破坏性防伪包装。破坏性防伪包装即一次性防伪包装,它是靠确保包装物的一次性使用来进行防伪的,包装物在完成一次包装功能后就被破坏掉,不能再重复用于同一种产品的包装。假冒者要想假冒该产品,就必须购买该种包装或生产该种包装,由于需要付出较大的代价,所以就抑制了冒牌产品的出笼。破坏性防伪包装的目的很明确,就是要保证旧的包装容器、包装装潢、商品标签、容器盖子等不能被不法之徒再次利用进行制假。要想达到这个目的,就要从商品的流通渠道、旧包装的流通渠道及包装的设计环节进行全方位的努力,尤其在包装的设计阶段就要考虑到旧包装的回收状态及回收环节问题。对于那些易被重复利用的旧包装箱、旧包装盒、旧包装瓶等都应采用破坏性防伪设计。

8.2.7　其他防伪技术

一般来说,任何一项技术都可以用于防伪包装,但不是每一项技术都具有防伪的作用。一项技术是否能起到防伪作用,要按照相应的防伪理论来评判。通常那些新的技术、复杂的技术、投资较大的技术等具有较好的防伪能力,但也不能一概而论,要根据使用对象及场合面进行选择。随着社会生产力的提高,新的技术会不断地出现,因而适合包装的防伪技术也会不断地被发现及引进。如电子指纹防伪技术、抗体防伪技术、投资防伪技术(设备、材料、技术投资防伪)、文字缩微防伪技术、胶黏防伪技术等。

8.3 物流防伪包装的发展趋势

防伪技术的应用原来仅局限于货币、各种有价证券及可能危及全社会公共安全的特种行业。近年来，由于假冒活动日益严重，出于防范的需要，采用防伪技术越来越受到各国名牌产品企业的重视。与此同时，各国竞相开发技术含量高、信息量大、保密性强、不可逆变、不可复制的新的防伪技术和防伪产品，并应用到各种类型的商品上。

8.3.1 计算机网络防伪技术

目前在我国，商品的销售渠道通常有两种形式：一种是通过中间商、零售商将商品销售出去；另一种是厂家自己建立分销渠道，自己经营自己的产品。假冒伪劣商品往往是通过其中某一个环节进入流通领域的，而计算机网络防伪技术建立则可以减少甚至避免这种现象的发生。这种技术是以先进的信息管理和计算机网络技术为主，综合利用其他防伪技术而建立起来的，能够覆盖全国、统一管理的防伪网络体系。它可以将厂家、商家、消费者和政府部门直接联系起来，为各方提供防伪查询、物流跟踪、信息服务等服务，从而很好地监控产品在市场上的销售情况以及假冒商品的动向。

1. 智能鉴别防伪技术

智能鉴别防伪技术的防伪原理是利用电子计算机的智能化特点和存储器的记忆与读取容易的特点，将特定的防伪程序写入存储器，然后再经过固化、存储、读取、识别、判断，从而达到鉴别商品真伪和防伪的目的。存储器材料可为半导体介质、磁介质、有机介质和光介质。智能鉴别防伪技术具体的工作原理如下：

①首先编制一个特定的防伪程序，并和厂标一起准备写入存储器。这个防伪程序包括一个计数子程序、一个鉴别子程序、一个写程序及一个防伪自杀程序。该防伪程序可以是永久的，也可以是一次的。

②通过编程器将编写好的防伪程序对特制的存储器进行读写、固化后存储起来。这时，存储器可以和厂标或商标一起固化在某种特定物品（包括商品或证件）中，以此作为防伪标识。

③具体鉴别过程是将存储器送入鉴别器，通过软件识别程序进行识别，最后再进行显示。鉴别器的作用是用来鉴别防伪程序的真伪，并最后进行物理自杀。鉴别器由主机、鉴别口、鉴别防伪程序、消磁装置构成。下面以防伪程序具有两次生命为例进行详细说明。

厂方在制造商品后期将装有防伪程序的存储器固定在商品上。在固定之前，防伪程序将在存储器的某个特定的位置留下自身独特的标识，而这些标识是由防伪程序随机提取的，目的是使仿造者无法找到防伪程序的规律。批发商在接到商品后进行验货，即用鉴别器对商品进行第一次检验。将存储器放入鉴别器口或将特制的鉴别探头对准存储器,启动鉴别防伪程序,对芯片上的由防伪程序留下的特定标识进行识别。如果程序正确,跳转到装载程序,装载程序则将防伪程序装载运行。然后,驱动真品显示程序,表示商品是真品;如果程序不对,鉴别防伪程序的平衡被打破,防伪程序跳转到报警装置,指示是伪品。至此,第一次程序运行完毕,计数器计下运行一次的记录,也就是说,该程序还有一次生命。

当商品销售到最终用户时,客户对商品的身份进行第二次检验。运行过程与第一次检验完全相同。但不同的是防伪程序正确运行后,防伪程序将自动转到自杀子程序。自杀子程序将引导防伪程序消灭自身,从而达到伪造者无法伪造的目的。这是利用计算机智能的逻辑防伪。待防伪程序完成逻辑自杀后,鉴别器的消磁装置启动,对存储器进行物理自杀,即对存储器进行强行磁化,使存储器的内容完全消失,从而达到了杜绝伪造者反复破译防伪程序的可能。

另外,该智能鉴别防伪技术除使用了特定的防伪程序软件外,还对一次性防伪程序的生命进行了限制。程序在有限的几次运行后便自动执行自杀程序。因此,即使伪造者具有智能专业的技术与设备,也会因程序运行生命有限而无法达到仿制的目的,从而再次保证了智能防伪措施的可靠性。

但是该技术也有一定的局限性。由于需要专门的鉴别设备,而普通消费者不可能购买这种专门的鉴别设备,因此不能很好地普及该技术的使用范围。

2. 彩色图像数字防伪标识技术

现行防伪标识的制作一般要经过制版、模压、加密、印刷、复合等多道工序。产品的整个生产周期长、难度大、成本高。包装是防伪技术的载体,现行防伪标识受成本控制不能制成较大面积的商标或直接使用的包装物,故均为一种粘贴性的标签、封签。由于其本身的弱点和制假丰厚的利润,从而导致大量防伪仿制产品的产生。

彩色图像数字防伪标识技术是利用计算机以数字化方式生成、处理和输出信息以及不易被仿制的特性而研究开发的。彩色图像数字防伪标识是一种具有唯一性、易辨别、防伪有效性高、制作成本低、能够制成大面积商标或包装物,并能大规模生产的防伪标识制作技术和产品。该防伪技术涉及唯一性彩色图像数字防伪标识的构造原理、制作技术和印刷工艺。

彩色图像数字防伪技术的构造原理是:彩色图像数字防伪标识是由不同的图像及色彩组合与对应数字排列形成的具有唯一性(每枚不重复)的彩色图像数字防伪标识。即标识中的图像不同、色彩不同,与其对应排列的数字也不同,并且与其对应排列的数字可任意设定。图像及色彩的组合是公开的,而预期对应的数字可以是隐含的。图像及色彩的组合用于视觉防伪,对应排列的数字用于鉴定防伪。必须说明的是,这种防伪标识中色彩、图像的组合元素可以由标识设计者任意构思。元素的使用份数及对应的数字排列的位数由设计者根据用户的要求或该防伪标识的数量来确定。

3. 唯一性彩色图像数字防伪标识

(1)制作步骤

计算机制作唯一性彩色图像数字防伪标识的原理是使用计算机制作基本彩色图像数字防伪标识图形。这是一项非常普通的工作,由平面设计人员即可完成,可运用的软件也非常多。这里结合设计一个 6 位数的 6 色彩条防伪标识的例子来说明唯一性彩色图像数字防伪标识的制作步骤。

①根据用户的要求设计或自行设定彩色图像数字防伪标识编码的结构原则,6 色彩条及对应的数字排列组成的防伪标识。它是由 6 色彩条依顺序变换成不同的组合,与其对应的数字也是按照同样的顺序变换排列。这就是 6 色彩色图像数字防伪标识的编码结构规则。

②编制电子文件(程序),进行彩色图像数字防伪标识的制作处理。此部分工作仍然由平面设计者完成。该电子文件以基本彩色图像数字防伪标识图形为基础,依据编码的结构规则采用拷贝修改(调配)的方法来完成。这一部分工作可以由外挂在彩色图像处理软件上的专用模块来快速完成,且不易出差错。此时平面设计者只要将彩色图像数字防伪标识编码的结构规则输入程序中,计算机便可迅速完成。在实际的制作中可视情况将文件分成几个块文件并建立子目录以备查询。

③由平面设计者或外挂在彩色图像处理软件上的专用模块完成标识的自检核对,至此就生成了可供使用的电子文件。要注意的一点就是要将图像色彩格式转换为 CMYK 格式后再交付印刷。

(2)优点和效果

由于彩色图像数字防伪标识的防伪图像是唯一的,考虑到成本,如果采用传统的胶印机来制版、印刷是不可能的,因此只有使用高品质的彩色数字印刷机才可以实现实时地制作和印刷唯一性的彩色图像。这类 20 世纪 90 年代后期出现的印刷机,技术性能成熟,可以实现个性化印刷,而且生产速度在 8000 张/小时以上。唯一性彩色图像数字防伪标识防伪技术的优点和效果如下:

①防伪标识具有唯一性。由唯一性彩色图像数字防伪标识技术的原理可知,该防伪标识可用商品外包装上的彩色图像若干部分进行编排组合,同时使用 0～9 的自然数字与这些若干部分彩色图像的组合对应排列组成彩色图像数字防伪标识编码,构成唯一性彩色图像数字防伪标识。这些标识经过数字印刷机直接印刷到承印物上(纸张、塑料等),形成实用的防伪标识。依据排列原理,被组合的彩色图像元素、色彩元素份数越多,则对应排列的数字的位数就越多,从而生成的防伪标识的数量也就越多,其结果就像编制人们的身份证号码一样。而且因为每一个单个包装防伪标识的图像、色彩、对应排列的数字是不同的,所以说它具有唯一性。又因为使用计算机编辑,防伪标识的设计者能够在很短的时间内完成数百万个不同标识的设计。所以,该项技术完全可用于大规模生产。

②保密性强。根据上述防伪原理可知,对彩色图像的组合和对应数字的排列组成均可由商品包装者自己确定和掌握,并存储在自己的防伪查询系统中。印刷厂在印刷前不知道防伪标识的真相。另外,防伪标识的暴露时间仅限于商品货架销售时间。暴露时间越短,标识越不容易被仿制,从而增加了防伪的有效性。

③仿制难度大,仿制成本高。由于该标识唯一性的特点,使仿制者只能逐一仿制。面对成千上万甚至数十万、数百万个不同防伪标识物或带有防伪标识的包装物,用普通印刷技术仿制时的费用极高。因此,由于仿制者对防伪标识的仿制能力和成本费用的限

制,从而难以仿制。如果采用隐含式数字排列,则仿制难度更大。

④一次性使用。该标识印刷在一次性使用的基材上,在使用时防伪标识必然被破坏,从而不能被再次使用。

⑤普通消费者易于识别。首先,同一包装的同一商品不存在相同的防伪标识,当出现相同防伪标识时,其中必定有假。其次,消费者也可通过向制造商拨打查询电话,输入与彩色图像对应的排列数字,以用户被告知查询结果的方式进行真伪识别。

⑥节约资源,按需印刷,制作简便,成本低廉,实现防伪标识与包装一体化。将计算机设计好的彩色图像及对应的排列数字,直接输入给印刷机印刷,承印物主要是纸、塑料薄膜,成本很低廉。目前作为标识,其售价仅为激光全息防伪标识的 33%～50%,单价为 0.00298 元/平方厘米,且又能做到按需印刷,节省资源,消除浪费。随着数字印刷机本身价格的降低,该防伪标识的价格也有可能降低。更重要的是,它可与包装物装潢印刷同时进行,真正实现了防伪与包装相结合这一必然发展趋势。而且该防伪标识可以以两种形式运用:一是可作为单个防伪标识物贴在商品(包装)上;二是包装物印刷时可同时印刷防伪标识,无须逐个标贴,但这样的防伪成本就非常高。

8.3.2　全球防伪技术的发展趋势

据统计,全世界目前每年因仿冒各类高档名牌商品和伪造票证等,给世界经济和工业造成的直接损失达 1000 亿美元之多;国际市场仅五年之中有记录的重大商品假冒伪劣事件就已超过 2000 起。更令人担忧的是,在医药、食品、烟酒、饮料领域,假冒包装更为猖獗,防不胜防,造成了大量的经济损失。现代科技的高速发展和假冒伪造活动的日益猖獗,促进了各种防伪技术的发展。防伪技术在融入了先进的技术成果的同时,也成为多学科科技成果的组合和综合应用的结晶。更多更好的安全防伪技术将从防伪集成度极高的领域走向民间,走向民用产品;生物特征信息防伪技术将得到更广泛应用;信息防伪技术,尤其是以加密技术、数据库技术、现代通信技术为主的编码防伪技术将走入寻常商家,最终实现消费者与制造商之间的产品信息反馈零距离。

⇨ 案例分析

阿斯利康公司四种上市药品将陆续首试数码防伪包装

阿斯利康公司 1999 年由瑞典阿斯特拉公司和英国捷利康公司合并而成,主要从事肿瘤、心血管、消化、呼吸、麻醉和中枢神经等领域处方药的研发、生产和销售,产品销售覆盖 100 多个国家和地区。近年来,药品造假有愈演愈烈的倾向,已成为一个重大的国际问题。假劣药品泛滥的一个重要原因就是药品流通秩序混乱。据世界卫生组织和美国食品和药品管理局估计,世界范围内的假药约占药品的 5%～10%,东南亚等地区的这一比例可能更高。假药每年大约以 13% 的速度在增加。而新的药品包装防伪技术,可大大提高科技含量,客观上缓解制售假药现象。从今年 7 月起至年底,四种上市药品将陆续首试数码防伪包装。

虽然目前中国的假药比例尚没有统计数据,但假劣药品一直存在。且假冒药品多集中于拥有名牌产品的企业,或加入人血白蛋白等高利润的产品。

药品防伪正成为一项全球性课题。目前国内有的厂家药品包装防伪手段单一、科技含量不高、印刷技术含量也不高,还有的医药企业品牌保护意识不强,产品不加任何防伪手段,就匆匆上市。这些在客观上都容易造成药品被假冒。

这次公布的一项新的数码防伪技术,今后半年里将在中国药品流通市场试点使用,初步应用于耐信片、洛赛克针、耐信针和易瑞沙四种产品。

易瑞沙是最新研发的用于治疗非小细胞性肺癌的新一代靶向性抗肿瘤药,是一种针对表皮生长因子受体(EGFR)——酪氨酸激酶抑制剂。易瑞沙是目前被三期临床试验证明可以明显延长晚期肺癌病人的生存时间的药物,并且还可以明显改善晚期肺癌病人的症状。

为防止自己生产的药品被造假,7月底以来,阿斯利康将对耐信片、洛赛克针以及即将上市的耐信针和本地分包装易瑞沙这四种药品开始采用全新的产品安全数码防伪技术,即防揭换防伪封口签和防伪编码技术。据悉,该数码防伪技术是由阿斯利康在全球范围内首次用于药品。

目前,该公司已经为此斥资800万元人民币,这还不包括对材料及以后的产品安全数据系统的投入。药品造假危及公众身体健康,减少国家税收,同时也对制药企业造成销售收入损失,严重损害企业的品牌形象。药品防伪技术正在成为一项全球性课题,很多国家政府和制药企业携手相关行业,不断寻找药品防伪的新方法、新技术。

该公司此次采用的数码防伪技术包括防揭换防伪封口签和防伪编码技术,是由阿斯利康在全球范围内首次应用于药品。标签供应商只有一家,并且只对阿斯利康提供。这项新技术将迫使造假难度大大提高。此次采用新数码防伪技术的4种药品都是阿斯利康公司疗效确切、受众广泛、被假冒风险大的品种。在中国市场,虽然斥巨资采用最新的防伪技术,但产品价格不上涨,阿斯利康将承担由此增加的产品成本。

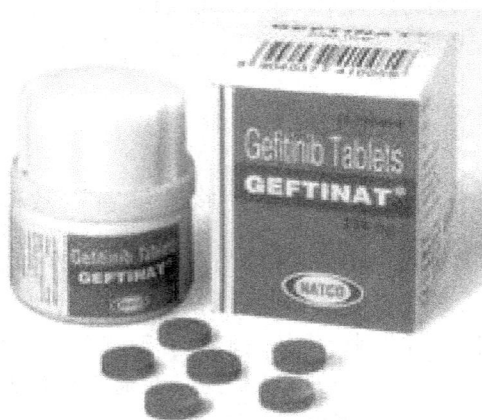

图 8-5　含数码防伪技术的易瑞沙药品

➡ 思考题

1.防伪包装的意义是什么？
2.防伪包装的主要要求是什么？
3.何种商品最需要防伪包装？
4.防伪包装的主要分类有哪些？

第 9 章

物流运输包装

⇨ **本章要点**

　　运输是实现物流时间效用的重要环节。运输中经过适当包装的商品,不仅便于运输、装卸、搬运、储存、保管、清点和携带,还能防止丢失或被盗,为各方面提供了便利。通过本章的学习,了解运输包装的发展历史,掌握运输包装的主要类型和运输包装标志等。

9.1　物流运输包装概述

　　物流运输包装是以运输储存为主要目的的包装。它具有保障产品安全,方便储运装卸,加速交接、点验等作用,是实现物流空间效用不可缺少的重要因素之一。

9.1.1　物流运输包装发展史

　　自从人类进化到狩猎时代后,获得的食物就有了剩余,包装便应运而生。最原始的包装是捆绑食物的藤条、裹包食物的树叶等。当人类进入新石器时期后,先人们已经学会制造包装容器,如编织篓筐、烧制陶罐等,包装实现了从取自纯天然材料的原始形态包装到采用天然材料人工制作包装容器的第一次技术飞跃。在西安半坡博物馆可以看到,6000 多年前新石器时代的先人已经能利用黏土烧制杯形尖底瓶、葫芦形瓶、蒜头形瓶、圆底钵、浅腹圆底盆、折腹盆、弦纹夹砂罐等包装容器。这些陶器有的是用于从河中取水并运到住处的包装容器,有的则被用于储存食物。

　　我国早在汉代便开始用纸包裹物品,到了唐代已十分普及,用于包裹食品和中药材,其中包装茶叶的包装纸称作"茶衫子"。后来包装纸发展成多层裱糊的纸盒、纸框、纸缸、纸篮等纸包装容器。

英国人爱德伍·斯郎于 1856 年发明了瓦楞纸,当时,瓦楞纸只是用来作为礼帽的内衬,便于透气。15 年后的 1871 年,美国人爱伯特·琼斯最先在瓦楞纸上贴一层衬纸,用于包装玻璃制品等易碎品,取名为"Single face corrugated board",并在美国获得了第一个瓦楞包装技术专利。1874 年,美国人奥利尔·朗发明双面瓦楞纸板,使瓦楞包装技术获得又一次重大突破。1875 年,第一个瓦楞纸板包装生产厂在美国诞生,生产内包装用细瓦楞纸板。直到 1894 年,美国人罗伯特·古牙研制成功较粗的 A 型瓦楞纸板后,瓦楞纸板用于运输包装便迅速风行世界。经过各国专家的不断完善,瓦楞纸箱逐步取代木箱,成为当今最主要的运输包装容器。

制造金属包装容器的主要材料镀锡铁皮是捷克人在 1200 年发明的,但直到 1620 年才被德国人用来制造金属桶,作为盛装干燥食品的运输容器。在 20 世纪,金属桶已经成为石油、化工产品和危险品的主要包装容器。虽然集装箱早在 1834 年就在美国宾夕法尼亚州的运河和铁路上出现了,但真正成为一种运输方式是在 1956 年,被誉为 20 世纪运输包装的革命。

塑料是 20 世纪初发明的人工合成材料,开辟了材料科学的一个新时代。塑料很快便被应用于包装领域。1936 年出现裹包用玻璃纸,1950 年第一次挤塑出令人满意的低密度聚乙烯薄膜。20 世纪 30 年代美国研制成功塑料瓶吹制设备,20 世纪 50 年代随聚乙烯发展而普及。50 年代随着高密度成型和滚塑法生产技术的出现,聚乙烯被用于作为钢桶的内衬。

1963 年,美国开始生产全塑料包装桶。1955 年发明塑料网,1958 出现 EPS 挤塑片材,塑料箱、塑料桶和集装袋等在运输包装中的应用范围不断扩大。作为近代广泛使用的缓冲材料的发泡聚苯乙烯(EPS),是在 1950 年由德国 BASF 公司发明的。由于 EPS 不降解,体积大,焚烧时会产生高温气体而损坏焚烧炉,并产生大量黑烟和二氧化碳,因此不易回收。全降解塑料虽然已经产业化生产,但成本仍然较高,能替代 EPS 的廉价而缓冲性能好的环保型缓冲材料,仍在开发之中。

托盘始于叉车发明之后的 20 世纪 30 年代,在第二次世界大战的军需品运输中被大规模应用。第二次世界大战后托盘迅速发展成为集装运输包装的重要工具。在工业革命之前,散装物的运输包装主要用麻袋,液体运输包装大都用木桶,贵重物品则用木箱。背篓、竹筐或带竹筐的陶罐做运输包装。第二次世界大战之前,木箱是使用得最多的运输包装容器。由于瓦楞纸箱和塑料包装等新型包装制品的发展,木箱在运输包装中的地位在不断下滑。目前主要是用于重型机电产品的运输包装。

为了保证运输过程中陶制包装容器不至于损坏,人们不得不采用头顶、肩扛、手提等方式进行搬运,小心翼翼,搬运速度自然快不了。长期的生产劳动实践,祖先们逐渐找到了一种在运输过程中减少包装容器破损的方法,这就是公元前 11 世纪商朝末年出现的扁担。

这是世界上最早的缓冲防振包装系统。这个缓冲系统,实质上可以被看成是一个单自由度的减振系统,把人在行走时作用于扁担中央的低频大幅度激振给吸收了,振动基本传不到挂在两头的包装容器上。扁担减振只是把作为扁担"支座"的人行走时产生的运动位移隔去了,而不是力,所以只是一种消极隔振。为了减少运输过程中内装物品破损,古代在包装中充填的传统缓冲包装材料有纸条、棉花、稻草等。发泡塑料、气泡缓冲包装、悬挂包装、蜂窝纸板等新型缓冲材料的发明,为缓冲包装设计提供了巨大的选择空间。

在制造企业和商业企业面临日益激烈的全球化竞争的新形势下,降低物流成本已经成为企业的第三利润来源。现代物流系统,以信息技术为核心,集合包括包装技术在内的多种技术,对于传统行业转轨变型、调整结构、优化流程、降低成本,发挥了重大作用,风险进一步减少,服务水平得到提高。包装设计将直接影响物流活动的生产率,没有合理而科学的包装将零散的商品成组化和信息化,就没有现代的物流系统。

2003 年,我国社会物流总成本 24974 亿元,其中:运输 14028 亿元,保管 7376 亿元,管理成本 3570 亿元,相当于 GPD 的 21.4%(1991 为 24%,美、日等国仅 10%,降 1% 即 250 亿元)。落后的原因包括迂回运输、重复搬运、包装不合理造成的物流成本增加,包装不善引起的物资损坏或丢失等。2003 年,全国社会物流货物总额 295437 亿元,其中:工业品 249570 亿元,农产品 11261 亿元,进口货物物流总值 34193 亿元,邮政物流总额 136 亿元。全国货物周转量 57152 亿吨公里,其中:铁路 17092 亿吨公里,公路 7010 亿吨公里,水运 32275 亿吨公里,航空 58 亿吨公里。全国主要港口国际集装箱吞吐量 4735.5 万标箱,占世界的 17.9%;港口货物吞吐量 33 亿吨,我国物流运输包装量已位居世界前列。

现代物流包装上必不可少的条形码标识,给包装设计增加了新的课题。条形码是 20 世纪 40 年代由美国的乔·伍德·兰德(Joe Wood Land)和伯尔尼·西尔沃(Bemey·Silver)两位工程师发明的,1949 年获得美国专利。1970 年,美国超市委员会(Ad Hoc)据此制定出通用商品代码 UPC 码,开发出自动识别系统,大大提高了物流管理效率。1973 年,美国统一编码协会(UCC)建立了条形码系统,实现了该码制的标准化。条形码系统很快风行世界,成立了"国际物品编码协会"。我国于 1988 年成立了"中国物品编码中心",并加入了该协会。20 世纪 90 年代二维条码的出现,大大提高了自动识别技术的可靠性、保密性、防伪性和信息储存量,还具备错误修正功能。根据 PDF417 二维条码不同的条空比例,每平方英寸可以容纳 250 到 1100 个字符。在国际标准的证卡有效面积上(相当于信用卡面积的 2/3,约为 76 毫米×25 毫米),PDF417 条码可以容纳 1848 个字母字符或 2729 个数字字符,约 500 个汉字信息。这种二维条码比普通条码信息容量高几十倍。PDF417 条码的误码率不超过千万分之一,译码可靠性极高。PDF417 条码修正错误能力强,采用了世界上最先进的数学纠错理论。在八级安全的情况下,如果破损面积不超过 50%,则条码由于玷污、破损等所丢失的信息,可以照常破译出来。PDF417 条码容易制作且成本很低,利用现有的点阵、激光、喷墨、热敏/热转印、制卡机等打印技术,即可在纸张、卡片、PVC,甚至金属表面上印出 PDF417 二维条码。由此所增加的费用仅是油墨的成本,因此人们又称 PDF417 是"零成本"技术。条码符号的形状可变,同样的信息量,PDF417 条码的形状可以根据载体面积及美工设计等进行自我调整。PDF417 条码编码范围广,可以将照片、指纹、掌纹、签字、声音、文字等凡可数字化的信息进行编码。PDF417 条码保密、防伪性能好,具有多重防伪特性。它可以采用密码防伪、软件加密及利用所包含的信息如指纹、照片等进行防伪,因此具有极强的保密防伪性能。组合条码正在被探讨应用于现代物流系统。例如,将 EAN13 一维条码与 PDF417 二维条码进行组合而构成的组合条码,可能特别适合仓储与运输管理。一维条码简洁与数据库连接性好,表达的信息可以包括生产厂商、产品项目、商品分类、生产日期、保质期、内装物数量等;二维条码容量大,可表示汉字,防伪性好,重点表示此商品在仓储与运输过程中的注意事项,如抗冲击性能、禁用手钩、湿度要求、堆码极限、温度极限、总体积、重量、危险物注释(爆炸品、易燃气体、压缩气体、有毒气体、易燃液体、易燃固体、自燃物品、遇湿危险物品、氧化剂、有机过氧化物、有毒品、剧毒品、有害品、感染性物品、放射性物品、腐蚀性物品等等)。条形码的印刷技术好坏直接影响识别效果和整个系统的性能。条形码的印刷对宽度公差、反射率、对比度和条空边缘粗糙度等均有严格要求。条形码自动识别系统的硬件主要包括识读器、译码器、计算机、打印机和显示器等。识读器要求景深长和首读率高,分辨率能达到 0.15 毫米以上。条码识读器包括光笔、电荷耦合式(CCD)扫描器和激光识读器。光笔识读器一般需与标签接触才能识读条码信息,而 CCD 扫描器只能近距离(识读距离一般在 10cm 以下)对标签进行扫描,激光识读器识读时可在距标签较远的距离进行,长距离识读的激光识读器识读距离可达 1 米甚至更远。不同类型的识读器可供不同物流应用选择。

射频识别技术 RFID(Rladio Frequency Identification)是相对"年轻"的自动识别技术。20 世纪 80 年代出现,90 年代后进入实用化阶段。RFID 中国标准于 2004 年出台。全球年销售额 50 亿美元以上的大企业中,有 70%的企业将投资 50 万～100 万美元普及RFID 技术。

全球零售业巨头沃尔玛要求主要供货商都要使用 RFID 标签和电子产品代码(EPC),其带来的好处包括无连线、自动识别、实现信息收集自动化、能够对货物在供应链的位置及货物在供应链中移动时遗漏的货物提供更加细致的资料。射频识别的标签与识读器之间利用感应、无线电波或微波能量进行非接触双向通信,实现标签存储信息的识别和数据交换。射频识别技术最突出的特点是:可以非接触识读(识读距离可以从十几厘米至几十米),可识别高速运动物体;抗恶劣环境能力强,一般污垢覆盖在标签上不影响标签信息的识读;保密性强;可同时识别多个识别对象;可以减少脱销商品的数量等。RFID 应用领域广阔,常用于移动车辆的自动识别、资产跟踪、生产过程控制等。由于射频标签较条码标签成本偏高,目前在物流过程,很少像条码那样用于消费品标识,多数用于物流器具,如可回收托盘、包装箱的标识。射频识别识读器与标签之间的耦合方式有三种:静电耦合、感应耦合和微波。静电耦合系统,识读距离在 2 毫米以下,我们常见的"信息钮"就是以静电耦合方式获取信息的,可用于固定货物的巡检等。感应耦合系统,识读器天线发射的磁场无方向性,可以不考虑货物上射频标签位置和方向,常用于移动物品的识别、分拣。微波射频识别系统,识读微波方向性很强,一般用于高速移动物体,如运输车辆的识别等。物流过程应用的射频识别一般是感应耦合方式的系统,其工作原理是:射频识读器的天线在其作用区域内发射能量形成电磁场,载有射频标签的物品在经过这个区域时被读写器发出的信号激发,将储存的数据发送给识读器,识读器接收射频标签发送的信号,解码获得数据,达到识别目的。由于射频识别技术的应用涉及使用频率、发射功率、标签类型等诸多因素,目前尚没有像条码那样形成在开环系统中应用的统一标准,因此主要是在一些闭环系统中使用。如能了解托盘重量等货物实时信息的智能托盘系统,能自动识别不同包装箱人为错误信息、损坏信息和订货信息等的通道控制系统,能防止货物被盗和错放的配送过程保护系统等。

先进的运输包装技术的开发,离不开先进的理论做指导。作为运输包装设计的理论基础的包装动力学,是由美国贝尔电话实验室的米德林于 1945 年发表的论文中首次提出来的。1949 年,英国包装与同业贸易研究协会建立起第一个完整的包装试验站。1961 年美国出版的《冲击与振动手册》将缓冲包装列为独立的一章。1964 年,美国国防部制定的《军事标准手册》也把缓冲包装纳入其中。

由于包装件的结构十分复杂,缓冲材料属于一种非线形黏弹性材料,很难通过现有理论求得精确解。1968 年,美国牛顿教授在其发表的论文中,第一次提出了描述产品在流通环境中损坏极限的脆值边界理论,为缓冲包装设计方法奠定了比较实用的理论基础。随后,大量的试验研究,积累了丰富的数据。美国密歇根州立大学包装学院与 MTS 公司共同制定出了缓冲包装设计 5 步法,兰斯蒙特公司进一步发展为 6 步法。这一缓冲包装设计方法,现已被各国列入包装标准。

运输包装 CAD/CAE 技术近来获得了可喜的成果,以美国托帕斯为代表的运输包装 CAD 优化设计软件已经被许多企业和研发部门采用。利用有限元和优化设计技术的缓冲包装的计算机动态模拟也取得实质性的进展,包装动力学理论正在向纵深发展,为更准确描述包装件在随机性流通环境条件下的动力学行为提供理论依据。

9.1.2 运输包装的类型

运输包装又称外包装,其主要作用是保护商品、方便储运和节省费用。商品在运输过程中,不一定都需要包装。随着运输装卸技术的进步,越来越多的大宗颗粒状或液态商品,如粮食、水泥、石油等,都采用散装方式,即直接装入运输工具内运送,配合机械化装卸工作,既降低了成本,又加快了速度。另外有一类可以自行成件的商品,在运输过程中,只需加以捆扎即可,这种方式称为裸装,如车辆、钢材、木材等。但绝大多数商品,在长途运输过程中,需要进行运输包装。运输包装的方式和造型多种多样,用料和质地各不相同,包装程度也有差异性。

1. 运输包装主要分类

①按包装方式,可分为单件运输包装和集合运输包装。单件运输包装是指货物在运输过程中作为一个计件单位的包装,常用的有箱、包、桶、袋、篓、罐等;集合运输包装是指将若干单件运输包装组合成一件大包装,是在单件包装的基础上,以利于更有效地保护商品,提高装卸效率和节省运输费用,适应港口机械化作业的要求。在国际贸易中,常见的集合包装方式有托盘、集装袋和集装箱。

②按包装型不同,可分为箱袋、桶和捆不同形状的包装。

③按包装材料不同,可分为纸制包装,金属包装,木制包装,塑料包装,麻制品包装,竹、柳、草制品包装,玻璃制品包装和陶瓷包装等。

④按包装质地不同,可分为软性包装、半硬性包装和硬性包装,究竟采用其中哪一种,须视商品的特性而定。

⑤按包装程度不同,可分为全部包装和局部包装。

在国际贸易中,买卖双方究竟采用何种运输包装,应在合同中具体订明。

2．对运输包装的要求

国际贸易商品的运输包装比国内贸易商品的运输包装要求更高,应当体现下列要求:

①必须适应商品的特性。

②必须适应各种不同的运输方式的要求。

③必须考虑有关国家的法律规定和客户的要求。

④要便于各环节有关人员进行操作。

⑤在保证包装牢固的前提下节省费用。

由于经济全球化的发展,现代物流运输包装设计的好坏,不仅影响到物流成本的高低,还面临如何适应人类社会可持续发展的重大问题和国外的绿色贸易壁垒等挑战。1998 年 9 月,美国提出为保护本国森林资源免遭天牛的伤害,开始木材熏蒸技术和代木包装技术等的开发,禁止未经处理的木材包装商品进入美国。加拿大、英国也紧随其后,对各国采用木材包装的出口商品严加限制。单是这一事件,就使我国出口贸易损失 70 多亿美元。因此,开发面向现代物流的先进运输包装系统,是摆在我们面前的一项光荣而艰巨的历史任务。

9.2　缓冲包装及发展趋势

现代商品经济的发展促进了商品的流通,为避免商品运输过程中的破损,应运而生了缓冲包装技术。在大量使用泡沫塑料做缓冲包装材料之前,人们主要将稻麦、稻壳、刨花、纸屑、木丝和藤丝等用于包装容器内空隙填充,起限位隔离和缓冲作用。但是这些材料易吸潮,吸潮后极易长霉、长虫。而且由于零散使用,造成包装操作困难,缓冲性能难以预测。拆卸时,凌乱繁杂,给人以不愉快的感觉,所以不能用于高、精、尖产品的包装,更不适于礼品包装。为此,人们就开发了一系列的缓冲包装材料,如泡沫塑料、纸等。

9.2.1　泡沫塑料

泡沫塑料由于其良好的缓冲性能和吸振性能成为近代广泛使用的缓冲材料。泡沫塑料具有重量轻、易加工、保护性能好、适应性广、价廉物美等优势,但是也存在着体积大、废弃物不能自然风化、焚烧处理会产生有害气体等缺点。在环境污染严重、自然界资源匮乏的情况下,塑料对环境的危害引起人们的极大重视。虽然随着科技的发展已经研制出降解的塑料,但是这种塑料价格昂贵,处理的条件要求严格,且不能百分之百地降解,因此这种可降解塑料的大范围推广应用受到限制。所以,泡沫塑料将逐渐被其他环保缓冲材料所替代。

9.2.2　纸质缓冲包装

缓冲包装材料属于一种寿命周期短、"用过即扔"的一次性包装物,对环境的负面影响是显而易见的。绿色缓冲包装材料是缓冲包装材料发展的必然趋势。纸质缓冲包装材料的使用已有一段历史。但是,由于泡沫塑料在价格和性能上的优势,纸质缓冲包装材料的发展受到了限制。近几年来,严重的环境污染问题促使人们把目光集中到环保型缓冲包装的发展上。纸质包装材料就是其中一种。目前市面上纸质缓冲材料有瓦楞纸板和蜂窝纸板,还有纸浆模塑缓冲制品也正被广泛应用。此外,还有纸浆发泡块、纸纤维成型材料、植物纤维缓冲包装材料等。

瓦楞纸板具有加工性良好、成本低、使用温度范围比泡沫塑料宽、无公害等优点。但也存在一些缺点,如表面较硬,在包装高级商品时不能直接接触内装物的表面,使内装物与缓冲纸板之间出现相对移动而损坏内装物表面,耐潮湿性能差,复原性小等。

蜂窝纸板的强度和刚度高,材耗少,重量轻,内芯密度几乎可与发泡塑料相当。蜂窝纸板由于内芯中充满空气且互不流通,因此具有良好的防震、隔音性能。蜂窝纸板的生产采用再生纸板材料和水溶胶黏剂,可以百分之百回收,克服了泡沫塑料衬垫对人和自然环境的危害。它是包装领域替代木箱、塑料箱(含塑料托盘、泡沫塑料)的一种新型绿色包装材料,适用于精密仪器、仪表、家用电器及易碎物品的运输包装。蜂窝纸板因其独特的结构使其较瓦楞板具有更强的抗压、抗拆能力。由于蜂窝纸板的特殊结构,其生产设备的生产效率远低于瓦楞纸板,单位缓冲产品加工成本远高于瓦楞纸板。

纸浆模是以废纸等植物纤维为主原料,加入松香胶、石蜡乳胶或松香—石蜡乳胶等湿强剂进行打浆,然后浇注到金属网状模型上成型,经压实、干燥、校形,得到与内装物轮廓一致的缓冲制品。纸浆模始于20世纪60年代的鸡蛋和水果缓冲包装,后来扩展到机电和玻璃、陶瓷等产品。它的优点是废纸来源广泛,质轻,储运方便,成本低;有一定的强度、刚度和缓冲性能;可模塑成与产品轮廓一样的形状,集缓冲、定位、防碰于一身;有良好的透气性和吸潮性;易回收复用,环保。由于纸浆模制作受干燥、能耗等因素影响,厚度受到限制,因而不能用于重型产品的缓冲包装。此外,它的缓冲性能不及泡沫塑料,主要用于高脆值的机电产品和部分食品的缓冲包装。

纸浆发泡块是将粉碎后的废纸和淀粉混合、发泡、成型为具有多孔的小块,缓冲性能优于EPS,适合电子、仪器和敏感材料的缓冲包装。

纸纤维成型材料又称卷曲纤维纸材,是利用废纸浆、渣浆等为原料,不经压缩脱水和干燥辊而直接热风干燥成的一种弹性好的缓冲材料。纸面可压花或制成瓦楞状,也可以制成柔软且富有弹性的厚纸。有的纤维纸板还可以进行防水处理,或者贴牛皮纸面、贴衬里等表面处理,从而得到较好的表面性能。纤维纸板广泛用作裹包材料、衬垫材料和建筑材料等。

植物纤维类缓冲包装材料是在考虑充分利用自然资源的情况下发展起来的。目前已研制出来的这类材料有:农作物秸秆、聚乳酸发泡材料、废纸和淀粉制包装用泡沫填料。用农作物秸秆粉碎物和黏结剂作为原料,经混合、交联反应、发泡、浇铸、烘烤定型、自然干燥等工艺后即可制成减震缓冲包装材料。这种材料在低应力条件下,具有比聚苯乙烯泡沫塑料更好的缓冲性能,而且可降解,原料价廉易得。

用废纸和淀粉为原料制成的包装用泡沫填料,是将废纸或劣质纸张切成或粉碎成细末,碾成独特的纤维,再与淀粉掺和在一起,然后应用发泡的方法使其形成多孔的小球。用这种小球做包装用泡沫填料,能承受的冲撞优于聚苯乙烯,更重要的是这种材料丢弃以后,能很快地被微生物和真菌分解,不会对环境带来不良影响。玉米是我国北方地区广泛种植的农作物,植物纤维类缓冲材料充分利用了这种资源,所以极具开发潜力。在人类资源匮乏的情况下,着眼于这类材料的开发研制工作,亦是缓冲包装材料发展的大势所趋。此外,国内植物纤维制品所采用的工艺方法主要都是添加化学发泡剂,通过化学发泡剂的作用发泡,形成颗粒型发泡纸浆。由于在生产过程和使用后的处理中对环境有可能造成一些不利的影响,故该项技术还有待于改进和提高。

9.2.3 纸制品运输包装

为了建设和谐社会,必须坚持社会的可持续发展这一当今世界的主题。未来的包装应大力发展绿色生态包装。从纸制品包装易于回收、循环、处理的环境友好角度看,比其他包装材料有着较大的优越性,因而受到人们的格外关注。新产品层出不穷,用途越来越广,更加注重节能、低耗、无污染新技术,高新技术不断应用于开发多种功能独特的包装制品。以下为一些纸制品运输包装新产品的开发近况。

①高强低定量瓦楞纸板成为瓦楞纸板生产的一个趋势。过去瓦楞原纸定量采用200克/平方米、180克/平方米、160克/平方米,后来减至180克/平方米、150克/平方米、125克/平方米。为了与国际接轨,进一步降低瓦楞纸板的定量和物流成本,开始采用高强低定量(127克/平方米、115克/平方米、90克/平方米)的瓦楞原纸来生产瓦楞纸板。为了达到规定的边压强度等技术指标,必须对瓦楞纸板生产工艺进行适当的调整,瓦楞辊的轮廓参数也应适当的修改。否则即使使用了高强瓦楞原纸,也不能达到预期的纸板边压强度。应将五层纸箱尽可能改为三层纸箱,以进一步减少定量。目前我国五层纸箱占80%,而发达国家是三层纸箱占80%。

②D、K 型重型瓦楞纸板是取代双瓦和三瓦的单瓦重型瓦楞纸板新产品,可以节省中夹纸板和瓦楞芯纸。尽管收缩率稍大,但耗纸率反而是低的。D、K 型重型瓦楞纸板不仅垂直抗压性能优良,缓冲性能比三瓦等传统重型瓦楞纸板要好。为了克服其平压性能较差的弱点,常与 A、C 瓦组合成双瓦纸板。

③E、F、G、N、O 微型瓦楞纸板正在逐步取代传统的纤维厚纸板,因为它具有省材、弹性好、缓冲性能高等特性。例如,G 型瓦楞比实心纸板的重量轻 30%～40%,强度增加30%～40%;做成纸盒可直接放入外包装,节省缓冲材料,物流成本可降低约 20%。微型瓦楞的另一个优点是印刷效果好,适合各种高精度印刷方式,特别是高清晰度的胶印,正在被众多企业用来制作精美的纸盒。

④增强夹芯瓦楞纸板,又称瓦中瓦,是继蜂窝纸板、重型瓦楞纸板之后研发成功的又一重型纸箱用纸板。它是采用两块瓦楞纸板作面里纸,中间设有特殊排列结构的瓦楞纸

板和纸管结构,充分利用多方位支撑的力学原理,达到最佳的组合,获得极高的抗压强度。

⑤UPS 合力型瓦楞纸板是日本和欧美正在推广的一种新产品。UPS 是"UNIPOWERS"的缩写,意思是"组合力的"瓦楞纸板。UPS 瓦楞纸板强度高、定量低、厚度小。表 9-1 给出了 UPS 纸箱与常规纸箱的抗压强度比较结果,显见,UPS 纸箱的抗压强度明显高于常规纸箱。

表 9-1　UPS 瓦楞纸箱与常规瓦楞纸箱的抗压强度比较表

	名　　称	内装物重量:15 千克;内尺寸:360×300×250(mm³)		
试验样本	制作工艺	UPS 单瓦纸箱		常规双瓦纸箱
	楞型	A	A	A+B
	原纸组合(g/m²)	220/125+125/220	280/125+125/280	220/125/125/125/220
	纸箱总定量(g)	690	810	815
抗压强度	纸板平压强度(kPa)	532	540	不可比
	纸板边压强度(N/m)	9320	11576	9810
	纸箱抗压强度(kPa)	5690	7652	6082

⑥超强瓦楞蜂窝复合纸板综合了瓦楞与蜂窝纸板的优点,成为重型包装的发展方向之一。利用两块瓦楞纸板与一块蜂窝纸板上下黏合形成的超强瓦楞蜂窝复合纸板具有很高的强度。由于瓦楞芯纸的交错排列,与相同厚度的 AAA 瓦楞纸板相比,耐破强度可提高 30%～80%,边压强度可提高 9%～50%,戳穿强度和平压强度有明显提高,因而可以大幅度降低成本。复合纸板的刚度也比瓦楞纸板或蜂窝纸板高。

⑦美国在 20 世纪 80 年代发明的纸箱预印技术,正在成为提高瓦楞纸箱抗压强度、改进印刷效果和降低成本的重要技术措施。瓦楞纸板在高速印刷过程中不稳定,表面粗糙,套印精度低,很难让细小网点以最佳的印刷压力贴合到粗糙的纸板表面上,结果使印刷效果只能处于中低档状态。为了提高纸箱印刷质量,加大印刷压力,将使瓦楞受到破坏,通常会使纸板边压强度降低 10 牛/米左右。预印可以克服上述问题,从而降低成本,提高产品质量。但是,预印设备有凹印和柔印两种。凹印预印印刷质量高,适合连续绵延的图案,可用环保型水性油墨;印版耐印力高,可达 300 万～400 万印;凹印预印印刷速度快,可达 150 米/分钟;但是,凹印制版复杂,凹版制作周期要 5～10 天,价格比柔版贵8～10 倍;工艺复杂,投资较大。柔印预印也是环保印刷,制版成本低;可印刷大幅面、多色、高品质纸箱,可采用 100～175 每英寸行数的网线,网点细腻,色彩鲜艳;速度更高,可达 250～300 米/分钟;承印材料范围广,纸板定量可为 80～400 克/平方米;但是,柔印预印使用调幅网点进行阶调稿复制时的阶调范围仅为 8%～85%,层次欠丰富;网线不能过细,不宜细线印刷;设备仍需进口。总之,纸箱预印设备投资大,灵活性差,仅适合大批量产品订单的生产。

⑧合成纸有可能引发纸制品包装的革命。合成纸是日本王子油化(YUPO)公司研制成功的一种用石油原料制成的薄膜纸,具有高强度、高撕裂度、高耐破度、高透气性、优

良的印刷适应性等特点。例如,定量为 85 克/平方米的合成纸,撕裂度为 26,耐破度为10。此外,合成纸印刷的效果鲜明,网线清晰,色调柔和;耐水、耐油、耐化学腐蚀;尺寸稳定,绝热性能好,不怕虫蛀。但是,目前仅有少数公司生产,受石油价格影响,价格较高。目前主要用于某些要求极高的特殊场合。

⑨防潮、防水瓦楞纸板的开发令人关注。由于瓦楞纸箱吸潮或吸水将造成堆码强度大幅度下降,已成为纸箱生产企业亟待解决的重要问题。最常用的办法是在原纸上涂防水剂。最早是使用桐油涂在纸箱上,以达到防水、防潮作用。壳聚糖经醋酸溶液浸渍和乙酐处理,转化为甲壳素,涂于原纸上也具有较好的防潮、防水作用。使用石蜡、微晶蜡、聚乙烯蜡、蜂蜡、白蜡、巴西棕榈蜡、蒙旦蜡等动植物蜡,经乳化后涂于纸板上同样可以防潮与防水。防水瓦楞纸板因成本低,是目前使用最多的办法,但这种方法表面抗刻划性差,光泽度低,可以通过加入丙烯基聚合物、酚醛树脂、环氧树脂、氨基树脂、聚酰胺、聚氨基甲酸醇和高联的聚氯乙烯等热固性聚合物,制成复合结构的拔水剂,用以浸渍纸板,可以大幅度提高纸板防水、防潮性能。涂蜡瓦楞纸板不利于回收,欧盟已开始限制使用。另一种防水剂是采用三氧化铬在丙醇—盐酸溶液中还原,与硬脂酸配合制成,兼有防霉、防污等特性。目前市场上有不同配方的防水剂出售。如果将树脂类、淀粉类或胶类防潮剂加入纸浆内造成防潮纸,自然对纸箱生产最方便。这虽然要增加一些原纸的成本,但总成本还是合算的。日本东洋钢板株式会社曾开发出 0.02~0.05 毫米厚的纯铁箔,经镀锌、镍或锡防锈处理,与牛皮纸、聚乙烯薄膜一起挤压复合成复合纸板,用于制作纸箱,不仅防水、防潮,还能屏蔽电磁波、抗静电,特别适合水产品、果蔬、茶叶、电子仪表、半导体器件和机电类产品的包装。将镀铝聚乙烯薄膜与牛皮纸复合后制作纸箱,同样具有防水、防潮功能。

⑩保鲜瓦楞纸箱层出不穷。最简单的办法是在面纸中间复合一层不透气的塑料薄膜,使果蔬、鲜花等产品处于比较稳定的温度、湿度环境中,达到较好的保鲜效果;在纸箱内再放以适量的活性炭等吸潮剂,保鲜时间可延长。在纸箱外复合一层发泡塑料,不仅可以起到保鲜作用,还能保温、隔热、防水,兼有冷藏包装效果。制造纸板时,混入以白硅石为主要原料的多孔型粉剂,其吸附引起果蔬成熟过快的乙烯气体的效果,比活性炭、稀土锆或沸石更好。采用苦艾酸、草酚酸、桉树脑等保鲜剂涂在衬纸内表面上,或将聚乙烯薄膜用防霉杆菌剂浸泡处理后与牛皮纸复合,可以防霉抗菌,控制植物的呼吸,制成的纸箱具有更好的保鲜性能。在纸板内涂一层能发射远红外的陶瓷粉,其远红外线使内装物的水分活化而产生激发抵御微生物侵蚀的活力,防止氧气逸散;而被激活的氧气可提高果品的糖度。

⑪冷冻包装用瓦楞纸箱比一般防水、保鲜纸箱要求更高。冷冻水产品包装纸箱采用防水复合纸板制成套合式纸箱,底部有聚苯乙烯托盘盛接冷凝水和冻鱼渗出的血腥水,内置吸水纸防止血腥水外溢。还有一种瓦楞纸箱结构,它可以将三种生鲜食品分别存放在常温、冷藏、冷冻三个不同环境中,可保持温度在允许范围内达 15~30 小时。此外,还有一种大型冷冻水产品的经济、安全、方便的瓦楞纸箱结构,夹层内的发泡聚苯乙烯板作为隔热保冷材料。

⑫液体包装用瓦楞纸箱以其安全、低成本、质轻、造型自由而规范、易堆码、节省储运

空间、纸箱运输成本低等优点,获得快速的发展,正在逐步取代金属、玻璃、塑料、陶瓷等传统的硬质液体包装容器。它实际上是由一种称为 BIB 的不渗漏、不透气、无毒、无味的塑料袋装在瓦楞纸箱内构成的组合体。可在 BIB 塑料袋上适当位置设置活拴排放孔,或用塑料绳把塑料袋口收紧,以方便液体的充填和排放,容量有 900～1500 升多种规格。大型纸箱可与托盘配套使用,包装活鱼时应在塑料袋中充氧或放入氧气发生剂。现在,有的食用油生产厂家也把原来的聚酯瓶包装改成塑料袋加瓦楞纸箱包装,可以大幅度降低包装与物流成本。

⑬一种全部采用木材和纸浆为原料,不添加任何合成树脂,可直接压制成包装容器的伸缩纸已由日本造纸公司研制成功。这种新型纸张伸缩性比一般纸张大 5～10 倍。若使用特制的金属模具,可将其直接压制成各种形状的纸质包装容器。该纸质包装容器的强度与塑料包装容器相当,可用来包装生活用品和食品等。不仅其生产成本相当低廉,而且还能回收利用。据悉,该纸张的研制成功可部分取代塑料包装容器。

9.2.4 气垫缓冲材料及塑料薄膜悬挂缓冲包装

气垫缓冲材料按大小及不同应用场合来分有小型、中型、大型三种。小型气垫塑料薄膜是在两块塑料薄膜中间夹入空气热合而得,一层为平面,另一层成型出圆柱形、半球、钟形等气泡。薄膜多采用隔阻性好的 PE 与聚偏二氯乙烯的复合薄膜。每平方米的气泡数在 1000～10000 之间,表观密度极小,仅 0.008～0.030 克/立方厘米。具有耐腐蚀、耐霉变、化学稳定性好、不易破碎、无尘、防潮、不吸水、透明、柔软而不磨损内装物、缓冲性能优良等优点,特别适合轻型复杂形状易碎产品的缓冲包装。

中型气垫塑料薄膜呈袋形,规格有 200×130、200×200、200×300、250×130、250×300(单位:毫米)等。这种缓冲材料,具有小型气垫塑料薄膜相同的优点,只是气泡尺寸较大,表观密度更小,特别适合快速充填各种异形内装物与纸箱之间的空当,达到缓冲的目的,方便操作。PE 有热胀冷缩的缺点。现在采用具有柔性和弹性的聚氨酯或尼龙与PVC 复合制造气垫缓冲材料,可克服上述缺点,大型气垫袋的外袋是用 PP 及 PE 覆膜的牛皮纸制成,坚韧而牢靠,内袋是用以 LDPE 为主制成的可充气的多层共挤塑料袋,可以用来充填集装箱或运输工具内的空当,以保证包件在流通过程中不会晃动受损,支撑保护物效果更好,比用泡沫塑料等传统填充方式更环保,可以反复使用。

塑料薄膜悬挂缓冲包装,采用高强度、高弹性、不易滑动的薄膜来定位产品,防止产品因受到冲击和震动而发生损坏。这种独特的缓冲包装方式既可用作运输包装,又可以直接用于销售展示。高弹性薄膜适用于各种形状的产品包装,每一种包装设计可用于各种类似形状产品的包装,可减少包装材料品种,简化包装运作。包装可以折叠放置,减少仓储空间,也无须使用专门的设备配合。包装含有 30% 以上的可回收物料,并可以通过再生工艺回收利用。这种包装可以重复使用,减少了物流环节包装废弃物的产生。因此这是一种性价比较好的缓冲包装结构。

9.3　运输包装材料特性研究理论

9.3.1　缓冲材料的力学性能分析

缓冲包装系统的力学性能,在很大程度上取决于所选用的缓材料的力学特性。因此,要设计出一个性能优良的缓冲包装系统逻辑结构,需要在缓冲包装的系统结构分析中,充分了解缓冲材料的力学特性。根据待包装产品的特性和环境的输入影响,合理用缓冲包装材料。

1.缓冲性能

不同的缓冲材料,其弹性特性不同,对冲击能量的吸收能力也不同。如果不计冲击过程中的能量损失,且最大冲击时的全部机械能都转变为缓冲材料的变形能,那么,单位体积吸收能量越大的缓冲材料,其缓冲效果就越好。

缓冲材料的变形能可按下式计算:

$$E = \int_0^t F \mathrm{d}x$$

其中:E—— 缓冲材料变形能;

F—— 外力;

x—— 变形量;

t—— 缓冲材料厚度。

单位厚度吸收的变形能为 $\dfrac{E}{t}$,此值与外力 F 之比定义为该缓冲材料的缓冲效率:

$$\eta = \frac{\dfrac{E}{t}}{F} = \frac{E}{Ft}$$

缓冲效率虽然能反映缓冲材料的缓冲性能,但在缓冲包装设计过程中常用的参数是它的倒数,称之为缓冲系数 C,即:

$$C = \frac{1}{\eta} = \frac{Ft}{E} = \frac{\sigma}{\int \sigma \mathrm{d}\varepsilon}$$

其中:η—— 材料缓冲效率;

σ—— 应力;

ε—— 应变。

设计缓冲包装时,应选择缓冲系数较小的缓冲材料,以便减少缓冲材料的用量。缓冲系数 C 与 F、t、E 等三个参数有关的缓冲材料有不同的缓冲系数,通常需通过试验测定。根据试验方法的不同,有静态缓冲系数和动态缓冲系数之分。相关资料手册中有各类常用缓冲材料的缓冲系数 —— 最大静应力实验曲线或最大加速度 —— 静应力曲线供设计选用。

2.防振性能

产品在流通过程中,振动是一个主要的环境输入因素,在共振条件下,产品被激励的加速度可能超过其脆值而导致产品损坏,长期的共振还会造成疲劳破损。因此,无论根据静态缓冲系数法还是动态缓冲系数法进行缓冲包装设计后,都需要根据产品脆值及流通环境条件进行防振特性的校核。

现假定缓冲材料为线性弹性材料,防振包装系统模型如图9-1所示。其中,m 为产品质量,k 和 c 分别表示缓冲材

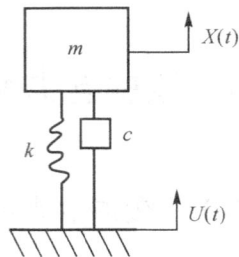

图 9-1 防振包装系统模型

料的弹性系数和阻尼系数,$U(t)$ 代表运输工具的振动位移(即系统激励),$X(t)$ 为包装件响应位移,并假设运输工具的振动为简谐,振动频率为 ω_0。由振动理论可知,该简谐振动系统传递率定义为:

$$T_r = \frac{X}{U_0} = \frac{G_m}{G_0} = \frac{\sqrt{1-(2\xi\lambda)^2}}{\sqrt{[1-(\lambda)^2]^2+(2\xi\lambda)^2}}$$

式中:ξ—— 包装系统的阻尼比(衰减系数),$\xi = \dfrac{c}{2m\omega_n}$;

ω_n—— 包装系统固有频率,$\omega_n = \sqrt{\dfrac{k}{m}}$;

λ—— 运输工具激励频率与系统固有频率之比,$\lambda = \dfrac{\omega_0}{\omega_n}$。

对频率比可有如下讨论结果:当频率比趋近于1时,即激励的频率与包装系统的固有频率接近时,传递率有极大值。此时将发生共振现象,包装件加速度可达运输工具激励加速度的若干倍,产品在此情况下极易遭遇破坏。此时,传递率 $T_r \approx \dfrac{1}{2\xi}$,其大小取决于系统衰减系数。

要使产品振动小于运输工具的振动,只要使 $T_r < 1$,则需使包装系统固有频率大大小于运输工具的振动频率。

当频率比较小时,$T_r \rightarrow 1$,振动等值传递,无减振效果。

由以上讨论可知,频率比对包装系统的传递率有很大影响,而系统的固有频率取决于材料本身的弹性特性。因此,缓冲材料的弹性是衡量缓冲材料抗振能力的基本要素之一。在共振条件下,系统阻尼是影响产品振动的唯一因素,增大阻尼,传递率变小,这将对系统起到减振效果。进行包装系统设计时,通常是利用以实验测绘出的各种材料的固有频率——静应力曲线和传递率——频率比曲线来进行分析、设计和校核的。

3.压缩挠曲

根据上述缓冲和防振特性初步设计好产品包装结构和尺寸后,还应校核压缩和弯曲强度,使其不得超过缓冲材料的许用应力。当存在细长的缓冲结构时,压缩常导致附加弯曲变形,引起应力加大而破坏。此时可采用克斯特那经验公式进行校核:

$$A_{min} > (1.33t)^2$$

式中:A—— 缓冲材料受压面积(平方厘米);

t—— 缓冲厚度（厘米）。

4. 回弹性

由于阻尼的存在,缓冲材料在卸载后,不可能完全恢复原有形状和尺寸,而存在残余变形。因此卸载后,原来与产品贴合的表面会产生空隙,容易造成二次冲击,增大了产品破损的可能。把缓冲材料卸载后恢复原有形状和尺寸的能力定义为回弹性,产品的回弹性能,是通过其回弹率 R 来描述的。

$$R = \frac{T_0 - T_U}{T_0} \times 100\%$$

式中:R—— 材料回弹率;

　　　T_0—— 材料原始厚度;

　　　T_U—— 压缩后的厚度。

5. 蠕变校核

材料的蠕变,是变形随时间延长而变形增大的现象,它是材料应力对时间的累计效应。缓冲材料蠕变过大,会在产品、缓冲材料和纸箱之间产生间隙,加剧内装物的冲击与振动,容易引起表面磨损;同时使缓冲垫的缓冲性能下降。因此,蠕变应该控制在一定范围内。

缓冲材料的抗蠕变能力通过蠕变率 C_R 来表示:

$$C_R = \frac{T_0 - T_u}{T_0} \times 100\%$$

式中:T_0,T_U 分别为材料压缩前后的厚度。

克斯特那经验公式进行校核:

$$A_{\min}/(1.33t)^2 > 1$$

式中:$A_{\min}$ 为最小承载面积。

9.3.2　缓冲包装脆值理论及技术发展

缓冲包装系统脆值理论经历了传统脆值、冲击脆值边界曲线、位移损坏边界曲线、振动损坏边界曲线、Burgess 损坏边界曲线、冲击响应谱技术这样一个逐步完善精确的发展过程。

当传统的脆值理论被发现与实际观察到的现象出现不符时(即传统脆值理论认为只要产品受到的最大冲击加速度达到产品脆值时即发生损坏,实际上有时候并不是这样的),牛顿提出了破损边界理论,用产品所能经受的典型加速度脉冲冲击的幅值和速度变化量来间接描述产品的脆值,作出破损边界曲线。当所受加速度脉冲幅值或速度变化量小于其临界值时,即加速度脉冲坐标点位于破损边界曲线内侧,产品是安全的;否则,产品不安全。这一理论打开了脆值冲击试验的大门,奠定了现代缓冲包装设计的基础。

上述破损边界的描述是针对线性缓冲材料情形的。但实际用于包装的缓冲材料均具有非线性特征。为此,王志伟、王振林等开展了非线性缓冲包装系统产品破损边界理论的研究,并提出位移损坏边界的概念。

由于振动疲劳损坏模式的存在,某包装系统的振动加速度峰值可能低于前面提到的冲击脆值。但长期振动产生的交变应力导致产品某些材料的微裂纹扩展,积累到某个极限值,同样会造成产品损坏。根据产品疲劳损坏理论,可通过试验或计算,求得产品关键件达到积累损坏时的与振动加速度幅值有关的交变应力总循环次数 N。可以把振动的这个最大加速度幅值与重力加速度的比值作为产品的振动脆值,它与循环次数 N 的关系曲线是一条关于产品关键件是否发生振动疲劳损坏的极限线,即振动损坏边界曲线。

美国密歇根州立大学包装学院贝格斯教授通过实验研究发现并最终将产品冲击损坏边界曲线与疲劳损坏边界曲线综合在一张图上,以冲击脆值、速度变化、反复冲击次数三个参数表征产品的损坏情况。该图表明,产品的脆值不仅取决于冲击脆值与速度变化,而且也取决于冲击次数,且冲击次数越大,损坏区越大,安全区越小。

前面列举的冲击脆值,大多数都是采用近似矩形的梯形冲击波试验得到的冲击损坏边界曲线来确定的。采用矩形波的原因有三:首先是它的损坏区可以涵盖其他冲击波形的损坏区,也就是考虑到了任何冲击波形的损坏范围,按此得到的脆值是最安全的。其次是只有矩形冲击波得到的临界加速度曲线才近似平行于横坐标的水平线。试验时,只要在主要的速度变化范围内求得一个临界加速度值,便可确定临界加速度边界。其他冲击波的临界加速度曲线随速度变化而出现起伏变化,不同的速度变化有不同的临界加速度值。最后是冲击试验机进行矩形波参数调节比较容易,只需调整跌落高度和改变程序器的气压便可很快改变加速度值和速度变化值。但是,其他冲击波的参数调整却要复杂得多,需要反复调整跌落高度和程序器的参数才能得到理想的结果。试验的简便性,带来的是脆值试验结果的保守性。产品包装件内一般都有缓冲垫,实际跌落时产生的冲击波并非矩形波,而是更接近于半正弦波,其试验的实际脆值结果要高于矩形波。因此,在进行缓冲包装设计时,应探索冲击脆值合理化的问题,以减少缓冲材料的用量,尽可能降低包装成本。

为了减少采用矩形波冲击脆值进行缓冲包装时的保守性,一种冲击响应谱分析技术正在受到包装学术界的关注,正在成为减少传统方法保守估计的有力工具。因为在某些频率段的最大加速度尽管超过脆值,但不一定会造成产品损伤。实际运输过程中通过缓冲垫传递到产品上的振动或跌落脉冲形状与特性,都与脆值试验时用的矩形脉冲是不同的。

冲击响应分析技术是建立在单自由度阻尼线性振动系统模型基础上的一种分析方法。如带 EPE 缓冲垫的某公司笔记本电脑进行跌落试验,得到的冲击加速度脉冲以及相应冲击响应谱曲线,其阻尼因子取为 0.05。试验结果通过陕西科技大学开发的 ITCZ 数据处理系统对安装在电脑底部上的三向加速度传感器采集到的数据进行处理后,得到的冲击加速度脉冲数据。冲击加速度峰值达到 52.25 克,笔记本的传统脆值一般控制在 50 左右,按此准则,缓冲结构不符合要求。但是实际上该笔记本电脑并没有摔坏,从冲击响应谱可见,在整个频率范围内,冲击响应谱都在某公司给出的限制范围之内,而且安全系数还较大。不同的跌落方向和姿势,可以得到不同的结果,通常的包装箱要求进行 6 个面、3 个棱和 1 个角的 10 个跌落试验。大型包装件只做面跌落试验,托盘包装则只做底面跌落试验。所得的冲击响应谱可见,6 个面的跌落试验结果,与某些特定参数的半正弦波的冲击响应谱相比,都是比较安全的。

从得到的冲击响应谱曲线可见,不同频率下的 G_s 值是不同的,没有考虑冲击波是什么形状。这里的 G_s 与过去提到的冲击最大加速度 A_c 不同,使得产品冲击脆值的概念得到进一步扩展,即在冲击损坏边界曲线上考虑的不是产品所能承受的最大加速度能不能超过脆值 G_s,而是产品关键件在所有频率下的冲击响应谱的加速度值 G_s 不要超过允许限。这种方法回避了不同冲击波形有不同结果的影响,不考虑激励,只考虑与包装缓冲结构关系密切的响应。

采用这种方法设计缓冲包装时,即使激励脉冲峰值加速度超过冲击损坏边界曲线上的冲击脆值的 25% 时,也未发生损坏时,就可以克服冲击脆值的过于保守的不足。如果已知产品的固有频率,只要在固有频率的一半至两倍的频率范围内的加速度值不超过允许限,其他频率范围即使超过了允许限,也不会引起损坏。

随着计算机仿真技术的发展,现在缓冲包装系统已经可以建立起更加精细的动力学模型,可以分析更为复杂的冲击脉冲波形,能够得到更接近实际情况的冲击响应谱。所以,美国试验与材料协会在 2000 年批准了在原有 ASTM D3332 标准中列入一个附件,增加了可以采用冲击响应谱进行产品脆值试验和应用于缓冲包装设计的内容。

9.4 运输包装标志及包装标志的种类

包装标志是为了便于货物交接,防止错发错运,便于识别,便于运输、检验、仓储和海关等有关部门进行工作,也便于收货人提取货物,在进出口货物和外包装上标明的记号。

运输包装标志是用图形或者文字(文字说明、字母标记或阿拉伯数字)在货物运输包装上制作的特定记号和说明事项。有了运输包装标志就可以使货物与运输文件相互对照起来,容易区别不同批的货物,容易知道货物运输的目的地、收货人、发货入,以及转运地点、注意事项、重量、体积等。由于货物的品类繁杂,包装各异,到达地点杂,货主众多,要做到准确无误,保证安全地将货物送交指定地点,与收货人完成交接任务,就需要运输包装标志。运输包装标志的作用是货物运输包装标志可以表达发货人的意图。正确地使用包装标志,可以保护货物与作业安全,防止发生货损、货差及危险性事故。

9.4.1 运输包装标志分类

运输包装可以分为三大类,即收发货标志、储运图示标志和危险货物包装标志。其中收发货标志又可分为 14 项,储运图示标志可分为 10 项,危险货物包装标志可分为 16 项。包装标志有以下类型。

1. 运输标志

运输标志即唛头,是贸易合同、发货单据中有关标志事项的基本部分。它一般由一个简单的几何图形以及字母、数字等组成。唛头的内容包括:目的地名称或代号,收货人或发货人的代用文字或代号、件号(即每件标明该批货物的总件数)、体积(长、宽、高)、重量(毛重、净重、皮重)以及生产国家或地区等。

图 9-2   运输标志(唛头)

2.指示性标志

按商品的特点,对于易碎、需防湿、防颠倒等商品,在包装上用醒目图形或文字标明小心轻放、防潮湿、此端向上、禁止滚翻、堆码极限、温度极限等,如图 9-3,9-4 所示。

图 9-3   运输指示性标志

3.警告性标志

对于危险物品,例如易燃品、有毒品或易爆炸物品等的外包装上必须醒目标明,以示警告。它包括爆炸品、易燃气体、不燃压缩气体、有毒气体、易燃液体、易燃固体、自燃物品、遇湿危险、氧化剂、有机过氧化物、有毒品、剧毒品、有害品、感染性物品、放射性物品、腐蚀性物品等,如图 9-4 所示。

图 9-4 部分联合国危险物品运输标志

此外,还有对辐射能敏感的摄影材料的运输包装图示标志。如按标志的使用方法分类,又有粘贴标志、拴挂标志、涂打标志、钉附标志以及书写标志等种类。

9.4.2 运输包装标志的内容

1.运输包装收发货标志

GB 6388—1986 定义:外包装件上的商品分类图示标志及其他的文字说明排列格式总称为收发货标志。

2.商品分类图示标志(如表 9-2 所示)

表中代号 FL,英文 CLASSIFICATION MARKS。它是表明商品类别的特定符号,标准中有 12 种商品分类图示标志:百货、文化、五金、交电、化工、针纺、医药、食品、农副产品、农药、化肥、机械,如图 9-5 所示。它们都是用圆弧、多边形以及它们的组合图形将特征字包起来。

表 9-2　GB 6388-86 商品分类表

序　号	项　目			含　义
	代　号	中　文	英　文	
1	FL	商品分类图示标志	CLASSIFICATION MARKS	表明商品类别的特定符号
2	GH	供货号	CONTRACT NO	供应该批货物的供货清单号码(出口商品用合同号码)
3	HH	货号	ART NO	商品顺序编号。以便出入库,收发货登记和核定商品价格
4	PG	品名规格	SPECIFICA TIONS	商品名称或代号,标明单一商品的规格、型号、尺寸、花色等
5	SL	数量	QUANTITY	包装容器内含商品的数量
6	ZL	重量(毛重)(净重)	GBOSS WT NET WT	包装件的重量(kg)包括毛重和净重
7	CQ	生产日期	DATE OF PRODUCTION	产品生产的年、月、日
8	CC	生产工厂	MANUFACTURER	生产该产品的工厂名称
9	TJ	体积	VOLUME	包装件的外径尺寸长×宽×高(cm)=体积(m³)
10	XQ	有效期限	TERM OF VAIIDITY	商品有效期至×年×月
11	SH	收货地点和单位	PLACE OF DESTINATION AND CONSIGNEE	货物到达站、港和某单位(人)收(可用贴签或涂写)
12	FH	发货单位	CONSIGNOR	发货单位(人)
13	YH	运输号码	SHIPPING No	运输单号码
14	JS	发运件数	SHIPPING PIECES	发运的件数

供货号。代号 GH,英文 CONTRACT No.。它表示供应该批货物的供货清单号码(出口商品用合同号码)。表中代号 HH,英文 ART No.。它表示商品顺序编号,以便出入库、收发货登记和核定商品价格。

品名规格。代号 PG,英文 SPECIFICA TIONS。它表示商品名称或代号,标明单一商品的规格、型号、尺寸、花色等。

数量。代号 SL,英文 QUANTITY。它表示包装容器内含商品的数量。

毛重和净重。代号 ZL,英文 GBOSSWT. NET WT。它表示包装件的重量。

生产日期。代号 CQ,英文 DALE OF PRODUCTION。它表示产品生产的年、月、日。

3.运输包装标志的要求及应用

(1)运输包装标志的使用方法

1)执行国家标准并参照国际有关规定

包装标志的目的是明确表达发货人意图,保证流通过程的作业安全,提高流通效率。

图 9-5　商品分类图示标志

因此可以采用图示标志或文字说明，亦可以两者兼用。国家标准"危险货物包装标志"、"包装储运图示标志"和"运输包装收发货标志"对于包装标志所使用的文字、符号和图形都作了规定。

2）运输包装标志的文字书写应与底边平行

带棱角的包装，其棱角不得将标志图形和文字说明分开。出口货物的包装标志原则上按照我国规定的标准办理，但根据需要，标志可以不印中文。如果根据国外要求免贴标志时，可以不贴标志；必须用外文表示的标志名称或补充说明，应写在标志的下边。

3）图示标志与文字说明

图示标志与文字说明可以印刷在标签上，然后拴挂、粘贴或钉附在运输包装上；亦可以用油漆、油墨或墨汁，以镂模、印模等方式涂打或书写在运输包装上。国外还有采用烙烫和雕刻法将其标在运输包装上。

4）运输包装标志的数目与位置

国标中规定，关于"包装储运图示标志"、"危险货物包装标志"拴挂、粘贴标签以及涂打、书写标志，都应标在显而易见的位置，以利识别。外包装，标志应位于包装的两端或两侧的左上方，袋、捆包装标志应位于明显的一面；"由此开启"应根据要求粘贴、涂打或钉附在运输包装的实际位置。对于运输包装收发货标志的位置，国标的要求如下：

①六面体包装件的分类图示标志位置。按 GB 3538—1983（运输包装件各部位的标志方法）规定，放在包装件五六两面的左上角。包装件的分类图示标志放在两大面的左上角。

②桶类包装的分类图示标志放在左上方。

③筐、篓捆扎件等拴挂式收发货标志，应拴挂在包装件的两端；革包、麻袋拴挂式收发货标志应栓挂在包装件的两上角。

（2）对运输包装的要求

1）运输包装标志要求正确、明显、牢固

图案要清楚，文字要精练、清晰，包装标志要易于辨认，便于制作，一目了然。国标

GB 6388—1986 收发货标志的字体要求:中文用仿宋体字,符号用汉语拼音大写字母,代码用阿拉伯数字,英文用大写字母。

2)包装标志颜色要求

包装标志都要求以白色为底,标以黑色的图案或文字说明。如果直接标于运输包装上,其颜色影响标志的清晰度,则可以采用合适的对比色。危险货物包装标志的图形要求按图规定的颜色印刷和标打。标志应采用厚度适当、有韧性的纸张印刷。运输包装收发货标志的颜色在标准中是这样要求的:纸箱、纸袋、塑料袋、钙塑箱类别以规定的颜色用单色印刷;麻袋、布袋用绿色或黑色印刷;木箱、木桶不分类别,一律用黑色印刷;铁桶可用黑、红、绿、蓝等底色印白字,灰底印黑字。表内未包括的其他商品,包装标志的颜色按其属性归类。

制作标志的颜料应具有耐湿、耐晒、耐摩擦和不溶于水的性能,不易发生脱落、褪色或模糊不清的现象。用于制作酸性、碱性、氧化物和其他腐蚀性货物的包装标志的颜料,应选用相应的抗腐蚀性材料,以免因受内装物品的侵蚀而模糊不清。

3)货物运输包装标志如采用货签时,应选用坚韧的纸材

对于不适于用纸质货签的运输包装,可采用金属、木质、塑料或者布制货签。

4)货物运输包装标志的尺寸

我国"包装储运图示标志"和"危险货物包装标志"标准规定的标志尺寸分别有 3 种和 4 种。

包装体积特大或特小的货物,其标志的幅面不受上述尺寸的限制。

国际标准化组织推荐的尺寸为 10 厘米、15 厘米、20 厘米,对于标志的文字、图形、数字、号码的大小,应与包装的大小相称。笔画的粗细要适当。体积较大或较小的运输包装,可以相应增大或缩小整个标志的尺寸。用于粘贴的标志单面印刷,用于拴挂的标志规定双面印刷。印刷时,外框线及标志的名称都要印上,涂打时则可以省略。

5)货物运输包装标志应由生产单位在货物出厂前标打

出厂后如改换包装,则由发货单位标打更换标志帖,应把原有废弃的包装标志痕迹清除干净,以免与新标志混淆,造成事故。

6)在货物运输包装上,禁止加广告性宣传文字或图案

这样可以避免与安全指示标记混杂,影响标志的正确作用。同时,严禁乱写乱涂。

▷ 案例分析

海景包装设计开发有限公司

2008 年 8 月,在青岛海尔工业园创牌中心,海尔—海景联合包装开发设计室揭牌。到用户企业为用户开发设计整体包装方案,这是海景包装设计开发有限公司今年初成立之后的重大举措。

中国海景控股集团是一家在香港上市的公司。公司成立 9 年来,从青岛、合肥再到惠州,一直专心在一个领域发展。从 EPS 发泡、纸浆模塑再到蜂窝纸板,始终在一个行业内延续扩展。从 1998 年公司创立始,即专注于为电子信息行业提供包装服务,生产的系

列 EPS 包装稳定配套于海尔、美菱、TCL、海信等国内知名大型信息家电商,在行业内有了一定的知名度。

在第一个"五年规划"目标顺利实现后,到 2007 年初,公司已发展成 1 个包装设计开发公司、8 个控股子公司、2 个参股子公司,拥有全自动 EPS 成型机 160 多台(套),纸浆生产线 6 条,纸蜂窝生产线 2 条,资产总规模达 2.5 亿元,年生产 EPS 制品达 2.5 万吨,纸浆制品 1500 吨,纸蜂窝制品 800 万平方米,年实现销售收入达 3 亿元。公司已经向集团化、规模化、标准化管理模式发展。

多年来公司坚持精益求精、追求卓越的质量方针,严格操作,坚决做到不合格的原材料决不投入生产,不合格的半成品决不进入下道工序,不合格的产品决不投放市场。公司追求卓越,不断改进产品和服务,坚持可持续发展方针,不求最好、只求更好,力争成为杰出的国际化的分供方。

一个企业的长兴不衰依靠的是创新,企业自主技术创新是企业发展的关键。为了依靠包装产品技术进步来拉动生产技术进步,强力支撑市场开拓,海景控股集团在 EPS 包装行业中率先创新与实践。今年初成立了海景包装设计开发(惠州)有限公司,包装设计开发公司下辖惠州、青岛、合肥 3 个包装研究所和 1 个包装实验检测中心。

海景青岛包装研究所拥有国内一流的包装设计开发团队和专业的检测实验手段,具备各类电子信息产品的包装方案策划设计的能力,能为客户提供整套的、专业性的最佳包装及运输方案设计;具备各类包装产品设计和检测试验手段,能为客户提供整套的、专业性的超值包装技术服务。青岛包装研究所与海尔强强合作,在用户创立联合包装设计室,可谓是在海景包装设计开发公司既定发展方向上迈出了重要一步。

海景包装设计开发(惠州)有限公司成立的宗旨,就是依靠高级专业技术人才和强大的实验检测设备,运用先进的、科学的理念,为用户提供包括仓储、物流在内的整体包装解决方案,开国内运输包装之先河。

提供全套的整体包装解决方案,从用户的角度来说,又称为"第三方物流包装",即把产品物流与包装委托给专门的物流包装企业完成。这是当前世界物流包装的发展趋势之一,已经成为产品生产企业的明智之举,有人称之为物流包装中的一场革命。为什么要实行"第三方物流包装"?实行"第三方物流包装"对企业有什么好处?海景包装设计开发公司的相关人员作了一系列研究。

目前,国内产品生产企业一般缺乏有经验的物流包装方面的技术人员。非包装专业人士对保护产品在流通中受到冲击或振动时不致破坏的缓冲包装设计知识知之甚少,不知道如何确定企业产品特有的流通环境条件。

企业很少懂得产品的脆值概念,知道后也很少有条件能确定出本企业各种产品的脆值。至于缓冲材料的选择和缓冲结构设计等问题大都模仿国外产品的包装,缺乏自主知识产权。包装试验更是缺乏条件和了解。

关于包装箱的设计问题,非包装专业人士对防止堆码倒塌等包装箱的科学设计不会计算;对防锈包装、防潮包装等新技术不知如何选择或设计;物流包装系统的整体优化问题基本没有顾及到,不知如何下手解决降低物流包装成本的问题;对出口产品的包装应该如何符合该国的包装法规不知如何应付。所有这些困扰产品生产企业的诸多问题,最好的解决办法就是交给专业人士去解决。

在制造企业和商业企业面临日益激烈的全球化竞争的新形势下,降低物流包装成本已经成为企业的第三利润来源。现代物流系统,以信息技术为核心,集合包括包装技术在内的多种技术,对于传统行业转轨变型、调整结构、优化流程、降低成本发挥了重大作用,风险进一步减少,服务水平得到提高。包装设计将直接影响物流活动的生产率,没有合理而科学的包装将零散的商品成组化和信息化,就没有现代的物流系统。

据 2003 年的统计资料,我国社会物流总成本为 24974 亿元,其中:运输成本 14028 亿元,保管成本 7376 亿元,管理成本 3570 亿元,相当于 GPD 的 21.4%。美、日等发达国家的物流成本仅占 GPD 的 10% 左右。因此,我国的物流包装成本节约空间相当大,降 1% 即可产生 250 亿元的效益。如果能达到国外的先进水平,就可节约 3000 亿元。

第三方物流包装企业在为产品生产企业提供整体包装解决方案服务时,有可能使产品生产企业的物流包装成本大幅度降低,有可能优化和缩短企业的供应链而降低管理成本,实现生产的零库存,减少流通过程中产品的破损,提高托盘和货柜的利用率,使包装的外观更加完美,减少包装材料对环境的污染而实现绿色包装的承诺,回避国外对我方出口产品设置的绿色包装贸易壁垒。

面对如此诱人的效果,有远见的产品生产企业,已经把第三方物流包装视为一种发展战略大力推行。

海景包装设计开发公司青岛包装研究所的相关负责人认为,面对世界包装业发展的新机遇,包装企业有必要调整自身的服务理念,即从单纯卖附加值有限的包装产品和材料,转向卖技术含量与附加值更高的整体包装解决方案;从单纯生产型企业向生产与服务综合型企业过渡,不能只是走外延发展的道路。包装企业要能赢得生产企业对第三方物流包装的需要,必须在提高包装技术人员的设计水平和按国际标准完善试验设备建设等方面下工夫,建立起更为有效的供应链和相关信息系统,具备更加快速的反应机制。总之,一个崭新的庞大包装市场等待着包装企业去开发,机遇与挑战共存,前景极为可观。与海尔的合作,他们已经迈出了可喜的一步,今后他们将向着认准的方向坚定不移地走下去。

⤷ 思考题

1. 缓冲包装材料的选用标准是什么?
2. 简述缓冲包装系统脆值理论。
3. 简述纸和塑料包装的区别与联系。
4. 简述运输包装的特点是什么?

第 10 章

绿色物流包装

➯ 本章要点

伴随绿色浪潮的冲击,消费者对商品包装提出了越来越高的要求,要求新型包装应符合环境保护的要求;越来越多的消费者倾向于选购对环境无害的包装产品。在国际贸易中采用绿色包装并有绿色标志的产品在对外贸易中更容易被外商接受。通过本章的学习,了解绿色物流包装的意义以及发展趋势、绿色物流包装的评价方法和绿色物流包装标准化等,以推进绿色物流包装的发展进程。

10.1 绿色物流包装

10.1.1 绿色物流包装的概念

绿色物流包装是从环境保护的角度对物流体系进行改进,形成与环境共生型的物流包装。绿色物流包装是绿色物流的重要组成部分。国家标准将绿色包装定义为:为了环境保护与生命安全,合理利用资源,具备安全性、经济性、适用性和废弃物可处理及可再利用的包装。绿色包装已成为人类可持续发展的重要组成部分,而绿色物流包装作为绿色包装的重要组成部分也逐渐成为国际环保及绿色浪潮的一个焦点。当前世界,由于环境的问题日益突出,物流包装与环境有着密切的关系,如何减少其对环境的污染且最大可能地利用资源,这是物流包装业研究领域的一个重要课题。

绿色物流包装既是包装行业中的一种全新的理念,也是实现绿色物流的一个决定因素。但是包装同样也是商品营销的重要手段,生产者为了追求单纯的经济利益,大量的包装材料在使用一次后就被消费者遗弃。例如现在我国比较严重的白色污染问题,就是不可降解的塑料包装引起的。

绿色物流包装是从环境保护的角度上对绿色物流体系进行改进,形成一个与环境共生型的物流管理系统,它将在包装行业和物流行业中得到充分的发展。绿色物流包装一般应具有五个方面的内容:

一是实行包装减量化(reduce),包装在满足保护、方便、销售等功能的条件下,应是用量最少;

二是包装应易于重复利用(reuse),或易于回收再生(recycle)。通过生产再生制品,焚烧利用热能,堆肥化改善土壤等措施,达到再利用的目的;

三是包装废弃物可以降解腐化(degradable),不形成永久垃圾,进而达到改善土壤的目的。reduce, reuse, recycle, degradable 即是当今世界公认的发展绿色物流包装的3R1D 原则;

四是包装材料对人体和生物应无毒无害,包装材料中不应含有有毒性的元素、卤素、重金属,或含有量应控制在有关标准以下;

五是包装制品从原材料采集、材料加工、制造产品、产品使用、废弃物回收再生,直到最终处理的生命全过程均不应对人体及环境造成公害。前面四点应是绿色包装必须具备的要求,最后一点是依据寿命周期评定(LCA),用系统工程的观点对绿色包装提出的理想的最高要求。

10.1.2 绿色物流包装的产生背景

改革开放的 30 年里,包装业在国民经济发展中成为朝阳行业。但随之带来的资源消耗、环境污染也成了制约包装业发展的关键因素,绿色包装正是在此背景下应运而生。

我国绿色包装产业起步比较晚,发展速度也比较慢,与发达国家相比相对落后。不过我国从 20 世纪 80 年代开始加大了包装工业的发展速度,到了 90 年代,我国商品的一等产品、二等包装、三等价格的落后面貌得到了改善。在绿色包装方面我国先后制定过一些相关法律规定,并成立了不少相关组织机构。如 1993 年 9 月 2 日,全国人大通过了《中华人民共和国反不正当竞争法》,明文规定禁止假冒包装;1994 年 5 月,我国正式成立了环境保护认证委员会;1995 年 3 月,认证委员会宣布首批环保产品,其中有一种是包装产品;1999 年 1 月,150 绿色环保标志在全球施行;2002 年 6 月 29 日,我国颁布《中华人民共和国清洁生产促进法》,明确规定包装物的设计、使用和回收;2008 年我国颁布了《限塑令》,特别是为了举办北京奥运会,国家在汽车尾气排放标准、能源节约方面都颁布了很多相关法规。目前我国的环保包装已经有了初步的法律规范,包装减肥、废弃物回收利用、减少污染等都有了新的发展方向。

早在 2000 年,我国包装产品的产量已达到纸包装制品 1300 万吨,塑料包装制品 343万吨,玻璃包装制品 452 万吨,金属包装制品 205 万吨,并且随着经济的发展,包装产品的量也在不断提高。就目前来说,我国可利用而未利用的固体废弃物价值就有 300 亿元左右。针对这种情况,我国环保部门已作了部署。在今后 5 年中,国家将投入 500 亿元人民币进行固体废弃物的处理,使它在城市的存量控制在 1.8 亿吨,无害化学处理综合利用达 45%。目前中国的大部分企业都是消费式的生产方式,在生活上追求消费水平时忽视了节约和回收的意识。目前,我国包装纸的回收率为 25%,塑料回收率约 10%,玻璃约 20%,金属不足 10%。

在发展绿色包装中,包装废弃物的回收处理是非常重要的一个方面。回收处理与再生并非相同含义,回收处理是再生的前提,所以十分重要。在德国,对于包装废弃物的回收处理、再生,已经规模化、产业化、商品化,成为 21 世纪发展最快的产业之一。回收、处理、再造一条龙服务,以连锁店的形式开办跨国回收处理公司,形成国际化的服务产业。由于采用了先进的设备,纳入了科技前沿的处理技术,所以其处理量相当大。每年几百万吨,效果相当好,基本不形成二次污染,既节约了能源,保护了资源,造福人类,还获得了巨大的利润。世界上原本没有垃圾,只有资源,垃圾仅仅是放错了地方的资源。主动处理废弃物的做法是要从垃圾的源头动手,首先避免它的出现,从根本上解决垃圾的污染。这正如德国目前为垃圾处理所规定的一个严格程序:"避免→收集→分析→利用→焚烧→堆放。"对垃圾的回收,分类收集被认为是最有效的办法。因为分类收集既可以使垃圾处理减量化、资源化和无害化,又可以简化处理工艺,减少大量的人力物力,提高处理效果。按我国的成熟技术,1 吨废纸可再生 800 千克新纸或 830 千克纸板,可节约木材 4 立方米,纯碱 400 千克,标准煤 400 千克,电 500 度,水 4700 吨;每回收再造 1 吨玻璃,即可节约纯碱 240 千克,节约能源 10% 左右;回收 50 万个玻璃瓶重复再用,可节约煤数万吨,节约资金 6 万元;若回收 1 吨废旧聚乙烯塑料,可节约 1.1 吨乙烯原料,3 吨汽油。总之,回收再利用包装废弃物具有巨大的经济效益,将成为各国解决包装废弃物问题最有效的途径。

10.2　绿色物流包装的内容

10.2.1　包装物的回收利用

1. 废旧包装塑料的回收利用

近些年来,塑料以其自身的优越性,如质轻、价廉、来源丰富、强度好、物理性能优良等优点在包装领域发展迅速。目前,全球每年的塑料产量超过 1 亿吨,塑料包装占塑料市场的 30% 左右,有的甚至高达 50%。在我国,塑料包装材料的工业产值在包装工业总值中约占 1/3,高居首位。但由于塑料在回收处理上有难度,所以带来了许多严重的社会问题及污染问题。因此,研究、开发塑料包装废弃物的回收处理与再生技术,特别具有重大的意义。

塑料包装废弃物的处理方法,从绿色物流角度,主要是回收再利用。

回收再利用是一种积极地促进材料再循环使用的方式,是保护资源、保护生态环境的最有效回收处理方法。此种方法又可分为回收循环复用、机械处理再生利用、化再生学处理。

（1）回收循环复用

循环复用指的是不再有加工处理的过程，而是通过清洁后直接重复再用。主要是针对一些硬质、光滑、干净、易清洗的较大容器，如托盘、周转箱、大包装盒，及大容量的饮料瓶、盛装液体的桶等。这些容器经过技术处理，卫生检测合格后才能使用。技术处理工艺如下：分类和挑选→水洗→酸洗→碱洗→消毒→水洗→亚硫酸氢钠浸泡→水洗→蒸馏水洗→50℃烘干→再使用。其中挑选是十分严格的，一定是刚用后就丢弃的，基本没什么污染，上面无划痕，透明、光滑如新瓶一样方属基本合格。

（2）机械处理再生利用

机械处理再生利用包括直接再生和改性再生两大类。直接再生工艺比较简单，操作方便易行，所以应用较为广泛。但是由于制品在使用过程中的老化和再生加工中的老化，其再生制品的力学性能比新树脂制品的低。所以一般用于档次不高的塑料制品上，如农用、工业用、渔业用、建筑业用等。

1）直接再生

直接再生，主要是指废旧塑料经前处理破碎后直接塑化，再进行成型加工或造粒（有时需添加一定量的新树脂）。它可采用现有技术、设备，经济、高效。加入适当的助剂（如防老剂、润滑剂、稳定剂、增塑剂、着色剂等），能改善外观及抗老化并提高加工性能。又可依废弃塑料的来源及用途分为三种方法。

①直接破碎后塑化成型。主要用于包装制品的生产过程中的边角料和残品，它们可以直接送入料斗与新料同时使用。

②经过分离清洗、干燥、破碎等前处理。一般为来自商品流通消费后不同渠道收集的塑料包装废弃物，各种用途和各种形状的包装容器、口袋、薄膜等。其特点是杂质多，脏污严重，处理难度大。要想得到更好的效果和最佳的经济效益，就要对废弃物进行原材料分类。

③要经过特别的预处理。如 PS 泡沫塑料，体积大不易输入处理机械，所以要事前进行脱泡减容处理。

2）改性再生

改性再生的目的是为了提高再生料的基本力学性能，以满足再生专用制品质量的需要。改性的方法有多种，可分为两类：一类为物理改性，即通过混炼工艺制备复合材料和多元共聚物。另一类为化学改性，即通过化学交联、接枝、嵌段等手段来改变材料性能。上述废旧塑料的改性都是基于传统的单一方式。随着材料科学的发展，产生了一种兼顾化学与物理共同改性的新方法。它的工艺过程和特点是在特定的螺杆挤出机中，使多种组分的材料一边进行物理共混改性，一边进行化学接枝改性，而且在两者改性完毕后又进一步加强共混。然后在特定的温度下造粒或直接成型。主要方法是：

①废弃的 PE。将回收的废弃包装袋、膜、容器进行水洗、晾干等前处理，然后加入木屑及其必要的助剂进行均匀的掺和，再予以加热混炼，最后经压制形成各种颜色板材，用于木质塑料门芯板、配电板及装饰板等。此外，还可以制成工艺美术品、建筑用的防潮地板以及食品所用的周转箱等。

②废弃的 PP。将回收来的废旧 PP 制品进行破碎清洗，以除去杂质污垢，然后晾干，

在加热熔融塑炼后直接造粒,形成再加工的半成品。在 PP 的半成品中加入适当的增塑剂,可以经过注塑工艺制成各种日用品、容器、工艺品、卫生用具、零配件、管材、棒材、板材等。将 50%的 PP 回收料粒与 50%的新的 PP 原料相混合,再与 10%左右的 PE 原料相混合,可以拉成丝,织成袋。所织成的编织袋与同规格的全新料织成的编织袋相比,只在白度与强度上稍有差异,而且经过长期使用后证明各方面性能相差无几。

③废弃的 PS。将回收的废弃 PS 泡沫塑料包装制品及缓冲填料制品清洗、晾干、粉碎,再送至塑料加工厂。另外一种方法是将预先处理过的废 PS 泡沫用特殊红外线加热器进行辐射处理,令其收缩,再加工利用。将此处理过的 PS 料与新的 PS 料相混合,然后加入增塑剂,在加热熔融混炼后挤塑成各种塑料制品、容器、日用品、灯具等。按照 PS 的化学性质,不耐酸、芳烃、氯化烃、醚、酮、高级醇等溶剂的特点以及软化点较低、加热熔融流动性好的特点,可用于制作各种黏合剂及涂料。

④废弃的 PET。用机械处理回收的 PET,回收再造后不能再用于食品的包装容器。因为聚酯在高温的注、拉、吹作用下,有的分子分解成为有毒的乙醛。而且,聚酯回收循环成型的次数越多,生成的乙醛也就越多。所以,废旧 PET 回收后只能用于装农药、机油、器具、模型等。加工方法也如同一般塑料一样先预处理:清洗→分离→干燥→破碎,然后造粒或直接成型。可以将回收的废旧 PET 在适宜的工艺下制成聚酯纤维的材料,或者在材料内加入醇、酚等原料制成油漆。

(3)化学处理回收再生

化学处理再生,是直接将包装废弃塑料经过热解或化学试剂的作用进行分解。其产物可得到单体、不同聚体的小分子、化合物的使用真正形成了一个封闭的循环圈。但是设备比较复杂、昂贵,开发周期长。此种处理再生有显著的优点:其一,分解生成的化工原料在质量上与新的原料不分上下,可以与新料同等使用,达到了再资源化。其二,具有相当大的处理潜力,能达到真正治理塑料所形成的白色污染。化学处理再生的方法很多,如气化、加氢、裂解等,其根本原理是采用气密系统设备,将废弃塑料置于其中,经过能量的作用而使其分解,分解出来的产物进行化工分离等工艺形成新的化工原料。这种工艺最大的难点是分解热难以快速排散,规模化生产比较困难。

2. 废旧包装纸制品的回收利用

随着文明和进步的发展,纸制品的用量越来越大,然而用于造纸的森林资源却越来越少。所以对废弃纸制品的回收、处理、再利用已引起了世界性的高度重视,并以先进的措施和科技手段进一步提高处理回收技术,加大纸制品的回收量。

废弃包装纸被回收后,主要用于生产再生纸和各种用途的纸板及纸浆模塑制品。它们的回收处理工艺的前期过程基本上是一致的。其工艺程序大致为:废纸的初步清理与分类筛选→废纸的碎解(包括初级净化)→废纸的脱墨(包括去热熔物)→油墨的清洗与分离。

(1)废纸的制浆过程与设备

废纸碎解实际上就是将废纸借助机械力粉碎成纤维悬浮液,同时去除废纸中的各类轻、重杂质,为下一段废纸的脱墨加化学药品,做好准备。碎解过程所用的机械目前广泛采用的是水力碎浆机。此设备具有良好的疏解纤维的作用而且不破坏纤维,在碎解含砂石、金属硬物杂质较多的废纸时不致损伤设备,所以是比较可靠的、宜用的碎解设备。典型水力碎浆机的工作原理是利用转盘转动时带动水产生涡流,使废旧纸在水的回转和回转刀刃的切断下碎解成为纤维的悬浮液。

（2）废纸的脱墨

废纸的脱墨是废纸制浆重新再生的关键环节。因为原废纸是经过印刷成有各种痕迹或颜色的,如不在碎解时将颜色彻底脱除,造出的纸浆将无法使用。脱墨过程应当与碎解过程同时进行。其原理是:印刷油墨主要是以炭黑、颜料以及一些填充剂等粒子分散在有连接料的溶剂中（聚合物树脂、植物油、矿物油、松香等）。这些颜料等粒子包裹于具有黏性的连接料中经印刷而黏附于纸张的纤维上。而脱墨则恰恰是与之相反,要破坏这些粒子与纤维的黏附力,方法是采用化学药品或采用加热方法。

3.废弃玻璃包装制品的回收利用

玻璃以其独有的特性,阻隔性、防腐蚀、化学稳定性、阻光性等,使内装物能保质、保味、保鲜,所以应用十分广泛。每年全世界的玻璃产量相当大,仅中国玻璃包装制品到2000年就已达到897万吨。玻璃的回收再造可以大量减少能源消耗、节约资金、缩短生产周期。因为它无需从采集矿物来开始提炼冶炼的过程,可以用现有的设备对废旧玻璃进行熔融再造。废弃旧玻璃的回收处理与再利用主要有三种:循环复用、回炉熔融再造及直接再加工。

（1）循环复用

将回收的玻璃瓶清理分类→洗涤剂洗→水洗→121℃烘干→消毒→再用。

（2）回炉熔融再造

此过程经历三个阶段:初步清理、清洗等预处理,回炉熔融,和再造玻璃制品。或作为填充料加入新原料进行熔融。

（3）直接再加工

直接再加工意味着旧材料不必回炉即可直接通过加工转换为可应用的材料。这种处理方法多用于建筑业,制成建筑材料,或一些小型的工艺装饰品。

4.废弃金属包装制品的回收利用

金属包装制品多用于两大类:一类是易拉罐、罐头盒、点心盒或一些油漆、油脂、蜡一类的铁罐;再一类就是大型的不锈钢储罐或盛装罐及装工业用油或民用食用油的铁桶等。它们的应用范围是有限的,但一般没有代替品。所以说这些有限的材料是不可缺少的。

废弃金属包装制品的回收处理方法主要有两种:循环复用及回炉再造。主要方法是:

（1）回收复用

将各种不同规格、不同用途的储罐和钢桶先翻修整理,然后洗涤,烘干,喷漆再用。

（2）回炉再造

将回收的废旧空罐、铁盒等分别进行前期处理,即除漆等,铝罐进行去铁,然后打包送到冶炼炉里重熔铸锭,轧制成铝材或钢材。

10.2.2 生态包装

生态包装,又被称为可持续包装,是指为了节约包装材料资源、减少包装废弃物而鼓励使用的可再使用、再循环的商品包装。狭义的生态包装包括对环境和人体健康无害的包装材料、具备生物降解性的塑料包装、可再回收使用的玻璃容器等;从广义上讲,生态包装包括包装工业提供的更合乎环境标准的包装的所有方式乃至其发展趋势。

1. 可降解包装

可降解包装是包装材料在特定时间内造成性能损失的特定环境下,其化学结构发生变化的一种材料,在自然环境中进行分裂降解和还原,最终以无毒形式重新进入生态环境的包装。

从包装材料自然降解的情况看,纸质材料一般需要几年,而塑料包装却要耗 $200 \sim 400$ 年。现代包装已经成为人们生活和国民经济中不可缺少的重要部分。同时,包装废弃物对环境所产生的负面影响也日益明显,尤其是在自然条件下难以降解的包装废弃物所产生的"白色污染"更是有目共睹。可降解塑料的种类主要有以下几种。

(1)光降解塑料

光降解塑料的整个过程是光降解和自由基断裂氧化反应的结合,称为 Norrish 反应。其原理是聚合物吸收紫外线后发生光引发作用,使键能减弱,长链分裂成低分子量的碎片,在空气中进一步发生氧化作用,产生自由基断裂反应,使聚合物分子链断裂,并被逐步降解成能被生物分解的低分子量化合物,最后成为二氧化碳和水。光降解塑料是一类重要的可降解性塑料,人们研究得很多,开发应用了许多产品。

(2)生物降解塑料

理想的生物降解塑料是一种具有优良使用性能、废弃后可被环境微生物完全分解、最终被无机化而成为自然界中碳素循环的一个组成部分的高分子材料。生物可降解塑料的原理是:塑料是含碳为主的聚合物,当它进入环境后,能作为微生物的营养物质(碳源),被其分解、吸收利用从而纳入自然界物质循环系统,被生态系统所容纳,不对环境生态造成危害。

生物降解塑料的高分子材料可分为以下三类:

①微生物产生的聚酯(大分子链中含有酯基的化合物)属微生物发酵型大分子。它是利用微生物产生的酶将自然界中易于生物分解的聚酯类物解聚水解,再分解合成高分子化合物。这些化合物含有微生物聚酯和微生物多糖等。

②来自植物的天然高分子(淀粉、纤维素等)植物制造的淀粉,是一类数量巨大、低廉的天然大分子物质。这种淀粉合成生物降解塑料是国内外的研究热点。

③化学合成高分子第三类生物降解塑料,是利用化学合成的生物可降解聚酯大分子材料。绝大多数品种的合成高分子材料不能被微生物分解,但一些水溶性大分子和某些脂肪族聚酯可被微生物分解。PCL 具有与天然大分子同等程度的良好生物降解性和优良的物理性能,但熔点比较低和价格较高,尚未作为生物降解塑料而实用化。虽然,近几年国内外市场上也逐步使用标有可降解塑料包装产品,但应注意,这类降解塑料并非真

正意义的生物可循环材料,只能称为部分降解和半降解材料。因为这种降解塑料绝大多数是 30%～40% 的淀粉与 60%～70% 的非降解性合成树脂混合而成的掺混型半降解塑料,其大部分不能被生物降解成水和二氧化碳。

(3)完全生物降解塑料

完全生物降解塑料是指利用在微生物的作用下能完全分解成二氧化碳、水或氨等低分子无机化合物的高分子树脂材料。这是一种能完全纳入自然界物质循环体系,对生态不造成任何危险的塑料包装材料,具有最理想的效果,是人们的最终追求目标。天然高分子型微生物可降解塑料利用自然界生物体中的高分子物质直接制造,因此,能被微生物完全分解。它具有来源广、分解性好等特点,但性能上尚有某些不足,不能完全满足包装要求,必须进一步研究改进。

2. 可食性包装

可食性包装是包装材料中一种可以作为食品直接食用的特殊包装。为解决食品保鲜及环境保护问题,世界上许多国家正在研究开发可食性包装,并已取得了进展。

(1)可食性包装的分类

目前市场上出现的可食性包装可以分为两类:一类是把常用食品原料如淀粉、糊精,加入一些调味物质后,再进行纸型化处理,从而制造出像纸那样薄的可以食用的纸型食品包装;另一类是把可以食用的无毒纤维进行改性,然后加入一些食品添加剂,制成一种可以食用的"纸片",并用它来包装食品。

(2)可食性包装的发展

早在几百年前,中国已用蜂蜡封装水果。人们很早就采用天然的可食原料来包装食物,如使用动物肠衣来制作香肠包装、用豆浆煮沸后凝结的豆腐衣来包裹馅料、用糯米纸来包装糖果等。

澳大利亚也以明胶为基料制成了藻膜。但近几年来开发可食性包装所追求的目标是以可消化的蛋白质、脂肪和淀粉为基料,制成一种不影响被包装食品风味的、透明的食品包装薄膜。美国农业研究局南部地区研究中心的化学家费雷德里克·F. 施,用大豆蛋白质制成了可食性包装膜。其方法是:首先将大豆浸泡,在其组织软化之后进行碾磨,再将碾磨过的大豆与水混合,并从其固体成分中分离出蛋白质。然后,把这一蛋白质溶液冻干,从而排出蛋白质中的水分,结果得到两种很细的蛋白质粉末:一种叫大豆提取物,含 90% 以上的蛋白质;另一种叫大豆浓缩物,蛋白质的含量大约为 70%。最后,将该蛋白质与各种成分及添加剂混合,有的通过使用酶和其他处理剂,制成具有特殊用途的可食性薄膜或涂层。该可食性薄膜或涂层,既能够起到保护作用,又能够阻止氧气进入,还能够保护含脂肪食品的原味,食用后营养价值高,并符合环境安全的要求。

在日本,继开发出可食用的米纸后,又利用从壳类物质提炼出的脱二酰壳多糖,制成一种可食用的包装纸。这种纸包装快餐、调味料等可直接放入锅中烹调,而不需将包装袋去掉。近几年来可食性包装材料在世界各地竞相开发,如雨后春笋,已经成为食品领域的一大研究热点。近年来,在西欧发达国家,过去风行一时的塑料食品包装袋已逐渐被淘汰,被新型的纸质包装袋和可食性包装袋所代替。美国已有 50% 的传统塑料食品包装袋由新型纸质食品包装袋代替。

（3）可食性包装材料

可食性包装材料是以天然可食性物质（如蛋白质、多糖、纤维素及衍生物等）为原料，通过不同分子间相互作用形成的具有多孔网络结构的薄膜。一般具有明显的阻湿性，可延缓食品中水和油及其他成分的迁移和扩散；有选择的透气性和抗渗透能力，阻止食品中风味物质的挥发；较好的物理力学性能，可提高食品表面机械强度使其易于加工处理；以作为食品色、香、味、营养强化和抗氧化物质等的载体；能与被包装食品一起食用，对食品和环境无污染。因而在食品工业方面具有广阔的应用前景。

3. 可拆卸包装

传统包装结构设计中，包装设计人员考虑的主要因素是包装产品的功能需求及制造费用、原材料费用等经济因素，对包装废弃物的拆卸回收考虑很少。这种包装结构设计理念存在的问题是：一方面，产品的资源、能源消耗量大幅度增长；另一方面，由于技术发展和消费的个性化，产品寿命周期越来越短，在一定时间内，包装废弃物增长速度不断加快，包装废弃物的处理费用迅速增加。在满足社会对各种消费产品需求的同时，做到对环境影响最小。实现这个目标的有效途径就是对包装废弃物能够进行有效的拆卸，在较低成本的情况下，回收利用这些包装废弃物。

可拆卸包装主要是可拆卸设计，就是在包装结构设计过程中，将可拆卸作为设计目标之一，使包装结构不仅便于拆卸和回收，而且也要便于制造和具有良好的经济性。因此，指定拆卸设计准则是实现可拆卸包装结构的首要问题。可拆卸性是包装结构的固有属性，单靠计算和分析设计不出好的可拆卸结构，需要根据设计和使用、回收中的经验，拟定准则，用于指导设计。

10.3 绿色物流包装的评价

包装的绿色评价是包装设计、选用、采购的重要依据，在绿色物流中具有现实意义。

10.3.1 绿色物流包装的评价

绿色包装不仅仅具有包装的一般性能，还具有保护环境和资源再生的两个主要功能。这两个功能主要靠 4R1D 的原则来实现，即：reduce、reuse、recover、recycle 和 degradable。

reduce，即包装减量化。绿色包装在满足保护产品、方便物流、促进销售等功能的前提下，用材尽可能的最少。为实施用量最少的适度包装，设计时要尽量使包装薄壁化、轻量化，在不需要包装时不采用包装。

reuse，即包装重复使用化。包装容器经过简单处理，就可以重复使用。包装容器的重复利用，可大量减少废弃物数量。尽可能多地采用可重复使用的包装容器，以提高包装废弃物的回收复用率。

recover，即可回收再利用。指利用包装废弃物的燃烧获取新能源，却不产生二次污染。通过回收包装废弃物，生产再生制品，如焚烧利用热能、堆肥改善土地等措施，达到再利用的目的。

recycle，即可循环使用。尽可能选用低能耗、低成本、低污染的原材料作为包装材料，尤其应扩大再生材料的选用。这样不仅能减少环境污染，而且也节约了原材料，有利于资源的循环利用，如生产再生纸板、再生塑料。

degradable，即可降解性。是指最终无法被再利用的包装废弃物，应该可以降解、腐化不形成永久垃圾。如尽量选择可降解的纸包装材料，"以纸代塑"。当前世界各工业国家均十分重视发展利用生物或光降解的包装材料。如采用光控复合添加剂的新型塑料薄膜，在使用一定时间后，可自行降解成碎片，溶解在土壤中被微生物所"消化"，净化环境，消除"白色污染"。

20世纪90年代中期，随着对环境无污染概念的深化，国际标准组织 ISO 提出了"生命周期分析法（LCA）"，并将其列为 ISO14000 国际环保系列标准；同时也将此方法作为绿色物流包装的评价分析方法。所谓"生命周期分析法"，是指从包装材料的原料获取开始，到包装材料的生产加工、使用以及使用以后废弃物处置的"生命周期全过程"，进行考察和分析。

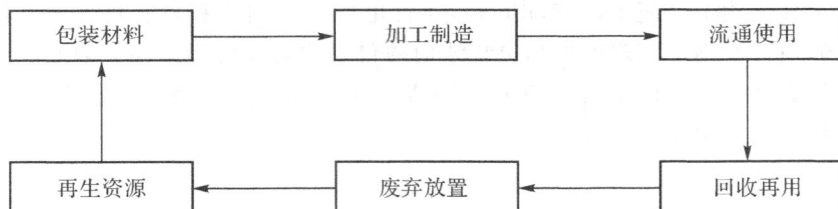

图 10-1 包装生产的生命周期过程

只有在整个"生命周期"的各个阶段均符合安全卫生、环境保护、节约资源等基本要求的包装，才是我们所提倡的绿色包装。在整个生命周期过程中，某一过程或者某些阶段，不符合绿色包装的要求，就不能称之为绿色包装材料。必须通过有效的措施，消除其不符合绿色包装要求的环节中所存在的问题，即做好"绿色化"的工作，才能把它转化为绿色包装材料。

生命周期分析是一个庞大的系统工程，对于复杂产品更是如此。大概要涉及 60 万个数据，要采集、搜取如此多的数据并加以分析评估，显然是一个浩大的工程。为此，世界上一些国家专门成立了 LCA 中心，并对一些包装材料、包装产品进行评估。包装废弃物的回收、再生利用也要进行评估，以免回收再利用得不偿失，失去了回收的意义。

我国目前实行生命周期评价法（LCA）还存在很大的困难。对 LCA 中心环节——清单分析的数据收集困难，LCA 的影响评价，需确定各种当量系数和权重，以及各类量之间的折合也都十分困难。因此，目前开展 LCA 的条件尚不完全具备，还不能普遍推行，需要有个相当长的准备过程。鉴于这种情况，为能及时推进绿色包装的发展，可采取两步走的办法：

第一步，先对绿色包装进行分级，实行不同的分级评审标准。一般的，按绿色程度将绿色包装分为 A 级、AA 级。

　　A 级绿色包装是指废弃物能够循环复用、再生利用或降解腐化,含有毒物质在规定限量范围内的适度包装。

　　AA 级绿色包装是指废弃物能够循环复用、再生利用或降解腐化,且在产品整个生命周期中对人体及环境不造成公害,含有毒物质在规定限量范围内的适度包装。

　　A 级和 AA 级的分级主要考虑解决包装使用后的废弃物问题,这是当前世界各国保护环境关注过程中的热点,也是过去、现在、将来需要解决的问题。

　　第二步,建立中国的绿色包装评价体系。不过这个工程比较浩大,对外它涉及我国的对外贸易法、检验检疫条例以及包装法规等,对内它涉及包装产品的制造、使用、回收和废弃的整个过程。建立绿色包装评价体系,既要学习借鉴发达国家发展绿色包装成功经验,吸取他们行之有效的方针、政策、法律、法规、制度及各种技术手段和运行机制,又要根据我国国情制定切实可行的措施,以实现节约资源、保护生态环境、拓展对外贸易的绿色包装社会目标和经济目标。

10.3.2　绿色物流包装的发展趋势

1. 绿色包装顺应了国际环保发展趋势的需求

　　包装的大量消耗资源必定会产生大量的废弃物。包装产生的废弃物是固体垃圾的重要组成部分。处理这些固体废弃物不仅需要花费大量的人力、物力、财力,还会造成自然环境的污染。另外,物流包装还会带来液体污染和气体污染,这些都将成为城市物流绿色化发展的极大障碍。伴随绿色浪潮的冲击,消费者对商品包装提出了越来越高的要求,要求新型包装应符合"4R1D"原则要求;越来越多的消费者倾向于选购对环境无害的产品。采用绿色包装并有绿色标志的产品在对外贸易中更容易被外商接受。

2. 绿色包装是绕过新的贸易壁垒的重要途径之一

　　绿色壁垒是指进口国政府以保护生态环境、自然资源以及人类和动植物的健康为由,以限制进口、保护贸易为根本目的,通过颁布复杂多样的环境法规、条例,建立严格的环境技术标准,制定繁琐的检验、审批等方式,对进口产品设置贸易障碍。绿色壁垒的主要表现形式有绿色关税制度、市场准入制度、绿色技术标准制度、绿色环境标志制度、绿色包装制度、绿色卫生检疫制度及绿色贴补制度。国际标准化组织 ISO 就环境制定了相应的标准 ISO14000,包括环境管理体系、环境审核认证、环境标志、寿命周期评定、环境行为评价、产品中环境标准等六个子系统。这是一套严格、严密的系统,将给全世界的绿色工程带来不可估量的推动作用,它将成为国际贸易中重要的非关税壁垒、技术壁垒。

　　正是由于绿色贸易壁垒表现形式多样、内容庞杂繁多,才对一些出口国,尤其是像中国这样相对于发达国家经济水平比较落后的贸易大国,有着深远的影响。首先,严格的市场准入制度限制了我国的商品出口。例如 1998 年 9 月 11 日,美国要求所有来自中国的木质包装和木质铺垫材料须附有中国出入境检疫机关出具的证书,证明木质经过热处理、熏蒸处理或防腐处理,违规货物将整批包装禁止入境,这就使我国 1/3 以上对美出口受到影响。2000 年,欧盟在环境贸易壁垒方面采取了更大的行动,要求家电、电子产品、通信用品的回收率为 60％以上,个别产品回收率高达 75％。包装制品回收率达 85％,这项规定从 2006 年 1 月正式执行。此外,绿色壁垒严重地影响了我国出口产品的竞争能力。发达国家虽然不对产品和服务的市场准入直接设限,但通过绿色技术标准、绿色补贴限制的设置,使我国出口产品成本增加,从而削弱了该类产品的国际竞争力。我国一些企业为了获得国外的绿色标志,一方面要支付大量的检验、测试、评估、购买先进的仪器设备等间接费用,另一方面还要支付高额的认证申请费和标志使用年费等直接费用。

近几年,我国为了鼓励企业出口发展外向型经济,对出口企业给予绿色补贴。而一些发达国家因此对我国出口货物征收绿色关税,促使这些产品在激烈的国际竞争中失去价格优势,在国际竞争中被淘汰出局。绿色贸易壁垒恶化了双边和多边贸易关系。因此,只有实行绿色包装制度,才能很好地应对国际贸易中的绿色壁垒。

3.绿色包装是我国可持续发展战略的必然选择

可持续发展成为世界发展的潮流。1992 年在巴西里约热内卢的联合国环境和发展大会上,可持续发展概念正式提出,被广泛接受,签订了《里约环境与发展宣言》、《21 世纪议程》、《关于森林问题的原则声明》、《联合国气候变化框架公约》和《生物多样性公约》。世界贸易组织在 1995 年 1 月 1 日在其协议中增加了《贸易与环境协定》。欧洲经济共同体和东南亚国家联盟已经采取了直接体现在商品包装上的环境标志行动。因此,可持续发展和环境保护成为世界各国的共识。包装是产品不可或缺的部分之一,给生活带来了方便、卫生、安全和美感,但是同时也造成了资源浪费和环境污染。绿色包装可以有效解决环境问题,是实现包装和环境协调发展的最佳途径,符合环保的要求。因此绿色包装是包装业可持续发展的必然选择。

10.4 绿色物流的相关理论

10.4.1 绿色物流的产生背景以及研究现状

现代物流业的飞速发展为社会经济的发展作出了巨大贡献,但同时也带来了一系列的社会问题。如运输车辆的燃油消耗所造成的空气污染,包装所带来的包装废弃物污染,运输和流通加工所带来的噪音污染、资源消耗、城市交通堵塞等。绿色物流正是基于物流对环境造成的破坏应运而生。绿色物流(Green Logistics),又称为环保物流,它是指以降低对环境的污染、减少资源消耗为目标,利用先进物流技术规划和实施的运输、储存、包装、装卸、流通加工等物流活动。它是连接绿色供给主体和绿色需求主体,克服空间和时间阻碍的有效、快速的绿色商品和服务流动的绿色经济管理活动过程。简而言之,我们可以称不损害人类居住的地球环境的物流叫绿色物流。绿色物流的行为主体主要是专业的物流企业,同时也涉及生产企业和消费者。

国外对绿色物流的研究起自 20 世纪 90 年代。综合国外的研究现状可以发现,一方面,发达国家通过立法限制物流对环境的影响。例如,欧盟、美国、日本等国家和地区都制定了严格的法规限制机动车尾气排放;日本在《新综合物流施策大纲》中明确提出"解决环境问题"的对策。另一方面,发达国家提出发展循环经济的目标,积极扶持逆向物流的发展。很多跨国公司都积极响应这一行动,如施乐、柯达、美孚、惠普等大型跨国公司都实施了逆向物流的项目,并且收益显著。国内在近几年才开始对绿色物流进行相关的研究。当前,对绿色物流的研究主要集中于两个方面:一是宏观层次上的研究,从供应链的角度对物流造成的环境污染进行定性研究,提出构建绿色物流以减少环境排放的设想;二是微观层次上的研究,从各物流要素对环境造成的污染入手,提出以控制物流要素的污染来实现绿色物流。

10.4.2 绿色物流的理论基础

绿色物流的理论基础是可持续发展、生态经济学及生态伦理学理论。

1. 可持续发展理论

可持续发展是指现在的生产建设既满足当代人的需要,又不对后代人满足其需要的能力构成危害。其基本内容是:①发展是重点;②发展经济与重视环境保护是一个有机整体;③应该建立一个高效、合理的经济和政治运行机制;④人们应该放弃传统的生产方式和生活方式,做到自身发展需要与资源、环境的发展相适应;⑤树立全新的现代文化观。

物流业作为流通环节中一个重要的产业形态,其发展也必然要考虑到环境保护和合理有效利用资源的问题。由于物流过程中不可避免地会消耗能源和资源,产生环境污染。为了实现长期、持续发展,就必须采取各种措施来维护我们的自然环境。可持续发展虽然强调发展是重点,但是在发展的过程中注意协调经济发展与环境保护和资源合理利用的关系,达到经济、社会和自然环境以及人本身的共生和协调发展。现代绿色物流管理正是依据可持续发展理论,形成了物流与环境之间的相辅相成的推动和制约关系,进而促进了现代绿色物流的发展,达到环境与物流的共生。

2. 生态经济学理论

生态经济学就是研究再生产过程中,经济系统与生态系统之间的物流循环、能量转化和价值增值的规律及其应用的科学。在组成生态经济系统的经济系统和生态系统之中,各自存在着经济规律和生态规律。生态经济学则主要研究经济系统和生态系统之间,以及在经济规律和生态规律与经济效益和生态效益、经济平衡与生态之间达到的平衡。

物流作为社会再生产过程中的流通环节,不仅包含了物质循环利用、能源转化,而且包括价值的转移和价值的实现。因此,物流涉及了经济与生态环境两大系统,成为架起经济效益与生态环境效益之间彼此联系的桥梁。现代绿色物流以经济学的一般原理为指导,以生态学为基础,对物流中的经济行为、经济关系和规律与生态系统之间的相互关系进行研究,以谋求在生态平衡、经济合理、技术先进条件下的生态与经济的最佳结合及协调发展。

3. 生态伦理学原理

生态伦理学是从道德角度研究人与自然关系的交叉学科。它根据生态学揭示的自然与人相互作用的规律性,以道德为手段,从整体上协调人与自然环境的关系。生态伦理学使人们认识到,经济发展不仅要与生态环境协调发展,而且人们的经济活动和发展行为必须在不危害后代人发展的前提下,谋求满足当代人对生态资源和环境的需要。生态伦理学理论把经济发展建立在生态良性循环的基础上,当代人不仅要承担社会经济发展的责任,而且要承担对后代人发展的道义上的义务。物流业发展过程中必然会涉及资源的消耗和利用,以及对环境的影响和破坏,影响了后代人发展所赖以生存的生态资本。而绿色物流的提出正是从生态伦理学上取得了道义上的理论支持。

10.4.3　绿色物流的特征分析

绿色物流主要包括六个方面的内容:绿色交通运输、绿色仓储、绿色装卸体系、绿色包装、绿色流通加工、绿色信息搜集和管理。绿色物流除了具有一般物流所具有的特性外,还具有多目标性、多层次性、时域性和地域性等特征。

1. 学科交叉性

由于物流与环境之间的密切关系,在发展物流时必须考虑环境问题和资源问题。生态系统与经济系统之间的相互作用相互影响,也必然导致生态系统会对经济系统的子系统——物流系统产生作用和影响。因此,必须结合环境科学和生态经济学的理论、方法进行物流系统的管理、控制和决策。

2. 多目标性

这绿色物流要顺应可持续发展的战略目标要求,注重对生态环境的保护和对资源的节约,经济与生态的协调发展,追求企业经济效益、消费者利益、社会效益与生态环境效益四个目标的统一。从可持续发展理论的观念看,生态环境效益是前三者效益得以持久保证的关键。

3. 多层次性

首先,从对绿色物流的管理和控制主体看,可分为社会决策层、企业管理层和作业管理层三个层次的绿色物流活动。其中,社会决策层的主要职能是通过政策、法规的手段传播绿色理念;企业层的任务则是从战略高度与供应链上的其他企业协同,共同规划和控制企业的绿色物流系统,建立有利于资源再利用的循环物流系统;作业层主要是指物流作业环节的绿色化,如运输的绿色化、包装的绿色化、流通加工的绿色化。其次,从系统的观点看,绿色物流系统是由多个单元(或子系统)构成的,如绿色运输子系统、绿色仓储子系统、绿色包装子系统等。这些子系统又可按空间或时间特性划分成更低层次的子系统,每个子系统都具有层次结构,不同层次的物流子系统通过相互作用,构成一个有机整体,实现绿色物流系统的整体目标。

4. 时域性和地域性

时域特性指的是绿色物流管理活动贯穿于产品的生命周期的全过程,包括从原材料供应,生产内部物流,产成品的分销、包装、运输,直至报废、回收的整个过程。地域特性体现在具有跨地区、跨国界的特性和需要供应链上所有企业的参与和响应。

10.4.4　国内外实施绿色物流包装的经验

根据 4R1D 的原则,近几十年来发达国家相继采取了措施,制定了含有环保措施的关于包装的法律、法规和技术标准。主要有以下几种:

1. 制定绿色包装的法律、法规,加强对包装废弃物的回收利用

早在 1985 年 7 月,欧共体就通过了《饮料容器包装法令》,该法令的第一条明确提出:法令的目的之一在于饮料容器的重复使用和再循环;1994 年,欧共体在各国制定法规的基础上,正式颁布了《包装和包装废弃物指南》,以协调各国的包装法规;德国于 1991 年通过了《包装废弃物避免法》,1996 年《循环经济法》正式生效;法国于 1992 年制定了《包装法》,1994 年制定了《运输包装法》;美国的各个州自行制定了包装的相关法律,到 1994 年已经有 37 个州制定了包装废弃物管理法规,100 多项回收再用法律生效;日本 1991 年制定了《再生资源利用促进法》,1995 年颁布了《产品包装分类回收法》。

2. 禁止使用难再生或难分解的包装材料,开发可回收再利用的绿色包装

发达国家在对包装废弃物进行立法管理的同时,对包装材料也做了大量研究。包装材料正朝节能低耗、防污染、高功能的方向发展。可回收利用生态包装材料研究是当今世界瞩目的重点课题之一。意大利从 1991 年 1 月开始禁止在国内使用不能降解的某些塑料杂品袋。德国政府采取措施推动饮料行业将 PVC 瓶改为 PET 瓶,并要求将 80% PET 瓶回收利用,并且禁止使用聚氯乙烯,只准使用聚乙烯(PE 或 PET)类可回收使用的包装材料。据世界包装组织理事会宣布,美国、日本、新加坡、韩国和欧洲各国现已经禁止使用 PVC 包装材料。

3. 制定具体指标促进包装资源的回收利用

德国 1995 年 7 月规定包装回收法定定额为 80%,并要求整个总量的 80%~90% 必须再循环处理。同时规定运输包装要 100% 回收,销售包装按"谁生产谁回收"、"谁销售谁回收"的原则由生产者、销售者负责回收再利用。英国规定从 2000 年起,实现对 60% 的工业包装物和 35% 的家用包装物回收再利用。

4. 规定使用可再生包装材料

为了保护本国的资源、农作物、建筑物、水源和森林,防止因包装物中的病虫、细菌、微生物等造成危害,许多国家对包装物进行了限制,严格检验和处理规定。比如禁止使用木材、稻草、旧麻袋等传统天然包装材料,禁止使用含有铅、汞等成分的包装材料。

5. 征收各项原材料费、产品包装费和废弃物处理费

国家向生产包装材料的企业征收各种税(费),若产品包装中全部使用可再循环的包装材料,则可以免税;若部分使用再循环材料,则征收较低的税;若全部使用不可再利用或再循环材料,则征收较高的税,向批发商征收废弃物处理费。

6. 建立进入市场的绿色标志制度

绿色环境标志是一种在产品或其包装上的图形,是由一国政府或其授权部门按照一定的环境标准颁发的,用来说明该产品不但符合质量标准,而且在生产、使用、消费、处理过程中符合环保要求,不危害人体健康,对环境无害或危害极小。其基本目的是引导消

费者进行绿色消费,从而引导企业自觉调整产品结构,采用清洁的工艺。

表 10-1　一些国家和地区的环境标识

国家/组织	环境标识	国家/组织	环境标识
德国	蓝色天使	法国	NF
加拿大	枫叶鸽	奥地利	生态标识
日本	爱护地球	印度	生态标识
美国	自然友好和证书制度	韩国	生态标章
中国	环境标识	新加坡	绿色标识
欧共体	欧洲之花	新西兰	环境选择
北欧诸国	白天鹅	葡萄牙	生态产品
克罗地亚	环境友好	瑞典	良好环境选择

图 10-2　绿色包装标志

凡注明"绿色标识"的产品都表示:该产品从生产到使用直至最后回收均符合环境保护要求。发达国家一般都规定一种商品只有取得了该国的"绿色标识"后才能进入该国市场,否则禁止其入境。目前全球已经有 50 多个国家和地区推行了环境标志制度,并趋向于协调一致,相互承认。"绿色标志"已经成为产品出口的"绿色通行证"。

10.5　基于绿色物流的物流包装的发展策略

现代物流是将物质的包装、装卸、库存管理、流通加工、运输、配送等诸多活动有机结合,形成完整的供应链,为用户提供多功能、一体化的综合性服务。包装是现代物流的重要组成部分,包装与物流之间是相辅相成、相互制约、不可分割、共同发展进步的。要发展绿色物流首先就要实现包装的绿色化——绿色包装。

10.5.1　我国发展绿色物流包装的状况以及存在问题

据权威调查,我国现有包装印刷企业 12 万家,产值在 4000 亿元以上,在国民经济主要行业中排名第 12 位。其中包装企业大多规模小,科技含量偏低且污染高,耗费严重。"绿色包装是包装工业的未来"还未得到共识。虽然近些年我国绿色包装有所发展,特别是从 2008 年 6 月 1 日开始,全国开始实施限塑令。但总体而言,还是没有从系统上来管理包装以及包装废弃物,包装企业也还存在不少问题。

1. 绿色包装概念模糊

绿色包装往往被片面地理解为包装产品的绿色化,错误地将易降解材料制成的包装产品视为绿色包装,而不重视包装产品是否造成环境污染和资源浪费,也不关心包装产品在使用后的再利用效果如何。如将纸包装视为绿色包装,将塑料包装置于绿色包装的对立面。塑料包装对世界包装工业的繁荣和发展起到了重要的作用,具有耐用、防水、防潮、加工定型容易且成本低的优点,得到全世界广泛的使用。但是由于其不可分解性,确实在世界范围内引起所谓的"白色污染"。但只要做好回收降解工作,塑料仍然是最好的包装。我国森林资源匮乏,且造纸污染严重,纸质包装虽然能降解,但并不见得很好,完全以纸代塑,可能污染更严重。

因此,在什么是绿色包装问题上,人们的认识还是模糊的、直观的。

2. 地区发展不平衡

首先,不同企业实施绿色包装的时间不同。最早实施绿色包装的企业大多是出口型企业。这类企业受国际市场影响较大,对绿色包装认识比较早,理解也比较深刻,发展较快。而以国内市场为主的企业,对绿色包装反应相对迟缓。其次,地区发展不平衡。经济发达地区绿色包装发展迅速,中西部则未得到足够重视,发展缓慢。加之各地政策法规不一致,造成包装污染向不发达地区转移的趋势。

3. 绿色消费需求不足

绿色包装作为绿色产品,由于技术含量高、研发成本较大等原因,较一般包装价格高一些,这制约了它的大面积使用。据统计,目前我国绿色餐具年产量大约 60 亿只,其中80% 出口美国、日本、新加坡等国,只有 20% 内销到铁路航空运输系统,在快餐业则难以推广。这也影响了企业的生产规模,难以形成规模经济。

4. 资金、技术、人才等投入不足

由于采用先进技术并受规模经济等因素制约,绿色包装成本高,与传统包装相比尚无价格优势,故迫切需要资金扶持。同时,我国在包装技术及管理上与发达国家还有差距,需要加快人才培养。

10.5.2　基于绿色物流的物流包装的发展策略

1. 加强立法和执法

国内相关部门应制定相应的政策法规,指导、扶持、保护绿色包装企业及产品;同时对不符合绿色包装发展方向的企业责令整改或关停。在制定绿色包装法规时,国内相关部门既要借鉴发达国家的先进经验,提高技术水平,又要结合我国实际,认真研究包装环境。立法全面严谨,与国际接轨;执法力求严格规范,确保绿色包装健康发展。

2.加大技术创新力度

以减量化为中心,积极研发与推广各种绿色包装材料与设备,以适应物流业发展与国际贸易的需要。

绿色包装材料的研制开发是绿色包装最终得以实现的关键。因此,当务之急是大力开发新型绿色包装材料,取代原有的污染性材料。绿色包装材料研发应贯彻执行绿色包装制度的"4R1D"原则。①要快速增长纸包装,提高纸包装材料的质量和档次,关键是增大木浆的比重,为此要尽快实施林、浆、纸一体化发展。②积极促进金属包装发展,使玻璃包装朝高档次、轻量化发展。③均衡塑料包装发展,实行发展与环境保护并行不悖,凡可替代的鼓励替代,对难以回收再生或经济上不合算的一次性塑料包装,则应采用降解塑料。④发展天然植物纤维材料,大力开发我国储量丰富的竹包装;鼓励发展芦苇、竹和甘蔗渣制浆造纸,提高以植物纤维为原料的纸浆模塑质量和其他制品质量。如以玉米秆为原料生产能生物降解的地膜,以淀粉和植物纤维为原料,生产膨化"泡沫"材料。

此外,也要注重推广各类绿色包装设备,特别是在运输包装、物流系统中加快推进木材节约和代用工作。"包装现代化,装卸机械化,运输集装化,仓储货架化,管理信息化"是实施运输包装改革、发展物流产业的基本原则与内容。长期以来,木托盘、木制品包装等是运输包装的一种主要制品,在物流系统中发挥着极其重要的作用,但是耗用木材量很大。我国是世界上木材资源相对短缺的国家,随着木材消费量的不断增加,供需矛盾日益突出。因此,节约木材和代用是缓解木材供需矛盾、实现木材资源可持续利用的重要途径。加快推进木材节约和代用的重点环节和重点工作中,要发展木材代用,优化木材消费结构。提倡、鼓励生产和使用木材代用品,优先采用经济耐用、可循环利用、对环境友好的绿色木材代用材料及其制品,减少木材的不合理消费。在包装、运输业继续推广塑料、金属、竹材等非木质包装和木塑复合包装;限制以天然林木为原料的一次性木制品和木制包装物的生产和使用,限制食品、饮料、酒类等消费品的过渡木制包装行为。因此,在物流系统中,应大力推广国际上最新的运输包装技术——缠绕包装替代木箱包装、瓦楞纸箱包装等,节约木材资源,实现运输包装的减量化。这是企业降低包装费用、提高经济效益的有效途径,也是应对国际环境贸易壁垒的一项重要举措。缠绕包装技术是近年来在运输包装领域涌现出来的一种现代化的新技术,是推进集装化运输和物流产业化的基础。它采用特定配方与工艺技术制成的缠绕拉伸薄膜,通过应用先进电子技术和精湛的机械制造工艺制成的缠绕包装机,将各种外形规则或不规则的产品包裹成一个整体,使货物能受到保护,防止擦伤、碰伤、不破损、不散失、不划痕,减少油污与脏斑的产生,减少因包装不善带来的经济损失。缠绕包装技术的应用不仅能够改变产品原始落后的包装,而且能提高单元载荷体,提高装卸、运输作业效率。保证装卸人员、运输工具的安全,是发展集装化运输和物流产业的基础。缠绕包装技术还可以大大降低货物(产品)包装费用,提高企业经济效益,这也是缠绕包装技术能够快速发展的关键所在。缠绕包装技术的出现,代替了原来的各种纸包装、木包装,可以大大减少木材、纸张等资源的消耗,为改革运输包装、发展物流产业找到了一条好的减量化对策。拉伸薄膜裹包与其他组成单元货载的方法(如捆扎带、黏合或使用收缩膜等方法)相比较,适应性非常广泛,可以裹包各种构型的产品和实现相同尺寸的产品堆码,满足各种货载的要求。

　　3.充分发挥税收的杠杆作用

　　国家开设有关包装方面的新税目,如材料税、包装税、塑料税。向生产包装材料的企业征收材料税。如果包装材料使用的是自然资源,需要负担较重的税赋;如果使用的是再循环的材料,则负担较轻的税赋。这种加征材料税的主要目的是减少自然资源的使用,鼓励再生材料的使用。包装税是向商品生产企业征收的。如果商品包装中全部使用可以再循环的包装材料,可以免税;如果商品包装中部分使用了再循环材料,则征收较低的税赋;如果商品包装中全部使用不可再循环或再利用的材料,则征收较高的税赋。如对塑料袋征收塑料税,从而提高塑料袋的价格,减少塑料袋的使用。例如,爱尔兰环境部自实行塑料税以来,消费者使用的塑料袋减少了 95% 以上,而且每年给国家预算减少 1100 万欧元。对生产销售和使用不能回收再利用的包装废弃物的企业,按其对环境的污染程度进行收费,有利于筹集资金治理环境污染,并大力发展绿色包装工业。通过征收包装税,提高了那些包装废弃物需要特别处理或不易回收的包装的成本价格,相对降低了那些使用易于再生利用包装的产品价格,用市场价格机制进行激励,迫使产品生产者从设计生产的最初环节,就考虑包装使用后能否易于回收,从而减少例如环境的污染。

　　4.政府给予相关政策扶持

　　绿色包装产业发展,必须要政府大力支持,包括经济政策上的鼓励。

　　(1)包装押金制

　　对于一些易于直接重复使用的包装,可采用包装押金制。销售商向生产商交付押金,而顾客向销售商交付押金,以经济利益趋势驱动包装废弃物的回收再利用。美国一些州和几个欧洲国家对饮料瓶罐采用了政府给予经济补贴的方法。保证金归还计划最佳用途被认为是鼓励人们回收一些有必要安全处理的重要材料,比如汽车上蓄电池和发动机上的润滑油等。

　　在我国,以前市场销售的瓶装酱油、醋和啤酒汽水等都基本采用收取包装押金的方式。以啤酒为例,一瓶啤酒 2 元,其中瓶子押金 0.5 元,买啤酒时,用相同的瓶子或换或押金都可以。这样在销售啤酒的同时也保证了啤酒瓶的回收。不过现在由于人们的消费方式(超市购物)和啤酒包装方式(易拉罐)的改变,超市不再回收啤酒包装废弃物,这就需要通过收取包装押金的手段促使包装废弃物的回收。

　　(2)资源回收奖励制度

　　资源回收奖励制度在日本许多城市较为通行,目的是要鼓励市民回收有用物质的积极性。例如,日本大阪市对社区、学校等集体回收报纸、硬纸板、旧布等发给奖金。欧洲一些国家通过垃圾收费的方式来鼓励包装废弃物的回收利用。在居民区和公共场所都设有专门的回收箱,便于人们把包装废弃物投入。将包装废弃物投入回收箱是免费的,但是要是当作垃圾投入垃圾箱就要收费。

　　我国废弃物资回收体系的源头主要是个体回收户,经过中介商,再转移到大型的回收企业;规模较大的回收户也可直接将回收物资运送到回收企业。根据废旧物资的分类情况,再分别送往不同的原料再生企业,最后进入不同的原料使用企业。在这种回收模式下,经济利益是主要目的。因此,个体回收者只接收传统的价值高的废旧物资,对于回收价值不明显的废旧物资拒绝接收,导致大量难以回收的有用资源被当作垃圾随意丢弃或者填埋,也就使像电池、塑料包装袋等废弃物得不到有效回收,形成了严重的环境污染。

5. 推行绿色包装标志

在绿色消费浪潮的推动下,人们在选购商品时不仅仅关心商品的质量、包装是否精美,而且关心商品是否符合环保要求和包装是否有绿色标志。与此同时,绿色包装成为发达国家阻碍发展中国家商品进入国际市场的挡箭牌,形成"绿色包装壁垒"。如果产品没有绿色标志,一些发达国家就拒绝进口,并且价格和税收不给予优惠。鉴于以上原因,发展绿色标志是企业发展强大、走向世界的必要途径之一。我国出口企业需要全面开展相关的绿色认证工作,推广环境标志制度。一是要积极推行 ISO14000 国际标准。通过建立、实施环境管理认证体系,从源头上控制污染产生、节能降耗、减少污染处理费用,给企业带来综合的社会和经济效益。二是要积极实施环境标志产品制度,让更多的出口商品在开展环境标准认证的基础上,进一步取得发达国家的环境标志,使更多的出口商品超越"绿色壁垒",获得国际产品出口通行证。

6. 建设绿色包装文化

包装文化是物流文化的重要组成部分,是将物流需要、加工制造、市场营销、产品设计要求,以及绿色包装结合在一起考虑的文化体现形式。绿色包装文化是在可持续发展理论、生态经济学理论和生态伦理学理论的指导下通过包装标志的绿色化、包装材料的绿色化、包装设计的绿色化来实现的。建设绿色包装文化,必须强化员工的绿色包装意识,定期开展有关绿色包装方面的培训和讲座,在企业文化中加入绿色包装方面的内容,使更多的员工能够认同绿色包装。

⏩ 案例分析

好运公司的周转箱

GOODPACK(以下简称:好运公司)始建于 1986 年,创业初期以运输天然橡胶为主,有着 20 年的包装运输方面的行业经验。好运公司是总部设立在新加坡的上市公司,拥有近 300 万个好运运输周转箱,是世界上最大的循环式周转箱的租赁商。它在全球各大城市都建立了由分支机构和代理商构成的营运网络。这种全球物流营运网络提供了全球的装卸和回收服务,可以让客户在全球任何地方租用或解租周转箱。好运电子化全球定位系统可以在任何时候满足客户的需要,快速地解决客户的问题。

2006 年 7 月 18 日,中铁快运股份有限公司与好运公司结成战略合作伙伴关系。双方共同承诺,在国内运作共同参与开发的好运周转箱项目,其空箱的回收及重箱的物流业务由中铁快运股份有限公司完成。中铁快运股份有限公司是新加坡好运股份有限公司在中国唯一的合作伙伴,可以单独进行好运周转箱租赁市场的业务开发,通过自身网络影响力增加好运周转箱在中国的租赁业务。下面就以好运周转箱在中国的市场来介绍好运周转箱的租赁业务。

好运公司的产品介绍：MB4、MBS、MB7是专门为运输液体、固体和粉末而开发的高强度钢质周转箱。每个周转箱的容积为1400升，可以承载量约为1500千克，相当于7个容量为55加仑的铁桶。满箱可以五层叠放，周转箱带有四面叉地脚方便储运。标准化设计，每个20英尺的集装箱可以装载16个满载周转箱、63个空箱。专利设计，操作简捷，可实现单人操作，可以为客户节省20%的运输仓储成本。另外箱子有新加坡的绿色标识，这也是进入国际市场的通行证，可以有效地避免"绿色壁垒"。可运输的产品，包括食用油、脂、蔬果汁、天然橡胶及合成橡胶、化工原料、汽车零部件等。

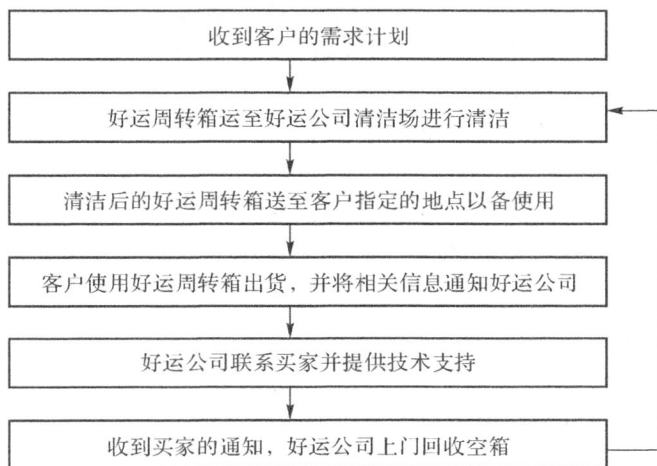

图 10-3 好运周转箱整体运作流程

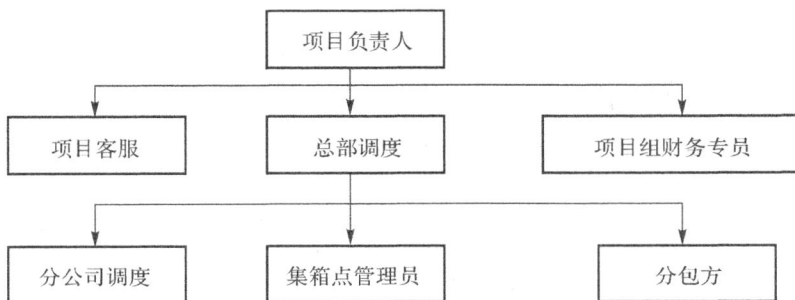

图 10-4 项目结构

好运箱的租赁运作流程主要分为：空箱配送、重箱运输、空箱回收、库存统计、月末结算等。

1. 空箱配送业务

①按照客户提出包装需求，发送至好运公司。

②好运公司箱管系统生成委托送货单，发送至物流公司好运项目组。委托送货单其中包括客户相关信息、箱子批次号（ITR）、日期、箱数等。

③物流公司生成调箱需求，发送至公司调度。

④公司调度向集箱点下达调箱指令。

⑤集箱点将指定数量的箱子送至发货客户。

⑥集箱点记录所运批次的箱号,添加到对应 ITR 下。

⑦好运箱送达客户后,集箱点将签收单回传给物流公司和好运公司。

2.重箱运输业务

①发货客户决定选择中铁快运运输重箱。

②发送重箱运输需求至物流公司。

③物流公司生成运输需求,发送至公司调度。

④公司调度将重箱运输指令下达至发货客户所在地的分公司或营业部。

⑤分公司或营业部根据箱数派车到发货客户收取重箱。

⑥将重箱送至收货客户签收。

⑦将签收单分别回传给物流公司和好运公司。

3.空箱回收业务

①收货客户卸货完毕后向好运公司发出收箱通知。

②好运公司生成委托送货单,发送至物流公司。

③物流公司生成调箱需求,发送至公司调度。

④公司调度向集箱点下达调箱指令。

⑤集箱点派车到收货客户处回收空箱。

⑥集箱点将签收单分别回传给物流公司和好运公司。

4.库存统计月报

①各集箱点每月末将库存量、出入库明细表报送物流公司。

②物流公司核对操作记录和库存,报送好运公司。

5.月末结算流程

①每月末,各集箱点根据本月操作记录作出收款明细单,报送物流公司。

②物流公司审核收款明细单。

③物流公司通知集箱点邮寄运单,安排付款事宜。

6.好运箱的跟踪

由于好运公司对好运箱实行动态管理,好运公司要求客户每月 5 日提供一次好运运输周转箱的跟踪报告。

好运周转箱优势分析:

1.用 4R1D 原则来分析好运箱

好运箱的初衷是代替一次性包装或难以回收的铁桶和木箱。好运箱从原材料的选择、产品制造、使用和废弃物的整个生命周期,均符合生态环境保护的要求,具体地说符合 4R1D 原则。Reduce:减少材料消耗。与一次性运输包装的材料相比较(木箱、铁桶),好运箱的用材要多一些,但是因为好运箱可以多次重复使用,这样平均下来,就远远小于木箱、铁桶的用材。Reuse:回收再使用。好运箱选用金属材料,箱体可以折叠,方便回收再使用,使用寿命 8 年。Recover、Recycle:好运箱在多次重复使用之后,废弃包装可以回收再利用。Degradable:金属材质的包装不存在白色污染,不需要降解腐化,直接可以再利用,回收成本比较低。

2. 用绿色物流中的绿色包装管理来分析好运周转箱的绿色性

好运周转箱具备以下特点:①充分利用可回收容器。好运周转箱可以通过回收再利用。整个好运周转箱有一个完整的标识系统,可以控制容器的流传。②包装数模化。好运周转箱是按照集装箱的尺寸来设计,很适合集装箱运输。③包装大型化和集装化。一个好运周转箱的容量是铁桶容量的 6 倍,有利于物流系统在装卸、搬运、保管、运输等过程中的机械化操作,加快了物流环节的作业速度,有利于减少单位包装材料和包装费用,有利于保护货体。④好运箱作为周转包装,可以多次重复使用。由于是金属包装,可修复性很好,这样包装的使用寿命也比较长。⑤好运箱是金属材质,一旦废弃,回收也比较简单、方便,对环境的污染比较小。

3. 好运箱可以重复使用

好运箱不存在空包装的储存和运输问题。好运箱采用可叉式结构,一个集装箱的高度正好使好运箱(重箱)堆垛两层,也可以堆放 16 个空箱,运输和储存效率比较高,回收成本比较低。好运箱可以承受 1.8 吨的重量。正常使用时一般装载 1.5 吨。因此好运箱有足够的承载能力、抗压强度和抗冲击强度,可以保证包装商品在物流过程中不被损坏。好运箱的底部按照托盘的尺寸规格和要求设计,便于叉车直接操作,不需要额外的托盘,大大提高了物流效率。

4. 好运箱的价格优势

好运箱与铁桶对比的七大优势。

(1)节省包装费用

一个好运箱大概是七个铁桶的容量,这样节约了大概 10%～20% 的包装物料费用。

(2)节约 10%～20% 海运及陆运费用

一个好运箱大约等于七个铁桶的总的容量(1500 千克),一个 20 英尺的集装箱可以容纳 16 个好运箱,每个载负重量 1400 千克,总载负重量为 22400 千克;同样用一个 20 英尺的集装箱,它只能容纳 80 个铁桶,每个铁桶载负重量 200 千克,总载负重量为 16000 千克,可节约 40% 的运输费用。

(3)节省载负时储存费用

载负时铁桶使用夹板可堆叠 4 层。16 个铁桶占 1.2 平方米夹板,平均 13 个铁桶占 1 平方米地。载负时的好运箱,无需额外支持架就可以堆叠 4 层(也有堆叠 5 层的,但要好运技术人员认可才行)。4 个好运箱占 1.7 平方米地,也就是说 16 个好运箱平均占 1 平方米地。载负时储存可节约 10%～20% 的费用。

(4)节省空载时的储存费用

空载时 16 个铁桶占 1.2 平方米夹板,平均 13 个铁桶占 1 平方米地。空载时 22 个好运箱占 1.7 平方米地,22 个好运箱等于 154 个铁桶,等于 90 个铁桶平均占 1 平方米,可节约 80% 的储存费用。

(5)节约操作费用

载负时及空载时好运箱和铁桶对比,可节约 500～600 千克的物料操作费用和 20%～30% 装卸液体的劳动操作费用。

（6）更安全的运输防护措施

每个好运箱自身都带有托盘,而铁桶一般是四个一组固定在一个托盘上。相比之下,好运箱的操作安全性要大大高于铁桶。可以降低破损率,进一步节约成本。

（7）节省环保、废弃物处理费用

好运运输周转箱代替木箱或铁桶将在操作流程中实现真正意义上的无木质包装。HACCP国际质量标准中将视为良好的生产环境。木质包装箱,因为环保的原因,需要经过熏蒸才能在国际上流通,这样会大大提高包装费用。铁桶因为其不可以折叠的特点,空返时成本比较高,并且在操作的过程中需要托盘,增加了包装成本。好运箱多次使用可减少废弃物处理的费用。好运箱使用的是金属材质的包装,无论在包装废弃物回收方向,还是在废弃物处理方面都是比较方便的。

⤷ **思考题**

1.什么是绿色物流包装,其内涵是什么?

2.绿色物流包装的评价方法是什么,如何应用在物流过程中?

3.国外发展绿色物流包装的优势是什么?

4.我国目前绿色物流包装发展的瓶颈是什么以及解决途径?

5.发展绿色物流包装的对策是什么?

6.结合案例,说明好运周转箱在我国发展的问题会是什么。

第 11 章

物流包装管理

☞ **本章要点**

　　包装管理是对包装的合理化、科学化的研究。本章介绍物流包装的必要性,包装材料的标准化管理,以使包装能与国际接轨;了解包装的质量管理及现代物流包装的主要供应商——第三方物流;精益包装管理,掌握包装管理方面的相关理论和应用。

11.1　物流包装管理概述

　　物流包装管理是管理者为了实现物流包装科学化、现代化,以达到提高社会效益、环境效益和经济效益的目的,对物流包装这个管理对象进行的计划、组织、协调、指挥和控制活动。一般包括物流包装器具的管理、物流包装成本的管理、物流包装工艺与设备的管理、物流包装质量管理等内容。物流包装管理可以分为宏观管理和微观管理,主要涉及包装标准化、包装法规、第三方物流包装等。

11.1.1　包装管理的必要性

　　现代企业经营者在深入分析后,发现无论从市场促销还是产品设计方面,包装管理已成为制约企业发展的"瓶颈"。现代物流业发展很快,但物流包装仍未引起应有的重视。目前物流包装重运输轻质量、轻环保现象比较严重。经济的快速发展,包装越来越受到重视。有从商业销售的角度,有从保质的角度,有从流通便利的角度等,包装业正在享受前所未有的幸福时光。而物流包装也开始在专业化道路上起跑。但相比而言,跟产品包装息息相关的物流包装,好像并不属于这个系统,也并未引起业界足够的关注。通过"百度"或者"谷歌"搜索与"物流包装"或者"运输包装"相关的新闻和企业倒是不少。

很多公司其实根本就不从事物流包装业务,即便有也是外包给其他公司操作。北京一家物流公司主要做的是食品包装,物流包装的业务外包给了机场附近的专业公司,但所在的公司却是以北京×××包装运输公司的名义出现。至于为什么会如此,就是做食品包装比物流包装更赚钱。众多以物流包装或运输包装为名的企业相关负责人都感到,物流包装就是简单地给运输的货物提供包装,尽可能地避免商品受损。至于其他,则知之甚少。目前物流包装相关的一些机构还只搭起了个架子,并没有实际的东西,这也是大多数处于萌芽发展中的行业共同表象。

物流包装在国内并未引起足够的重视,但物流包装是一个大的发展趋势。目前,很多国外物流公司在上海、无锡等一些沿海城市早已"攻城略地",设立相关基地。公众对物流包装这个字眼提得很多,但对目前物流包装业现状的描述显得相当简单。大多数物流包装所满足的仅仅是保障产品运输的安全或者商业美观需要,而对于运输包装本身的质量根本得不到有效地控制。厂家缺乏一个有效的标准来控制运输包装的质量,尽管大多数厂家在新品面市后也会对其整体包装进行试验考核,但仍然很难进行有效调控。其次就是对包装材料的质量无法保证,往往是不知从哪些参数来保证包装材料的质量,更不用说标准了。在此情况下,显然根本就很难谈环保、可循环利用等。

目前,物流包装重运输轻质量现象比较严重,往往出现货品受损害的现象。企业由于工作的关系,每年都要收到不少从外地发过来的货物,其中不乏因为包装不其而产品受破坏的。如果纸箱子严重变形,自然里面的货都未能幸免。这主要与物流包装材料有很大关系,还有就是运输环境等因素的影响,在这几个方面还有很大欠缺。也正是这些,让人对物流运输平添了几分不信任,影响了行业的发展。任何一个行业标准都有助于规范发展,物流包装业也不例外。目前,针对不同商品的包装有标准,但针对于物流包装却没有标准。事实上,针对笼统的物流也不太好建立标准,但标准的缺失在一定程度影响了行业的规范发展。从长远发展来看,如果从大行业来制定物流包装标准,让每一类产品的物流包装有标准可依,无疑将是一种比较好的解决之道,将有助于行业的发展。企业有一个比较尴尬的问题就是,目前基于产品,比如食品、药品等的包装业特别发达,而且分得很细,有从防腐角度、美观角度等,但对于物流包装,相关信息寥寥,缺乏重视已成为一个不争的事实。

11.1.2　包装管理的市场需求

一方面,目前物流包装业并未引起足够的重视,质量差、产值少等。另一方面,随着现代物流业的快车道发展,物流包装市场越来越大。从经济学的角度来看,需求的旺盛而相关产品的缺失,自然很可能会造成行业有井喷之势;而在大力倡导环保的环境之下,环保型的物流包装将迎来千载难逢的机遇。目前无论是从事物流包装的企业,还是从质量上去选择物流包装的企业都不多,相反物流行业的从业者却不少。而对于成熟的物流业来说,配套的物流包装本来就是必需的。由此可以预测,在未来一段时间里,物流包装业作为整体物流业的一个分支也将很有可能成为一个热点产业,反而可能影响整个物流业。

物流包装的前景应该是非常巨大的,特别是绿色物流包装,在今后的市场份额中的比例将越来越大。湖南一位从事服装业的李老板在分析物流业时认为,物流包装将成为一个投资热点。李老板从事服装行业已十多年,但他非常看好物流包装行业,近来正在琢磨着转行做物流包装,前期的市场调查已经展开。巨大的市场需求将催生一大批物流包装企业的出现,在这些企业中,显然环保将是其一个重要的竞争参数。

环境污染、资源枯竭和人口剧增已构成了当代社会必须解决的三大难题,其中关于环保的占了两项。一场以保护环境和节约资源为中心的绿色革命,正在全球兴起。物流行业亦不例外,绿色包装已经是不得不考虑的问题。而绿色物流包装的基础点在于材料,其材料与一般包装材料的不同点就是它具有良好的环境性能,对人体和环境不造成危害或者能减少危害,通常是指易降解、易回收、能进行资源有效循环利用的材料。绿色包装材料是发展绿色包装的关键,研究开发无公害的绿色包装材料是当前世界各国关注的热点,对物流包装来说一个重要的问题就是开发高强度、大板面、环境性能好、无公害、易回收再利用、轻量化的绿色运输包装材料,这已成为决定绿色运输包装顺利发展的技术关键,越来越受到各方重视。不仅如此,国际运输包装的常用、试用标准也在发生改变。如果包装环保达不到要求,将很可能进入不了国际市场。像目前国际上限制使用木质物流包装就是典型,主要就是因为木质包装在使用过程中会产生污染。社会环保意识的提高,运输包装自然也不例外,以后的发展方向将是易降解、可循环利用的材料。提倡物流包装同样应该节约资源,尽量利用可重复循环利用的绿色环保材料,始终将环保贯穿于生产、使用、废弃三个过程。在生产时尽量考虑没有污染的和容易处理的材料,使用过程中做到不污染环境,最主要在废弃过程中,要尽量将其降解或循环利用。物流包装的材料主要是把容易降解和可循环利用作为发展方向。从材料使用寿命、强度、无公害等,使用绿色包装将成为一个发展方向。相比较而言,提倡使用塑料材料和瓦楞纸做物流包装,优点在于易降解、可回收利用。特别是泡沫塑料,非常方便回收,但也有缺点。因为物美价廉,回收价值低。不可否认,物流包装业的前景是巨大的,但目前做得相差甚远,所需面对和解决的问题还非常多,整个行业发展任重而道远。

11.2　物流包装标准化管理

物流包装标准化是物流各项工作需要达到的统一的标准要求。其目的是使包装管理工作走向统一化、系列化和通用化,达到信息交流和资源共享,降低成本和提高效率。为了发展社会主义商品经济,促进技术进步,改进产品质量,对工业产品、规格、质量、等级或者安全卫生等需要有统一的技术要求。为使物流包装标准化工作适应社会主义现代化和发展对外经济的需要,对工农业产品的设计、生产、检验、包装、储存、运输、环境保护等方面也需要制定统一的技术标准。为在一定的范围内获得最佳秩序,对实际的或潜在的问题制定共同的和重复使用的规则的活动,称为物流包装标准化。它包括制定、发布及实施标准的过程。我国物流包装标准化管理工作就是制定标准、组织实施标准和对标准的实施进行监督。

物流包装标准化的问题由来已久。中国自秦代开始,历代王朝都有法定度量衡标准以及法定违反标准的罚则。现代物流包装标准化是近两三百年发展起来的。工业革命将物流包装标准化问题提上了日程。物流包装标准化包括制定标准和贯彻标准,已取得世界上各国和国际社会的重视。国际标准化组织(ISO)的主要任务之一是制定国际标准、协调世界范围内的物流包装标准化工作。

物流包装标准化的重要意义是改进产品、过程和服务的适用性,防止贸易壁垒,促进技术合作。如货物包装对保证货物的安全运送具有十分重要的作用。航空货物运输具有中转、装卸次数较多和在地面运送的特点,为了保证飞行安全、运输质量和操作便利,货物的包装应符合国家标准,对于没有国家标准规定的货物,承运人应根据货物的性质、大小、轻重、形状、中转次数、气候以及适宜飞机装载条件,要求托运人选用适当的材料及包装标准,进行妥善包装。

11.2.1　物流包装标准化概述

物流包装标准化通过物流包装标准的贯彻实施来体现。物流包装标准化工作是物流包装工业的技术基础,而物流包装标准是实现科学、合理的技术依据。

国际上包装相关的 ISO 技术委员会制定的包装标准主要包括各种包装材料、包装容器、试验方法、包装托盘、集装箱等,这些标准分散在各 ISO 相关技术委员会的文件中。ISO/TC 122 包装国际标准主要是一些通用基础标准,涉及运输包装件的检验、标志、尺寸以及包装袋尺寸规格的基本要求和术语等。而各种包装材料、容器、制品、试验方法和产品包装等专业标准由其他专业委员会制定,ISO/TC 122 参与相应的协调工作。物流包装标准化的内容主要有以下几点。

1. 包装尺寸标准化

早在 1960 年,欧洲包装联合会就决定采用包装标准尺寸。这个标准尺寸是以欧洲托盘尺寸(800 毫米×1200 毫米)为基础的。它也同时符合 ISO 的标准托盘尺寸(800 毫米×1000 毫米,1000 毫米×1200 毫米)。国标 GB/T 13757—1992《袋类运输包装满装尺寸系列》标准规定了纸、布、编等材质袋类运输包装满装平卧时的地平面最大外廓尺寸。适用于单元货物的袋类运输包装,其满装尺寸有 20 种,袋类运输包装满装尺寸的极限偏差为±5%。

2. 包装标志、代码标准化

GB 190—1990《危险货物包装标志》标准是用图形或文字表示货物的危险特性,在运输包装上加以特别说明的图示标志,其目的是在运输、储存过程中引起人们的警惕,以便采取防护措施,保证作业者的操作安全,严防发生事故。标准规定了危险货物包装图示标志的种类、名称、尺寸及颜色等,适用于危险货物的运输包装。危险货物包装标志的图形共 21 种,19 个名称(其中爆炸品 1 个名称 3 种图形标志),其图形分别标示了 9 类危险货物的主要特性,危险货物分类参见 GB 6944。GB/T 16472—1996《货物类型、包装类型和包装材料类型代码》标准等,采用了联合国欧洲经济委员会(UN/ECE)第 21 号推荐标准。它规定了在与国际贸易有关的贸易、运输和其他经济活动中使用的数字代码表示，适用于从事国际贸易的参与方之间采用自动交换方式进行的数据交换及其他应用的参与方之间进行的数据交换，也适用于人工系统。货物类型、包装类型和包装材料类型代码的编码结构、代码表示及使用规则见 GB/T 16472。

3. 包装技术与方法标准化

根据货物类型、托盘载物质量和托盘尺寸，合理确定货物在托盘上的码放方式，并应符合 GB/T 4892、GB/T 13201、GB/T 13757 的规定。托盘承载表面积的利用率一般不应低于 80%。

国家标准 GB/T 3951—83 对标准化下的定义是："在经济、技术、科学及管理等社会实践中，对重复性事物和概念，通过制定、发布和实施标准，达到统一，以获得最佳秩序和社会效益。"同理"通过制定、发布和实施标准，达到统一"也是物流包装标准化的实质。"获得最佳秩序和社会效益"则是物流包装标准化的目的。

物流包装标准化的基本原理通常是指统一原理、简化原理、协调原理和最优化原理。下面分别作一介绍：统一原理就是为了保证事物发展所必须的秩序和效率，对事物的形成、功能或其他特性，确定适合于一定时期和一定条件的一致规范，并是这种一致规范与被取代的对象在功能上达到等效。统一原理包含以下要点：

①统一是为了确定一组对象的一致规范，其目的是保证事物所必须的秩序和效率；

②统一的原则是功能等效，从一组对象中选择确定一致规范，应能包含被取代对象所具备的必要功能；

③统一是相对的，某种确定的一致规范，只适用于一定时期和一定条件，随着时间的推移和条件的改变，旧的统一就要由新的统一所代替。

物流包装标准化的主要作用表现在以下 10 个方面：

①物流包装标准化为科学管理奠定了基础。所谓科学管理，就是依据生产技术的发展规律和客观经济规律对企业进行管理，而各种科学管理制度的形式，都以物流包装标准化为基础；

②促进经济全面发展，提高经济效益。物流包装标准化应用于科学研究，可以避免在研究上的重复劳动；应用于产品设计中，可以缩短设计周期；应用于生产中，可使生产在科学的和有秩序的基础上进行；应用于管理中，可促进统一、协调、提高效率等；

③物流包装标准化是科研、生产、使用三者之间的桥梁。一项科研成果，一旦纳入相应标准，就能迅速得到推广和应用。因此，物流包装标准化可使新技术和新科研成果得到推广应用，从而促进技术进步；

④随着科学技术的发展，生产的社会化程度越来越高，生产规模越来越大，技术要求越来越复杂，分工越来越细，生产协作越来越广泛，这就必须通过制定和使用标准，来保证各生产部门的活动，在技术上保持高度的统一和协调，以使生产正常进行；所以，物流包装标准化为组织现代化生产创造了前提条件；

⑤促进对自然资源的合理利用，保持生态平衡，维护人类社会当前和长远的利益；

⑥合理发展产品品种，提高企业应变能力，以更好地满足社会需求；

⑦保证产品质量，维护消费者利益；

⑧在社会生产组成部分之间进行协调,确立共同遵循的准则,建立稳定的秩序;

⑨在消除贸易障碍、促进国际技术交流和贸易发展、提高产品在国际市场上的竞争能力方面具有重大作用;

⑩保障人民群众身体健康和生命安全,大量的环保标准、卫生标准和安全标准制定发布后,用法律形式强制执行,对保障人民的身体健康和生命财产安全具有重大作用。

11.2.2　物流包装标准化管理

物流包装标准化管理是标准化的组织、实施、计划和执行一系列工作的总称。首先是标准的制定,指依据科学技术和实践经验的综合成果,在与社会各界协商的基础上,对经济、技术和管理等活动中,具有多样性的、相关性的重复事物,以特定的程序和形式颁发的统一规定。标准可分为技术标准和管理标准两大类。

技术标准是对技术活动中,需要统一协调的事物制定的技术准则。它是根据不同时期的科学技术水平和实践经验,针对具有普遍性和重复出现的技术问题,提出的最佳解决方案。

管理标准是企业为了保证与提高产品质量,实现总的质量目标而规定的各方面经营管理活动、管理业务的具体标准。若按发生作用的范围分,标准又可分为国际标准、国家标准、部颁标准和企业标准。以生产过程的地位分,又有原材料标准、零部件标准、工艺和工艺装备标准、产品标准等。在物流包装标准化工作中,又通常把标准归纳为基础标准、产品标准、方法标准和卫生安全标准。

物流包装标准化是制度化的最高形式,可运用到生产、开发设计、管理等方面,是一种非常有效的工作方法。作为一个企业能不能在市场竞争中取胜,决定着企业的生死存亡。企业的物流包装标准化工作能不能在市场竞争中发挥作用,这决定物流包装标准化在企业中的地位和存在价值。

根据世界各国的经验,企业物流包装标准化工作要攀登三个台阶,要走"三部曲"。

这三步的具体含义是:

第一步:制定好能确切反映市场需求,令顾客满意的产品标准。保证产品获得市场欢迎和较高的满意度,解决占领市场的问题;

第二步:建立起以产品标准为核心的有效的标准体系。保证产品质量的稳定和生产率的提高,使企业能够占稳市场,不至于刚占领市场,就由于质量不稳退出市场;

第三步:把物流包装标准化向纵深推进,运用多种物流包装标准化形式支持产品开发,使企业具有适应市场变化的能力,即对市场的应变能力。市场不是固定的,不是开发出一种产品,制定了一个标准,就可以几十年不变,市场经济没有这种机制。市场是多变的,企业必须具备这种应变能力,这就是说企业不仅要能够占领市场、站稳市场,而且要能够适应市场、扩大市场。

物流包装标准化管理要一步一步地跟着企业的市场运作来转,一直转到这个角度,登上制高点,这才能体现出物流包装标准化的作用和价值。这三部曲中的每一部,都要遵循市场经济规律,要抛弃计划经济体制下遗留的种种弊端,每个企业都要从自身的情况出发,通过创新开辟自己的道路。物流包装标准化要赢得竞争,就必须创新。企业物流包装标准化不能再走老路了,创新才有出路。企业物流包装标准化不能孤军奋战,要同各部门协作配合、互相支持,发挥整体系统功能,才能走好这三步。

①制定好产品标准是企业物流包装标准化的第一步,要根据标准设计和生产产品。

②标准形成体系才能发挥作用,标准是一个系统。

③产品开发领域是企业物流包装标准化的制高点,是应用和创新。

对需要在全国范围内统一的技术要求,应当制定国家标准。国家标准由国务院物流包装标准化行政主管部门制定。对没有国家标准而又需要在全国某个行业范围内统一的技术要求,可以制定行业标准。行业标准由国务院有关行政主管部门制定,并报国务院物流包装标准化行政主管部门备案,在公布国家标准之后,该项行业标准即行废止。对没有国家标准和行业标准而又需要在省、自治区、直辖市范围内统一的工业产品的安全、卫生要求,可以制定地方标准。地方标准由省、自治区、直辖市物流包装标准化行政主管部门制定,并报国务院物流包装标准化行政主管部门和国务院有关行政主管部门备案,在公布国家标准或者行业标准之后,该项地方标准即行废止。

企业生产的产品没有国家标准和行业标准的,应当制定企业标准,作为组织生产的依据。企业的产品标准须报当地政府物流包装标准化行政主管部门和有关行政主管部门备案。已有国家标准或者行业标准的,国家鼓励企业制定严于国家标准或者行业标准的企业标准,在企业内部适用。

法律对标准的制定另有规定的,依照法律的规定执行。

国家标准、行业标准分为强制性标准和推荐性标准。保障人体健康,人身、财产安全的标准和法律、行政法规规定强制执行的标准是强制性标准,其他标准是推荐性标准。

省、自治区、直辖市物流包装标准化行政主管部门制定的工业产品的安全、卫生要求的地方标准,在本行政区域内是强制性标准。

11.2.3 普通货物运输包装标准

普通货物运输包装标准包括:

①货物包装要求坚固、完好、轻便,在一般运输过程中能防止包装破裂、内件漏出散失。因码垛、摩擦、震荡或因气压、气温变化而引起货物损坏或变质,伤害人员或污损飞机、设备及其他物品,由于托运人的原因货物包装不良污染飞机及其他物品,托运人应承担赔偿责任,向承运人支付污染处理费。

②包装的形状除应适应货物的性质、状态和重量外,还要便于搬运、装卸、堆放和便于计算数量;包装外部不能有突出的棱角及钉、钩、刺等;包装要清洁、干燥,没有异味和污染。

③民用航空器运送的货物,禁止使用带有碎屑、草袋等材料做包装或草绳捆扎,包装内的衬垫材料不得外漏。

④使用旧包装时,必须除掉原包装上的残旧标志和标贴。

⑤货物包装内不准夹带禁止运输或限制运输的物品、危险品、贵重物品、保密文件和资料等。

⑥对包装不符合要求的货物,应要求托运人改进或重新包装后方可接收。如有下述货物包装情况不能接收:包装严重变形或已破损;铁腰子变形或松动;包装上有渗漏或浸湿痕迹;包装内货物晃动或有破碎声音;桶上有裂缝或桶盖松动;袋装货缝口松散;有异味散出。

⑦承运人对托运人托运普通货物的内包装是否符合要求,不承担检查责任。

⑧对于收运的货物,解除其包装上任何易被涂改的标志。

由全国包装标准化技术委员会归口,交通部科学研究院等单位负责起草的《运输包装件尺寸与质量界限》、《包装单元货物尺寸》和《硬质直方体运输包装尺寸系列》三项国家标准于 2007 年 8 月通过起草组专家的认真研讨、仔细修改,形成了征求意见稿。同年 11 月份在北京召开了国家标准审查会。评审专家委员会由国家标准化管理委员会、全军包装工作办公室等 14 个单位的 15 名专家组成,交通部科学研究院的标准计量研究所的代表向与会专家汇报了起草标准原则、工作过程、主要内容、意见汇总处理结果等情况。与会专家一致通过对该三项标准的审查,并要求项目组根据专家们提出的修改建议,对标准送审稿进行修改、整理。

通过充分的调研,三项标准均考虑到现阶段我国运输工具、运输方式及包装件特点等实际情况,并参考相关国际标准作出了修改。

《运输包装件尺寸与质量界限》是对原 GB/T 16471—1996《运输包装件尺寸界限》和 GB/T 18923—2002《运输包装件质量界限》标准进行的修订。此标准通过对公路、铁路、水路、航空四大运输方式 100 多个单位的调查,根据货物装载技术数据,确定了我国运输包装件尺寸、质量界限。

《包装单元货物尺寸》是对原 GB/T 15233—1994《包装单元货物尺寸》标准进行的修订。标准根据国内外包装单元货物尺寸的形成过程,托盘平面尺寸及其标准,通过对国内外包装单元货物平面尺寸及最大偏差研究,确定了与我国实际情况相适应的公路与铁路单元货物技术指标。

《硬质直方体运输包装尺寸系列》是对原 GB/T 4892—1996《硬质直方体运输包装尺寸系列》标准进行的修订。该标准充分考虑了包装模数尺寸和平面尺寸,提高了我国繁杂混乱的运输包装尺寸对运输工具的适应性。

包装尺寸标准主要有:

GB/T 4892—1996《硬质直方体运输包装尺寸系列》;

GB/T 13201—1991*《圆柱体运输包装尺寸系列》;

GB/T 13757—1992《袋类运输包装尺寸系列》;

GB/T 15140—1994《航空货运集装单元技术要求》;

GB/T 15233—1994《包装单元货物尺寸》;

GB/T 16471—1996《运输包装件尺寸界限》。

11.3 物流包装管理法规

近年来,由于全球各地食品污染事件频频发生,许多地区为了保护消费者而制定了相应的法律规章,以此指导包装厂商和食品包装商安全地进行食品包装。然而,这些规章准则本身就会令人困惑不已,特别是在采用新方法时,例如蒸馏、热封装、液体包装和蒸汽杀菌等尤为明显。这些情况,使得生产商在查找"可适用的"法规时常常遇到麻烦。当他们评测当前的工作状况,或是对出口产品采用"适当的"方法进行包装时,往往找不到合适的法律规章。

11.3.1 国内包装法规

随着国际贸易往来日益增多,食品包装方面的出口也越来越多。一个很现实的问题就是要想出口,就必须满足对方要求,符合对方的标准。因此,无论是从国际接轨的角度考虑,还是从保障消费者的食用安全立场出发,为了更有效地保证食品包装安全质量,加快我国食品包装标准体系建设步伐,提高包装材料检测分析能力已是当务之急。

新法规的实施,将进一步提高食品包装质量,保证食品的安全卫生;备案管理,增强了食品包装和包装材料源头管理的可追溯性,可操作性更强了;按照符合国际标准的要求实施检验检疫,对相关企业的生产原料采购、生产过程控制、产品质量检验等都提出了更高的要求,对我国进出口食品整体水平的提高也是有好处的。

国家 2007 年 9 月 14 日《关于查处食品用塑料包装容器无生产许可证的公告》规定,2007 年第 123 号关于开展食品用塑料包装容器工具等制品生产许可证无证查处工作的公告:为保证食品用塑料包装容器工具等制品生产许可制度实施效果,维护企业和消费者合法权益,保障食品安全。

11.3.2 国外物流包装法规

包装产品,特别是食品包装,在全球范围内受到各类法规的约束。这些法规之间的差异,特别是美国的法规和欧盟的法规之间的区别,在于这两者基本政策的不同。而归根结底是因为他们法律制度的不同。因此,包装业内人士想要取得成功必须深入了解这些法规。由于食品包装法规内容复杂且技术性强,此处未能详述,只能简要介绍。

以下是各国食品包装的相关法规。在行业规范的标准下,可以从中得到些许启示和指导作用,为更好地规范包装树立风向标。

在美国食品、药品、化妆品法案第 201 款中,食品添加剂被下了以下的定义:任何可能或被认为可能直接或间接影响食品,成为食品成分或改变其特性的物质(包括在食品包装或储存中使用的物质)。被排除在这个定义之外的是那些人们不认为会成为食品成分的物质(不具流动性),"普遍认为安全的"和"先前核准"的物质。

根据法律规定,满足食品添加剂标准的物质必须在使用前被美国食品及药物管理局预先筛选,也就是该物质必须通过可用食品添加剂的官方规定,通过 threshold of regulation 法规和美国食品及药物管理局共同规定的部分,或者得到"食品接触通知"的认可。

其他免除于这项规定的物质包括:家用器皿、通过功能性阻隔物和食品分离的包装和用来生产合法聚合物的聚合装置。不流动性原则赋予商家决定他们的产品是否会成为食品成分,是否需要接受美国食品及药物管理局的预先筛选的权利。这使他们能够更快速、更高效、更安全地把产品推向市场,省去了美国食品及药物管理局和商家不必要的麻烦。

前两年开始流行的食品接触通知流程为美国食品及药物管理局的筛选工作提供了更充足的周转时间。根据规定,如果美国食品及药物管理局批准,该产品在提交申请的120 天后就可以上市了。和通常适用于那些可达到法规要求的企业的食品添加剂不同,食品接触通知适用于所有通告人和他们的顾客。

在欧盟关于食品包装的法规起始于国家标准,它的历史可追溯到组建欧盟时。而其法律效力最大的区别在于"指令"和"法规"。

指令必须在成员国范围内被实施。这可能需要很长的时间,有时包括许多新的改动和要求,因此会使整个欧盟范围内的实行复杂化。然而,法规只是在各个成员国内单独适用,无须以国家为范围实施。

在欧洲,最显著的规范食品添加剂的方法是出台"肯定列表"规定允许进口的材料作为上市食品接触性物质的基础。

涉及食品包装的法规于 2004 年 12 月 4 日开始生效。该法规适用于所有成型的,可能接触到食品的,或在正常或可预见的使用条件下,可能把自身组分转移到食品上去的物质。这也包括灵敏和智能化包装。

目前,欧盟正在致力于推广管理食品接触塑料物质的"最高法规"。该法规预计在2006 年完成,2007 年开始生效。另外,欧盟的另一项关于构建共同体范围内化学品法规体系的提议也将对加工业造成影响。高层已对该项提议的影响进行了评估,其中包括对供应链的影响。在当今这个崇尚进军国际市场、提升自身效率的时代,法规制度对于加工商和供应商而言,正变得越来越复杂。

11.4　包装质量管理

11.4.1　包装质量和检测

物流包装作为一种产品,会受各种因素的影响。产品在生产过程中都有可能产生缺陷,并产生不符合质量要求的产品。因此,为了保证物流包装的质量,与其他产品一样,在生产制造过程中,必须包括一个与生产制造同等重要的质量检验和质量管理过程。在包装产品中通过试验来检测包装质量。

中国《限制商品过度包装通则》通过审定,该规定对于中国出口企业的促进作用将是巨大的。目前,对于中国的出口企业来说,每年有20%的企业因为包装质量问题而影响到出口业绩。如何提高产品包装质量,满足国际包装需求,除了加强国内包装标准体系的建设外,还要防止发达国家实施双重标准。

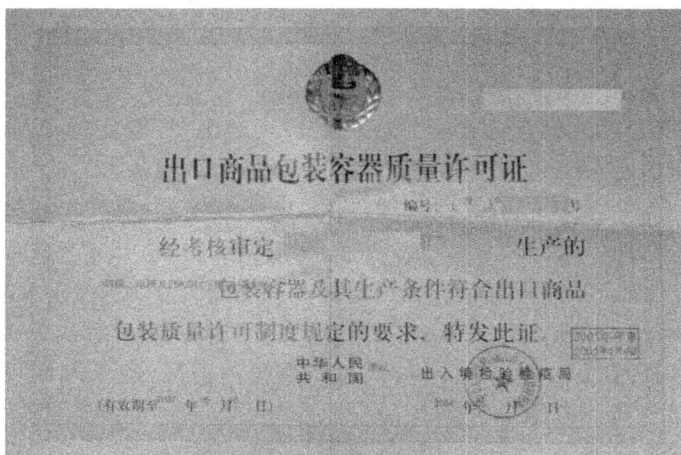

图11-1　出口商品包装容器质量许可证

为了提高物流包装质量,减少货物在流通过程中的损失,需要根据具体情况对包装件进行模拟环境试验。常有以下几种试验。

1. 物流包装耐压力试验

物流包装件在物流过程中需要堆码,无论储存堆放还是运输工具的装载堆放都必须具备一定的耐压强度。耐压力试验,既可以用静载荷,也可以用模拟运输对包装件进行试验。研究物流包装件在堆码中所受压时影响(变形、蠕变、压坏或暇裂)的单项试验,也可以测定包装件在流通系统中耐压能力的一系列试验。堆码试验是按运输或仓库储存状态将包装件试验样品放在水平平面上,在上面施加负载,使其经受类似于堆码的压力。压力机试验是将试验样品置于试验机的两个平行压板之间,然后均匀施加压力,直到负载压板位移到预定值或试验包装件破裂为止。

2. 物流包装件耐冲击试验

物流包装件的耐冲击试验主要模拟在流通过程中装卸搬运的跌落,运输工具的紧急制动、火车的连挂、运输搬运中方向改变所产生的冲击力,车辆遭岔所产生的冲击力,装卸作业中出现的翻滚、倾倒、跌落、撞击等。

3. 物流包装件耐振动试验

物流包装件在流通过程中,各种干扰力所引起的振动是危害包装件的主要因素之一。车辆运行及运输工具的发动机都能引起振动。当外力的振频与包装件的固有频率相一致时将引起共振,造成包装件的损坏。检验包装对包装物能否起到减振、缓冲作用的保护能力是通过缓冲材料传递到内装物上加速度 g_m,与外源振动(强制振动)的加速

度 g 来测定的。两者之比称为传递比 T_r，即 $T_r = g_m/g$。另外，对外施频率 f_0 和包装件的固定频率 f_n 来讲，传递比应符合下式的计算值：

$$T_r = \sqrt{\frac{1}{(1 - f_0^2/f_n^2)}}$$

4. 物流包装件耐水、耐低气压试验

模拟火车、汽车、轮船受到雨淋、水浸以及在低气压状态下物流包装的损坏情况，检验包装的质量。

（1）喷淋试验原理

将经过温湿度处理的包装试验样品放在试验场地上，在稳定的温度条件下，按预定的喷水量（或喷水速度）、预定的时间进行喷淋。喷淋时间在 5、15、60 分钟中选取，喷水量则稳定在 100 升/平方米·小时。

（2）浸水试验原理

将经过温湿度处理的试验包装件按预定的时间完全浸于水中，让水渗透或浸入包装件。然后从水中移出，并在规定的条件下晾干。浸水前和晾干时的温湿度条件应当一致。一般浸泡时间可在 5、15、30 分钟和 1、2、3 小时中选取；晾干时间可在 4、8、16、24、48、72 小时和 1、2、3 周中选取。

（3）低气压试验原理

将试验包装件置于试验箱（室）内，然后将该试验箱（室）关闭，并使其内空气压力降低至相当于 3500 米海拔高度的压力（约相当于 65 千帕），并且保持预定的时间，然后恢复正常。

5. 物流包装件运输试验

铁路和公路运输试验是模拟铁路和公路运输中的调车作业中，车辆连挂及驼峰溜放过程中的冲击对包装件的影响，用来考核和评价包装件在铁路运输中的抗破坏能力及包装对内装物的保护能力。这种试验一般适用于大型运输包装件。

（1）车辆连挂试验

将一个或多个试验包装件按铁路运输有关规定装载于铁路运输的货车上，静置于试验轨道上，然后以 3～5 辆的车组（或单辆货车）冲击装有试验包装件的试验车辆上，试验车可以为单辆货车，也可以为连挂有阻挡车的车组。车组冲击试验货车的速度从 3.0、5.0、6.5、8.0、9.5 千米/小时中选择，冲击速度的误差不超过预定冲击速度的 10%。

（2）驼峰溜放试验

将挂有装载试验包装件的车组经过驼峰进行溜放。当车组的溜放速度达到 20 千米/小时时，按铁路操作规定，利用铁鞋加以制动，冲击速度的误差不应超过 10%。生挂和溜放冲击次数，应近似于包装件在实际运输过程中预期可能遇到的列车连挂和驼峰溜放的次数。

（3）公路运输试验

在进行公路运输试验时，先将试验包装件装在载重汽车的中后部，装载量为汽车满载的 1/3。然后在三级公路中级路面上以 25～40 千米/小时的车速行驶，行驶路程应不少于 200 千米。按国家《公路工程技术标准》的规定，三级公路中级路面为碎石路面，不整齐的石块路面和粒料路面等。公路运输试验所花费人力、物力和时间较多,所以它的广泛应用受到一定的限制。

11.4.2 包装质量技术性贸易壁垒

以保证产品质量为由,制定一些强制性或非强制性的技术性规定,即技术性贸易壁垒(TBT),是一些国家采取的限制产品进口的最好手段。它具有形式上的合法性、内容上的广泛性、保护方式的隐蔽性等特征。在包装上主要体现在对包装和标签的要求,包装容器和包装材料不能对使用者或食用者的安全造成危害,不能对环境造成破坏。

目前,包装在欧盟、美国、日本等发达国家已实现了立法,立法内容包括可重复使用、可再生利用和含再生材料等包装标志的规定。重视环境保护,并将环保的规定延伸到进口包装的各个层面,要求商品包装及其内装物不许对人类健康和环境带来损害,已成为目前各国技术性贸易壁垒的手段之一。如日本政府颁布了包装材料回收法,该法规要求所有纸质和塑料包装材料必须加以正确标示和回收,同时还规定了回收标签的印刷格式。再如欧盟出口产品的包装纸箱规定不得使用铁钉钉箱,封箱要用黏合剂而不能用塑料胶带,以便于纸箱回收,减少对环境的污染。

标签是包装的一部分,应包括关于产品的全部相关信息。欧盟有关产品包装和标签的法规,有些是强制性的,需要认证和注册。有些是推荐性的,也有不作任何规定的。美国也有许多标签方面的条例,如美国食品与药品管理局颁布的《食品过敏标示准则》规定,食品加工企业必须在食品标签上用浅显、详尽的文字标明食品的成分。在药品方面,FDA 的法规对各种药物的认证包装、标示及检测试验的方法都逐一进行规定,就连非处方销售的药品和器械上的警告词句都有具体要求。

在美国,还有一个鲜明的特点就是执行标签标准的分散化。美国在要求进口食品除满足 HACCP、ISO9000 系列标准之外,美国联邦政府负责制定一些强制性的标准。而美国职业安全与健康管理局、消费者产品安全委员会、环境保护局、商业部、能源效力标准局等都各自颁布相应的法规。如美国有 20 多个州要求食品标注生产日期,但至今没有一个统一和广为接受的日期标注体系。而这些不确定性就更加重了我国出口商品市场准入的难度。

在许多国家,还有一些法规规定,如果进口商品使用的包装相对于被包装商品体积过大,或食品包装图案设计和内容不一致,则会被认作有欺诈倾向。如我国有一种营养品包装的盒子很大,其中只有四小盒营养品,却分装成两包,再用塑料袋、小纸盒、泡沫塑料,再在外面套上一个印制精美的大包装盒,商品体积不到包装物的 1/100,这种商品出口,必遭限制。此次在《限制商品过度包装通则》中,对这样的包装都作了强制性要求,如包装的空隙率限定在 10%～60%。

针对各国的禁令和法规,中国出口企业如何应对?专家建议,首先应加快我国技术标准体系的建立,积极采用国际标准,健全和完善认证制度,建立有效完善的国内 TBT体系,推进我国出口包装与国际化接轨。或采用变通战术,通过合资、对外投资、并购等手段,进行企业的跨国经营,利用外商的技术、生产标准、品牌和营销渠道,绕开技术壁垒。

其次,发挥驻外经商机构、经贸研究机构和信息交流机构的优势,定期收集、整理、发布国外技术性贸易壁垒的最新动态。这一点,我国已经做了很多工作。如由中国出口商品包装研究所承担的研究课题《出口商品技术指南——欧盟商品包装》、《欧盟食品接触材料安全法规实用指南》等书籍已经出版和发布,这对商品包装的顺利出口起到了实实在在的指导作用。

我国现有各类包装标准 1066 项。从这些标准的覆盖面来看,基本满足了包装及相关行业对标准的需求,形成了比较完整的标准化体系。但从标准的水平看,与发达国家相比,还存在着标准老化、可操作性差、相关标准不配套、不能完全适应市场需求等问题。从采标率来看,仅为 50% 左右,与一些行业相比还有相当的差距。在产品标准方面,由于缺乏查询检索手段,标准采写人员往往不了解国外标准,所以采标率相对较低。

总之,中国包装企业只有增强危机感与紧迫感,改善管理水平,提高产品质量,克服国际贸易中可能遇到的技术性贸易壁垒,才能最终提高企业在市场竞争中的有利地位。

11.5　第三方物流包装

第三方物流包装,即把产品的物流包装委托给专门的物流包装企业完成。这是当今世界物流包装的发展趋势之一,已成为产品生产企业的明智之举;有人说这是物流包装行业的一场革命。

从事第三方物流包装的企业,可以为产品生产企业提供经过优化的整体包装解决方案,英文有两种叫法,一是 Integrated Packaging Solution,简称 IPS;二是 Complete Packaging Solution,简称 CPS。这个概念发源于美国,流行于发达国家。随着国外大型生产企业进驻中国,也开始受到国内有远见的企业的青睐。

11.5.1　第三方物流包装的优势

第三方物流包装具有如下好处:

①第三方物流包装承担者的丰富知识与经验以及完善的包装加工与试验设备,有可能大幅度降低整体包装成本;

②第三方物流包装承担者优化的包装材料供应链,有可能降低包装材料的采购与管理成本,彻底杜绝采购贿赂;

③第三方物流包装承担者的包装生产条件,可以缩短产品包装设计、试验、打样与生产的周期,适应市场快速变化的需要;

④第三方物流包装承担者的仓储条件,可以保证包装制品可靠而及时地供应,节约生产企业包装制品的仓储成本;

⑤第三方物流包装承担者提供的专业化设计的完美包装,可以提升产品的品牌与环

保形象；

⑥第三方物流包装承担者熟悉国际包装法规,有利于企业的产品出口和攻破发达国家的绿色贸易壁垒；

⑦采取第三方物流包装,可以降低乃至取消企业现有的包装设计与开发成本；

⑧采取第三方物流包装,可以让产品生产企业把有限的财力、物力、人力集中在自身产品生产与开发的核心业务上,缩短和优化供应链。

与此同时,第三方物流包装承担者也将在为生产企业的全方位服务中得到提高,并从生产企业的成本节约中分享一定利润。

根据我国某些国外在华的先进企业的工作经历,看到他们由于实施了第三方物流包装,已经实现了零库存,物流包装成本大幅度降低,获得比他们在本土生产要高得多的效益。例如,最近美国某公司产品做的包装改进,提高了缓冲包装的性能,可以防止产品在流通过程中可能出现的破损,而且包装重量减少了 50 千克。这意味着物流成本的进一步降低。而包装外观的完美,也提高了该企业的品牌形象。再如,某大型德国企业也正在制订第三方物流包装的实施方案,以便在目前厂房和库房十分紧张而无法扩大生产的情况下,将物流包装委托给既有专业经验又有实力的物流包装企业,腾出现有的厂房和库房来专注于核心产品的生产,可以把目前大量从事物流包装的操作工人和管理人员转移到自身产品的生产和管理上,从而完成一次投入少而收效大的结构调整。

总而言之,实施第三方物流包装,使产品生产企业和物流包装企业都可以从中获得好处,是一种双赢的局面。

11.5.2　整体包装解决方案的实施

现代物流系统以信息技术为核心,集合了包括包装技术在内的多种技术。对于传统行业转轨变型、调整结构、优化流程、降低成本,发挥了重大作用,使企业风险进一步减少,服务水平得到提高。包装设计直接影响物流活动的生产率。没有合理而科学的包装实现零散商品的成组化和信息化,就没有现代物流系统。在制造企业和商业企业面临日益激烈的全球化竞争的新形势下,降低物流包装成本已经成为企业的第三利润来源。而实施整体包装解决方案是降低包装成本的有效手段。

整体包装解决方案包含十分丰富的内涵,需要考虑方方面面的问题。

产品生产企业一般缺乏有经验的物流包装方面的技术人员。对于产品在流通中受到冲击或振动时受到保护而不致被破坏的缓冲包装设计五步法,非包装专业人士知之甚少；也不知道如何确定企业产品特有的流通环境条件,或者不知道如何按照国家标准或国际标准选取产品的四大类环境条件。按不同的特性划分包括：①气象性环境条件,下分十种参数；②生化环境条件,下分三种参数；③机械(力学)性环境条件,下分六种参数；④电磁性环境条件,下分三种参数。此外,国内企业对产品的脆值概念很少了解,即使知道也缺乏相关条件以确定本企业各种产品的脆值。至于缓冲材料的选择和缓冲结构设计等大都模仿国外产品的包装,缺乏自主知识产权。包装试验更是缺乏条件。

关于包装箱的设计问题,非包装专业人士对防止堆码倒塌等的包装箱的科学设计不会计算；对防锈包装、防潮包装等新技术不知如何选择或设计；基本没有顾及物流包装系统的整体优化，不知如何下手解决降低物流包装成本的问题；不知道出口产品的包装应该如何符合进口国的包装法规等。

而所有这些困扰产品生产企业的诸多问题，最好的解决办法就是交给专业包装公司去解决，因为它们有完整的系列化产品。大型物流运输包装设计有各种选择。

企业在实施物流包装外包时，必须慎重选择专业的第三方物流包装公司。第一要看它有没有经验丰富的、能提供 IPS 或 CPS 服务的专业队伍；第二要看它有没有较强的经济实力，是否有充分的库存量绝对保证按时供应包装，不会造成延迟发货的风险；第三要看它有没有比较完整的物流和包装生产或操作条件，是否有快速反应机制；第四要看它有没有可靠的供应链；最终还需考核它的服务质量和信誉。整体包装解决方案如图 11-2 所示。

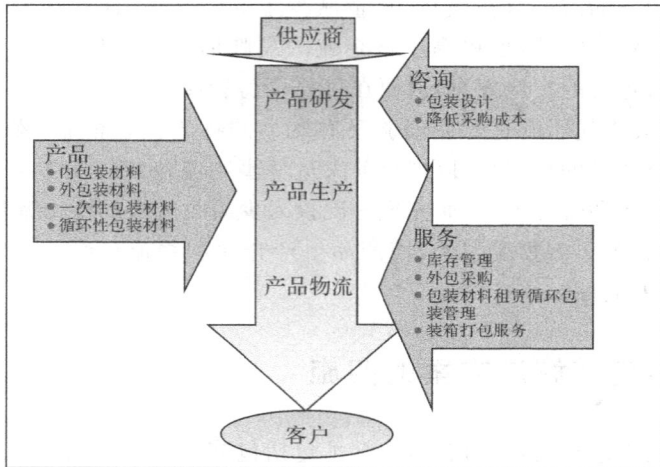

图 11-2　整体包装解决方案

总之，产品生产企业采用第三方物流包装企业提供的整体包装解决方案服务，有助于其大幅降低物流包装成本，优化和缩短企业的供应链而降低管理成本，实现生产企业的零库存，减少流通过程中产品的破损，提高托盘和货柜的利用率，使包装的外观更加完美，减少包装材料对环境的负担而实现绿色包装的承诺，规避国外对我方出口产品设置的绿色包装贸易壁垒。因此，有远见的产品生产企业已经把第三方物流包装视为一种发展战略，大力推行，并从中获益匪浅。

11.6　精益包装管理

精益包装管理是根据"精益管理"的基本思想，对整个包装链（或者说对包装全生命周期）的各项管理活动进行全面研究的一种理论和操作实务体系。主要是通过管理手段最大限度地降低整个包装链的浪费。

精益包装管理的思路借鉴了"丰田生产系统"的"精益生产"思想,即使用最少的资源(人力、原材料、设备)生产出顾客需要的产品,或提供给客户满意的服务。从另一角度而言,就是通过管理手段杜绝各种浪费。

精益包装管理认为,包装用户企业整个包装链中存在七种浪费。"精益包装管理"的目的就是尽力消除这七种浪费,让客户不再花费这些本来不应该花费,却在不知不觉中花费了的钱。这七种浪费分别是:

①过度包装浪费;

②对内装产品保护不足带来的残次品浪费;

③不必要的包装库存量浪费;

④不适当的包装作业过程浪费;

⑤运输过程中因包装材料选择、包装设计、包装组合不合理造成的非优化浪费;

⑥仓储过程因包装设计不合理带来的浪费;

⑦销售过程中因包装不合理带来的浪费。

这七种浪费耗费资源却没有产生价值。"精益包装管理"将包装视为包装用户企业的一种能力要素。"精益包装管理"系统中的供应链(信息化供应链管理平台)就是为包装用户适时、适量地供应适用的包装材料。客户什么时候需要包装,就什么时候提供;客户需要多少,就提供多少。使客户在包装上的每一分钱的投入都是有目的、有价值的,既避免了浪费,又提高了效率。

"精益包装管理"系统中的知识链实现包装管理知识共享,将不同领域包装设计、管理知识转化成"模式语言"。任何CPS(整体包装解决方案)用户都可以通过接受咨询、接受培训、使用网络共享知识平台等共享知识,自己不再"重新发明轮子"。

"精益包装管理"系统将众多包装管理环节的最优解决方案转化为管理软件,任何CPS用户都可以享受先进工具的效用。

11.6.1　精益包装管理的意义

精益包装管理贯穿于包装用户企业的生产、分销、物流、服务各个环节,可以成为完善企业管理的一个"抓手"。如精益包装管理通过采用专门的包装审查工具对包装用户企业进行全面的包装审查,能够发现从生产到物流的成本控制点。精益包装管理提供的成本控制技术与工具实际上会涉及企业各项成本的控制,极大地提升企业的成本控制水平。

精益包装管理特别强调"综合成本"的概念,认为"包装的成本≠用包装的成本"。通常,包装用户注意到的仅仅是"包装的成本",它包括包装物生产的材料成本(如纸张的成本)、制造成本和包装厂的利润;而"用包装的成本"还要包括运输费用浪费、作业过程人工的浪费、内装物损耗、商品进入市场的时间成本、品牌损失、税收等等,人们往往忽略了这些隐形成本。事实上,这些成本所占的比例更大,也有更多的压缩空间。同时,这种综合成本的观念,还开辟了"成本设计"的广阔天地。

11.6.2 精益包装管理的理论与实务框架

1.精益包装管理理论研究的使命

理论是至关重要的,能够把直觉转变为更深刻的认识。好运偶尔会带来洞见,但并非时时光顾。如果没有理论,往往会误入歧途;有了理论,就能够把本质与迷人的外表和偶然的特性区分开来。理论为其提供了前进的路标,开始明白要观察些什么以及怎样做。(约翰·H.霍兰,1995)《精益包装管理》理论体系建设有四个目的:

①提供包装管理规划的基本分析工具,可以让管理者从复杂的包装事件中发现基本的事理;

②提供一个概念性框架;

③使管理者熟悉较有效的思维模式;

④创造包装管理服务企业与包装用户企业的管理者相互交流包装管理问题的"共同语言"。

11.6.3 精益包装管理的理论模型

精益包装管理实务体系的表达方式——模式语言。大多数管理理论从"理论"转到"实际应用"时,会失去了它们的作用。因为大量有用的信息被丢到一旁而未加利用,这的确是件可悲的事情。由于这些有意义的理论很少能够转变为可实际操作的模式,所以它们不会被复制和采用。现在是指出一个模式和理论之间的区别的时候了,理论是要试图解释或说明为什么事情会这样发生。理论研究问题的根本及它们存在的意义不是为了让某种情况再次发生。另一方面,模式是根据某个已经发生的事件的运行方式所总结出来的、可以学习和反复重现的过程。举例来说,当思考亨利·福特大规模生产汽车的动机,就需要理论。然而,如果你记录下大规模生产汽车所需要的程序与过程,那就是个模式。

"模式语言"是美国建筑学家亚历山大提出来的建筑和城市设计概念。模式语言概念下的模式"描述了某种环境中反复出现的问题以及该问题的求解方案,它可以被反复地使用而不必从头做起"。也就是说,一个标准的模式包括三个主要成分:①问题的特定场景;②问题本身;③问题的解决方案。通常,一个模式还包括对经验证据(案例)的描述,也可以包含对原理、机理的说明,以及尚待实验证明的疑点,应用中的注意事项等等。在每一个领域中,都有几代人积累下来的解决各种问题的经验,这些成熟的思路一旦被识别出来并按照特定格式撰写为模式,则可以指导同类问题的解决而被反复使用。在企业组织中,当这些模式被有机组合成适用于特定领域的模式系统的时候,便形成了亚历山大所说的"模式语言"。如果该语言在应用领域中被充分共享,并且成为解决特定问题的可积累知识库的一部分,则模式语言的建立对一个组织的能力提升具有巨大作用。"精益包装管理"不仅是一种理论,同时还通过对包装管理研究成果、经验等集成研究,梳理为《包装管理模式语言》,就像亚历山大的《建筑模式语言》一样,给予包装管理的实践者以有力的支持,实实在在地提升包装管理实践者的能力。

同时,包装管理模式语言还是在共享过程中不断开发、不断补充、不断修正、不断完善的动态体系,还可能成为中国企业提升管理水平的重要方式。

亚历山大已经证明了"模式语言"的威力,也为我们准备了一整套操作方法。我们循此道路,会探索出一种通过各种专业化的管理模式语言共享提升中国"草根"企业管理水平的成功模式。管理模式语言的"创新→共享→创新",对于提升中国企业特别是中小企业的管理水平,将具有划时代的伟大意义。

11.6.4 精益包装管理应用实践

在市场竞争越来越激烈的今天,企业税收成本的高低可能直接关系到企业的发展。税收是企业的隐形成本,往往被忽视。从精益管理的角度看,税收是一个重要的利润源泉,许多企业都强调税收筹划的重要性。利用包装物及包装方式来节约税收成本是企业税收筹划的一个重要策略。

1. 包装物的税收筹划

企业在实际生产经营过程中,对于包装物可以采取三种处理方式:一是包装物作价随同消费品出售;二是收取包装物押金;三是收取包装物租金。对于三种处理方法的征税情况有所不同。

①实行从价定率办法计算应纳税额的,应税消费品连同包装物销售的,无论包装物是否单独计价,也不论会计如何处理,均应并入销售额中计算消费税额。

②收取包装物押金,收取的押金不并入销售额计税。税法规定,纳税人为销售货物而出租出借收取的押金,单独计账核算的,不并入销售额征税。但对因逾期未收回包装物不再退还的押金,应按所包装货物的适用税率计算应纳税额。"逾期"一般以 1 年为限,在将包装物押金并入销售额征税时,需要先将该押金换算为不含税价,再并入销售额征税。

③收取包装物租金,包装物租金属于价外费用。所谓"价外费用"是指价外向购买方收取的手续费、补贴、基金、集资费、返还利润、违约金、延期付款利息、包装费、包装物租金、储备费、优质费、运输装卸费、代收款项、代垫款项及其他各种性质的价外费用。但是不包括同时符合下面条件的代垫运费:一是承运者的运费发票开具给购货方的;二是纳税人将该项发票转交给购货方的。根据税法规定,凡随同销售应税消费品由购买方收取的价外费用,无论其会计制度如何核算,均应并入销售额计算应纳税额。值得注意的是,对增值税一般纳税人向购买方收取的价外费用,应视为含增值税收入,在征税时应换算为不含税收入再并入销售额。根据上述规定可以看出,包装物押金不并入销售额计算消费税额。因此采用收取押金的方式有利于节税。

[例 11.1] 某企业销售轮胎 500 个,单价为 2000 元,其中包含包装物价值 200 元,该月销售额为 2000×500＝1000000(元),汽车轮胎的消费税税率为 10%。因此该月应纳消费税税额为 100 万元×10%＝10 万元。该企业领导认为税收成本过高,因此要求财务人员采取措施,减少企业的应纳税额。

分析根据该企业的情况,财务人员可以在包装物上下工夫,寻求节税的途径。如果采取收取包装物押金的方式,这样可以降低轮胎售价,每个售价 1800 元。此时该企业应纳消费税为:

$$500×1800×10\%＝9(万元)$$

可以节约税收成本 1 万元。

综合考虑,采取收取包装物可以给企业带来三方面的好处:一是可以促使购货方及早退回包装物以便周转使用,从而在一定程度上节约了生产包装物的人力、物力,降低了产品成本。二是在产品的售价中可以扣除原来包装物的价值,从而降低了产品的售价,有利于增强产品的竞争力。三是可以节约税收成本。综上所述,企业不能忽视对包装物的税收筹划。

2.包装方式的税收筹划

如今节假日一到,厂家为了促销,将其产品进行组合包装成礼品装。其实,在包装这一环节上,也存在着税收筹划。如果能充分理解到这一点,也会给厂家带来不小的收益。税法规定,纳税人将应税消费品与非应税消费品,以及适用税率不同的应税消费品组成成套消费品销售的,应根据销售额按应税消费品的最高税率纳税。习惯上,一般企业销售产品,都采取"先包装后销售"的方式进行。根据以上规定如果改成"先销售后包装"方式,不仅可以大大降低消费税税负,而且可以使增值税税负保持不变。

[例 11.2] 某日用化妆品厂,将生产的化妆品、护肤护发品、小工艺品等组成成套消费品销售。每套消费品由下列产品组成:化妆品包括一瓶香水 30 元、一瓶指甲油 10 元、一支口红 15 元;护肤护发品包括两瓶浴液 25 元、一瓶摩丝 8 元、化妆工具及小工艺品 10 元、塑料包装盒 5 元。化妆品的消费税税率为 30%,护肤护发品的消费税税率为 8%,上述价格均不含税。

按照习惯做法,将产品包装后再销售给商家。应纳消费税为:

$$(30＋10＋15＋25＋8＋10＋5)×30\%＝30.90(元)$$

将上述商品先分别销售给商家,再由商家包装后对外销售(实际操作中,只是换了个包装地点,并将产品分别开具发票,财务上分别核算销售收入即可),应纳消费税为:

$$(30＋10＋15)×30\%＋(25＋8)×8\%＝16.50＋2.64＝19.14(元)$$

每套化妆品节省税额为 11.76 元(30.90－19.14)。

[例 11.3] 某酒业有限公司生产各类品种的酒,以适应不同消费者的需求。春节临近,大部分消费者都以酒作为馈赠亲友的礼品。针对这种市场情况,公司于 2 月初推出了"组合装礼品酒"的促销活动,将粮食白酒、薯类白酒和果木酒各 1 瓶组成价值 50 元的成套礼品酒进行销售。这三种酒的出厂价分别为:20 元/瓶、16 元/瓶、14 元/瓶。假设三种酒每瓶均为 1 斤装,该月共销售 1 万套礼品酒。试分别用"先包装后销售"和"先销售后包装"两种方式来分析该公司的税收成本。

成本分析:

(1)若采用"先包装后销售"的方式销售

由于该公司生产销售不同消费税税率的产品,这三种酒的税率(税额)分别为:

粮食白酒:每斤 0.50 元＋出厂价×25%;

薯类白酒：每斤 0.50 元＋出厂价×15％；

果木酒按销售额×10％来计算消费税。

因此，属于"兼营"行为。同时，该公司将这些适用不同税率的应税消费品组成成套消费品销售，不能分别核算销售额。因此，应按粮食白酒的消费税计算方法计税。

其应纳消费税税额为：

$$10000×(0.50×3＋50×25％)＝14(万元)。$$

(2)若采用"先销售后包装"的方式销售

不将各种类型的酒组成成套的礼品酒且分别核算销售额，则只需将各种类型的酒按各自消费税的计算方法。计算出各类酒应纳消费税税额。再将各类酒应纳消费税税额汇总相加，得到公司总共应纳的消费税税额。在这种情况下，2月份该公司应纳消费税税额为：

$$10000×(0.50＋20×25％)＋10000×(0.50＋16×15％)＋14×10000×10％$$
$$＝55000＋29000＋14000＝98000(元)。$$

由此可见，"先销售后包装"比"先包装后销售"节约税款 4.2 万元。

在此案例中，该公司可以在销售柜台设置礼品盒，将消费者购买的不同种类的酒临时组合成礼品酒，公司依照分别核算不同种类酒的销售额和销售数量。这样，既销售了"组合装礼品酒"，又达到了节税的目的。因此，企业在扩大销量追求销售额的同时，还应注意选择恰当的包装方式。这样，才可以使税收成本降低，从而获得更大的收益。

11.7 物流包装设备管理

物流包装所使用的机器设备，大致分为工艺设备、动力设备、传导设备、装卸搬运设备及仪器仪表设备等。物流包装设备管理强调的是从设备采购开始进入生产领域、直到报废退出生产领域而作为废弃物处理为止的全过程管理。管理的主要内容如下所述：

①按技术先进，经济合理的原则正确选购设备；

②合理使用，保证机器设备始终处于最佳的技术状态；

③重视设备的挖潜、革新、改造及更新换代，提高设备的现代化；

④及时地做好设备的维护及保养，使设备始终处在最佳工作状态，减少故障；

⑤做好设备的资产管理。

11.7.1 物流包装设备的采购与使用

物流包装设备寿命的长短、工作效率的高低及精度质量如何，除决定设备自身结构及各种参数之外，还决定企业产品生产的特点和工艺过程。因此，在设备采购时合理选择及配备各种设备，能够更好地发挥设备的工作效率并取得较好的经济效益。为了选择适宜的设备，在设备采购前，必须综合分析，才能选购到技术先进，经济合理的最优设备。

特别是引进国外的技术设备,更应注重技术先进与经济合理的统一。

设备的寿命长短、效率高低、精度等级同设备的正确、合理使用有着密不可分的关系。正确、合理使用设备,是指按操作规程的要求使用设备,尽量减少设备的磨损和疲劳,延长设备的使用寿命,保持设备应有的精度,充分发挥其效能。

确定设备的经济寿命,就是研究设备的最佳更新期和最佳折旧年限。它是研究设备的采购、维修、改造、更新、折旧、报废等问题的重要依据。设备的经济寿命通常用两种时间来表示,一种是以年平均使用费用最低的使用年限,另一种是以获得最大总收益的使用年限。因此,确定设备的经济寿命的主要方法有最大总收益法、最小年均费用法和劣化数值法。

1. 最大总收益法

设备一生的总产出(总输出)与设备寿命周期费用(总输入)之差即为总收益。总收益最大的年限即为设备经济寿命。设备寿命周期费用是设备一生的总费用,即从设备的采购、安装、运行到维修、改装、更新(报废)的整个过程所发生的总费用。

一般情况下设备寿命周期费用可按下式估算:

$$Y_1 = K_0 + C_T T$$

式中:Y_1——设备寿命周期费用估算值;

K_0——设备原始价值;

C_T——设备第 T 年使用费;

T——设备使用年限。

设备年使用费并不是常数,而是随使用年限的增长而逐渐增加。为简单起见,设其呈线性增加,则:

$$C_T = C_1 + (T-1)\lambda$$

式中:C_1——使用费初始值,即第一年使用费。

λ——每年使用费增加额。

将 C_T 代入 Y_1 中,解有:

$$Y_1 = \lambda T^2 + (C_1 - \lambda)T + K_0$$

另外,设备一生的总产出(总输出)是设备在一定的利用率下创造出的总价值,可用下式计算:

$$Y_2 = (AE)T$$

式中:Y_2——设备一生的总产出;

A——设备利用率;

E——最大产出量(即 $A=1$ 时的产出)。

$$Y = Y_2 - Y_1 = -\lambda T^2 + (AE - C_1 + \lambda)T - K_0$$

要使 Y 最大,则有 $\dfrac{\mathrm{d}Y}{\mathrm{d}T} = 0$,这样就可求出设备的经济寿命为:

$$T_0 = \frac{AE - C_1 + \lambda}{2\lambda}$$

2. 最小年均费用法

设备的年度费用是由年度使用费用和年折旧费用所构成。设设备的原始价值为 K_0

使用年限为 T 年，T 年末的设备残值为 V_L，该设备的年均使用费用 C_T 和年折旧费用 B_T 分别为：

$$C_T = \frac{\sum_{i=1}^{t} C_i}{T}$$

$$B_T = \frac{K_0 - V_L}{T}$$

所以，设备年均费用 C 为：

$$C = \frac{K_0 - V_L}{T} + \frac{\sum_{i=1}^{t} C_i}{T}。$$

一般而言，设备的残值随使用年限增大而减小，所以设备的年折旧费是随使用年份的增大而减小。设备的年度使用费用是随使用年份的增大而增大，所以在设备的不同使用年限中，可以找到一个设备的年均费用 C 最小的使用年份，即设备的经济寿命。

3. 劣化数值法

设备随着使用年限的增长，使用费用每年以一定的速度递增。这种使用费用的增加称为设备的劣化。假设每年使用费用呈线性增加，其增加量（劣化值）为 λ。设备使用 T 年，第一年使用费用为 C_1，则第了年的设备使用费 C_T 为：

$$C_T = C_1 + (T-1)\lambda$$

那么，在 T 年内设备使用费用的平均值 $\bar{C}_T$ 为：

$$\bar{C}_T = C_1 + \frac{T-1}{2}\lambda$$

设备的年总费用中，除使用费外，还有年折旧费 B_T。设设备的原始价值为 K_0，设备 T 年末的残值为 V_L，则：

$$B_T = \frac{K_0 - V_L}{T}$$

所以，设备的年均总费用 C 为：

$$C = \bar{C}_T + B_T = C_1 + \frac{T-1}{2}\lambda + \frac{K_0 - V_L}{T}$$

欲使 C 最小，有 $\frac{\mathrm{d}C}{\mathrm{d}T} = 0$，则设备的经济寿命 T_0 为：

$$T_0 = \sqrt{\frac{2K_0 - V_L}{\lambda}}$$

［例11.4］ 某包装设备以 5000 元购入，预计残值为 1000 元，第一年使用费用为 800 元，每年使用费用劣化值为 200 元。问该设备的经济寿命为几年？

$$T_0 = \sqrt{\frac{2K_0 - V_L}{\lambda}} = \sqrt{\frac{25000 - 1000}{200}} = 6（年）。$$

应当指出的是，以上确定设备经济寿命的方法中，均未考虑费用的时间价值（比如利息）。而在实际运算中，是应该考虑费用的时间价值的。这时，应用现值系数 $(P/F,i,n)$ 把各年发生的设备使用费折算成现值，用投资回收系数 $(A/P,i,n)$ 把各年累计现值折算成平均等支出额即可。

11.7.2　物流包装设备的维修、维护与保养

1.物流包装设备的故障发生规律"浴盆曲线"

设备的故障规律,是指设备在寿命周期内故障发生变化的规律。设备故障的特性曲线称为设备故障的"浴盆曲线"(Bathtub Curve,失效率曲线)。实践证明,大多数设备的故障率是时间的函数,曲线的形状呈两头高、中间低,具有明显的阶段性。由于设备各磨损阶段磨损速度不同,设备故障率也不同,设备故障的变化可分为三个阶段:早期故障期、偶然故障期和严重故障期。

"浴盆曲线"是指产品从投入到报废为止的整个寿命周期内,其可靠性的变化呈现一定的规律。如果取产品的失效率作为产品的可靠性特征值,它是以使用时间为横坐标,以失效率为纵坐标的一条曲线。因该曲线两头高、中间低,有些像浴盆,所以称为"浴盆曲线",如图 11-3 所示。

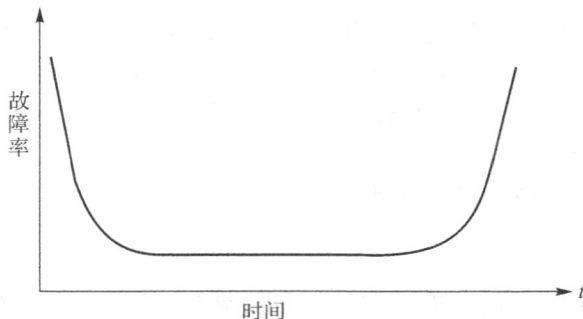

图 11-3　物流包装设备故障的浴盆曲线

从图 11-3 可以看出,失效率随使用时间的变化分为三个阶段:早期失效期、偶然失效期和耗损失效期。

第一阶段是早期失效期(Infant Mortality),初期磨损阶段。在这一阶段中,设备的表面特别是接触摩擦部分受轻微的磨损,使表面形状和粗糙度发生变化,但时间短。表明产品在开始使用时,失效率很高,但随着产品工作时间的增加,失效率迅速降低。这一阶段失效的原因大多是由于设计、原材料和制造过程中的缺陷造成的。为了缩短这一阶段的时间,产品应在投入运行前进行试运转,以便及早发现、修正和排除故障;或通过试验进行筛选,剔除不合格品。

第二阶段是偶然失效期,也称随机失效期(Random Failures),正常磨损阶段。在这一阶段中,设备磨损量增加较为缓慢、均匀,设备处于最佳技术状态,生产的产品质量也较稳定。这一阶段的特点是失效率较低,且较稳定,往往可近似看做常数。产品可靠性指标所描述的就是这个时期。这一时期是产品的良好使用阶段,偶然失效主要原因是质量缺陷、材料弱点、环境和使用不当等因素引起。

第三阶段是急剧磨损阶段,耗损失效期(Wearout)。在这一阶段,零部件磨损达到一

定的限度,有些零部件的疲劳强度已达到极限,设备的性能和精度迅速降低,如不及时修理,就会发生事故。该阶段的失效率随时间的延长而急速增加,主要由磨损、疲劳、老化和耗损等原因造成。因此在设备进入这个阶段以前,应该进行修理。根据设备磨损的规律可以看出,设备磨损到一定程度就会降低设备的使用性能。如果能做到合理使用,精心维修、维护和保养,则可以延长设备正常磨损阶段的期限。设备的主体和各个零部件的磨损发展速度不一样,掌握不同零件的磨损发展规律,使零部件在达到合理磨损极限之前进行修复或更换。可以通过试验和统计分析等方法计算出设备易磨损零部件的正常使用期限,有计划地对零部件进行检修和更换。

2.设备的磨损规律

设备在日常的使用或闲置过程中,都会发生磨损。设备的磨损分有形磨损和无形磨损两种。

(1)有形磨损

有形磨损也称物质磨损,是指设备实物形态的磨损。设备的物质磨损可分为两种磨损:一种是使用磨损,这是在设备的使用、运转过程中,由于零部件之间发生摩擦所造成的磨损;另一种是自然磨损,这是在设备闲置过程中,由于自然力的作用所造成的磨损,如锈蚀、腐蚀等。在设备的整个寿命周期内,随着使用时间的推移,设备磨损速度和程度是不均匀的。

(2)无形磨损

设备的无形磨损也称精神磨损,一般是指同类新设备生产出来以后,引起原有设备的贬值。无形磨损也有两种情况:一是由新设备生产成本降低,价格便宜,使原有的同类设备发生贬值。这种情况并不影响原有设备的使用。二是由于新设备效率更高,性能更好,能源消耗更少;使原有设备的经济效能相对降低而发生的贬值。这种情况则使原有设备在技术上落后、经济上不合算,因而引起原有设备的更新和技术改造。

3.设备的维护与保养

设备的维护与保养是设备管理的一项经常性工作。其目的是保证设备正常运行,延长使用寿命;其主要任务是清洁润滑、紧固、调整、防腐、整齐、安全。

设备的维护与保养按工作量大小,难易程度,可分为以下几种类别:

①例行保养(日常保养)。保养范围大多数在设备的外部,如清洗、润滑等,由操作工人承担。

②一级保养。保养范围由设备外部进入设备内部,如清洗规定部位和局部拆卸。应在专职检修工人指导下,由操作工人承担。

③二级保养。保养范围主要在设备内部,如进行部分解体检查和修理。由专职检修工人承担,操作工人协助。

应当指出,上述三级保养制的划分和具体作业内容,在不同企业和针对不同设备是不同的,可把设备划分为几个类别。根据维护保养工作量的大小、难易程度、划分保养类别,规定其相应的作业内容。

4.设备的检查

设备的检查是对机器设备的运行情况、工作精度、磨损程度进行检查和校验。检查是设备维修管理中的一个重要环节。通过检查可以及时发现设备的故障和劣化现象,以便采取相应措施、避免发生突发事故而影响生产和增加维修费用。它是编制维修计划的重要根据。

设备的检查,按时间间隔可分为每日检查和定期检查。每日检查,由操作工人执行,并同日常的维护工作相结合。定期检查,是按照计划日程表,在操作工人参加下,由专职检修人员定期执行。

按检查的性能加以区分,还可分为机能检查和精度检查。机能检查是指对设备的各种机能进行检查与测定。精度检查是指对设备的加工精度进行检查与测定。在检查的基础上发展起来的设备状态监测与故障诊断技术,是设备维修和管理方面的新兴工程技术,具有以下特点:①采用大量的先进仪器,使检查工作由感观发展到电子仪器显示,从停机检查发展到设备运行中的检查;②检测的目的由检查劳损、故障发展到预测设备的自然寿命;③检测手段具有系统性,包括从设备分类、检测技术、信息处理、识别、预测技术直到处理措施的全过程。

5.设备的修理

设备的修理是指修复由于正常的或更换已经磨损、腐蚀的零部件,使设备的效能得到恢复。因此,设备的修理的实质是对设备有形磨损的有效补偿。在生产实际中,设备的修理是必需的,特别是设备到晚期,修理工作就更加重要。

(1)设备修理类别

设备的修理类别,在不同的企业、不同的设备,其修理类别的划分也不尽相同,一般划分为小修、中修、大修。

①小修是对设备进行局部的修理,工作量较小,它不全部拆卸设备,只需更换部分磨损较快的零件,局部调整设备机构,以保证设备能够使用到下一次修理时间。

②中修要更换和修复设备的主要零件和较多的易损零件。其内容除了小修的内容外,还要检查整个设备的机械系统,坚固所有机件,校正设备的基准和换油等,以保证设备恢复和达到应有的技术状态。

③大修是对设备进行全部解体的一种恢复性修理。其目的是全面恢复设备的精度和生产效率。

(2)设备修理的方法

根据确定修理日期的方法分为标准修理法、定期修理法和检查修理法。标准修理法是根据设备零件的使用寿命,在修理计划中明确规定修理日期、内容和工作量。定期修理法是根据设备的实际使用情况和磨损资料,大体规定出修理工作的日期、内容和工作量。检查修理法是根据设备零件的磨损资料,只规定检查次数和时间,具体的修理日期、内容和工作量都根据检查结果确定。

根据修理的组织方法不同,设备修理的方法可分为部件修理法、分部修理法、项目修理法和同步修理法。部件修理法是将需要修理的设备部件拆下来,换上事先准备好的备用件。分部修理法是把整个设备分成几个独立的部分,依顺序进行修理,每次只修理某一部分。项目修理法是指为了提高整个项目的性能,对影响该项目的一系列零部件进行调整、修理和更换。同步修理法是将工艺上相互紧密联系而又需要修理的数台设备,在同一时间安排修理,以减少分散修理的停歇时间。

案例分析

让景德镇陶瓷进军世界的包装大师——赵水涛

他从一名陶瓷稻草包装学徒工成长为一名专业从事包装设计和管理的大师,为推动景德镇陶瓷包装的改进,促进景德镇陶瓷经济的发展以及维护景德镇陶瓷声誉作出了重大贡献,被业内人士及媒体誉为景德镇陶瓷包装改进的领军人物。历年来,他设计的近百件包装及装潢作品在国际及国内各级评比中获金、银、铜奖;在各种媒体发表专业论文数十篇,中央电视台,省、市电视台,各级新闻报刊多次报道他的专业业绩。四十余幅作品在《中国包装报》、《中国包装》、《中国设计年鉴》、《包装世界》、《上海包装》、《2005中国之星获奖集》、《江南都市报》、《景德镇日报》、《瓷都晚报》等众多报刊发表。

作为景德镇陶瓷包装改进的第一代奠基人和开拓者,为了彻底改变千百年来陶瓷包装落后面貌,他坚定信念,锲而不舍地奋斗了33年。在他的苦苦追求和不懈努力下,人们的观念发生了可喜的变化,陶瓷包装得到较大改进并以全新面貌出现在世人面前。他就是春涛包装公司的老总赵水涛。

尽管已经升格为春涛包装公司的老总,也是颇为著名的包装设计师,但仍然是普通陶瓷工人的装束。在他的一生中就做一件事,那就是33年如一日,推动景德镇陶瓷包装的改进。从一个16岁为生计进入陶瓷稻草包装行业的工人,到现在陶瓷包装设计的翘楚,在30年的时间里,赵水涛究竟有着怎样的经历和人生感悟?他的命运和景德镇的陶瓷包装设计又是怎样联结在一起的?

最初选择进入陶瓷包装行业时,赵水涛才16岁。与同龄人相比,他是幸运的,但是这种幸运并不能减少这个行业的辛苦。赵水涛说:"稻草包装是全手工的体力活,又苦、又累、又脏,仅次于烧窑工人。"那个时候,稻草包装工人要扎篓,一到冬天,赵水涛的手上就裂出一道道口子。

在做了4年的稻草包装工人后,赵水涛终于等来了机会,景德镇工艺美术瓷厂招收陶瓷绘画学徒工。1977年,他正式进入瓷厂,学习陶瓷绘画。

赵水涛又在瓷厂做了7年的陶瓷绘画工作,其中有3年又是学徒工。从正式工人转变到学徒工,他的内心并没有巨大落差,他只是感觉,自己的命运终于有了转机。在瓷厂里,赵水涛专攻陶瓷粉彩人物绘画。他的美术知识逐渐增加,陶瓷绘画作品还曾经得奖。但是就在成功转型后,他却发现出口的精美陶瓷包装非常简单,都是普通的盒子包装。精美的陶瓷,外包装却极其普通,赵水涛觉得太可惜了。

1978年,赵水涛到上海时得知一个消息,景德镇陶瓷出口国外的时候,在外国口岸上要更换包装,更换包装之后的价格相差近10倍。看着原本可以由景德镇人自己赚的钱,凭空被他人赚走,赵水涛开始思量:"如果我们用好的包装,直接出口,不是可以多赚3美元、5美元吗?"出差回来后,赵水涛从一些陶瓷包装设计的书籍中看到,上面有很多设计精美的陶瓷包装。他开始反思,景德镇陶瓷虽然处在领先地位,但陶瓷包装显然已经落后了。据赵水涛介绍,1984年,全国第一次进行陶瓷包装大检查。他说:"当时因包装不善,全国造成的损失有 100 多亿元。因为厂家缺乏技术,景德镇的陶瓷包装更加落后,这跟产品的销售、定位也有关系,也和景德镇几千年来的草鞋码头有关。"

80 年代初期,社会和政府都开始关注包装。中国包装协会、江西省包装协会和景德镇包装协会先后成立,赵水涛这次又看到革新的曙光。就在 1984 年,陶瓷包装全面检查之后,景德镇纸箱厂开始招聘专业包装设计人员。当时招聘的要求是应聘人员要熟悉陶瓷包装,也要有美术功底,赵水涛成了不二人选,他顺理成章地进了纸箱厂,成为一名陶瓷包装设计人员。

一切好像又回到了最初的起点,但是回到起点后的赵水涛已经不是最初的赵水涛,他已经有能力独当一面。刚进纸箱厂的时候,他就积极参与了"以纸代草"的陶瓷包装改进工作。

在改革取得成功的时候,赵水涛参加了第三届华东地区包装设计大奖赛。因为没有成品,他是带着包装设计的样品去参赛的,但是这些样品却夺回三个奖杯。赵水涛说:"厂里破产的时候,我在地上捡到其中一个已经破裂的奖杯,我至今还保存着。因为这是一段历史的见证。"

夺得大奖的时候,赵水涛已经 28 岁。同年,他获得到上海进修的机会。赵水涛说,当时他对陶瓷包装设计还不算太专业,他觉得要改进陶瓷包装,还有很多实践操作和理论知识要学习。在上海学习一年后,他又考上了中央美术学院。

两年的学习之后,赵水涛带着信心、知识和抱负回到景德镇,但是他发现:"景德镇人对包装的需求并不旺盛。想干大事业的时候,却没有碰到好机会。"

赵水涛显然很有耐性。虽然回到景德镇后受到冷遇,但他从来没有停止过追求。1990 年的时候,赵水涛借第一届陶瓷节的机会,把他抱负中的陶瓷彩印包装推销出去了。

他免费为各大瓷厂的陶瓷设计彩印包装。赵水涛说:"白天要跑业务,晚上连夜设计。把包装设计的理念彻底改变了。人民瓷厂 54 头的餐具原价是 86 元一套,改进包装后可以卖到 125 元。"

在彩印包装渐渐被景德镇人接纳后,赵水涛又发现,电脑设计出现在陶瓷包装设计中。他说:"我永远都有信心,也永远都在寻找差距。这一次,我们又落后了,当时景德镇还没有电脑。"

事业好不容易稳定下来,赵水涛又产生了继续学习的想法。1993 年,他毅然辞去公职直奔深圳。与当时很多人下海淘金的想法不同,赵水涛只想学会电脑设计。

赵水涛在深圳一呆就是 6 年。6 年的时间里,他从月薪 1000 元打拼到月薪过万,他从普通职工做到公司副总,他真正感觉到什么叫"人尽其才"。但是景德镇情结总在他心里作祟,他无法忘记 17 岁时的诺言——要改变景德镇的陶瓷包装。

2000 年,赵水涛带着多年积累的设计知识和管理经验,在景德镇,创办了全国第一家民营包装设计研究所,重点放在陶瓷包装研究上。

因为有过不被人接纳的经历,在发现景德镇陶瓷包装依然在原地踏步的时候,赵水涛选择从茶叶包装开始。他说:"就像是打仗,我采取农村包围城市的策略。"他找到德宇集团的刘浩元,提出为"德雨活茶"做品牌包装。当时"德雨活茶"是人民大会堂特供茶,赵水涛把这种茶叶的包装设计为红色调为主,体现高贵、传统和生态等特点。包装后的茶叶很快从特供茶评定为国宴茶,赵水涛的名声又在景德镇传开了。

在自我营销的策略成功后,赵水涛开始接到陶瓷彩印包装的业务。他先后为第一套"丰泽圆"瓷器制作了彩印包装,为刘远长等陶瓷艺术大师的瓷器特制包装,为上海国际模特大赛中国总决赛制作奖杯包装。但是他最得意的作品,还是为吉祥如意瓷设计包装。

2002 年,国家主席江泽民出访美国。当时决定携带景德镇制作的吉祥如意瓷作为礼品。赵水涛通过媒体知道了这件事,但是他还不知道究竟由谁来制作陶瓷包装,四处打听后,他得知,景德镇人并没有将设计包装这项光荣的任务接下来。在惋惜的同时,赵水涛决定,为景德镇人争面子,免费为吉祥如意瓷设计包装。

据当时的报道,江泽民主席是 10 月 22 日动身前往美国的,赵水涛看到这个消息的时候,已经是 8 月份。他知道:"时间很紧迫。"但是他希望,景德镇的包装能够精益求精。为了显示中国的礼节和民族性,赵水涛特意从浙江找到花纹为凤尾的锦缎;他专门定做了几十个"吉祥"、"如意"中国结;为了协调每盒瓷器的重量和寓意吉祥,他利用稻草包装时的知识,再三斟酌陶瓷的摆放。

赵水涛费尽心思的设计终于做成了成品。直到他做好的第二天,专门制作吉祥如意瓷的瓷厂才找到他,要求使用他的包装。这次,赵水涛的设计虽然出色,但是他没有收钱。他说:"我只想向世人证明,用了景德镇瓷器,不用景德镇包装,是一种悲哀。景德镇人有实力做好陶瓷包装。"

赵水涛说:"包装有保护、美化、宣传和方便四大功能。"他发现,现在很多企业不但注重产品的包装,更注重整体形象的包装,并且更注重包装的系列设计。赵水涛现在就试图把具象的包装和形象包装融合起来。2005 年初,他用 1800 多块钱买来其他公司的产品设计,当作他改变的动力和范本。

现在,赵水涛春涛包装公司已经成为江西唯一一家获得国家 A 级设计认证的包装设计机构,他的女儿也走上了包装设计的道路。但是赵水涛说:"我想在 60 岁以前再做出点精彩的东西。"这位为促进景德镇陶瓷经济的发展以及维护景德镇陶瓷声誉作出了重大贡献的男人说:"我有三个目标:一是建设景德镇陶瓷包装历史博物馆;二是出一本关于景德镇陶瓷包装历史的书;三是做我个人的陶瓷包装展览。"

➯ 思考题

1.什么是标准化管理? 标准化管理是什么意思?

2.包装标准化国内外的差别有哪些?

3.第三方物流包装的条件是什么?

4.包装管理有哪些理论?

第 12 章

物流包装设计与实训

📖 **本章要点**

　　现代物流包装设计是物流包装实施的重要前提,涉及材料、物流标准化、条形码、美学、计算机软件等多学科的交叉应用。通过本章的学习和实训,使学生对现代物流包装设计有较完整的认识,了解现代物流包装设计发展的意义,初步掌握现代物流包装设计的方法,为学生从事现代物流及包装工程等相关职业打下良好基础。

12.1　物流包装设计和合理化

　　商品包装是商品本体的一部分。商品在运输过程中,其运输路线、方式和工具的选择,搬运、装卸、堆码作业的运输过程,运送时间的迅速与到达目的地点的准确等,都与商品包装有着直接的关系。对物流包装来说,包装能够方便运输、方便储存、保持物品的质量、保证物品的安全。科学合理的包装设计是包装的首要前提,物流合理化对商品包装有以下要求。

12.1.1　包装尺寸标准化

　　包装尺寸的确定过去大多是以保护内容物品、便于人工装卸搬运作业、节约包装材料等为考虑因素,与物流其他作业环节,其他运载工具的关联性考虑得不多。传统包装只是从局部出发,没有从物流综合系统的角度,以物流总体的合理化为目标。实现包装尺寸的标准化对于实现物流全过程的物流整体合理化和降低产品成本具有特别重要的意义。包装尺寸的设计,例如纸箱尺寸的设计与托盘、集装箱、车辆、货架等各种各样的物流子系统发生联动,包装、运输、装卸、保管等不同物流环节的机械器具的尺寸设计需要建立在共同的标准之上。

作为确定包装尺寸基础的是包装模数尺寸,为实现包装货物合理化而制定的包装尺寸的系数叫做包装模数,用这个规格确定的容器长度×容器宽度的组合尺寸(有的还要加上容器的高度)称之为包装模数尺寸。包装模数尺寸的基础数值,即包装模数是根据托盘的尺寸(或集装箱尺寸),以托盘高效率承载包装物为前提确定的。标准的包装尺寸应该与包装模数尺寸相一致,只有这样,才能够保证物流各个环节的有效衔接,按照包装模数尺寸设计的包装箱才可以按照一定的堆码方式合理、高效率地码放在托盘上(或装入集装箱内)。

12.1.2　包装成本合理化

1.包装成本低廉化

包装成本中比例占最大的是包装材料费。一般来讲,包装容器和附属材料的总费用不得超过总成本的50%。因此,在包装设计中,降低包装成本首先应该从降低包装材料费用开始。为此,需要对包装材料的价格和市场行情作充分调查,合理组织包装材料采购。对于材料的种类、材质的选择应该在保证包装功能前提下,尽量降低材料的档次,节约材料费用支出。影响包装成本的第二个因素是劳务费,特别是在经济发达的国家和地区,其劳务费用占包装成本的比重相当高。节约劳务费用的办法是提高包装作业的机械化程度,降低包装作业对人工的依赖程度。当然,机械化包装作业需要购置包装机械,机械使用费用同样构成包装成本。如果节约的劳务费低于使用机械支付的费用,包装成本不仅不会下降,反而会提高。仅仅从包装环节和费用的角度看,机械化程度的高低需要结合人工使用成本综合考虑。在许多场合,通过机械与人工的合理组合,在半机械化的条件下从事包装作业,既可以提高效率,又可以节约人工,使包装成本得到有效控制。

最后,在包装设计上要防止过剩包装,应根据内容商品的价值和商品特点设计包装。对于有些低价值的商品为保证不发生包装破损而采用高档次包装的做法在经济上未必合理。允许一定程度的破损率,也可能会节约包装费用,这对于节约包装成本也是有益的。

2.包装单位大型化

随着交易单位的大量化和物流过程中的装卸机械化,包装的大型化趋势也在增强。大型化包装有利于机械的使用,可以提高装卸、搬运效率。作为用于物流的包装一般采用集合运输包装,如集装袋(包)、托盘和集装箱等。集装袋(包)每件可装运1000~1500千克货物,每个托盘可以堆码500~2000千克货物,20英尺的集装标准箱,装货可达25立方米。

3.包装材料与资源节省化

包装材料中大量使用的纸箱、木箱、塑料容器等,要消耗大量的自然资源。由于资源的有限性,加之大量开发资源对环境会带来破坏,而且,包装废弃物又会给环境带来负面影响,所以,要求我们必须以节约资源作为合理包装的重要衡量标准。实现包装材料资源节省化的重要途径是加大包装物的再利用程度,加强废弃物包装的回收,减少过剩包装。同时,开发和推广新型包装方式,减少对包装材料的使用等。这些,都是包装设计者不可忽视的,也是我们的包装教育不可忽视的。

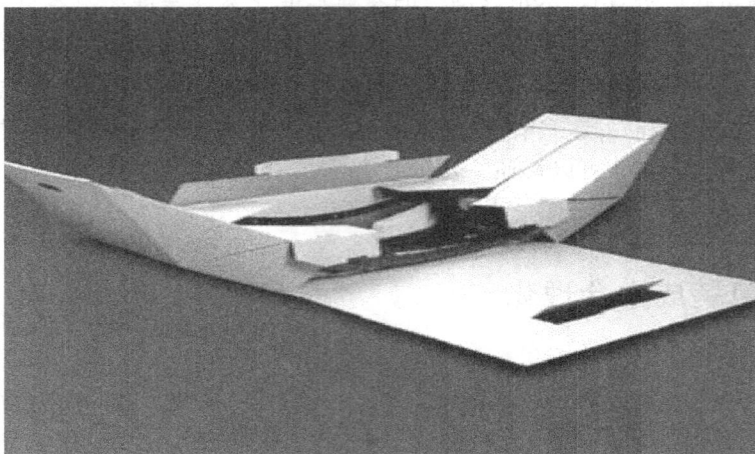

图 12-1 一种典型的标准工业包装设计

12.2 条形码设计

12.2.1 条形码

条形码技术是在计算机应用和实践中产生并发展起来的一种广泛应用于商业、邮政、图书管理、仓储、工业生产过程控制、交通等领域的自动识别技术,具有输入速度快、准确度高、成本低、可靠性强等优点,在当今的自动识别技术中占有重要的地位。条码设计软件是独立的设计软件,通常包装设计软件中没有条码设计功能。

1.条形码的概念

条形码是由一组规则排列的条、空以及对应的字符组成的标记。"条"指对光线反射率较低的部分,"空"指对光线反射率较高的部分,这些条和空组成的数据表达一定的信息,并能够用特定的设备识读,转换成与计算机兼容的二进制和十进制信息。通常对于每一种物品,它的编码是唯一的,对于普通的一维条形码来说,还要通过数据库建立条形码与商品信息的对应关系。当条形码的数据传到计算机上时,由计算机上的应用程序对数据进行操作和处理。因此,普通的一维条形码在使用过程中仅作为识别信息,它的意义是通过在计算机系统的数据库中提取相应的信息而实现的。

2.条形码技术的优点

条形码是迄今为止最经济、实用的一种自动识别技术。条形码技术具有以下几个方面的优点:

①输入速度快。与键盘输入相比,条形码输入的速度是键盘输入的 5 倍,并且能实现即时数据输入。

②可靠性高。键盘输入数据出错率为三百分之一,利用光学字符识别技术出错率为万分之一,而采用条形码技术误码率低于百万分之一。

③采集信息量大。利用传统的一维条形码一次可采集几十位字符的信息,二维条形码更可以携带数千个字符的信息,并有一定的自动纠错能力。

④灵活实用。条形码标识既可以作为一种识别手段单独使用,也可以和有关识别设备组成一个系统实现自动化识别,还可以和其他控制设备连接起来实现自动化管理。

⑤条形码标签易于制作,对设备和材料没有特殊要求,识别设备操作容易,不需要特殊培训。

⑥成本低。可以与商标印在一起,或印成不干胶标签,且设备也相对便宜。

12.2.2 商品包装条形码

商品条码(Bar Code for Commodity)是由国际物品编码协会(EAN)和统一代码委员会(UCC)规定的、用于表示商品标识代码的条码,包括 EAN 商品条码(EAN-13 商品条码和 EAN-8 商品条码)和 UPC 商品条码(UPC-A 商品条码和 UPC-E 商品条码)。

条码标识商品起源于美国,并形成一个独立的编码系统——UPC 系统,通用于北美地区。由于国际物品编码协会推出的国际通用编码系统——EAN 系统,在世界范围内得到迅速推广应用,UPC 系统的影响逐渐缩小。美国早期的商店扫描系统只能识读 UPC 条码。为适应 EAN 条码的蓬勃发展,北美地区大部分商店的扫描系统更新改造为能同时识读 UPC 条码和 EAN 条码的自动化系统。为适应市场需要,EAN 系统和 UPC 系统目前已经合并为一个全球统一的标识系统——EAN·UCC 系统。

商品条码是 EAN·UCC 系统的核心组成部分,是 EAN·UCC 系统发展的根基,也是商业最早应用的条码符号。采集商品信息的最终目的是为了使用信息,并通过信息交换实现资源共享,从而提高信息的利用率,为科学决策服务。没有信息交换,条码系统就无法发挥应有的效益。条码作为商品信息的载体,不仅为生产商、批发商和零售商建立了联系的纽带,更重要的是为电子信息交换提供了通用的语言。

推广商品条码不仅可以通过建立 POS 系统提高管理水平,还在于商业信息的电子数据交换(EDI),实现无纸张贸易。这样人们可以通过电子信息交换系统及时、准确地获得所需要的商业信息,提高生产和经营效率。

国际物品编码协会已组织几十个会员国,在联合国及国际标准化组织 ISO 规范指导下,根据联合国欧洲经济开发委员会的行政管理、商业和运输业电子数据交换规则(EDI-FACT),制定了电子通信标准(EANCOM)。

EANCOM 标准是世界上最早采用的多行业电子数据交换标准,其主要作用是为用户提供实际可行的国际或国内电子通信标准。这套标准主要包括用户信息、价格/销售目录、订单、发票、汇款等方面的标准报文格式。

很多发达国家如英国、荷兰等,通过采用 EANCOM 标准建立了条码商品信息交换系统。有些中等发达国家和发展中国家也在这方面开始了有益的尝试。条码商品信息交换系统的出现,使工厂、商店和顾客可以通过计算机联网,借助于条码,获得大量的商品信息,实现电子数据交换和资源共享。

由此可见,商品条码不仅是一种产品的标识符号,它将带动的是一场深刻的商业和信息领域的革命。

12.2.3 商品条码的符号特征

如图 12-2 所示,商品条码具有以下共同的符号特征:

图 12-2　商品条码符号特征

①条码符号的整体形状为矩形,由一系列互相平行的条和空组成,四周都留有空白区。

②采用模块组合法编码方法,条和空分别由 1～4 个深或浅颜色的模块组成。深色模块表示"1",浅色模块表示"0"。

③在条码符号中,表示数字的每个条码字符仅有两个条和两个空组成,共 7 个模块。

④除了表示数字的条码字符外,还有一些辅助条码字符,用作表示起始、终止的分界符和平分条码符号的中间分隔符。

⑤条码符号可设计成既可供固定式扫描器全向扫描,又可用手持扫描设备识读的形式。

⑥条码符号的大小可在放大系数 0.8～2.0 所决定的尺寸之间变化,以适应各种印刷工艺印制合格条码符号及用户对印刷面积的要求。

EAN 码分为 EAN-13 和 EAN-8 两种,EAN-13 码的结构与编码方式如图 12-3 所示。

EAN-13 码结构包括:

①国家号码由国际商品条码总会授权,我国的"国家号码"为"690～693",凡由我国核发的号码,均须冠上"690～693"为字头,以区别于其他国家。厂商代码由中国物品编码中心核发给申请厂商,占四个码,代表申请厂商的号码。产品代码占五个码,系代表单项产品的号码,由厂商自由编定。

图 12-3　EAN-13 码结构

②检查码占一个码,系为防止条码扫描器误读的自我检查。

表 12-1　部分国家的国别代码

代　码	国家(或地区)	代　码	国　家
00～09	美国、加拿大	50	英国、爱尔兰
30～37	法国	690～693	中国
40～44	德国	88	韩国
460～469	苏联	885	泰国
955	马来西亚	888	新加坡

在体积较小的商品中,常采用 EAN-8 商品条码,EAN-8 商品条码是表示 EAN/UCC-8 商品标识代码的条码符号,由左侧空白区、起始符、左侧数据符、中间分隔符、右侧数据符、校验符、终止符、右侧空白区及供人识别字符组成,如图 12-4 所示。

图 12-4　EAN-8 商品条码符号构成

EAN-8 商品条码符号的起始符、中间分隔符、校验符、终止符的结构与 EAN-13 相同。

EAN-8 商品条码符号的左侧空白区与右侧空白区的最小宽度均为 7 个模块宽;供人

识读的 8 位数字的位置基本与 EAN-13 相同,但没有前置码,即最左边的一位数字有对应的条码符号表示;为保护左右侧空白区的宽度,一般在条码符号左、右下角分别加"＜"和"＞"符号。

EAN-8 的采用条码字符集与 EAN-13 相同。EAN-8 商品条码的左侧数据符由 A 子集表示,右侧数据符和校验符由 C 子集表示。

12.2.4 二维条码

1.二维条码概述

二维条码/二维码(2-dimensional bar code)是用某种特定的几何图形按一定规律在平面(二维方向上)分布的黑白相间的图形记录数据符号信息的;在代码编制上巧妙地利用构成计算机内部逻辑基础的"0"、"1"比特流的概念,使用若干个与二进制相对应的几何形体来表示文字数值信息,通过图像输入设备或光电扫描设备自动识读以实现信息自动处理:它具有条码技术的一些共性,每种码制有其特定的字符集,每个字符占有一定的宽度,具有一定的校验功能等。同时还具有对不同行的信息自动识别功能及处理图形旋转变化等特点。

二维条码/二维码能够在横向和纵向两个方位同时表达信息,因此能在很小的面积内表达大量的信息。

2.二维条码/二维码的分类

二维条码/二维码可以分为堆叠式/行排式二维条码和矩阵式二维条码。堆叠式/行排式二维条码形态上是由多行短截的一维条码堆叠而成;矩阵式二维条码以矩阵的形式组成,在矩阵相应元素位置上用"点"表示二进制"1",用"空"表示二进制"0",由"点"和"空"的排列组成代码。

(1)堆叠式/行排式二维条码

堆叠式/行排式二维条码(又称堆积式二维条码或层排式二维条码),其编码原理是建立在一维条码基础之上,按需要堆积成二行或多行。它在编码设计、校验原理、识读方式等方面继承了一维条码的一些特点,识读设备与条码印刷与一维条码技术兼容。但由于行数的增加,需要对行进行判定,其译码算法与软件也不完全相同于一维条码。有代表性的行排式二维条码有:Code 16K、Code 49、PDF417 等。

(2)矩阵式二维码

矩阵式二维条码(又称棋盘二维条码)是在一个矩形空间通过黑、白像素在矩阵中的不同分布进行编码。在矩阵相应元素位置上,用点(方点、圆点或其他形状)的出现表示二进制"1",点的不出现表示二进制的"0",点的排列组合确定了矩阵式二维条码所代表的意义。矩阵式二维条码是建立在计算机图像处理技术、组合编码原理等基础上的一种新型图形符号自动识读处理码制。具有代表性的矩阵式二维条码有:Code One、Maxi Code、QR Code、Data Matrix 等。

在目前几十种二维条码中,常用的码制有:PDF417 二维条码,Datamatrix 二维条码、Maxi Code 二维条码、QR Code、Code 49、Code 16K、Code one 等,除了这些常见的二维条码之外,还有 Vericode 条码、CP 条码、Codablock F 条码、田字码、Ultracode 条码、Aztec 条码等。

3.二维条码/二维码的特点

二维条码/二维码的特点包括:

①高密度编码,信息容量大。可容纳多达 1850 个大写字母或 2710 个数字或 1108 个字节,或 500 多个汉字,比普通条码信息容量约高几十倍。

②编码范围广。该条码可以把图片、声音、文字、签字、指纹等可以数字化的信息进行编码,用条码表示出来;可以表示多种语言文字;可表示图像数据。

③容错能力强,具有纠错功能。这使得二维条码因穿孔、污损等引起局部损坏时,照样可以正确得到识读,损毁面积达 50% 仍可恢复信息。

④译码可靠性高。它比普通条码译码错误率百万分之二要低得多,误码率不超过千万分之一。

⑤可引入加密措施。保密性、防伪性好。

⑥成本低,易制作,持久耐用。

⑦条码符号形状、尺寸大小比例可变。

⑧二维条码可以使用激光或 CCD 阅读器识读。

4.二维条码识读设备

二维条码的识读设备依识读原理的不同可分为:

(1)线性 CCD 和线性图像式识读器(Linear Imager)

该识读器可识读一维条码和行排式二维条码(如 PDF417),在阅读二维条码时需要沿条码的垂直方向扫过整个条码,又称为"扫动式阅读"。这类产品的价格比较便宜。

(2)带光栅的激光识读器

该识读器可识读一维条码和行排式二维条码。识读二维码时将扫描光线对准条码,由光栅部件完成垂直扫描,不需要手工扫动。

(3)图像式识读器(Image Reader)

该识读器采用面阵 CCD 摄像方式将条码图像摄取后进行分析和解码,可识读一维条码和二维条码。

另外,二维条码的识读设备依工作方式的不同还可以分为手持式、固定式和平版扫描式。

二维条码的识读设备对于二维条码的识读会有一些限制,但是均能识别一维条码。

5.常用二维码

在目前几十种二维条码中,常用的码制有:PDF417、Data Matrix、Maxi Code、QR Code、Code 49、Code 16K、Code One 等,除了这些常见的二维条码之外,还有 Vericode 条码、CP 条码、Codablock F 条码、田字码、Ultracode 条码、Aztec 条码等。

以下是几种较常见的二维条码,它们的具体结构可参见图 12-5。

二维条码通常分为以下两种类型。

(1)行排式二维条码

行排式二维条码(又称:堆积式二维条码或层排式二维条码),其编码原理是建立在

PDF 417	Code 49	Code 16K

Date Matrix	Code one	QR Code

123456789012345678012

图 12-5　几种常用二维码

一维条码基础之上,按需要堆积成二行或多行。它在编码设计、校验原理、识读方式等方面继承了一维条码的一些特点,识读设备与条码印刷与一维条码技术兼容。但由于行数的增加,需要对行进行判定,其译码算法与软件也不完全相同于一维条码。有代表性的行排式二维条码有 CODE49、CODE 16K、PDF417 等。其中的 CODE49 是 1987 年由 David Allair 博士研制,Intermec 公司推出的第一个二维条码。

Code 49 是一种多层、连续型、可变长度的条码符号,它可以表示全部的 128 个 ASCII 字符。每个 Code 49 条码符号由 2 到 8 层组成,每层有 18 个条和 17 个空。层与层之间由一个层分隔条分开。每层包含一个层标识符,最后一层包含表示符号层数的信息。1988 年 Laserlight 系统公司的 Ted Williams 推出第二种二维条码 Code 16K 码。

(2)矩阵式二维条码

矩阵式二维条码(又称棋盘式二维条码),它是在一个矩形空间通过黑、白像素在矩阵中的不同分布进行编码。在矩阵相应元素位置上,用点(方点、圆点或其他形状)的出现表示二进制"1",点的不出现表示二进制的"0",点的排列组合确定了矩阵式二维条码所代表的意义。矩阵式二维条码是建立在计算机图像处理技术、组合编码原理等基础上的一种新型图形符号自动识读处理码制。具有代表性的矩阵式二维条码有:QR Code、Data Matrix、Maxi Code、Code One、龙贝码等。

12.2.5　物流加工和包装中的条码应用

在 ERP/MRPII 系统中,如果基础数据的采集或传递中出现失真,则决策系统得出的数据就可能变得毫无意义。分析国内外一些企业实施 ERP 系统失败的原因,一部分是由于失败的数据采集所致。

在数据采集、数据传递方面,二维条码具有独有的优势。首先,二维条码存储容量多达上千字节,可以有效地存储货品的信息资料;其次,由于二维条码采用了先进的纠错算法,在部分损毁的情况下,仍然可以还原出完整的原始信息,从而应用二维条码技术存储传递采集货品的信息具有安全、可靠、快速、便捷的特点。

在供应链中采用二维条码作为信息的载体,不但可以有效避免人工输入可能出现的失误,大大提高入库、出库、制单、验货、盘点的效率,而且兼有配送识别、服务识别等功能,还可以在不便联网的情况下实现脱机管理。

条码技术是最基本的物流管理手段之一,条码技术的应用极大地提高了基础数据采集与传递的速度和准确性,提高了物流效率,为物流管理的科学化和现代化作出了巨大贡献。

配送加工中的条码应用,二维条码在配送管理中具有重要的意义。配送前将配送货品资料和客户订单资料下载到移动终端中,到达配送客户后,打开移动终端,调出客户相应的订单,然后根据订单情况挑选货物并验证其条码标签,确认配送完一个客户的货物后,移动终端可以自动校验配送情况,并做出相应的提示。

12.3 物流包装设计软件

包装设计软件有专用设计软件和通用设计软件。专业设计软件效率高,但价格贵;通用设计软件使用困难,操作复杂,效率低,但易获得,成本低(如 Potoshop 等)。

随着 CG(Computer Graphic 电脑图形)技术的日益发展与成熟,各种软件搭配使用所形成的电脑图形系统已越来越多,设计手法已从传统的手工工艺迈向了桌面时代。设计软件也是成百上千、不胜枚举。计算机可以说是人手、足、眼和脑的延伸,要想把自己的设计思维完美地表达出来,只掌握一两种软件是远远不够的,设计师要根据自己工作的要求,至少掌握三种以上设计软件。"工欲善其事、必先利其器。"现代社会,对人的要求是多元化的,我们必须掌握多种软件,才能在最短的时间内表达自己的完美创意,利用不同软件的长处来提高我们的工作效率。

12.3.1 通用设计软件

1.平面类

(1)Photoshop

对于搞设计的来说,没有不知道 Photoshop 的。作为电脑美术界的核心图像处理后期软件,其完善的模块、强大的功能、友善的界面,不能不让人折服。Photoshop 诞生于20 世纪 80 年代,Adobe 公司先在 MAC 上开发,后来移植到 PC 机上的(顺便提一下,现在 PC 系统的色彩管理已日趋稳定与完善,虽然与 MAC 有一定的差距,但在要求不太高的情况之下，已看不出太大的差距。现在 Adobe 公司已是先开发 PC 版，再开发 MAC 版了，可能是 PC 的市场占有率的原因吧），它的诞生导致了图像出版业的一场革命。长处是图像处理与合成，强大的滤镜，能使你的创作在一瞬间化腐朽为神奇。不管用作图像处理，还是用作原始创作，都不会让你失望。现在，越来越多的艺术家与设计师都把它当作自己的"得力住手"创作出不计其数的出神入化的作品。虽然有诸多的后起之秀，诸如 Painter、Photostyller、PhotoPainter 等软件向其挑战，但其"霸主"的地位却丝毫没有动摇。Photoshop 目前最高版是 10.0。作为一名包装设计师，必须熟练地掌握它。

（2）CorelDRAW

CorelDRAW 可以说是集百家所长为一身，与 Photoshop 同属一个重量级产品。作为一个老牌图形巨匠，已成为图形处理的代表。CorelDRAW 本身就是一个集多种软件于一身的套装软件，图形处理是它的拿手好戏，但这并不是说它不具备图像处理的能力，其实，CorelDRAW 在图像处理方面，很多功能让 Photoshop 都望洋兴叹。很多 Photoshop 要靠插件才能完成的效果，CorelDRAW 只要一招就能立竿见影。由于 CorelDRAW 是图形处理软件，是用几何算法来记录视觉色彩信息，因此文件少，处理速度快，无限放大不会出现"马赛克"。CorelDRAW 丰富的绘图工具与图形工具，能让你轻松快捷地实现你想要的效果。从图形处理、文本处理、矢量图到位图、位图到矢量图、图文混排、桌面出版、网络发布，CorelDRAW 都提供了完美的解决方案。自带的"BarCode"内置了 18 种标准条形码，只要通过菜单 Edit（编辑）>>Insert BarCode（插入条形码）命令，就能一步到位，实现专业条码软件所及的效果，对做包装来说，很是方便。

CorelDRAW 所创作的作品是由形状色彩各异的 Objet（物件）组成，可随心所欲地改变它们的位置、大小、色彩以及前后顺序。由于其界面与操作的灵活和自由性，备受图形设计师的青睐。同时，CorelDRAW 还专门为色彩中心提供了一个强大的色彩管理系统，用于扫描、显示和输出三个环节，获得一致可靠的效果，并可以从一种设备正确地传输到另一种设备。

CorelDRAW 目前最新版本是 11，从 11 开始，它有了一个新的称谓"CorelDRAW 11 Graphic Suite（CorelDRAW 图形套装）"：CorelDRAW、Corel R. A. V. E.（网页动画设计，可直接出 FLASH 的 SWF 文件）、CorelTRACE（矢量图描绘，可将图位在瞬间矢量化）、Corel BARCODE VIZARD（条形码编辑）、Corel PHOTOPAINTER（与 Photoshop 一样棒，可以处理图像）。其无与伦比地强大，梦幻般的组合，让 Corel 用户欣喜若狂。

（3）Illustrator 与 FreeHand

Illustrator 与 FreeHand 与 CorelDRAW 一样，同属矢量软件。Illustrator 是 Adobe 公司的旗下产品，FreeHand 是 Macromedia 公司的产品，目前最高版都是 10.0。由于 Illustrator 与 Photoshop 一样同属 Adobe 公司的产品，所以在操作上，很多与 Photoshop 一样。如果你是 Photoshop 用户，那么学起 Illustrator 上手会很快，而且 Photoshop 可以直接打开 Illustrator 文件，Illustratrator 在做包装时，画角线很方便，如果与 Photoshop 配合使用，相信会使你的创作如虎添翼（不过许多人还是喜欢 CorelDRAW，在描图与做样本时，会用到 Illustrator 与 FreeHand）。FreeHand 在操作上也简单易用，在出版发行与网络发布方面都很完善，在文件处理方面，更是它的强项。但图像处理上，没有什么优势可言。值得注意的是，FreeHand 所画的线条，会随着画面大小的放缩而变粗细，如果用它做设计，在输出前一定要检查一下线条，因在超出极细线范围的时候，线条的显示与打印都不会有问题；但在输出打样的时候，会出现断线，颜色暗淡甚至印刷不出来等现象。

Illustrator 在文本处理与多页拼版时要逊色于 CorelDRAW 与 FreeHnad。很多人说 FreeHnad 在文字处理上可以与专业的文字处理软件并驾齐驱，认为 CorelDRAW 在这方面也丝毫不逊色，首字下沉、首行缩进、字间距、行间距、不同语言间距、段前段后、上下标、制表符、延路径排放、置入图形内、文本绕图等，让你随心所欲。在多页处理上，FreeHand 要优于 CorelDRAW，页面可自由移动，就像你画了很多张画以后，将它们任意抛来抛去一样。

2. 三维类

如果想做一出色的包装设计师，仅掌握几个平面软件，有时是远远不够的。在有条件的情况下，尽可能地掌握一点三维软件，不求做动画，搞后期，那不在我们的范围内，至少要学会一些基本的建模与材质，因为很多效果，用平面软件是做不出的，即便根据自身对透视与光线有所了解，做出一些假三维，也往往出力不讨好。在做好一个包装时，肯定要去客户那里提案，如果将包装做成一个简单的效果图，比直接拿平面稿去提案更直观、更具有冲击力。当然，会一些三维并不是说去麻痹客户，主要是用它可以很快做出平面软件难以实现的效果。在当今软件界，CAD 软件多如牛毛，单从实现一个包装产品的结构设计功能上来讲，只要是一款 CAD 软件，要达到设计图的制作都不成问题，但设计精准及效率便完全取决于设计人员的水平了。由于包装界人员素质参差不齐，一些包装设计人员的经验不足，因此在很多包装设计中出现了一些不必要的错误。即使产品包装的功能没有受到很大的影响，但对于一个好的产品来讲，如果包装设计的细节没有处理好，对品牌的形象必定会有负面的影响。至此，专业的包装结构设计软件应运而生了。专业包装结构设计软件的辅助，对包装结构细节的处理及设计人员有了非常大的帮助。

（1）3DS MAX

目前，在国内一提起三维，大部分人心里的概念就是 3DS MAX，这个获得 65 个行业大奖的软件，一直是三维设计与动画创作人员的首选。其他优秀的三维软件很多，如 Maya、Softimage-3D、softimage-XSI、Lightwave 等。介绍此软件的原因是因为：

①对电脑硬件系统要求不高，能稳定地运行在 Windows 9. X 与 2000、XP 及 NT 系统上。

②操作简单，易上手，且在国内相关书籍也较多，用户也多，技术上的问题能很快解决。

MAX 目前最高版是 5.0。新版本较以前的版本，可以说是第二次质的飞跃，从建模、材质、灯光，到角色动画都更加完善，能让你在瞬间实现照片级效果。全新光照系统与全局照明，让你对它刮目相看。

（2）Maya、Softimage-3D、Lightwave

Maya 是 Alias-Wavefront 公司的旗舰产品，目前最高版是 4.5。Softimage-3D 与 XIS 的最高版分别是 4.0 与 3.0，一直是世界上处于主导地位的影视数字公司用作电影电视特效、广告与视频游戏的主要工具。Lightwave 是由 NewTek 公司开发的高性价比三维软件,目前最高版是 7.5。Maya、Softimage-3D、Lightwave 都是顶尖级软件,由于它们对系统要求比 MAX 高,有很强的专业性。

12.3.2 专业的纸箱包装设计软件

1. VisionPack

VisionPack 是一个专业的纸箱包装设计软件。VisionPack 提供了几百种纸箱模板,可以在几分钟内设计出专业的纸箱包装。这是一款专门针对纸盒/纸箱的结构设计而开发的软件,可以完成从盒/箱型结构的最初设计、尺寸的标注、桥接、拼排到后期驱动样品切割机、开模机等工作。可以在 PC 和 Macintosh 等平台上的 Windows 98/2000/XP 和 MACOS 8.0 等的操作环境下使用,可自动生成辅助线、自动对图纸进行标注、完成经典盒型的参数化功能,具有一个包含 220 种盒型的盒型库,并且用户可以自己增加其盒型种类数量,进行不断地扩充。

主要功能包括:

①拥有 220 多种标准的纸箱设计模板,用户可以调用并修改成自己所需的样式;

②提供各种参数变量,用户只需修改参数就可以立即得到并可以查看纸箱设计结果;

③利用 VisionPack 软件提供的直观的设计工具,可以自由设计纸箱;

④可以读写 AutoCAD dwg 和 dxf 文件;

⑤可以输出结果到打印机、绘图仪或者其他设备;

⑥能够满足特殊顾客对纸箱的特殊要求;

⑦支持 OLE 技术,您可以将设计结果嵌入其他文档、电子表格或者演示文档中;

⑧可以将 3D 图形加入设计结果中。

Uick 3D Cover 是另一款三维表面制作软件,可以制作专业级别的软件包装、电子书籍封面、CD 光盘等项目。它提供了一系列模板,可以为不同的侧面提供不同的图案,还可以添加阴影效果、反射效果并调整阴影和亮度以及进行批量处理,最后将效果输出为 JPG、GIF、BMP 或者 PNG 文件。

2. ArtiosCAD

ArtiosCAD(中文译名:雅图)是世界包装业最流行的结构设计软件。有特别为包装专业所开发的专用工具,供结构设计、产品开发、虚拟样品设计和制造之用,ArtiosCAD 可提高公司的生产力。ArtiosCAD 是瓦楞纸箱和卡纸纸盒设计师的理想工具。主要优点包括:

①超级绘图工具提高了设计人员的生产力;

②智能化标准节省了时间,减少了错误;

③建模和设计能够快速进行样本制作并展示三维图像;

④功能强大高效率的版式设计和机加工设计。

ArtiosCAD 是比利时 Esko-Graphics 公司推出的一个非常完整的结构设计软件系

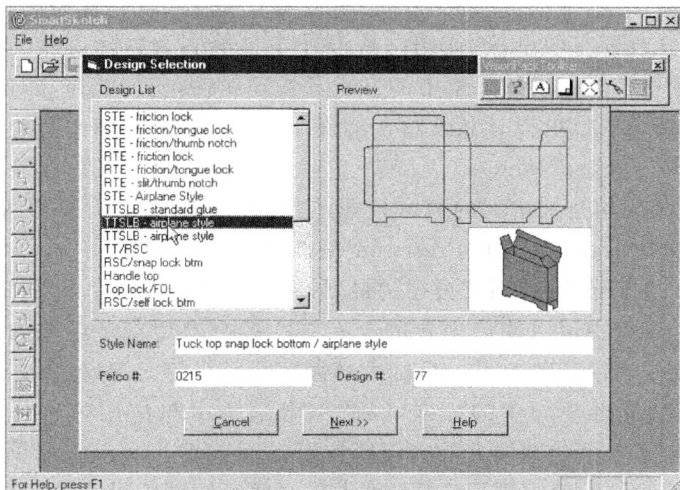

图 12-6　VisionPack 主界面

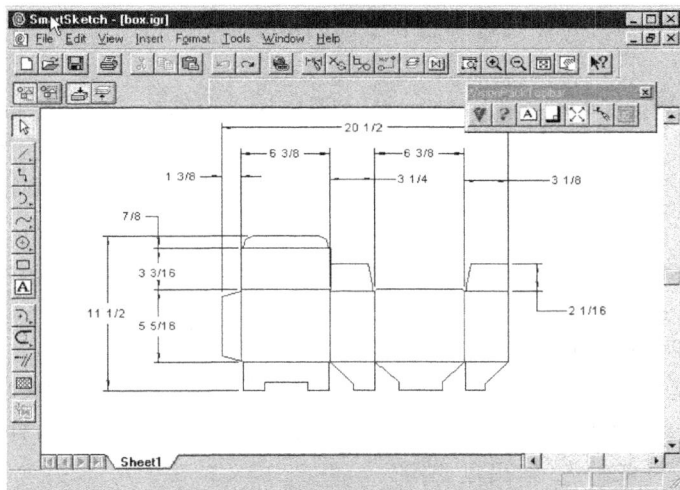

图 12-7　VisionPack 工作设计界面

统。作为计算机辅助包装设计软件,ArtiosCAD 提供了一个用于概念(方案)设计、产品开发,具有逼真效果的原型制作工具。此外,还提供了一个大容量的标准设计库,软件使用者可以实现从草图到定稿的设计。作为 Esko 端到端包装工作流程——Scope 产品的核心组成之一,ArtiosCAD 主要面向瓦楞纸箱和折叠纸盒的设计人员。

　　ArtiosCAD 相比市场上现有的包装结构设计软件,具有功能完善的 CAD/CAM 系统,可在设计包装盒的结构和图案时,方便地用计算机选择包装材料、瓦楞纸型、外观尺寸和款式,设计和处理纸盒盒片结构、排料方案、印刷装潢图案,绘制背衬加工轮廓图、盒片排料模切图等。概括地讲,ArtiosCAD 具有以下几大功能模块:设计功能模块、盒型库、排版功能模块和 3D 检测功能模块。

使用设计功能模块,用户可以根据自己的需要来自定义设计盒型结构。设计师可以绘制新的设计及修改原有的设计;使用一些设计工具绘制及删除直线、弧线、圆形、矩形及曲线等;可以调整及改变设计元素中的直线及物理属性,例如线型、桥的数量或设计中的物理位置。ArtiosCAD 的设计和绘图工具确保结构设计者精确而有效地完成任务。

3. EngView Package Designer

EngView 系统公司是加拿大的一家公司,它的包装纸盒 CAD 系统主要由 EV Synergy、EV Package Designer 和 3D Presenter 三部分组成。

EV Synergy 是 EngView 系统公司的最新产品,是基于人工智能的纸盒结构设计与绘图软件,在设计过程中可以使用内置的含有 300 多个盒型参考组件的组件库,从中挑选所需的元素,或作为设计的起点。组件库遵循国际通行的 ECMA 和 FEFCO 的瓦楞纸盒内外尺寸标准以及折叠纸盒的标准,因此不会给输出与应用带来任何的麻烦。EV Package Designer 是一个功能强大的应用软件,它将 EV Synergy 中的设计组件(可以从 300 多个参考设计组件的库中进行选择)和从其他桌面软件中导入的设计完成的图形图像有机结合起来,便于设计者进行包装纸盒的装潢设计。3D Presenter 模块将包装组件和图像数据组合起来,并可以进行三维演示,可以让设计者和用户互动地观察到纸盒折叠起和展开时的情况,并可以透视到包装盒的内部结构。

4. Kasemake

英国 AG/CAD 公司设计的 Kasemake 盒型设计系统软件是一种独特的软件,它使设计过程变得简单、精确。它能提高资深设计人员的效率,非专业设计人员也能使用。根据需要选择标准参数就能完成设计,将各种设计工具组合起来使用很容易从草图完成设计。

除了能把平面图转换为全彩色三维图的特点之外,该软件还包括用于产生生产和工作单所需数据的管理功能,这部分与数据库相连。对于模切版制作、印刷或后加工,Kasemake 提供不同的特性,而且易于使用。

Kasemake 是一个完整的软件产品,提供的设计体系是完整的,将来购买其他部分时不会遇到麻烦。系统的"非模块化设计"消除了某些限制和寻找额外组件的麻烦,例如三维设计、模切版设计或输入/输出过滤器。

5. Box-Vellum 和 FoldUp/3D

Box-Vellum 和 FoldUp/3D 纸盒、纸箱结构设计应用软件。盒型设计软件包含两个应用程序:Box-Vellum 和 FoldUp/3D。Box-Vellum 用于纸盒、纸箱的结构设计,完成折叠纸盒、管状纸盒、盘形纸盒、封套包装、固定纸盒、瓦楞纸箱等的结构设计、尺寸标注、盒型输出、拼排、模切、切割等操作;FoldUp/3D 为三维演示软件,可加快包装盒、信封、折页或其他包含折叠结构产品的设计进程。这个软件可以使设计者在最短的时间内看到包装设计的真实效果,而无需花费时间和资金制作实物样品。

(1)Box-Vellum 面板

工具面板包括选择目标工具,直线型工具,圆弧、圆、椭圆、多边形、曲线生成工具,插入文本工具,转角工具,线段编辑工具,图形操作工具,缩放工具等 12 个工具,利用工具面板上的工具可以快捷、准确地完成各种纸盒、纸箱的结构设计操作。

（2）Box-Vellum 菜单

设计者利用工具面板中的工具完成结构设计后，需要选择菜单中的具体功能来完成尺寸标注、盒型图输出等操作。整个用户界面由文件、编辑、排版、排列、笔、文本、标注、视图、工具、用户盒型管理、模切加工、拼排、图纸、扩展工具、帮助等 15 个菜单组成。这些菜单的功能完全考虑到了设计和输出过程的所有细节，可帮助设计者设计出最准确的结构图。在此仅介绍其中的几个主要菜单及具体操作：

1）文件＞输出

选择文件＞输出，可以在完成结构图绘制后选择相应的输出格式，如：将＊. Vellum 文件格式输出为＊. dxf 文件格式，则可以在 AutoCAD 下打开该文件，使没有该软件的用户也能够打开结构图。也可将设计好的盒型文件导出成 CorelDraw、PhotoShop 等可以读取的文件格式，便于进一步设计。

2）文件＞转换

文件＞转换菜单提供了该软件能够输入与输出的文件格式列表，"输入格式"指该软件能够从外部读入的文件格式，其中包括 Vellum、MetaFiles、Bitmaps、DWF、DXF、EPS 等 16 种；"输出格式"是指该软件能够输出的文件格式，有 Vellum、打样、MetaFiles、DWF、DXF 等 16 种格式。这一菜单项提高了不同软件所绘制的盒型图形文件的通用性，扩大了软件的适用范围。

3）编辑＞参数解析

该菜单项是用来检查标注尺寸的工具，如果不出现提示错误信息，说明解析成功，可以进行图形的参数化；出现错误提示信息，则说明图形标注有错误，需要改正。

4）排版＞层

它的主要功能是对设计标注完成的图形进行控制，使其按照要求显示/隐藏图形。其中 Cut 和 Cut2 为切割线层、Crease 为压痕线层、Dimension 为标注线层。

5）标注＞显示面板

选择此菜单项可以完成整个图形的尺寸标注操作，包括各种标注工具，如横纵向标注工具、半径标注工具等。

6）扩展工具菜单

扩展工具＞显示耳页面板，生成各种耳页。通过参数设置栏输入相应的参数，则一次生成所需的耳页，同时自动完成标注，减少了设计者的工作量，节省了设计时间。

扩展工具＞两点间的长度工具，此工具的主要用途是测量图形的尺寸，在设计和打样输出时用途广泛。

扩展工具＞简易 A 型盒自动生成，该工具的主要功能是自动生成 A 型盒。在窗口中输入相应的参数，点击 OK，再点击"图形化"按钮，则自动生成盒型。

扩展工具＞自动桥接，主要功能是为激光开模进行桥接设置，为激光开模做准备。

扩展工具＞层间传递工具面板，主要对结构图的线条进行控制，完成模切线与压痕线的设置，之后图形即可以在打样机上输出。打样机是通过识别盒型图线条颜色来进行切断或压痕操作的。

7）拼排

此菜单功能齐全，可为打样、输出时节省纸张提供 4 种拼排方式。此外，Box-Vellum 自带一个盒型库，里面存有大量的各种类型的盒型结构图，用户可直接从盒型库中选择符合要求的盒型。如果用户自己设计了一个盒型库里不存在的盒型样本，可将新的设计盒型存储进去，以丰富盒型库。以上这些操作可以通过用户盒型管理菜单完成。

（3）盒型结构图输出

设计好的盒型结构图可以输出到打印机、盒片切割机或模切版激光切割机，还可以进行拼排。如果要输出到盒片切割机，要进行如下操作：输出＞选定机器，选择系统配置的切割机类型；按照设计的结构图确定输出顺序；最后在"输出"面板上确定好输出位置，点击"输出按钮"即可把数据准确地传给切割机。如果要进行集中输出，为了确定最佳的拼排方式，要在拼排面板中对拼排的方式进行选择和控制，确定好拼排方式之后，点击"计算"即可得到拼排图。如果要输出到模切版激光切割机，选择扩展工具＞自动桥接，选好桥接规则，点击"执行"，就会出现执行好的结果。如果对桥接结果不满意，可选择桥接工具进行修改。

6. Cape Pack

Cape Pack 是一个解决托盘装载以及产品包装优化问题的实用性工具软件。它不同于单纯的设计软件，更注重效率和成本，以及管理方面的应用。Cape Pack 跨越包装和物流两大领域，为配合物流的需要，优化设计包装，提供包装托盘化方案，从而可以节约大量的运输成本和实际操作中的人力成本。其主要功能有：

①托盘布局。快速查看您是否可以在托盘上装载更多的货物。将托盘各层连接，显示捆扎方式，增加顶盖，增加转角，编辑托盘层，显示内装货物，在包装上插入贴图。

②托盘展示。为多种不同的货物混装创建托盘装载。

③合并包装。在软件中输入您已经存在的包装和浅盘尺寸，软件将自动寻找利用最少的包装装载现有产品的解决方案。

④优化产品和包装的大小。计算最佳的产品尺寸，每箱装载的数量，包装的大小和托盘装载。捆绑包装或装入浅盘，收缩薄膜，可以创建真实的产品形状和贴入真实的包装图片。

⑤瓦楞纸包装优化。基于平板或者制造好的纸箱，使用自定义的公式来创建平铺的已装订包装箱（KDF）。计算每捆最佳的数量，每捆的最佳大小，以及每个托盘和每个集装箱的装载数量。

⑥包装强度分析。使用标准的或者用户自定义的公式来计算瓦楞纸箱的强度。

同产品和初级包装的设计一样，可通过优化二级包装或主包装的分布得到最大的集装箱装载量。如果主包装量是可变的，改变主包装的装货量可很方便地得到较高效率。如果主包装装载量是固定的，可调整主包装的布局进行优化。主包装的装载量越多，布局的选择性就越大：1×4 或 2×2，2 层放 6 个或 3 层放 4 个等。尝试不同的主包装布局是非常有用的。通过调整初级、次级以及三级包装，可使集装箱装载量最大化。这项工作最好在产品和初级包装设计的早期完成。同样，通过调整主包装、单位装载、卡车或集装箱内的货物摆放方向、数量和布局也可得到较好的最大装载量。这种优化在产品的设计流程中开始得越早,就越简单,并且不容易出错。装载优化方法是得到正确的产品包装的一种简单快捷的方法。

12.3.3 条码设计软件

1.BarTender 条码设计软件

BarTender 是一款通用条形码设计与打印软件,适用于工业、商业、超市、零售业、物流、仓储、图书馆等需要的条形码设计制作的企业和单位。BarTender 利用单个对话框和菜单选项来控制创建、设计和打印标签时所涉及的各个方面。BarTender 是目前功能最强大的条码编辑软件。在美国,85%的条码机用户均使用 BarTender 软件来编辑设计条码标签。BarTender7.51 是美国海鸥公司在 2005 年 3 月在总结了客户的各种反馈意见之后的改进版本,它能支持目前的所有打印机(条码打印机和普通的激光打印机、喷墨打印机等各类打印机);超大的行业图库,易学易用,是广大公司工厂的最佳选择。

软件主要的以下几个部分:

①设置 BarTender。介绍如何执行特定的管理任务和配置任务。了解标签格式,介绍如何打开和保存标签格式、页面设置选项以及查看选项。创建标签格式上的对象,介绍如何创建和排列标签格式。修改对象,介绍如何指定标签格式的数据源以及如何修改标签对象。

②从数据库读取数据。介绍如何配置 BarTender,使其读取各种数据文件,其中包括 BarTender 如何使用 ODBC(开放数据库互联)、OLE DB 和文本数据源来读取现有的任何数据库和电子表格中的标签数据。另外,还介绍了如何执行表连接和数据库查询。

③打印标签格式。介绍如何指定打印机、可用的打印选项以及如何打印标签。打印时的记录选择以及如何读懂“同样标签的份数”或“序列标签数”。Visual Basic 脚本,介绍如何创建将在打印时在 BarTender 的内部脚本引擎中执行的脚本。

④自动执行 BarTender 各部分。介绍自动执行 BarTender 功能的方法。条形码符号体系参考,概述了符号体系的特点,并提供了条形码符号体系表以及有关各符号体系的详细帮助主题。

⑤界面参考。介绍 BarTender 的主要菜单、工具栏、工具箱、键盘快捷方式和上下文菜单(右键单击即可打开)。

2.码制的选择与识读设备的选择

用户在设计自己的条码应用系统时,码制的选择是一项十分重要的内容。选择合适的码制会使条码应用系统充分发挥其快速、准确、成本低等优势,达到事半功倍的目的;选择的码制不适合会使自己的条码应用系统丧失其优点,有时甚至导致相反的结果。影响码制选择的因素很多,如识读设备的精度、识读范围、印刷条件及条码字集中包含字符的个数等。在选择码制时我们通常遵循以下原则。

(1)使用国家标准的码制

必须优先从国家(或国际)标准中选择码制。例如通用商品条码(EAN 条码),它是一种在全球范围完全通用的条码,所以我们在自己的商品上印制条码时,不得选用

图 12-8　BarTender 的主菜单

EAN/UPC 码制以外的条码,否则无法在流通中通用。为了实现信息交换与资源共享,对于已制定为强制性国家标准的条码,必须严格执行。

在没有合适的国家标准供选择时,需参考一些国外的应用经验。有些码制是为满足特定场合实际需要而设计的,像库德巴条码,它起源于图书馆行业,发展于医疗卫生系统。国外的图书情报、医疗卫生领域大都采用库德巴条码,并形成一套行业规范。所以在图书情报和医疗卫生系统最好选用库德巴条码。贸易项目的标识、物流单元的标识、资产的标识、位置的标识、服务关系的标识和特殊应用这六大应用领域大都采用EAN·UCC系统 128 码。

（2）条码字符集

条码字符集的大小是衡量一种码制优劣的重要标志。码制设计者在设计码制时往往希望自己的码制具有尽可能大的字符集及尽可能少的替代错误,但这两点是很难同时满足的。因为在选择每种码制的条码字符构成形式时需要考虑自检验等因素。每一种码制都有特定的条码字符集,所以用户自己系统中所需代码字符必须包含在要选择的字符集中。比如用户代码为"5S12BC",我们可以选择 39 条码,但不能选择库德巴条码。

（3）码制的密度

印刷面积较大时,可选择密度低、易实现印刷精确的码制,如 25 条码、39 条码;反之若印刷条件允许,可选择密度较高的条码,如库德巴条码。当印刷条件较好时,可选择高密度条码,反之则选择低密度条码。一般来讲,某种码制密度的高低是针对该种码制的最高密度而言的,因为每一种码制都可做成不同密度的条码符号。问题的关键是如何在码制之间或一种码制的不同密度之间进行综合考虑,使自己的码制选择、密度选择更科学、更合理,以充分发挥条码应用系统的优越性。

（4）识读设备

每一种识读设备都有自己的识读范围，有的可同时识读多种码制，有的只能识读一种或几种。所以当用户在现有识读设备的前提下选择码制时也应加以考虑，以便与自己的现有设备相匹配。

（5）尽量选择常用码制

即使用户所涉及的条码应用系统是封闭系统，考虑到设备的兼容性和将来系统的延拓，最好还是选择常用码制。当然对于一些保密系统，用户可选择自己设计的码制。需要指出的是，任何一个条码系统，在选择码制时，都不能顾此失彼，需根据以上原则综合考虑，以达到最好的效果。

（6）识读器的选择

选择什么样的识读器是一个综合问题。目前，国际上从事条码技术产品开发的厂家很多，提供给用户选择的条码识读器种类也很多。一般来讲，开发条码应用系统时，选择条码识读器可以从如下几个方面来考虑。

1）适用范围

条码技术应用在不同的场合，应选择不同的条码识读器。开发条码仓储管理系统，往往需要在仓库内清点货物，相应要求条码识读器能方便携带，并能把清点的信息暂存下来，而不局限于在计算机前使用。因此，选用便携式条码识读器较为合适。这种识读器可随时将采集到的信息，供计算机分析处理。在生产线上使用条码采集信息时，一般需要在生产线的某些固定位置安装条码识读器，而且生产线上的零部件应与条码识读器保持一定距离。在这种场合，选择非接触固定式条码识读器比较合适，如激光枪式。在会议管理系统和企业考勤系统中，可选用卡槽式条码识读器，需要签到登记的人员将印有条码的证件刷过识读器卡槽，识读器便自动扫描给出阅读成功信号，从而实现实时自动签到。当然，对于一些专用场合，还可以开发专用条码识读器装置以满足需要。

2）译码范围

译码范围是选择条码识读器的又一个重要指标。目前，各家生产的条码识读器其译码范围有很大差别，有些识读器可识别几种码制，而有些识读器可识别十几种码制。正如第一部分介绍的那样，开发某一种条码应用系统应选择对应的码制；同时，在为该系统配置条码识读器时，要求识读器具有正确识读码制符号的功能。在物资流通领域中，往往采用 UPC/EAN 码。在血员、血库管理系统中，医生工作证、鲜血证、血袋标签及化验试管标签上都贴有条码，工作证和血袋标签上可选用库德巴条码或 39 条码，而化验试管由于直径小，应选用高密度的条码，如交插 25 条码。这样的管理系统配置识读器时，要求识读器既能阅读库德巴条码或 39 条码，也能阅读交插 25 条码。在邮电系统内，我国目前使用的是交插 25 条码，选择识读器时，应保证识读器能正确阅读码制的符号。一般来说，作为商品出售的条码识读器都有一个阅读几种码制的指标，选择时应注意是否能满足要求。

3）接口能力

识读器的接口能力是评价识读器功能的一个重要指标，也是选择识读器时重点考虑的内容。目前，条码技术的应用领域很多，计算机的种类也很多。开发应用系统时，一般是先确定硬件系统环境,而后选择适合该环境的条码识读器。这就要求所选识读器的接口方式符合该环境的整体要求。通用条码识读器的接口方式有如下几种:

①串行通信。当使用中小型计算机系统,或者数据采集地点与计算机之间的距离较远时,可通过串行口实现条码识读器与计算机之间的通信。由于机型、系统配置的差别,串行口数据通信的协议也不同,因此所选识读器应具有通信参数设置功能。

②USB 接口。目前大多数计算机都具备 USB 接口,方便与条码识读器连接。

③键盘仿真。键盘仿真是通过计算机的键盘口将识读器采集到的条码信息输送给计算机的一种接口方式,也是一种常用的方式。计算机终端的键盘也有多种形式。因此,如果选择键盘仿真,应注意应用系统中计算机的类型,同时注意所选识读器是否能与计算机匹配。

(7)对首读率的要求

首读率是条码识读器的一个综合性指标,它与条码符号印刷质量、译码器的设计和光电扫描器的性能均有一定关系。在某些应用领域可采用手持式条码识读器由人来控制对条码符号的重复扫描,这时对首读率的要求不太严格,它只是工作效率的量度。而在工业生产、自动化仓库等应用中,则要求有更高的首读率。条码符号载体在自动生产线或传送带上移动,并且只有一次采集数据的机会,如果首读率不能达到百分之百,将会发生丢失数据的现象,造成严重后果。因此,在这些应用领域中要选择高首读率的条码识读器,如 CCD 扫描器等。

(8)条码符号长度的影响

条码符号长度是选择识读器时应考虑的一个因素。有些光电扫描器由于制造技术的影响,规定了最大扫描尺寸,如 CCD 扫描器、移动光束扫描器等均有此限制。有些应用系统中,条码符号的长度是随机变化的,如图书的索引号、商品包装上条码符号长度等。因此,在变长度的应用领域中,选择识读器时应注意条码符号长度的影响。

(9)识读器的价格

选择识读器时,其价格也是人们关心的一个问题。识读器由于其功能不同,价格也不一致。因此在选择识读器时,要注意产品的性价比,应以满足应用系统要求且价格较低作为选择原则。

(10)特殊功能

有些应用系统由于使用场合的特殊性,对条码识读器的功能有特殊要求。如物流仓储管理系统,如需从几个入口处进入仓库,数据签到时,不可能在每个入口处放一台计算机,这时就需要将几台识读器连接到一台计算机上,使每个入口处识读器所采集到的信息送给同一台计算机,因而要求识读器具有联网功能,以保证计算机准确接受信息并及时处理。当应用系统对条码识读器有特殊要求时,应进行特殊选择。

12.4 包装设计软件操作实训实践

运用 Photoshop CS 和 CorelDRAW 12 软件,此类软件很容易找到。下面以设计一种"和山喷剂"摇盖式包装为例,从定位到设计、平面图输出制作与立体效果图制作的方法和要点,以及所用的工具及菜单命令。本实例具有四个特点:实用性、全面性、操作性和针对性。了解本例的全流程,可以给设计人员带来很好的参考价值。如图 12-9 所示是"和山喷剂"包装的展开平面图。

1. 学习要点

包装设计的定位:

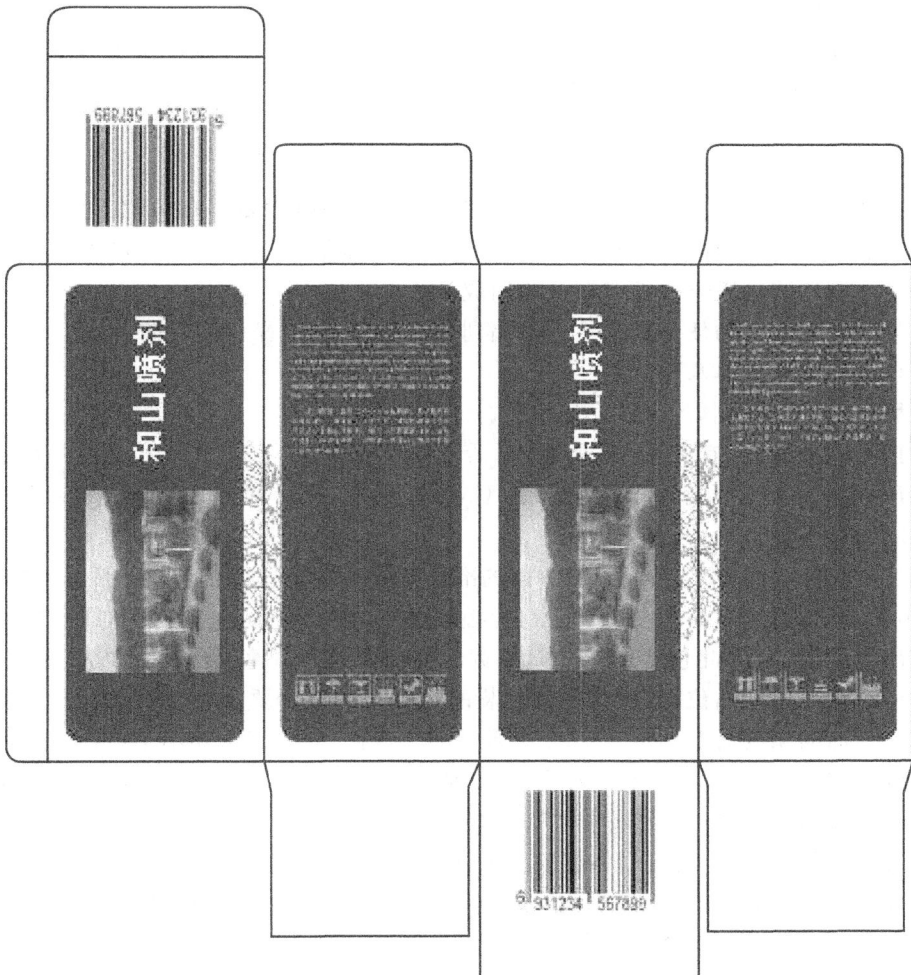

图 12-9 "和山喷剂"包装的展开平面图

①设置包装的标准尺寸；

②制作包装的平面展开图；

③制作包装的立体效果图。

2.创作思路

(1)产品定位

"和山喷剂"是一款生活清新气体，其风格古朴典雅，适合现代家居，产品主要销往欧美各国。从消费者角度考虑，包装必须结合中西文化，风格简洁、大方，视觉语言直接明确，能够体现商品的产地和历史。

(2)设计手法

根据商品的特点进行定位，可以用质感强烈的"和山喷剂"实物为包装主体，直接向消费者介绍商品；以国画白描的牡丹图案为底纹，体现"和山喷剂"古朴高贵的气质和中国传统文化精粹；整体版面简洁大气，视觉强烈直接。

(3)印刷思路

印刷方面可采用纸类印刷，由于"和山喷剂"较重，且容易破损，所以选用纸张不宜过薄，面料可选用157g哑粉纸，用裱纸机裱在1000g瓦楞纸上；印刷工艺采用四色平版印刷，表面过哑胶。

(4)成品流程

一种产品在印刷成品之前，所经过的流程是复杂多样的，每个环节都不能出错。"和山喷剂"包装的制作流程大致分为：设计构思→印前准备→设计初稿→定稿→印前电脑制作菲林→制造印刷版→成批印刷→装箱成品。

设计人员能完成的任务就是从设计稿到印刷前的制作，操作过程如下。

3.设置包装的标准尺寸

①启动 Photoshop CS 软件。

②按 Ctrl＋N 键，在弹出的【新建】对话框中设置宽度为 55.1 厘米，高度为 63.6 厘米，分辨率为 300 像素/英寸，色彩模式为 CMYK 颜色，背景色为白色，建立"和山"文件，如图 12-10 所示。

此尺寸是按照图 12-9 产品外形所得的准确参数。"和山喷剂"包装外形呈方柱体，已知"和山喷剂"正面宽度为 120 毫米。读者必须注意，包装纸张存在厚度和成品放入包装内的抽出空间虚位，因此包装展开平面的宽度应该做到 130 毫米×4＝520 毫米。其次，包装上还有个封口粘贴位置，像这种大包装的封口宽度至少要预设至 25 毫米，如此可知包装展开平面的宽度为 520 毫米＋25 毫米＝545 毫米。545 还不是最终包装展开平面的宽度，因为包装在印刷裁切时要预留出血位置两边共 6 毫米。这样，包装的实际展开平面图宽度为 545 毫米＋6 毫米＝551 毫米。

包装展开平面高度亦是同样的道理，已知包装的实际高度 300 毫米，加上纸张存在厚度和成品放入包装内的抽出空间虚位，包装的实际高度就应该增加到 310 毫米；包装的顶盖和底盖就等于是两个 130 毫米×130 毫米的正方形，加上两个封口粘贴位置 30 毫米×2＝60 毫米和裁切出血位置 6 毫米。这样，包装的实际展开平面图高度为 636 毫米。如此可知，包装展开平面图的实际宽高为 551 毫米×636 毫米，如图 12-11 所示为包装实

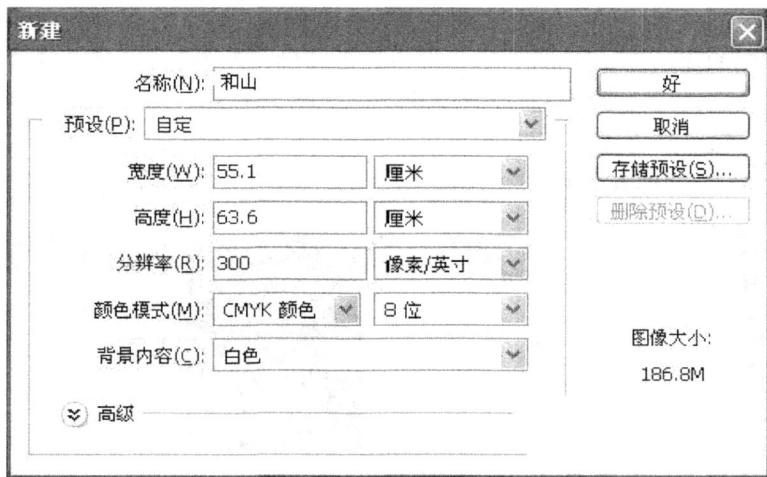

图 12-10 建立新文件

际展开尺寸剖示。

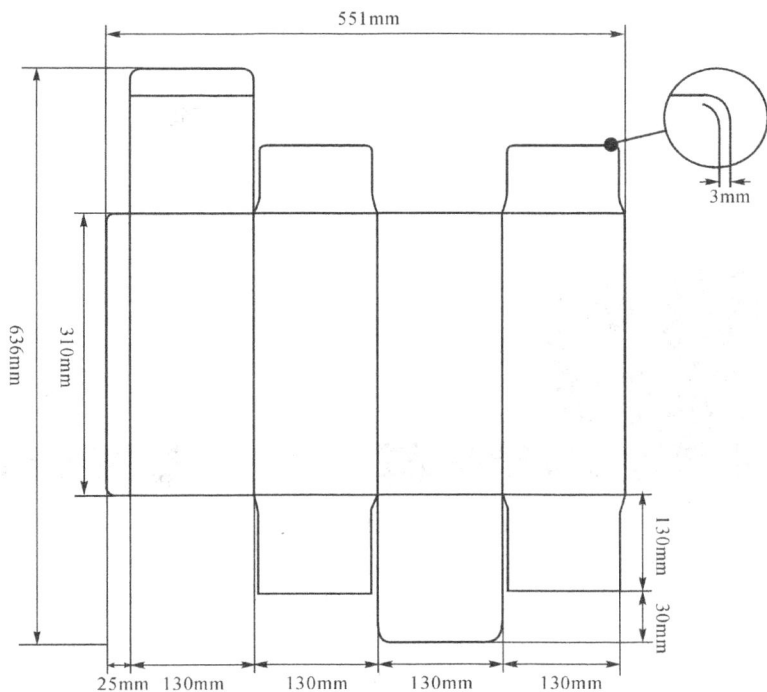

图 12-11 包装实际平面尺寸剖示

③根据包装实际展开尺寸剖示图例,首先要在 Photoshop CS 当前文件里面设置包装的结构线。将工具栏中的前景色设置为黑色,按键盘 Alt + Backspace 键,填充前景色到当前文件;接着按 Ctrl + R 键显示标尺所在页面,并在标尺上拖曳鼠标创建如图 12-12 所示的辅助线,作为包装盒的结构线。

制作包装的平面展开图。

4.规划版面

将工具箱中的前景色设置为白色,根据所做的辅助线绘制选择区域,单击工具箱中的【矩形选框工具】按钮,并在【图层】面板中为每个选择区域创建一新图层为"图层1、图层2、图层3……图层13",并分别按 Alt+Backspace 键,将选取区域填充为白色,如图12-12所示。

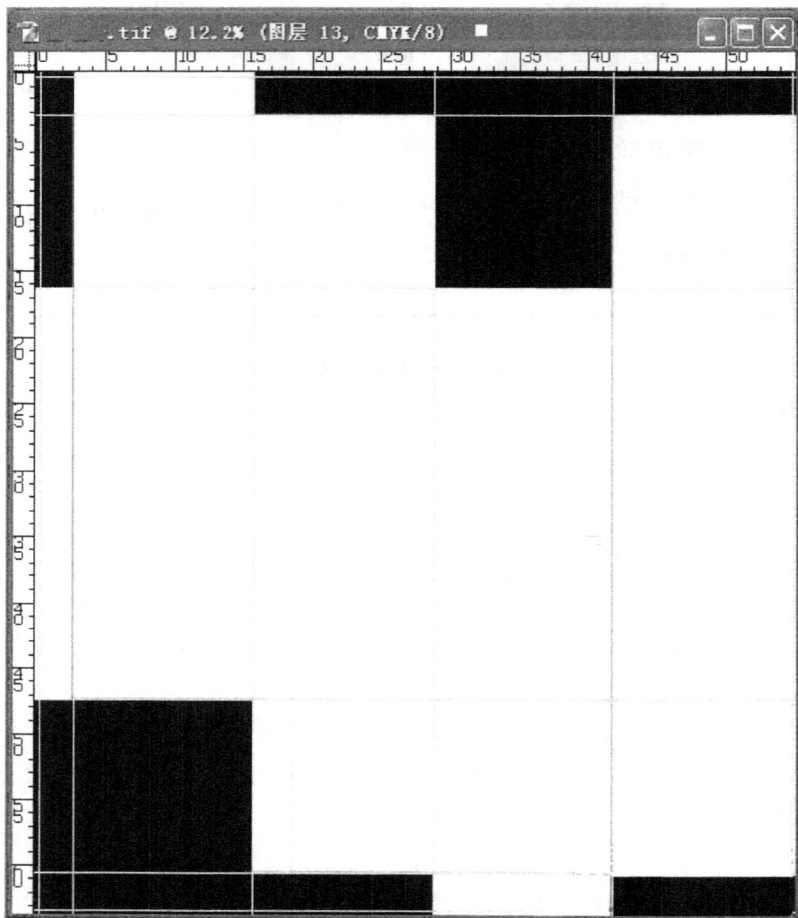

图 12-12　建立选区并填充图层

5.品名与标志的摆放

商标和品名直接向消费者表明"我是谁",在包装的版面构成中起到承上启下的引导作用。首先将一些已经具备的素材图片,比如厂家商标、品名等放置在版面中。摆放时要考虑构图的均衡、标志和品名相互的组合是否协调,标志品名在背景颜色中该如何应用。

①执行【文件】→【打开】命令,打开自备文件的【素材】→【品名标志】"和山"风景 TIF 文件,单击工具箱中的【移动工具】,将品名标志拖入"包装展开平面图"文件为"图层14",如图 12-13 所示。

②在执行【移动工具】的同时,按 Alt 键移动复制品名标志"图层14"为"图层14 副本"、"图层14 副本 2"、"图层14 副本 3",分别摆放于两个正面和底盖之中,大小和位置要以实际版面协调为基准,如图 12-14 所示。

图 12-13　打开品名标志

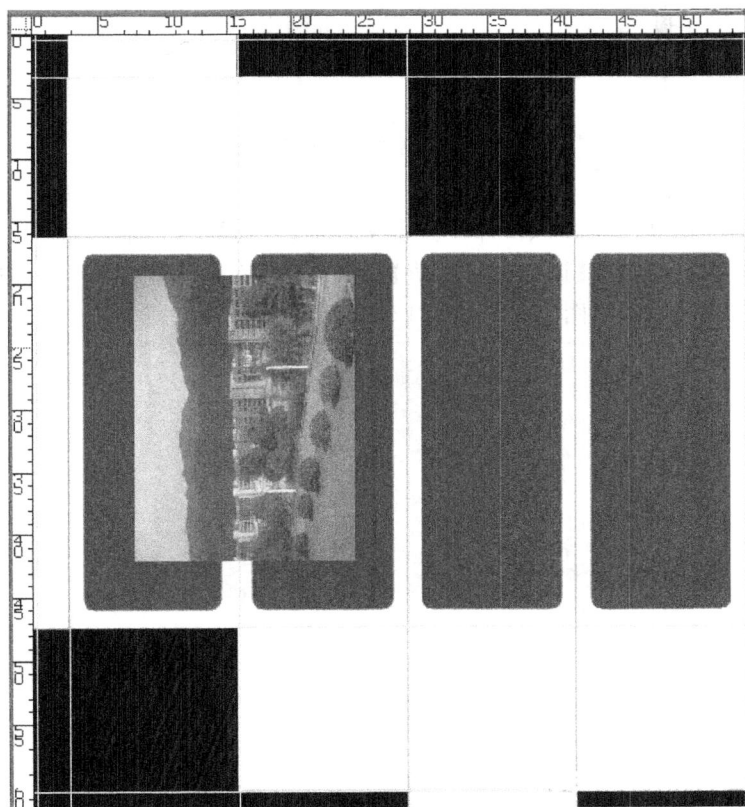

图 12-14　置入品名标志

包装顶盖和底盖的标志及文字在摆放时要注意方向,要正对开启口,所以在放置时要把标志和文字倒放,如图 12-15 所示。

图 12-15　品名标志倒放完成

6. 制作牡丹花背景

①执行【文件】→【打开】命令,打开自备文件的【素材】→【白描牡丹】PSD 文件,如图 12-16 所示。执行【图像】→【调整】→【阈值】命令,阈值色阶设置为 200,将原来边界颜色模糊的牡丹花调整清晰,如图 12-17 和图 12-18 所示。

图 12-16　白描牡丹花背景

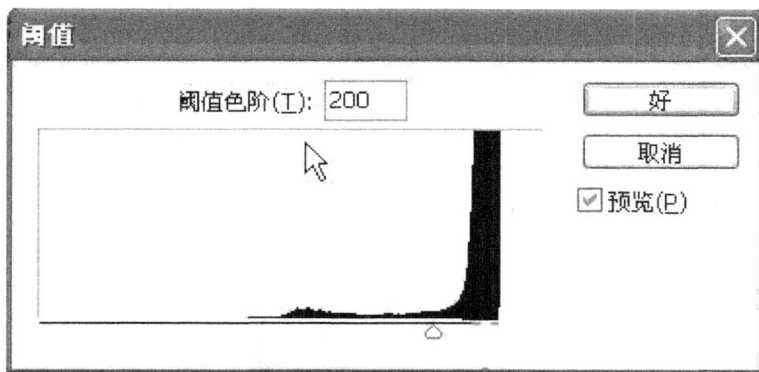

图 12-17　阈值色阶设置

图 12-18　边界轮廓清晰

　　②牡丹花轮廓调整清晰后必须将它退底填充颜色,单击工具箱中的【魔棒工具】,点选牡丹花黑色轮廓。为避免漏选,执行【选择】→【选取相似】命令,将牡丹花所有黑色轮廓全部选取,再按 Shift＋Ctrl＋N 键新建一个图层,在工具箱中设置前景色"C:54,M:54,Y:83,K:8",按 Alt＋Backspace 键填充,完成后按快捷键 Ctrl＋D 取消选区,如图 12-19 所示。

　　③用【移动工具】将填充好的牡丹花拖入"包装展开平面图"内,如图 12-20 所示。

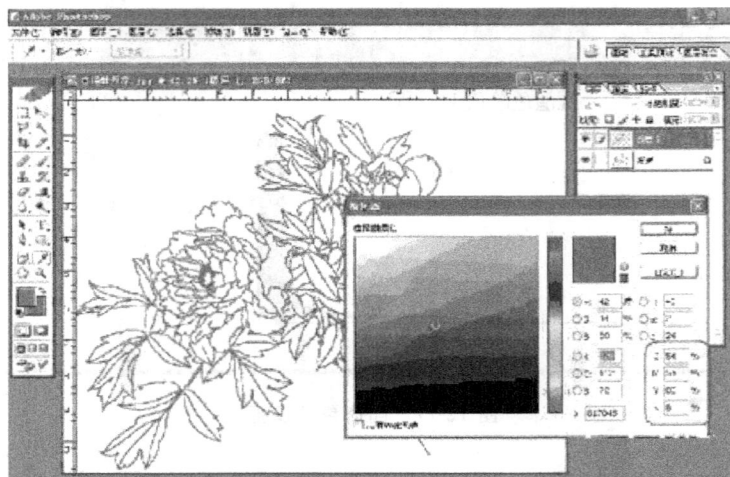

图 12-19　前景色填充设置

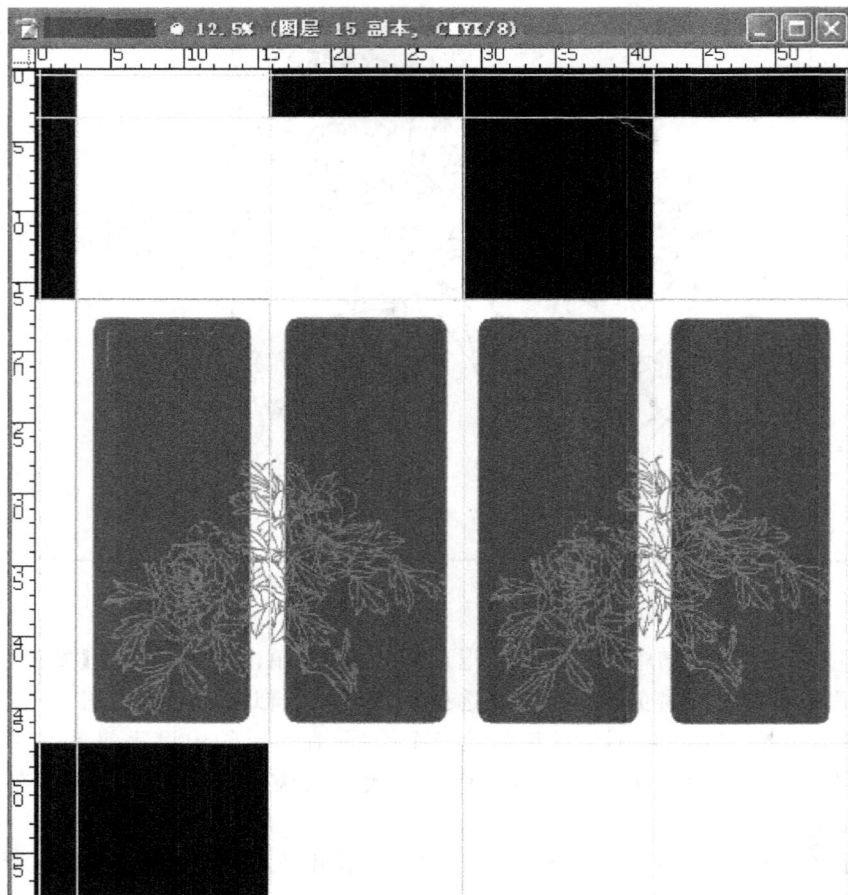

图 12-20　牡丹花背景完成

7. 置入和山图片

①执行【文件】→【打开】命令,打开【素材】→【和山】PSD 文件,打开产品图片。单击工具箱中的【钢笔工具】,沿着轮廓勾选;闭合路径后,按 Ctrl+Enter 键将路径载入选区,如图 12-21 所示。

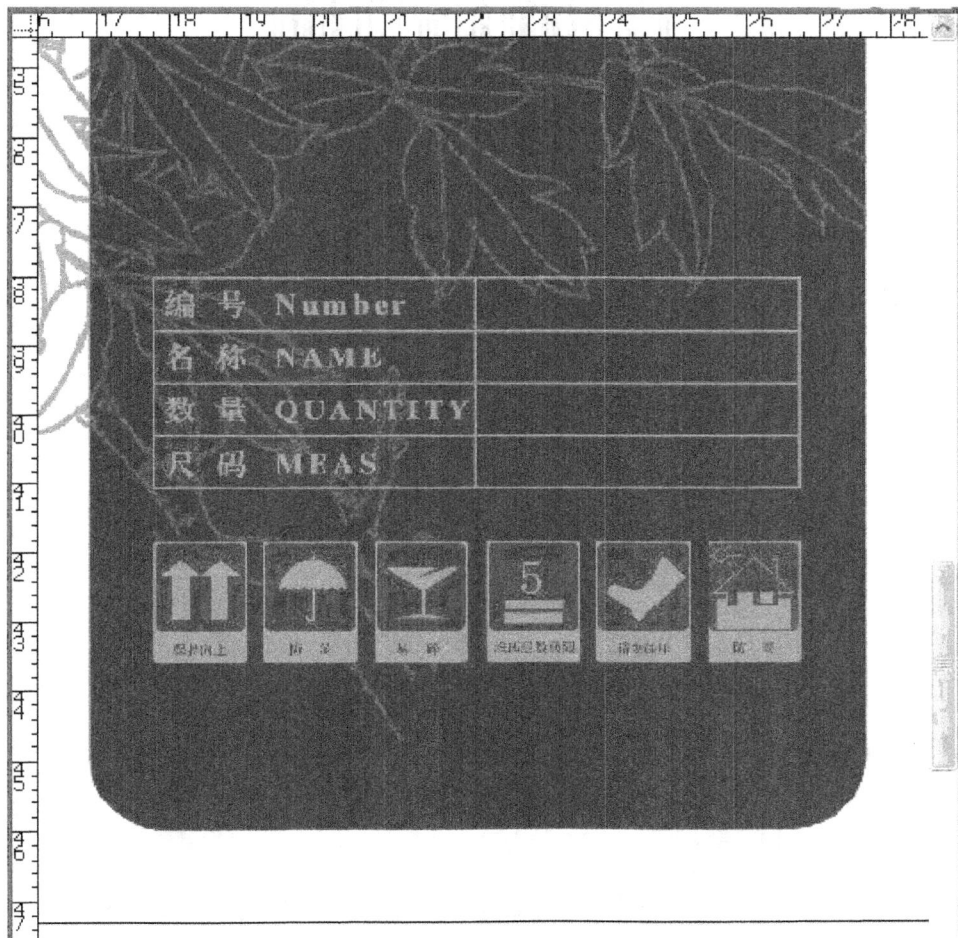

图 12-21　制作表格和通用符号

②使用【移动工具】将勾选的牡丹花体拖入"包装展开平面图"内,分别放入包装的两个正面,如图 12-20 所示。

8. 置入包装的文字和通用符号

①选择【文字工具】输入中文,设置字体为"华文中宋",大小为"10 点",垂直缩放为"200%",文字方向为"横排",文本颜色为土黄色"M:18,Y:56,K:18"。

②同样选择【文字工具】输入英文和中文,分别将字体设置为"大宋"和"中黑体",字体大小为"10 点",文字方向为"横排",文本颜色同样设置为"M:18,Y:56,K:18"。

③制作条形码,利用条形码软件生成,如 BarTender 软件,在 BarTender 完成后复制到 Photoshop CS 中。设 693 为中国国家代码,本例假设 1234 为企业代码,56789 为产品

代码,9 为识别代码。如图 12-22 所示。

图 12-22　制作条形码

④打开光盘中的【素材】→【参数表格通用符号】PSD 文件,拖入包装平面图内,并分别将它们垂直对齐,如图 12-23 所示。

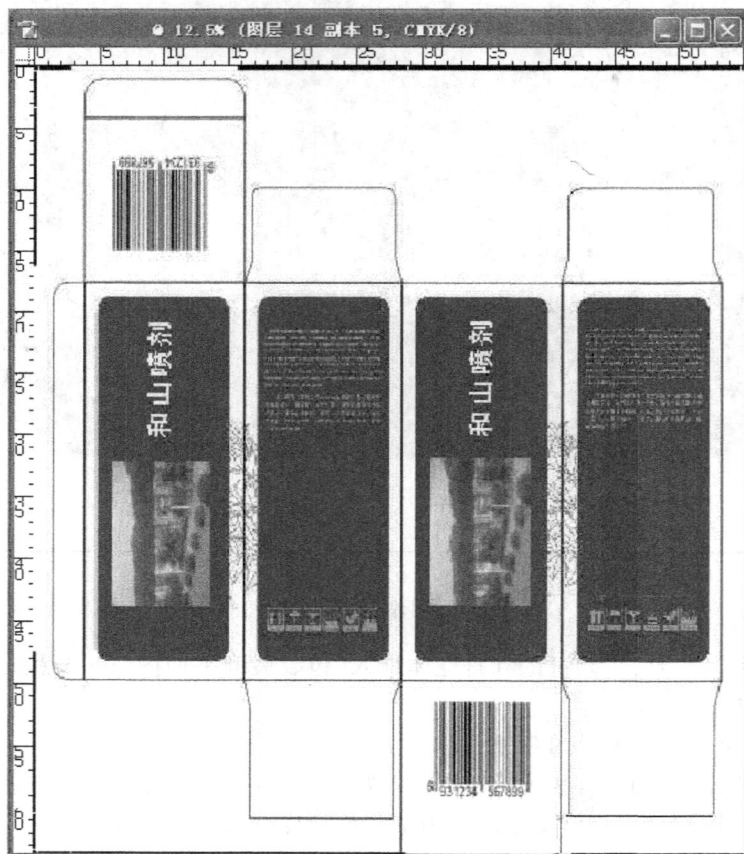

图 12-23　包装平面图基本成型

9.整合调整图层

执行【移动工具】同时按 Alt 键,移动复制品名标志"图层 14 副本 3"为"图层 14 副本 4、图层 14 副本 5",并分别摆放于两个侧面之中,大小和位置要以实际版面协调为基准。这样,包装平面图就基本完成了,如图 12-23 所示。

在【图层】面板中,单击【指示图层可视性】按钮,关闭"背景层";按 Shift＋Ctrl＋E【合并可见图层】键,将包装的展开平面图层全部合并,并按 Shift＋S 键保存该文件为"和山"PSD 格式。

制作包装的立体效果图由学生自行创作完成,采用软件自定。

最终完成的立体效果图如图 12-24 所示。

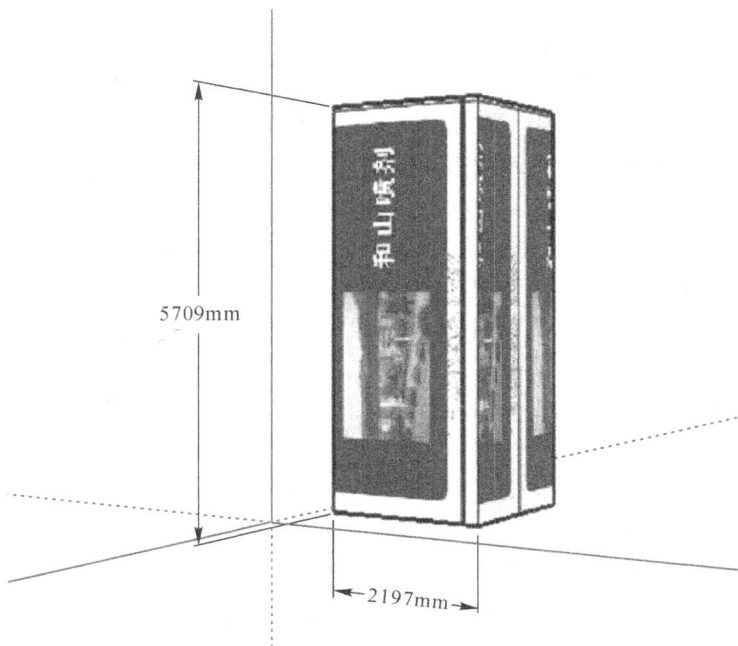

图 12-24　包装立体效果图

🕭 思考题

1.如何设计硬件技术与设备的选用。

2.如何设计软件技术和软件选用。

3.可回收包装设计的特点是什么?

4.可拆卸包装设计的特点是什么?

5.物流防伪包装设计的特点是什么?

参考文献

[1]刘北林.流通加工技术.北京:中国物资出版社,2009

[2]孙德强等.包装管理学(第一版).北京:化学工业出版,2006

[3]蓬春玉等.绿色物流(第一版).北京:中国物资出版社,2005

[4]王余良等编.包装材料及制品.北京:轻工业出版社,2007

[5][德]苏珊 EM 赛克著,蔡韵宜等译.塑料包装技术.北京:轻工业出版社,2000

[6]戴宏民等.包装管理(第二版).北京:印刷工业出版社,2005

[7]王道平,鲍新中.供应链管理教程理论与方法.北京:经济管理出版社,2009

[8]余艳琴.物流成本管理.武汉:武汉大学出版社,2008

[9]中华人民共和国国家标准《企业物流成本构成与计算》(GB/T20523－2006)

[10]马耕中.现代物流与供应链管理.西安:西安交通大学出版社,2003

[11]肖建华,李仁良.2000 版质量管理体系国家标准理解与实施.北京:中国标准出版社,2001

[12]中国项目管理研究委员会.中国项目管理知识体系与国际项目管理专业资质认证标准.北京:机械工业出版社,2001

[13][美]朱兰论质量策划.杨文士等译.北京:清华大学出版社,1999

[14]沈建明,杨爱华.现代项目管理导论.北京:机械工业出版社,2007

[15]求伯坚.2000 新版质量管理体系国家标准理解与实施.北京:国防工业出版社,2004

[16]了卫平.税收筹划.上海:上海财经大学出版社,2001.

[17] The PMI Standards Conmittee, A Guide to the Project Management Bodyof Knowledge, Project Management Institute, 2000

[18]Robert J. Mocklu. Strategic Management: An Intergrative Context－Spe－cihc Process. IDEA GROUP PUBLISHING. Harrisberg, U. S. A. 1993

[19]Uchard S. Leavenworth. Statistical Quality Contro. McGraw－HiD. 1999

[20]Stephen George, "Total Quality Management Strategies and Techniques Proven at Today's Most Successful Companies", John Wiley&Sons, Inc. 2006

[21]Briggs, Andrew J. Warehouse Operations Planning and Management. New York: John Wiley &nggs, 2006

[22]Allen, Mary K. , and Omar K. Helferich. Putting Expert Systems to Work in Logislics. OakBrook, Ill. : Council of Logistics Management, 2005.

[23]Gilmour,Peter. The Management of Dutribution: An Australian Framework. 2nd ed. Melbourne, Australia: Longman Cheshire. 2004.

[24]Lieb，Robert C. Transportation：The Domestic System，2nd ed. Reston，Va.：
Reston Publishing Co.，1981.

[25]Taaffe，Edward J.，Howard L. Gauther Jr.，and Morton E. OKelly. Geography
of Transportation. 2nd ed.. Upper Saddle River，N.J.：Prentice Hall，1996.

内容简介

物流加工与包装是物流的三大增值功能之一,体现现代物流的形质效用。特别是我国加入WTO之后,随着国内外贸易的大幅度增加,加工集合包装作业量在成倍增加。本书就是根据物流加工与包装领域内理论和实践的发展,吸取了国外物流加工与包装科学基础理论和先进技术,同时根据国内外物流业的发展现状,将物流加工与包装放在现代物流理论和实践中来研究的。物流加工与包装,作为现代物流中的一个环节,如同运输、储存、配送等环节一样值得进行研究。物流加工与包装作为流通的环节,它的合理化、现代化程度直接影响到流通的现代化和合理化,无加工与包装及传统落后加工与包装的产品难以实现商品化。

本书内容丰富,既有物流加工与包装经济管理知识,又有加工与包装技术与工程方面的知识和最新的发展动态。以实务为主,理论为辅,强调新颖性、可读性和实用性,在每一章都有案例和思考题,可作为广大本、专科教学通用教材,并对从事物流业的管理人员和工程技术人员有重要的参考价值。

图书在版编目(CIP)数据

物流加工与包装 / 毛禹忠主编. —杭州:浙江大学出版社,2011.5(2022.1重印)
ISBN 978-7-308-08595-3

Ⅰ.①物… Ⅱ.①毛… Ⅲ.①物流－物资管理②物流－包装 Ⅳ.①F252②TB48

中国版本图书馆 CIP 数据核字(2011)第 067305 号

物流加工与包装

主　编　毛禹忠
副主编　徐晓娟　崔　剑

丛书策划　黄兆宁　樊晓燕
责任编辑　曾　熙
文字编辑　何　瑜
封面设计　刘依群
出版发行　浙江大学出版社
　　　　　(杭州市天目山路 148 号　邮政编码 310007)
　　　　　(网址:http://www.zjupress.com)
排　　版　杭州青翊图文设计有限公司
印　　刷　浙江新华数码印务有限公司
开　　本　787mm×1092mm　1/16
印　　张　20.5
字　　数　473 千
版 印 次　2011 年 5 月第 1 版　2022 年 1 月第 4 次印刷
书　　号　ISBN 978-7-308-08595-3
定　　价　55.00 元